LES CAHIERS

DE L'HUMANISME

LES CAHIERS DE L'HUMANISME

Revue consacrée à la littérature de langue latine
dans l'Europe de la Renaissance (XIIe-XVIIIe siècles)
Périodique paraissant une fois l'an
publié avec le concours du Centre National du Livre

Comité de parrainage
Giuseppe Billanovich †, Marc Fumaroli, Josef Ijsewijn †, Walter Ludwig,
Nicholas Mann, Jean-Claude Margolin, Alain Michel, Salvatore Settis,
Gilbert Tournoy, Cesare Vasoli

Comité de rédaction
Emmanuel Bury, Roberto Cardini, Jean-Louis Charlet, Marc Deramaix,
François Dolbeau, Michele Feo, Vincenzo Fera, Jean-Louis Ferrary,
Perrine Galand-Hallyn, Pierre Laurens, Roberto Guerrini,
Pierre Petitmengin, Silvia Rizzo, Alain Segonds, Ginette Vagenheim,
Florence Vuilleumier Laurens

Directeur : Pierre Laurens
Rédactrice en chef : Florence Vuilleumier Laurens

Administration
Société d'édition
Les Belles Lettres

Conditions de vente
Revue : abonnement France : 28 € ; étranger : 31 €
Série : abonnement France : 28 € ; étranger : 31 €
Les deux (Revue + Série) : abonnement France : 48 € ; étranger : 56 €
S'adresser à
Société d'édition Les Belles Lettres
95, boulevard Raspail
75006 Paris
Tel. + 33 (0)1 45 15 19 70
Fax + 33 (0)1 45 15 19 80
On-line : ‹http://www.lesbelleslettres.com›

Directeur de la publication
Michel Desgranges

☞ Les articles, notes et comptes rendus et toute la correspondance concernant la revue
doivent être adressés uniquement à
F. Vuilleumier Laurens, 3 rue Castex F-75004 Paris (France)

Les manuscrits sont à envoyer en double exemplaire, accompagnés d'une copie sur disquette HD (3,5 p.) Mac ou PC (format RTF) ou par fichier attaché à
‹florence.vuilleumier@univ-brest.fr›

Les documents ne sont pas rendus à leur expéditeur et leur envoi implique l'accord sans réserve d'aucune sorte pour leur libre publication. La rédaction n'est pas responsable des textes publiés qui engagent la seule responsabilité de leurs auteurs.

(Ce numéro a été entièrement réalisé par F. Vuilleumier Laurens)

LES CAHIERS
DE L'HUMANISME

Revue consacrée à la littérature de langue latine

dans l'Europe de la Renaissance

(XIIᵉ - XVIIIᵉ siècles)

TOME III-IV
(2002-2003)

Publié avec le concours du Centre National du Livre

LES BELLES LETTRES

Normes de présentation des articles

– titre de l'article : corps 14, interligne 15 ; suivi du
– nom de l'auteur : corps 11, interligne 12 à 4 mm. (= 12pt.) du titre
– corps du texte : corps 11 interligne 12, alinéa 5 mm.
– citation longue (détachée) : corps 10, interligne 11, marge gauche 2 cm., alinéa 3 mm., pas de guillemets
– vers en citation détachée : corps 10, interligne 11, marge gauche 2 cm., taquets de tabulation 3, 2 cm., italiques, chaque vers commençant par une majuscule
– appel de notes : corps 7, exposant 3
– notes de bas de page : corps 9, interligne 10, alinéa 3 mm.

Usage général

– police : Garamond sinon Times
– texte justifié
– bannir absolument l'usage du caractère gras (préférer l'italique)
– deux-points, points-virgules, points d'interrogation, d'exclamation à séparer du mot qui précède par un espace insécable et à faire suivre par un espace normal
– guillemets à la française (chevrons) : «[espace insécable] texte [espace insécable]» ; à l'interieur d'une citation entre guillemets, utiliser des guillemets dits typographiques simples : (') ou (') et non dactylographiques (')

Usage dans les notes (voir exemple ci-dessous)

[1] G. FARULLI, *Istoria cronologica del nobile ed antico Monasterio degli Angioli di Firenze*, Luca 1710 , 26-68 ; S.F. Campbell S. J., « Nicolas Caussin's Spirituality of Communication : a Meeting of Divine and Human Speech », *Renaissance Quarterly* 46, 1 (1993), 44-70. J. Céard, « Erasme censuré : l'édition tridentine des *Adages* », *Actes du Colloque international Erasme (Tours 1986)* : Travaux d'Humanisme et Renaissance CCXXXIX, edd. J. Chomarat, A. Godin, J.-C. Margolin, Genève 1990, 337-350.
– auteur : prénom réduit à l'initiale, nom en petite capitale (sauf pour l'initiale en majuscule) ; à la deuxième etc. mention de l'auteur se contenter du nom sans prénom
– titre de l'ouvrage (livre) et / ou de périodique en italique
– titre d'article, de tout texte tiré d'un volume (y compris poème, etc.) en guillemets en chevrons (« ... ») en romains, suivis du titre du périodique (italiques), n°, fascicule, année entre parenthèses, n° de pages
– titre de collection, s'il y a lieu, suit le titre de l'ouvrage, précédé par deux points
– références aux pages d'un livre ou d'un article, etc. : s'abstenir de p. ou pp., exemple : 90-136 ; 56
– à la deuxième etc. mention de l'ouvrage, se contenter de l'abréger, suivi de la mention : *op. cit.* ou art. cit. (b.d.c.)

I.S.B.N. : 2-251-44261-8

ANAGLYPHICA

DE L'*ALBUM BALDINUCCI* DU LOUVRE
A L'*ALBUM PEIRESC* ET
AU *RECUEIL* DE VASES GRAVÉS DE CHARLES ERRARD :
L'ANTIQUITÉ RETROUVÉE

par JACQUELINE BISCONTIN

Le thème des vases antiques dont cette étude traitera, illustre avec éclat l'acquisition d'une forme du savoir, qui puise ses racines dans l'Antiquité et dont les dessins sont un instrument de connaissance.

Nos recherches sur les divers sujets contenus dans l'*Album* de Filippo Baldinucci (Florence 1625-1696) du Louvre, datant de la seconde moitié du XVIᵉ siècle, se sont étendues, pour les vases en particulier, sur une vaste période, allant de la fin du XVᵉ siècle à celle du XVIᵉ siècle. Elles se sont prolongées vers le XVIIᵉ siècle, en raison des rapports de similitude que l'on peut mettre en évidence entre certains des vases de l'*Album* du Louvre et certains de ceux qui sont représentés dans l'*Album Peiresc* (Nicolas-Claude Fabri de Peiresc, Aix-en-Provence 1580-1637) et dans le *Recueil* gravé de vases de Charles Errard (Nantes 1606-Rome 1689) qui en découle. Cette confrontation entre les trois recueils nous a fait redécouvrir une série de douze vases de l'*Album Peiresc*, homologue exacte de celle gravée d'Errard.

Le premier rapport entre l'*Album Baldinucci* et celui de Peiresc a été établi par Catherine Goguel en 1992[1] avec qui nous préparons la prochaine publication de celui du Louvre. En 1993, Luca Leoncini[2] confirma cette relation dans son étude du manuscrit Oz. 111 de Berlin (fin XVᵉ siècle).

En dépit des nombreuses citations des dessins de l'*Album Peiresc* composé de deux volumes[3], la seule étude globale reste celle de Joseph Guibert en

---

[1] C. GOGUEL, « De Vérone à Florence, Sebastiano Vini dessinateur, auteur du *Martyre des Dix Mille* », *Kunst des Cinquecento in der Toskana*, München 1992, 335-351.

[2] L. LEONCINI, *Il codice detto del Mante-*gna, Roma 1993, 55-56.

[3] La publication des *Lettres* de Peiresc à Cassiano dal Pozzo (1626-1637), par J.F. Lhote et D. Joyal, Adosa 1989, comporte de nombreuses références aux dessins de l'*Album*

1910[4]. C'est à lui que nous devons la mise en parallèle d'une série de dessins de douze vases du tome premier avec celle gravée d'Errard[5]. Ses observations n'ont jamais été prises en compte jusqu'ici, et la confrontation n'a jamais été faite.

Enfin, c'est grâce à l'article fondamental de Jacques Thuillier, en 1978, sur Errard que nous pouvons aller un peu plus avant aujourd'hui dans les recherches. Artiste célèbre en son temps, puis oublié, des pans entiers de son œuvre, surtout graphique, nous échappent — d'où l'intérêt du rapprochement fait par Guibert et que nous avons voulu visualiser. Souhaitons que ce travail comparatif et critique réalise le souhait formulé par l'auteur de l'article sur Errard[6] :

> Seule la collaboration des chercheurs, l'addition des savoirs et des chances, peut conduire rapidement à de nouvelles découvertes.

Grâce aux recherches *inter codices,* un champ plus vaste et nouveau s'est ouvert devant nous pour ce sujet. Nous voudrions sur ce point mentionner la méthode des *stemmata codicum* qu'il nous paraît nécessaire de suivre. Formulée clairement et appliquée rigoureusement par Ginette Vagenheim aux inscriptions ligoriennes dans le *Museo Cartaceo,* dans un article de 1992[7], elle procède de la *syncrisis* littéraire étendue aux images. Tel est le travail mené aussi par Arnold Nesselrath, spécialiste de ces études[8].

Préliminaires historiques

Les dessins de vases forment le groupe le plus important et homogène de l'*Album* du Louvre (vingt folios sur soixante au total). S'ils ne sont que des

---

Peiresc.

[4] J. GUIBERT, *Les dessins du Cabinet Peiresc au Cabinet des Estampes de la Bibliothèque nationale de Paris,* Paris 1910. Ce sont deux recueils traditionnellement classés sous son nom. Le premier contient cent soixante folios dessinés sur cent quatre folios de montage. Ceux qui nous intéressent vont du f° 2r° au f° 15r°, avec deux folios hors série. Il provient de la collection de Michel de Marolles et passa, à sa mort en 1666, dans celle du roi. Le deuxième contient cent soixante-deux folios dessinés, montés du f° 8r° au f° 111r°. Il appartint à Henri du Bouchet, puis aux religieux de Saint-Victor et entra en l'an V au Cabinet des Estampes. Les reliures sont du Premier Empire. En 1766, Joly, garde des Estampes du roi, fit le catalogue détaillé des deux volumes de la Réserve : t. 1, A° 53 et t. 2, A° 54.

[5] Recueil gravé de C. Errard : Ars. Est. 14, f° 7r°-18r°, Bibliothèque de l'Arsenal; voir G. SCHEFER, *Catalogue des Estampes, Bibliothè-*

que de l'Arsenal, Paris 1930, 78. Errard devient directeur de l'Académie de France à Rome en 1666; sur la carrière d'Errard, voir F.B. LÉPICIÉ, *Catalogue raisonné des tableaux du Roy, avec un abrégé de la vie des peintres...,* Paris, Impr. royale, 1752-1754.

[6] J. THUILLIER, « Propositions pour Charles Errard, peintre », *Revue de l'Art* 40-41 (1978), 151-171.

[7] G. VAGENHEIM, « Des inscriptions ligoriennes dans le *Museo Cartaceo* pour une étude de la tradition des dessins d'après l'Antique », *Cassiano dal Pozzo's Paper Museum. Vol.I* : Quaderni Puteani 2, Ivrea 1992, 79-105.

[8] Signalons les dernières conférences (à paraître) à la Bibliothèque Nationale de France, en mai 2002 de A. NESSELRATH sur les manuscrits du XVᵉ siècle, où les vases côtoyaient les dessins d'architecture. Voir J. BISCONTIN, c.r., *Bulletin de l'Association des Historiens de l'Art Italien* 8 (2002), 136-137.

copies, leurs sources graphiques ou archéologiques remontent à la fin du XVᵉ siècle et s'échelonnent ensuite sur tout le XVIᵉ siècle.

Cet ornement, ce mobilier est essentiellement antique, au sens générique du terme, c'est-à-dire étrusque, grec ou romain, indistinctement mêlés. Loin d'être absent des textes ou négligé des artistes, il suscita très tôt l'intérêt des philologues, lexicographes comme Nicolò Perotti à la fin du XVᵉ siècle [9], des humanistes et des épigraphistes, tel Andrea Alciato [10]. Des architectes, comme Giuliano da San Gallo (1443-1517) [11], Francesco di Giorgio Martini (1439-1501) [12] dessinent ces objets issus des découvertes dans les marges de leurs relevés de corniches ou bases antiques.

Le mouvement de curiosité s'amplifia jusqu'à la fin du siècle avec l'entreprise immense de Pirro Ligorio (1503-1583) dont les *Antichitá Romane*, quarante volumes prévus, se rattachent à l'œuvre tracée par Perotti au siècle précédent [13]. Des copies de ses manuscrits, ses dessins et les « schede Ligoriane » passèrent aux savants de tout le siècle suivant jusqu'à Jacob Spon [14]. C'est grâce en grande partie aux copies qu'en fit Fulvio Orsini (1529-1600) [15] que

---

[9] N. PEROTTI, *Cornu copiae seu linguae Latinae commentarii* (1489) : Istituto Internazionale di Studi Piceni, edd. S. Prete, J.-L. Charlet, Sassoferrato 1993suiv.

[10] Les manuscrits des *Antiquitates mediolanenses* d'Alciat, dont celui de Dresde commencé en 1508, comportant des dessins de stèles ornées de vases, ont été analysés par F. VUILLEUMIER, P. LAURENS dans plusieurs études : « De l'archéologie à l'emblème : la genèse du *Liber Alciati* », *Revue de l'Art* 1993, 86-95 ; EAD., « Fra Storia e emblema, La *Raccolta* delle iscrizioni milanesi di Andrea Alciato », *Eutopia* III, 12 (1994), 179-216 ; et « Entre Histoire et Emblème. Le *Recueil des antiquités milanaises* d'André Alciat », *Revue des Études Latines* 72 (1995), 218-237.

[11] De nombreux vases furent dessinés par Giuliano da San Gallo dans son manuscrit du Vatican, le Barb. Lat. 4424 (1465-1514 ?), 8vᵒ, 9rᵒ, 70vᵒ ; voir S. BORSI, *Giuliano da San Gallo. I Disegni di Architettura e dell'Antico*, Roma 1985. Il fit des relevés dans la région d'Albano d'où proviennent de nombreux vases, où Pirro Ligorio reviendra, sur les traces de San Gallo et Francesco di Giorgio Martini. Pour d'autres dessins épars de Giuliano, voir S. JACOB, *Italianische Zeichnungen Der Kunstbibliothek*, Berlin 1975, 16, n° 6vᵒ ; 17, n° 10rᵒ, 11rᵒ, 11vᵒ, 12rᵒ.

[12] Les conférences citées d'A. Nesselrath qui seront publiées (voir *infra* note 8) ont centré leurs recherches sur F. di Giorgio Mar-

tini et sur le manuscrit Cholmondely (début XVIᵉ siècle), où dix folios de grands vases sont issus de ses prototypes.

[13] Sur la vaste question des *Antiquités* de Ligorio, de leurs liens avec Peiresc, Cassiano et les milieux savants, voir l'étude nouvelle, très riche et de haute érudition, au sujet des vases de D. GASPAROTTO, « Ricerche sull'antica Metrologia tra Cinque e Seicento : Pirro Ligorio e Nicolas-Claude Fabri de Peiresc », *Annali della Scuola Normale Superiore di Pisa*, ser. IV, 1, 1(1996), 279-324.

[14] Jacob Spon, après son voyage à Rome (1675-1676) où il vit le *Museo Cartaceo*, le Cabinet des médailles de Christine de Suède, fait état dans ses dessins de *schede Ligoriane* : voir le *Recueil de dessins d'après l'Antique*, manuscrit autographe, B.n.F. Est. Fb 18b, 4vᵒ. Voir J. BISCONTIN, « Nouveautés et remarques sur le Faune dansant des Offices », *Xenia Antiqua* X (2001), 215-216.

[15] Le manuscrit Ursinianus du Vatican (Vat. Lat. 3439) reproduit des séries entières de vases qui sont issus du mss. Nap. XIII. B. 4 de Pirro Ligorio. A leur tour, ces planches de l'Ursinianus sont reprises sur des folios du *Museo Cartaceo* de Cassiano dal Pozzo (Windsor Castle, *Antichità Diverse*, inv. 10 291-10 295). Sur l'acquisition des *Antiquités romaines* de Ligorio par Cassiano, voir I. HERKLOTZ, *Cassiano Dal Pozzo und die Archäologie des 17. Jahrhunderts* : Römische Forschungen der Bibliotheca Hertziana 28, München 1999 et

le cavalier Cassiano dal Pozzo (1588-1657), ministre du cardinal Francesco Barberini (1597-1679), en fit l'acquisition. Peiresc profita des échanges avec son illustre correspondant romain pour obtenir ces dessins de vases, auxquels il tenait tant. Certains modèles cités dans cette étude, communs aux trois albums étudiés (Louvre, Peiresc, Errard), figuraient aussi dans le *Museo Cartaceo*, provenant, pour certains peut-être, de dessins ligoriens[16].

Présentation des vases de l'«Album Baldinucci»

Cet album est composé de copies exécutées dans la seconde moitié du XVIe siècle, dans l'entourage de Giorgio Vasari[17] et de don Vincenzo Borghini[18], qui présidaient aux grands programmes des «Apparati» médicéens. Filippo Baldinucci[19] était le conservateur des collections du grand duc Leopoldo. Expert pour les dessins, il est l'auteur des *Notizie dei Professori del Disegno* et d'une *Vie du Bernin*. Il collectionnait pour lui-même les dessins, et donna aux copies un statut équivalent aux originaux. Le musée du Louvre acheta en 1806, à l'époque de Dominique Vivant Denon, cet *Album* dont il fit exécuter un premier montage.

Les quatre vases communs à notre album et à celui de Peiresc, et qui figurent aussi dans le *Recueil Errard* furent sûrement découverts dans la deuxième moitié du XVIe siècle, car ils n'apparaissent pas dans des manuscrits antérieurs. A l'inverse, des manuscrits de cette période en offrent aussi la copie

ici G. VAGENHEIM, «L'épigraphie : un aspect méconnu de l'histoire de la philologie classique au XVIIe siècle», *Les Cahiers de l'Humanisme* I (2000), 91-92.

[16] Deux vases seulement de l'*Album du Louvre* se retrouvent sur deux folios (nº 151-152) du groupe des Offices étudié par G. CONTI, pour qui cet ensemble est la source des dessins du *Museo Cartaceo* de Windsor : «Disegni dall'antico agli Uffizi : *Architettura 6975-7135*», *Rivista dell'Istituto Nazionale d'Archeologia e Storia dell'Arte*, IIIe ser., V (1982), 6-129. GASPARROTO, «Ricerche sull'antica Metrologia», art. cit., estime que la série des Offices est une copie des folios du *Museo Cartaceo*, vers 1630 et plus tard pour certains folios. Ce thème des vases du *Museo Cartaceo*, peu abordé par la critique, a été mis à l'honneur au cours de deux expositions : voir V. CARPITA, notes aux cat. expo. *I segreti di un collezionista : le straordinarie raccolte di Cassiano dal Pozzo 1588-1657 (Roma, Galleria Nazionale d'Arte Antica, Palazzo Barberini,*

29 sett.-26 nov. 2000), edd. F. Solinas, L. Mochi Onori, Roma 2000, 140, nº 152-153 et *Ibid. (Biella, Museo del Territorio Biellese, 16 dic. 2001-16 marzo 2002)*, ed. F. Solinas, Roma 2001, 218, nº 124.

[17] Un catalogue sommaire de cet album a été dressé par C. GOGUEL dans «Vasari et son temps», *Inventaire général des dessins italiens*, Paris 1972, 224-237 (nº 369-428 = inv. 954rº à 1012rº).

[18] G. Vasari (1511-1574) et V. Borghini (1515-1580), on le sait, fondèrent en 1563 l'Académie du Dessin. Voir R. SCORZA, «Borghini and the Florentine Academies», *Italian Academies in the Sixteenth-Century* : The Warburg Institute..., London 1995, 136-165.

[19] Sur Baldinucci (1625-1696), voir *s.v.*, *Dizionario Biografico degli Italiani*, V, Roma 1963, 495-498, et cat. expo. *Disegni fiorentini del Museo del Louvre dalla collezione di Filippo Baldinucci*, edd. R. Bacou, J. Bean, Roma 1959.

et les inscriptions qui les accompagnent permettent d'en déduire leur origine antique et d'affirmer, par comparaison, l'authenticité de leurs formes.

Sur l'*Album* du Louvre, inv. 994r° (planche I)[20], deux vases, l'un annoté : « (Trans)teveri » en bas à gauche, l'autre « A / R‹oma› / ininuna / ... via for di / porta di S‹an› / ‹Lor›enzo », sont repérables sur deux autres manuscrits de la même période ; celui de Saint-Pétersbourg A, folio 44r°[21], intéressant, car le vase de San Lorenzo est représenté « senza ped. », c'est-à-dire tel qu'il se présentait sans doute au moment de la découverte. Sur le manuscrit de Padoue[22], ce même vase est reproduit au folio 11v° (planche III) avec une inscription semblable. L'autre vase figure au folio 12r° (planche IV), portant une inscription le situant à Rome « in vinya Cezi ». Il est aujourd'hui perdu. Il fut dessiné aussi par Giovanni Battista Montano[23]. Ces deux vases devaient être en marbre ouvragé.

Le folio suivant, Louvre inv. 994v° (planche II)[24], illustre le célèbre vase de Santa Cecilia[25], situé dans la cour du couvent de cette église du Trastevere. L'inscription erronée « a Santto Apostolo » trahit l'ignorance du transcripteur qui le confond avec celui, presque semblable, « dei Santi Apostoli ».

Ce célèbre cratère monumental, en marbre, figure aussi sur le manuscrit de Padoue, au folio 12r° (planche IV) : « R. in Transtevere a S. Cicilia [sic] ». La prise de vue est la même, le dessin graphique, les anses peu détachées des flancs du vase, telles qu'elles sont tracées sur le dessin correspondant du Louvre (inv. 994v°).

Le dernier exemple de cratère très orné de l'*Album* du Louvre, inv. 998r° (planche V)[26], en haut à gauche, correspond à son homologue, situé en bas à gauche, au folio 12r° du manuscrit de Padoue (planche IV). Il

---

[20] Inv. 994r°, plume et encre brune, lavis brun, 220 x 160 mm.

[21] Sur les trois albums de Saint-Pétersbourg, non publiés, très difficiles d'accès, voir l'étude générale de M. A. GUKOVSKI, « Ritrovamento dei tre volumi di disegni attribuiti a Fra Giocondo », *Italia Medioevale e Umanistica* VI (1963), 263-271.

[22] Le manuscrit de la Biblioteca Universitaria de Padoue, daté de la fin du XVIᵉ siècle, est attribué à Ammanati par L. OLIVATO, « Due codici veneti cinquecenteschi d'Architettura », *Arte Veneta* XXXII (1978), 153-160. C'est un album relié composé de cent vingt-sept folios de 155 x 213 mm. Les études publiées sur ce manuscrit traitent essentiellement des architectures. Ses rapports avec l'*Album Baldinucci* ont été publiés par J. BISCONTIN, « L'Album vasarien de Filippo Baldinucci au Louvre. Des dessins d'architecture moderne. Etude de la copie », *Dialoghi* 6 (1998), 18-38. Un tableau synoptique des manuscrits de la seconde moi-

tié du XVIᵉ siècle, y présente leurs caractéristiques codicologiques et leurs liens thématiques (architectures, vases). Nous remercions la Dᵐᵉ Rosalba Suriano, directrice de la bibliothèque, pour son aimable collaboration.

[23] Giovanbattista MONTANO (1534-1621) dans le vol. III des *Cinque libri di architettura...* : *Le tempij e sepolcri antichi...* (1638), Roma 1691 : voir L. FAIRBERN, *Italian Renaissance Drawings from the Collection of sir John Soane's Museum*, vol. II, London 1998, 732 (n° 1335), 733 (planche).

[24] Inv. 994v°, voir note 20.

[25] Le vase de Santa Cecilia, cratère monumental représenté très tôt par Giuliano da San Gallo dans le Barb. Lat. 4424 du Vatican, 71v°, et aussi par Montano : FAIRBERN, *Italian Renaissance, op. cit.* Voir GASPAROTTO, « Ricerche sull'antica Metrologia », art. cit., 290.

[26] Inv. 998r°, plume et encre brune, encre noire, lavis brun, h. 216 x 158 mm.

y est accompagné de l'inscription « Albano ». Il est caractérisé par trois anses sur la panse et deux têtes de silènes sur la lèvre du vase, sans couvercle.

Ces quatre vases antiques figurent en petit format sur deux folios (f° 44v°-45r° = planches VI et VII) du tome premier de l'*Album Peiresc*[27], parmi une série de dessins, du folio 43r° au folio 47v°, où l'ensemble de tous les vases de l'*Album* du Louvre et quelques ornements apparaissent. Ces similitudes étroites posent le problème de la filiation directe ou indirecte entre ces deux albums, qui fera l'objet d'une étude ultérieure.

L'« *Album Peiresc* »

Nicolas-Claude Fabri de Peiresc, conseiller au Parlement d'Aix, fut, on le sait, un savant, un humaniste, un « antiquaire », que l'on a appelé « Prince des Curieux »[28]. Il collectionna de nombreux dessins d'antiquités diverses qu'il faisait exécuter en France et en Italie, surtout par l'intermédiaire de Cassiano dal Pozzo. Il eut recours à Rubens, Nicolas Poussin, Claude Ménestrier, Mathieu Frédeau, parmi les plus connus. Outre des dessins épars dans des manuscrits, les deux recueils cités regroupent une grande partie de sa collection. De son voyage en Italie de 1599 à 1603, il garda des liens avec les plus prestigieux savants, Vincenzo Pinelli, Francesco Gualdo à Padoue, Girolamo Aleandro, Luigi Pasqualini à Rome. En 1622, il connut Rubens et en 1625 reçut chez lui, à Belgentier, la délégation du cardinal Barberini, dont dal Pozzo, son ministre, et Louis d'Aubéry faisaient partie. Depuis ce moment-là sa correspondance scientifique avec dal Pozzo traitait des sujets les plus divers et en particulier des vases qu'il recherchait sans relâche. Il s'attachait surtout à la métrologie et en voulait, dans ce but, pour sa collection, une description minutieuse et des dessins rigoureusement appliqués.

C'est ainsi que dans une lettre à Aubéry, datée du 14 février 1633[29], il écrit :

> J'ay autrefois achepté de Maistre Jacques Barbe d'Apostre, que vous avez cogneu, plusieurs dessains d'Anticailles parmy lesquelz y a deux feuilletz ou quatre pages remplies de différentes figures de vases en nombre de 43 que grands ou petits, plusieurs desquels, voire la plus part, semblent tenir de la bonne manière antique.

---

[27] 44v°, voir GUIBERT, *Les dessins du Cabinet Peiresc, op. cit.*, 83. Plume et encre brune, 332 x 236 mm. Douze vases, f° 45r°, non signalés par Guibert. Les recto et verso des deux folios comptent quarante-trois motifs.

[28] Sous-titre de la traduction de Pierre GASSENDI, *Viri illustrissimi Nicolai Claudii Fabricii de Peiresc, senatoris aquisextiensis, vita, Hagae Comitum 1651*, par R. Lassalle, A. Bresson, Paris 1992.

[29] La photocopie de cette lettre figure au début de l'*Album Peiresc*, t. 1. Elle est extraite de la *Correspondance de Peiresc*, ed. H. Tamizey de Larroque, Paris 1888-1898, t. VII, 228-231, auquel le supplément de R. Lebègue et A. Bresson (Paris 1985), fournit des informations sur Mᵉ Jacques Barbe d'Apôtre, intermédiaire chargé de ramener de Rome dessins et objets ; voir p. 68 la lettre de d'Aubéry à Peiresc. Louis d'Aubéry était abréviateur apostolique.

Ces folios contenant qurante-trois motifs correspondent à ceux cités plus haut, folios 44v°-45r° de l'*Album Peiresc*. Il continue ainsi :

> Mais il y en a quelques uns aussy qui tiennent bien des modernes et particulièrement d'aulcuns qui sont à double anses de différente façon l'un de l'autre, ce qui monstre que le peintre avait affecté de donner à choisir laquelle des deux serait plus agreable à celluy qui voudrait faire travailler à ces vases. Il y a mesmes quelques aultres feuilles à part où il y a d'aultres desseins de vases plus grands et plus enrichis d'ornements, mais dont la manière m'est beaucoup plus suspecte d'estre moderne.

Ces vases à anses dissymétriques sont comme celui de Porta San Lorenzo (Louvre, inv. 994r° ; Padoue, folio 11v° ; Saint-Pétersbourg A, folio 44r° = planches I, III), dont l'ornement ainsi que d'autres (in vinya Cezi, Albano) ne lui paraissent pas antiques. Les productions italiennes de Campanie ou d'Apulie n'étaient pas connues.

Par souci de vérité, il exige des dessins précis :

> Mais je voudrais en ce cas, pour les pouvoir mieux distinguer les uns des aultres qu'il vous pleut les faire portraire chacun en une feuille à part de la mesme grandeur qu'ils sont dans le libvre aultant les plus petits que les plus grands, si vous jugez qu'ils en vaillent la peine...

Or, les vases repérés sur les folios 44v°-45r° (planches VI, VII) sont représentés dans une série de douze grands formats, de vases, inclus dans le même *Album Peiresc*, tous entourés d'un filet de bordure. Ils semblent bien correspondre aux agrandissements désirés par Peiresc qui les voulait « sur une feuille à part, de la mesme grandeur » : entre 330 et 295 mm. de hauteur sur une largeur comprise entre 219 et 204 mm., correspondant à peu près aux dimensions des folios aux petits formats (entre 340 et 330 mm. de hauteur sur une largeur comprise entre 236 et 206 mm.), l'écart des dimensions s'expliquant par les montages des folios de grand format.

Les grands vases du tome premier de l'« Album Peiresc »

– Au folio 3r° (planche VIII) [30] : agrandissement du vase figurant au folio 45r° (planche VII), en haut à gauche, correspondant à Louvre, inv. 994r° (planche I), Padoue, folio 12r° (planche IV).

– Au folio 8r° (planche IX) [31] : le vase dissymétrique de « fuor di Porta San Lorenzo », figurant au folio 45r°, correspond à Louvre, inv. 994r° (planche I), Padoue, folio 11v° (planche III), Saint-Pétersbourg A, folio 44r°.

– Au folio 9r° (planche X) [32] : le vase à trois anses situé à Albano sur le manuscrit de Padoue, folio 12r° (planche IV), figure folio 44v° (planche VI).

---

[30] 3r°, h. 307 x 208 mm., encre brune : voir GUIBERT, *Les dessins du Cabinet Peiresc, Ibid.*, 81.
op. cit., 81.

[31] 8r°, h. 310 x 219 mm., encre brune :

[32] 9r°, h. 330 x 204 mm., encre brune :

– Au folio 14r° (planche XI) [33] : le grand cratère en marbre de Santa Cecilia figurant au folio 44v° (planche VI), correspond à Louvre, inv. 994v°
(planche II) et Padoue, folio 12r° (planche IV).

Huit autres vases complètent cette série. Guibert les met tous en rapport
avec le *Recueil* gravé d'Errard, à qui il lui semble que les dessins doivent être
attribués.

Le Recueil gravé de Charles Errard

Si le *Recueil de divers vases antiques*, ainsi que celui des *trophées et des ornements* (1651) dédiés à Christine de Suède, est cité dans les différents ouvrages et articles [34], en revanche il n'a jamais été fait référence au rapport établi
par Guibert avec l'ensemble des dessins du tome premier de l'*Album Peiresc*.
Relié dans un ouvrage in-folio, aux armes de Michel Le Masle, il voisine
avec le frontispice du *Parallèle de l'Architecture Antique et de la Moderne* [35] et
avec trois gravures de tableaux. Ils précèdent trois recueils dédiés à Christine de Suède (1651), dont celui des vases, non daté.

Le frontispice (planche XII), signé à gauche : «Charles Errard peintre du
Roi», signifie qu'il est postérieur à 1643, au retour de son premier séjour à
Rome (1627, 1642-1643). Suit la belle lettre-dédicace à Christine de Suède [36].
L'artiste y exprime, par rapport à la destruction des monuments antiques,
les cinq éléments de l'*Admiratio, Stupor, Perennitas, Magnificentia, Pulchri-
tudo*, déjà formulés par Poggio Bracciolini au XVᵉ siècle.

Suivent les douze vases inversés par rapport aux dessins. Chaque planche
porte les signatures «Carol. Errard Delin. et ex. /cum Privil. Re.» à gauche,
«Tournier scul.» à droite. Sur l'épaisseur de la dalle de pierre, on lit la localisation du vase correspondant. Les différences par rapport à celles inscrites
sur des dessins du XVIᵉ siècle, indiquent sans doute des changements de lieu.

Aux quatre vases examinés, correspondent les planches suivantes :
– Folio 3r° Peiresc, planche VIII-folio 14r° Errard, planche XIII [37] : avec
une localisation différente, signifiant peut-être son lieu de découverte à

Ibid., 82.

[33] 14r°, h. 310 x 215 mm., encre brune :
Ibid., 82.

[34] M. BOUTERON, J. TREMBLOT, *Catalogue
général des manuscrits des bibliothèques publiques de France*, Paris 1928, 229. E. COQUERY,
cat. expo. *Les Arts décoratifs sous Louis XIII et
Anne d'Autriche*, Paris 2002, 109, n° 56 : Vase
Médicis.

[35] Sur cet ouvrage, composé en 1640 à
Rome par M. de Chambray et C. Errard, voir
la notice d'E. BRUGEROLLES, n° 195, cat. expo.
D'après l'Antique, Paris 2000-2001, 389-390.

[36] En 1651, Christine de Suède abdique et

commence son voyage à Rome en emportant
ses collections de dessins, dont l'inventaire
fut fait par Trichet du Fresne en 1653, qui venait de publier le *Traité de Peinture* de Léo-
nard. Voir G. CAVALLI BJÖRKMAN, «La collection de la reine Christine à Stockholm»,
1648 : l'art, la guerre et la paix en Europe :
Actes du Colloque du Louvre, Paris 1998-
1999, 295-306.

[37] Toutes les planches gravées d'Errard sont
de la même dimension, h. 330 x l. 225 mm. dans
la cuvette. Le f° 14 porte l'inscription «Albæ in
Horto iuxta monumentum Horatiorum».
Dans la comparaison entre les deux albums,

Albano, près du Monument des Horaces, au lieu de « Cesi » ou « Transtevere » sur les dessins du XVIᵉ siècle.

– Folio 8r° Peiresc, planche IX-folio 8r° Errard, planche XIV[38] : porte la même localisation.

– Folio 9r° Peiresc, planche X-folio 9r° Errard[39], planche XV : le lieu, Saint-Pierre-aux-Liens, par rapport à Albano indiqué sur le manuscrit de Padoue, folio 12r° (planche IV), signifie sans doute un changement de lieu. Le couvercle sur la gravure est une adjonction par rapport aux dessins antérieurs.

– Folio 14r° Peiresc, planche XI-folio 17r° Errard, planche XVI[40] : le célèbre grand vase de Santa Cecilia décrit par Aubéry à Peiresc dans la lettre du 26 mars 1633[41]. Ce vase est l'homologue de celui de l'*Album* de Francisco de Hollanda, folio 30v°[42] : l'ombre portée y étant à droite comme sur ce dessin, alors qu'elle est à gauche sur celui de Peiresc. L'artiste a peut-être eu pour modèle soit une contre-épreuve, soit une gravure de ce dessin.

Les huit autres vases faisaient partie des monuments célèbres de Rome.

Deux appartenaient à la célèbre collection de Vincenzo Giustiniani (1564-1637), ami de Cassiano : folio 10r° Errard, planche XVIII-folio 13r° Peiresc, planche XXVI[43] et folio 13r° Errard, planche XXI-folio 6r° Peiresc, planche XXIX[44]. Ce vase, exposé dans le jardin du collectionneur, est représenté dans un tableau découvert récemment attribué à Teodoro Meyden (1586-1656)[45].

chaque folio est suivi du nom de l'un d'eux. Pour les dessins archéologiques relatifs à cette tombe dite des Horaces, voir F. RAUSA, *Pirro Ligorio. Tombe e Mausolei dei Romani*, Roma, 1997, cat. 1, 37-40 et voir note 11.

[38] 8r° Errard : « Romæ versus S. Laurentium extra muros ».

[39] 9r° Errard : « Romæ in horto privato iuxta templum Sti Petri ad vincula ».

[40] 17r° Errard : « Romæ in area Templi Sᵗᵃ Ceciliæ ».

[41] La lettre se trouve dans le Paris. fr. 9542, 269r°-269v°. Elle a été éditée au t. VII, 230-232, de la *Correspondance de Peiresc, op. cit.*, et dans le supplément au t. VII de la *Correspondance de Peiresc, op. cit.*, 69 : « ... Dans la première court du couvent de Sainte-Cécile in Transtevere il y en a un fort beau de marbre blanc et d'une belle manière, presque de ma hauteur et fort bien conservé ».

[42] L'*Album* de Francisco de Hollanda se trouve à l'Escurial (Mss. Ae ij 6). Voir E. TORMO, *Os Desenhos das antigualhas que vio Francisco de Ollanda, Pintor Portugués (1539-1540)*, Madrid 1940.

[43] Nous donnons pour les huit planches suivantes d'Errard leur localisation suivant l'inscription de la gravure et, en correspondance, les dessins dits de « Peiresc », leurs dimensions en hauteur et en largeur. Le f° 10r° Errard : « Romæ in Hortis Justianis » ; le f° 13r° de Peiresc correspondant : 325 x 218mm., voir GUIBERT, *Les dessins du Cabinet Peiresc, op. cit.*, 82.

[44] 13r° Errard : « Romæ in ædibus Justinianis »-6r° Peiresc, 302 x 184mm., GUIBERT, *Les dessins du Cabinet Peiresc, op. cit.*, 81.

[45] La prestigieuse collection d'*Antiques* de V. Giustiniani (1564-1637) fut gravée par une équipe d'artistes célèbres que C. Errard connut en tant qu'ami de C. Mellan et familier du cercle de Cassiano, ami du collectionneur. Voir le savant, méthodique et très riche catalogue publié par G. Fusconi : *I Giustiniani e l'Antico*, Roma 2001-2002, en particulier l'étude de S. MAGISTER sur les « Inscriptions antiques du jardin Giustiniani al Popolo... », *Ibid*, Appendice II et la vue du jardin par Meyden où figure un des deux vases de la collection gravé par Errard (53-55), avec biliographie sur les sculptures de ce jardin.

Chez l'architecte Martino Longhi, le grand cratère à sujet bacchique, folio 12r° Errard, planche XXr°-folio 2r° Peiresc, planche XXVIII, est dû à une restauration exemplaire. Il est formé par un fameux putéal en marbre connu du XVIᵉ siècle, monté en vase sans doute par l'architecte. A sa mort en 1660, il passa dans la collection de Christine de Suède, puis dans celle du roi d'Espagne. Il est aujourd'hui au musée du Prado [46].

D'autres sont situés dans des jardins romains, folio 15r° Errard, planche XXII-folio 7r° Peiresc, planche XXX [47] ; folio 16r° Errard, planche XXIII-folio 4r° Peiresc, planche XXXI [48] ; folio 18r° Errard, planche XXIV-folio 5r° Peiresc, planche XXXII [49].

Enfin, dominent cette série, deux grands cratères Médicis en marbre, folio 7r° Errard, planche XVII-folio 12r° Peiresc, planche XXV [50], et Borghese, folio 11r° Errard, planche XIX-folio 15r° Peiresc, planche XXVII [51], de dimension semblable (1,73 x 1,35 m.).

La célébrité des vases fut tout aussi grande que celle de l'ouvrage gravé. En 1825, Carlo Antonini [52] dans son recueil d'ornement reprendra l'ensemble de ces vases accompagnés des mêmes localisations, dont celle de Martino Longhi, localisation erronée puisque ce vase appartenait déjà à ce moment au roi d'Espagne.

Dans la confrontation des deux séries, dessinée et gravée, une question se pose : les dessins sont-ils de la main d'Errard, comme l'indique la signa-

---

[46] 12r° Errard : « In ædibus Martini Longhi Architecti »-2r° Peiresc, 330 x 216 mm. Sur ce monument antique et son historique, voir T.M. GOLDA, « Puteale und Verwandte Monumente », D... A... I..., 18 (1997), 82-84, pl. 51, 1-4.

[47] 15r° Errard : « In Hortis Tiburtinis »-7r° Peiresc, 310 x 219 mm., voir GUIBERT, Les dessins du Cabinet Peiresc, op. cit., 81.

[48] 16r° Errard : « Romæ in Hortis Transtiberim »-4r° Peiresc, 307 x 214 mm., Ibid., 81.

[49] 18r° Errard : « Romæ in domo privata nobilis romani »-5r° Peiresc, 295 x 210 mm., Ibid., 81.

[50] 7r° Errard : « Romæ in Hortis Mediceis »-12r° Peiresc, 309 x 204 mm., Ibid., 82, aujourd'hui aux Offices, Iᵉʳ siècle av. J.-C. Voir F. HASKELL, N. PENNY, Taste and the Antique : the lure of classical sculpture, New Havne-London 1981 ; Pour l'amour de l'antique : la statuaire gréco-romaine et le goût européen (1500-1900) : Bibliothèque d'archéologie, trad. F. Lissarague, Paris 1988, n° 84. Autres dessins : Montano dans FAIRBERN, Italian Renaissance, op. cit., vol. II, 733 n° 1333-1334 ; série

des Offices, voir I segreti di un collezionista, op. cit., 142, n° 154 : sans rapport direct avec la gravure d'Errard. Des gravures : J. von SANDRART, L'Academia todesca della architectura, scultura e pittura, oder Teutsche Academie der edlen Bau-, Bild- und Mahlerey-Künste, Nürnberg 1675-1679 ; repr. Nordlingen 1994, Band I, pl. aa ; et P.S. BARTOLI, Admiranda romanarum antiquitatum ac veteris sculpturæ vestigia anaglyphico opere elaborata ex marmoreis exemplaribus quæ Romæ adhuc extant, Roma 1693, pl. 18-19.

[51] 11r° Errard : « Romæ in Hortis Borghesianis »-15r° Peiresc, 310 x 207 mm., voir GUIBERT, Les dessins du Cabinet Peiresc, op. cit., 82. Vase aujourd'hui au Louvre (depuis 1808), MA 86, fin du Iᵉʳ siècle av. J.-C. Connu dès la seconde moitié du XVIᵉ siècle à Rome. Voir cat. Sculptures grecques du musée du Louvre, ed. M. Hamiaux, Paris 1998, II, 99-101, n° 217. Voir GASPAROTTO, « Ricerche sull'antica Metrologia », art. cit., 191.

[52] C. ANTONINI, Manuale di vari ornamenti tratti dalle Fabbriche e Frammenti antichi per uso..., Roma 1821.

ture de la gravure : « ... Delin. » Ceci étant, appartinrent-ils à la collection Peiresc ou furent-ils ajoutés plus tard ?

De l'analyse, il ressort que :

1. Les dimensions des dessins sont sensiblement les mêmes que celles des gravures correspondantes, en tenant compte de l'importance donnée sur la gravure au dallage de pierre sur lequel repose le vase, de part et d'autre de celui-ci, tandis que sur les dessins, les filets de bordure ont coupé la feuille.

2. Guibert avait déjà observé l'exactitude parfaite des ombres et des lumières entre les dessins et les gravures, toutes en contre-partie par rapport à ceux-ci. Les ombres portées, à gauche sur le dessin, apparaissent à droite sur la gravure, sauf pour deux cas, folio 14r° Errard, planche XIII-folio 3r° Peiresc, planche VIII, et pour le vase Borghese, folio 11r° Errard, planche XIX-folio 15r° Peiresc, planche XXVII.

3. Le trait, surtout celui des pieds des vases, est fin, aigu sur les gravures et les dessins, bien que certains d'entre eux paraissent repassés, d'un trait plus épais : folio 13r° Errard, planche XXI-folio 6r° Peiresc, planche XXIX. Il marque les figures d'un trait d'ombre continue qui les cerne sur un côté, sur le dessin et la gravure.

4. De cela, il résulte que cette série de dessins présente une adhérence totale, parfaite du dessin à la gravure. Chaque dessin représente l'étape de mise au point immédiatement avant celle finale de l'édition gravée. Le graveur ne serait-il pas alors intervenu sur un dessin préalable du maître ? Ces dessins durent être faits à Rome durant son premier séjour de 1627 à 1642-1643 et ont pu constituer un fonds repris plus tard par le maître et l'élève et collaborateur Georges Tournier, pour l'édition dédiée à Christine de Suède, en même temps que les autres vers 1651[53]. Après quoi, les dessins durent entrer dans la collection Michel de Marolles passée, après 1666, dans la collection royale[54]. D'autres folios de l'*Album Peiresc* proviennent, pour Guibert, de la collection royale (tome I, folio 30r° ; folio 97r°). Il exprime d'ailleurs des doutes sur la provenance Peiresc, pour tous les dessins du volume.

5. Le dessin du Städelschen Kunstinstitut (planche XXXIII)[55] de dimension semblable à ceux de l'*Album Peiresc* (300 x 193 mm.), compte tenu des coupures de la feuille, présente le même trait fin, aigu, précis. Il correspond très exactement au dessin Peiresc (vase Borghese : folio 15r°, planche XXVII) dans lequel le pied du vase est finement tracé, tandis que, sur le corps du vase, les hachures de contour des figures sont atténuées au profit

[53] Sur la collaboration de G. Tournier, encore mal définie, selon l'avis de M. J. Thuillier (communication orale), que je remercie vivement pour ses observations et l'attention qu'il a portée aux dessins de l'*Album Peiresc*, voir « Propositions pour Charles Errard » art. cit., 154 et note 28.

[54] Voir dans GUIBERT, *Les dessins du Cabinet Peiresc*, *op. cit.*, l'historique de ces volumes. Nos recherches sur l'Inventaire après décès de la collection de dessins de Peiresc n'a apporté aucune précision pour cet *Album*.

[55] Dessin donné à Errard (ancienne attribution à Poussin) : cat. expo. *Französische Zeichnungen im Städelschen Kunstinstitut 1550 bis 1800*, Frankfurt am Main 1986-1987, 40, n° 27.

d'un trait d'ombre continu comme sur la gravure. Cet état suivant révèle en cela la collaboration du graveur qui veut appuyer, marquer les formes pour « sculpter » l'image.

De ces observations et comparaisons, nous pouvons déduire que la série des dessins « Peiresc » nous présente l'œuvre en direct du maître, par collaborateur interposé. Celui-ci a pu travailler sur des originaux retouchés, des calques ou des copies que manifestent les différences observées entre les dessins.

S'il ne fut pas le possesseur de cette série-là, ses intérêts se portant surtout vers la métrologie, et du fait même de cette collaboration Errard-Tournier, intervenue après sa mort en 1637. Néanmoins, la série des dessins de l'*Album Peiresc* répond sans nul doute à ses souhaits insistants. La réalisation de ce projet dut s'échelonner sur une longue période. Mise en œuvre à l'instigation de Peiresc, elle a pu s'accroître au moment des relevés systématiques faits à Rome avec Louis Fréart de Chambray en 1640. La mise au point en a sans doute été faite par Tournier pour la publication vers 1650-51, en même temps que les autres ouvrages.

La filiation avec les dessins du XVIᵉ siècle du Louvre (inv. 994r° et 998r°) est la plus proche de tous les autres connus. L'analyse formelle des divers dessins nous permet d'affirmer qu'Errard dut travailler à partir de sources graphiques ou gravées diverses : exemple du vase de Santa Cecilia, du vase Giustiniani peint par Teodoro Mayden, pris sous le même angle de vue que celui d'Errard qui lui correspond bien. A Rome, il fréquentait Claude Mellan (1598-1688), protégé de Peiresc, qui travailla avec Joachim von Sandrart (1608-1688) à la Galleria Giustiniani entre 1631 et 1635[56]. Il fit deux tableaux pour dal Pozzo[57], était estimé de Poussin. Ces prestigieux appuis, sans compter celui du maréchal de Créqui, ambassadeur d'Urbain VIII, dès son arrivée à Rome, favorisèrent sa gloire.

Par ses « portraits » de pierre, Errard répondait bien aux exigences de précision de Peiresc. Mais il renouait avec la grande tradition inaugurée par Agostino Veneziano et Æneas Vico dans les années 1530. Sa passion pour la pierre met en beauté sa peau, son grain, sa trame, et marque aussi l'atteinte de son intégrité, par l'outrage du temps (*Tempus edax*).

---

[56] Voir l'article de G. FUSCONI, « Classicismo e realismo nei disegni di Sandrart per la Galleria Giustiniana », *I Giustiniani, op. cit.*, 15-27.

[57] Voir THUILLIER, « Propositions pour Charles Errard », art. cit., 160.

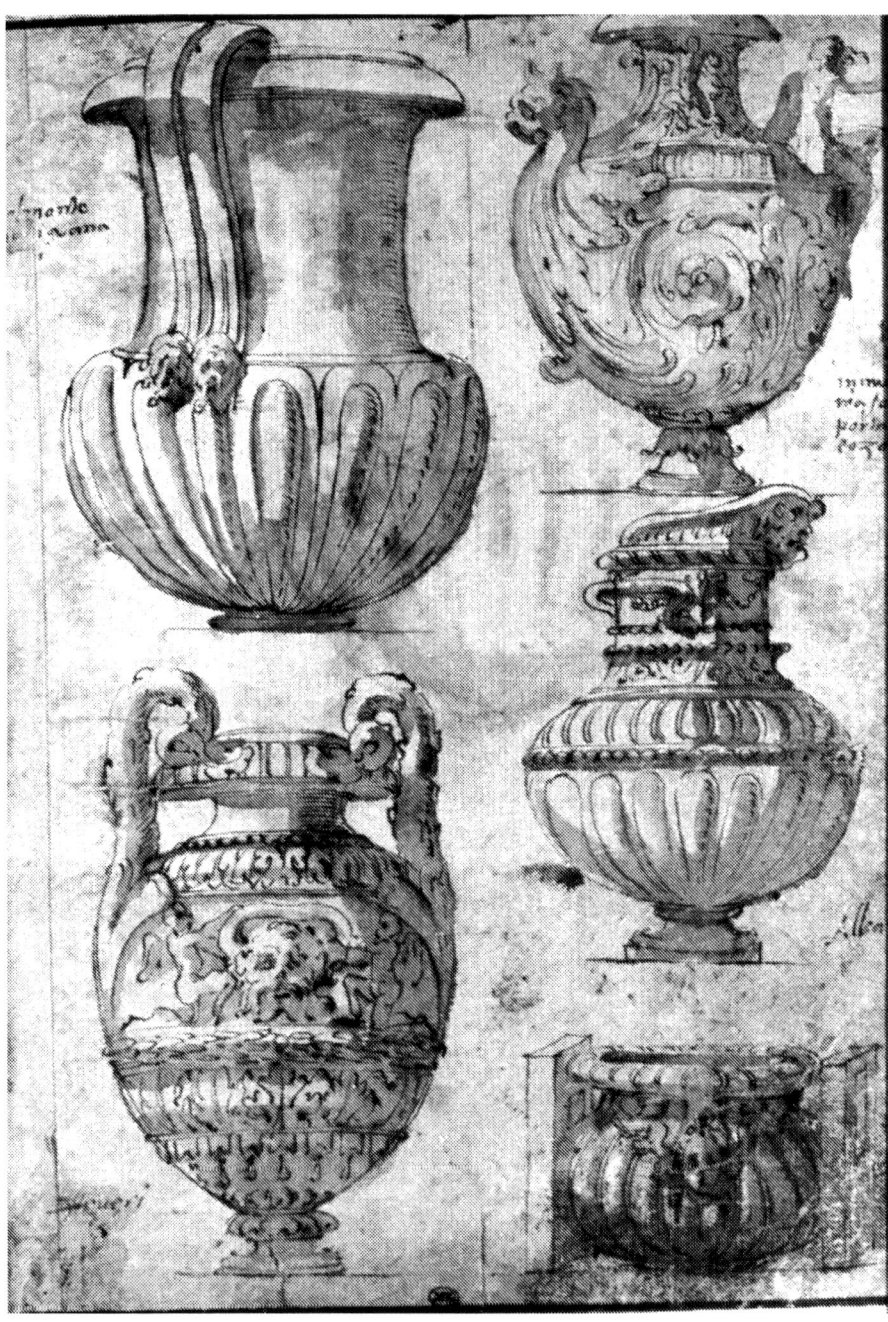

Planche I : Paris, Louvre, *Album Baldinucci*, 2ᵉ moitié du XVIᵉ siècle, inv. 994r°, lavis brun, plume, encre brune, 220 x 160 mm.

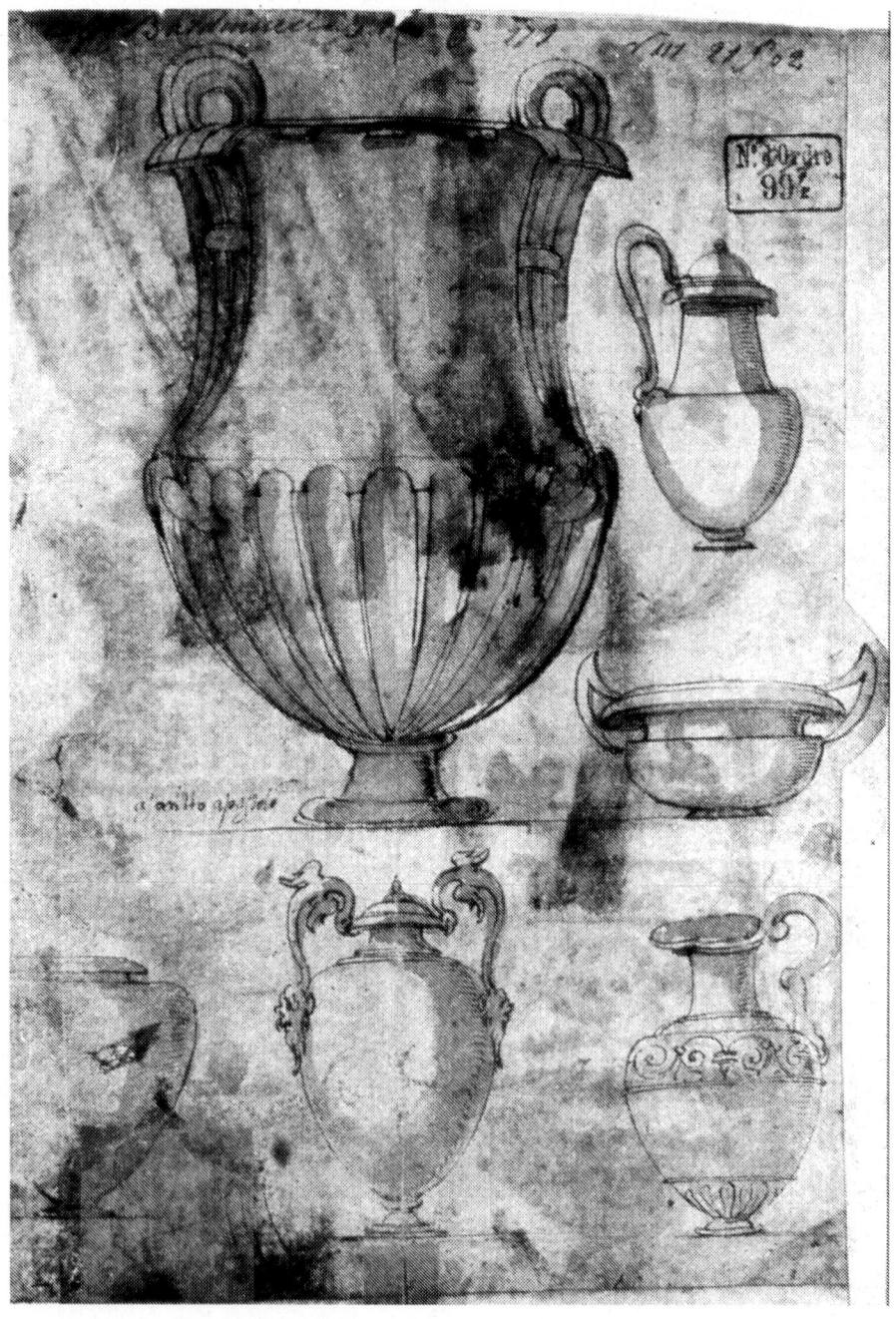

Planche II : Paris, Louvre, *Album Baldinucci,* 2ᵉ moitié du XVIᵉ siècle, inv. 994v°, lavis brun, plume, encre brune, 220 x 160 mm.

Planche III : Padova, Biblioteca Universitaria, Ms. 764, 2ᵉ moitié du XVIᵉ siècle, fº 11vº, plume et encre brune, 150 x 213 mm.

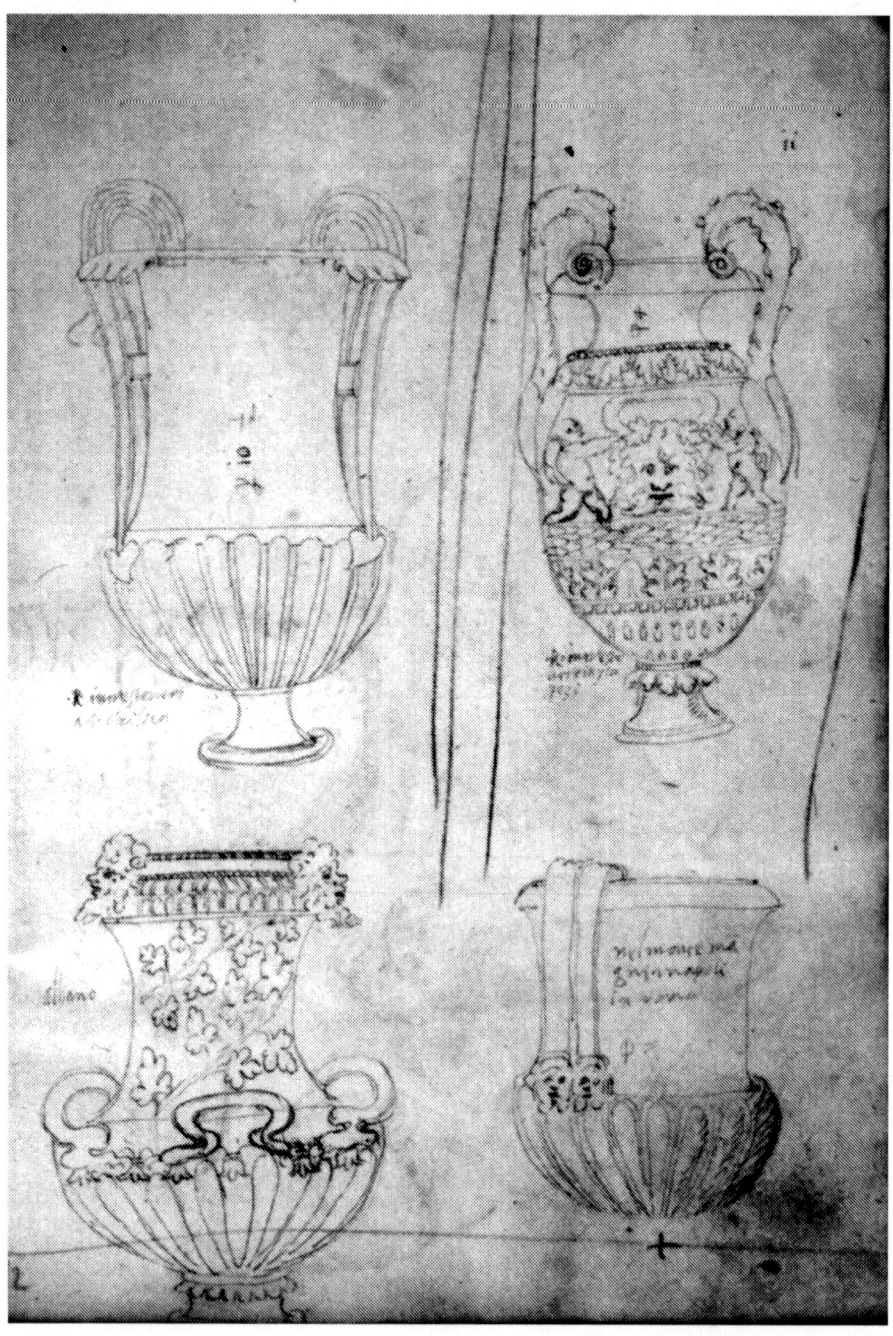

Planche IV : Padova, Biblioteca Universitaria, Ms. 764, 2ᵉ moitié du XVIᵉ siècle, fᵒ 12rᵒ, plume et encre brune, 150 x 213 mm.

Planche V : Paris, Louvre, *Album Baldinucci*, 2ᵉ moitié du XVIᵉ siècle, inv. 998r°, lavis brun, plume, encre brune, 216 x 158 mm.

Planche VI : Paris, Bibliothèque Nationale de France, *Album Peiresc*, tome 1, Est. Rés. Aa 53, XVIIᵉ siècle, fº 44vº, plume et encre brune, 332 x 236 mm.

Planche VII : Paris, Bibliothèque Nationale de France, *Album Peiresc*, tome 1, Est. Rés. Aa 53, XVIIe siècle, f° 45r°, plume et encre brune

Planche VIII : Paris, Bibliothèque Nationale de France, *Album Peiresc*, tome 1, Est.
Rés. Aa 53, XVIIᵉ siècle, fᵒ 3rᵒ, plume et encre brune, 307 x 208 mm.

Planche IX : Paris, Bibliothèque Nationale de France, *Album Peiresc*, tome 1, Est. Rés. Aa 53, XVIIe siècle, f° 8r°, plume et encre brune, 310 x 219 mm.

Planche X : Paris, Bibliothèque Nationale de France, *Album Peiresc,* tome 1, Est. Rés. Aa 53, XVIIe siècle, f° 9r°, plume et encre brune, 330 x 204 mm.

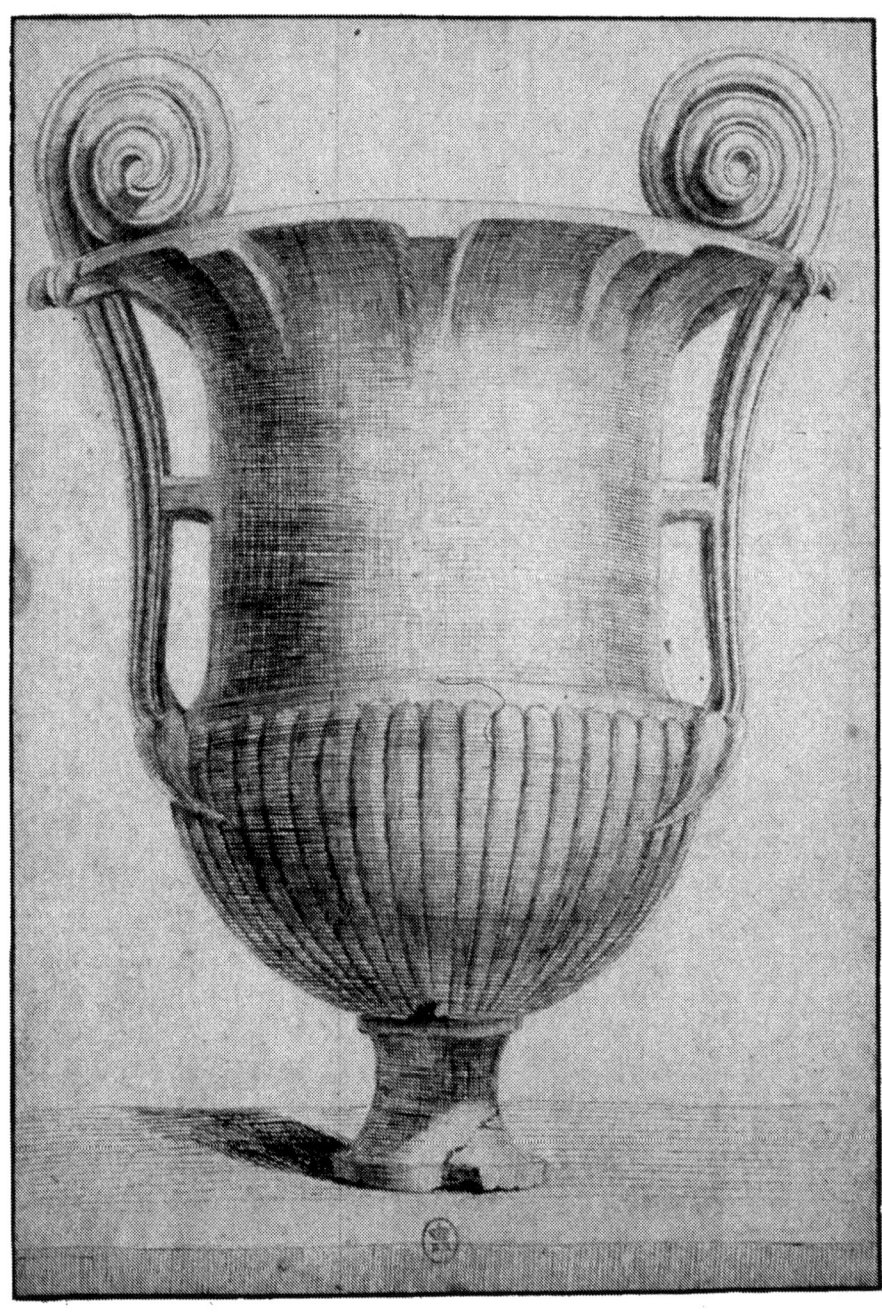

Planche XI : Paris, Bibliothèque Nationale de France, *Album Peiresc,* tome 1, Est. Rés. Aa 53, XVIIe siècle, f° 14r°, plume et encre brune, 310 x 215 mm.

Planche XII : Paris, Bibliothèque de l'Arsenal, *Album Charles Errard*, Est. 14 , XVIIᵉ siècle, frontispice : «Recueil de Vases Antiques par Charles Errard, peintre du roi», s.d., 330 x 225 mm.

Planche XIII : Paris, Bibliothèque de l'Arsenal, *Album Charles Errard*, Est. 14 , XVIIe siècle, f° 14r° : « Albæ in Horto iuxta Monumentum Horatiorum ».

Planche XIV : Paris, Bibliothèque de l'Arsenal, *Album Charles Errard*, Est. 14 ,
XVIIᵉ siècle, f° 8r° : « Romæ, versus S. Laurentium extra muros ».

Planche XV : Paris, Bibliothèque de l'Arsenal, *Album Charles Errard*, Est. 14 , XVIIe siècle, f° 9r° : « Romæ in Horto privato iuxta templum S. Petri ad Vincula ».

Planche XVI : Paris, Bibliothèque de l'Arsenal, *Album Charles Errard*, Est. 14 , XVIIe siècle, f° 17r° : « Roma in area templi Sta Cecilia ».

Planche XVII : Paris, Bibliothèque de l'Arsenal, *Album Charles Errard*, Est. 14 , XVIIᵉ siècle, fº 7rº : « Romæ in Hortis Mediceis ».

Planche XVIII : Paris, Bibliothèque de l'Arsenal, *Album Charles Errard*, Est. 14 ,
XVIIᵉ siècle, f° 10r° : « Romæ in Hortis Justinianis ».

Planche XIX : Paris, Bibliothèque de l'Arsenal, *Album Charles Errard*, Est. 14 , XVIIe siècle, f° 11r° : « Romæ in Hortis Borghesianis ».

Planche XX : Paris, Bibliothèque de l'Arsenal, *Album Charles Errard*, Est. 14 ,
XVIIᵉ siècle, fᵒ 12rᵒ : « Roma in ædibus Martini Longhi Architecti ».

Planche XXI : Paris, Bibliothèque de l'Arsenal, *Album Charles Errard*, Est. 14 , XVIIᵉ siècle, fᵒ 13, « Romæ in ædibus Justinianis ».

Planche XXII : Paris, Bibliothèque de l'Arsenal, *Album Charles Errard*, Est. 14 , XVIIᵉ siècle, fº 15rº : « Romæ in Hortis Tiburtinis ».

Planche XXIII : Paris, Bibliothèque de l'Arsenal, *Album Charles Errard,* Est. 14 , XVIIᵉ siècle, fº 16rº : « Romæ in Hortis Transtiberim ».

Planche XXIV : Paris, Bibliothèque de l'Arsenal, *Album Charles Errard*, Est. 14, XVIIᵉ siècle, fº 18rº : «Romæ in domo privata nobilis romani».

Planche XXV : Paris, Bibliothèque Nationale de France, *Album Peiresc*, tome 1, Est. Rés. Aa 53, XVIIᵉ siècle, fº 12rº, 309 x 204 mm.

Planche XXVI : Paris, Bibliothèque Nationale de France, *Album Peiresc,* tome 1, Est. Rés. Aa 53, XVIIe siècle, f° 13r°, 325 x 218 mm.

Planche XXVII : Paris, Bibliothèque Nationale de France, *Album Peiresc*, tome 1, Est. Rés. Aa 53, XVIIᵉ siècle, fᵒ 15rᵒ, 310 x 207 mm.

Planche XXVIII : Paris, Bibliothèque Nationale de France, *Album Peiresc,* tome 1, Est. Rés. Aa 53, XVIIᵉ siècle, fº 2rº, 330 x 216 mm.

Planche XXIX : Paris, Bibliothèque Nationale de France, *Album Peiresc,* tome 1, Est. Rés. Aa 53, XVIIe siècle, f° 6r°, 302 x 184 mm.

Planche XXX : Paris, Bibliothèque Nationale de France, *Album Peiresc*, tome 1, Est.
Rés. Aa 53, XVIIᵉ siècle, fº 7rº, 310 x 219 mm.

Planche XXXI : Paris, Bibliothèque Nationale de France, *Album Peiresc*, tome 1, Est. Rés. Aa 53, XVIIᵉ siècle, fᵒ 4rᵒ, 307 x 214 mm.

PlancheXXXII : Paris, Bibliothèque Nationale de France, *Album Peiresc*, tome 1, Est. Rés. Aa 53, XVIIᵉ siècle, f° 5r°, 295 x 210 mm.

Planche XXXIII : Frankfurt am Main, Städelschen Kunstinstitut, dessin attribué à C. Errard., inv. n° 1315, 300 x 193 mm.

EPIGRAPHICA

SUR L'AUTHENTICITE DE CINQ EPIGRAMMES GRECQUES DE LA COLLECTION ERIZZO [*]

par EVELYNE PRIOUX

La réalisation de fausses signatures dans la sculpture antique est bien attestée, tant par les sources littéraires [1] que par les découvertes archéologiques. Cette pratique, connue à travers des exemples datables de la fin de l'époque hellénistique et de l'Empire, adopte différents visages [2]. Il peut s'agir de remplacer l'inscription qui figurait sur une base abîmée par le temps, en reproduisant le texte original de la dédicace ou de la signature, ou encore de pourvoir une statue déplacée et séparée de sa base d'une nouvelle inscription. Dans le cas des statues grecques importées en Italie à l'époque romaine, de telles falsifications ont dû fréquemment se produire. Le bronze représentant l'athlète Pythoclès d'Elide, qui a généré à lui seul la réalisation de deux inscriptions pseudépigraphes, constitue pour ainsi dire un exemple d'école [3].

Mais les falsifications d'inscriptions n'interviennent pas seulement pour satisfaire le besoin de nouvelles bases généré par le commerce des pièces originales de la sculpture grecque. Il s'agit plus largement de donner le lustre

[*] Je remercie vivement Mme Agnès Rouveret, ainsi que MM. François Bérard, Pierre Laurens, Pierre Petitmengin pour les conseils et les remarques qu'ils m'ont prodigués au cours de la préparation de ce travail, ainsi que Mmes Margherita Bolla, conservatrice du Museo Maffeiano à Vérone, et Florence Vuilleumier Laurens.

[1] Voir notamment PHÆD. *Fab.* V, prol.

[2] Pour une introduction sur ces problèmes, voir M. GUARDUCCI, *Epigrafia greca*, vol. III, Roma 1974, 418-423.

[3] Voir L. MORETTI, « *Olympionikai*, i vincitori negli antichi agoni olimpici », *Atti della Accademia nazionale dei Lincei*, ser. 8, VIII, 2 (1957), 59-198, Inscription n° 284; *Inscriptiones Græcæ Vrbis Romæ*, ed. L. Moretti, Roma 1968, n° 1580 (= *I.G.V.R.* 1580) avec la bibliographie précédente; GUARDUCCI, *Epigrafia Greca, op. cit.*, vol. III, 419-421. Une fausse signature, ajoutée à l'époque romaine sur la base originale, accompagnait probablement une copie offerte à Olympie en remplacement de l'œuvre de Polyclète, tandis qu'une autre inscription, retrouvée à Rome dans le *templum Pacis*, fut incisée, pour les besoins d'une collection, sur une base destinée à accueillir le bronze polyclétéen.

d'un grand nom à d'obscures copies, voire à des pièces qui ne dérivent même pas des œuvres des sculpteurs auxquels les faussaires les attribuent [4].

Ces signatures pseudépigraphes, dont le développement est indissociablement lié aux phénomènes de collectionnisme, ont sans doute pris parfois un tour plus complexe : au lieu d'un simple nom de sculpteur, on peut imaginer l'incision d'une épigramme assez développée, qui comporterait des considérations sur la nature de la représentation figurée, sur sa réussite et sur sa signification. Il ne s'agirait pas d'une simple signature mise sous forme de texte métrique, mais d'un texte pourvu de qualités littéraires véritables, tel qu'on peut en rencontrer dans l'*Anthologie grecque*.

Si la plupart des épigrammes ecphrastiques conservées dans l'*Anthologie de Planude* ou dans l'*Anthologie Palatine* sont probablement d'origine exclusivement livresque, quelques rares exemples semblent montrer que certaines d'entre elles ont pu avoir partie liée avec la réalisation de bases statuaires et servir d'inscriptions avant d'être recopiées dans un recueil d'épigrammes [5]. Il est également possible que des pièces livresques aient été utilisées, une fois publiées, comme *tituli* pour des œuvres figurées.

Si les attestations épigraphiques de faux antiques sur lesquels le lapicide s'est contenté d'inciser quelque nom d'artiste fameux sont abondantes, il est bien plus rare de rencontrer sur les œuvres figurées des textes possédant une véritable qualité littéraire. L'incision d'épigrammes élaborées au voisinage d'une image relève en effet d'un jeu assez complexe entre langage plastique et langage poétique, qui requiert de la part du collectionneur et du faussaire plus de culture et plus de diligence que l'imitation d'une simple signature. L'ambition de tels *tituli* dépasse largement celle des fausses signatures : ils servent à guider le regard du spectateur, à expliquer ou à mettre en question le sens de la représentation figurée. Bien que ce phénomène soit fort rare, son étude devrait permettre de mieux comprendre certains aspects du collectionnisme antique et de tracer une première esquisse d'une histoire de la perception des arts figurés.

Cependant, une telle enquête se trouve compliquée par l'existence de nombreux faux de la Renaissance qu'il n'est pas toujours aisé de distinguer des originaux antiques [6]. En effet, l'idée d'un lien entre poésie et image, *a fortiori* d'un lien matérialisé par l'épigraphie, a exercé un attrait intellectuel cer-

---

[4] Pour des exemples de fausses signatures et d'attributions fantaisistes, voir notamment le cas de Praxitèle dans J. MARCADÉ, *Recueil des signatures de sculpteurs grecs*, Paris 1953-57, vol. II, n° 118.

[5] Voir pour un exemple imitant de très près les simples signatures métriques mais avec un probable jeu de mots σκοπῆς/ Σκώπας, J. BOUSQUET, «L'Hermès de Scopas à Ephèse», *Revue de Philologie* LI (1977), 22-24, Paris 1977 et, pour un exemple plus élaboré,

où l'épigramme se présente comme un équivalent poétique de l'œuvre figurée, L. ROBERT, «Héraclès à Pergame et une épigramme de l'*Anthologie*, XVI, 91», *Revue de Philologie* LVIII (1984), 7-18. Pour une approche théorique sur le sujet voir P. LAURENS, *L'abeille dans l'ambre*, Paris 1989, chap. «La pierre et le livre», 33-64.

[6] Pour une introduction sur les faussaires de la Renaissance, voir GUARDUCCI, *Epigrafia greca, op. cit.*, vol. I, 491-496.

tain sur les collectionneurs et les épigraphistes de la Renaissance[7]. Lorsque les faux renaissants se sont conservés jusqu'à nos jours, il est en général possible de confondre la falsification, mais lorsque les inscriptions ne sont connues qu'à travers le témoignage de *corpus* épigraphiques anciens, il est nettement plus difficile de les discerner des pièces antiques. Pire encore, certains faux n'ont jamais existé que sur le papier et ne sont que le produit des facéties manuscrites de quelque antiquaire.

C'est ainsi qu'en cherchant à retrouver la trace de faux d'époque romaine, on s'aperçoit parfois qu'il s'agissait de faux réalisés à la Renaissance.

Quatre épigrammes grecques de la collection Erizzo

Le volume des *Inschriften griechischer Bildhauer* d'Emanuel Löwy fait mention d'une épigramme de Tullius Geminus[8] qui aurait été inscrite sur la base d'une statue représentant « Hercule vaincu par l'Amour »[9]. Cette inscription, aujourd'hui perdue, fut lue par Jacob Spon dans le palais Erizzo[10] à Venise et publiée dans les *Miscellanea eruditæ antiquitatis*[11]. L'épigramme de Tullius Geminus figure dans l'*Anthologie de Planude* (n° 103) :

[7] Il suffit de penser à l'exemple du jeune Alciat, chez qui la vocation d'épigraphiste servit de prélude à l'invention d'une nouvelle forme poétique, l'emblème, qui allie l'épigramme à l'image. Voir P. LAURENS, F. VUILLEUMIER, « Entre *Histoire* et *Emblème* : le recueil des *Inscriptions Milanaises* d'André Alciat », *Revue des Études Latines* LXXII (1994), 218-237. Le goût pour la relation entre épigramme et arts figurés se manifeste aussi dans un certain nombre de cycles peints de la Renaissance : voir par exemple l'épigramme latine inspirée des *Vies parallèles* de Plutarque qui donne la clé du programme décoratif analysé par R. GUERRINI, « *Corpus titulorum Senensium* : *Fleuit Cæsar*. L'epigramma in *zophoro* e le perdute *Storie di Cesare* (Sodoma, Palazzo Chigi al casato di sotto, Siena) », *Fontes* II, 3-4 (1999), 241-248.

[8] Il est probable que cet auteur doive être identifié avec C. Terentius Tullius Geminus, consul suffect en 46 ap. J.-C. puis légat de Mésie ; voir A.S.F. GOW, D.L. PAGE, *The Greek Anthology. 2. The Garland of Philip and Some Contemporary Epigrams*, Cambridge 1968, vol. II, 294-295.

[9] Voir E. LŒWY, *Inschriften griechischer Bildhauer (Greek Inscriptions Recording Names and Works of Ancient Sculptors)*, Chicago 1976 (1885), n° 534. Voir aussi MARCADÉ, *s.v.*

« Lysippe I », *Recueil des signatures, op. cit.*, vol. I, 70, et C. PICARD, *Manuel d'archéologie grecque – la sculpture IV (période classique-IV* siècle)*, Paris 1963, 2e partie, 552-553.

[10] Une telle dénomination prête à confusion : comme le montre la bibliographie ancienne relative aux autres inscriptions conservées dans la même collection, la demeure visitée par Spon n'est pas celle que l'on connaît aujourd'hui sous le nom de palazzo Erizzo, à savoir le palazzo Erizzo alla Maddalena, mais le palazzo Erizzo di San Moisè, situé à proximité de l'église de San Moisè, dans la piscina di San Moisè, petite voie parallèle à l'actuelle calle larga XXII Marzo et qui débouche sur le rio dei Barcarolli, en amont du pont San Moisè. Il ne s'agit donc pas non plus de la casa Vallaresso-Erizzo de la contrada di San Moisè, palais de construction plus tardive qui donne sur le Canal Grande et qui correspond au complexe formé par l'ex-Ridotto et l'albergo Monaco e Gran Canal. Voir J. SPON, *Voyage d'Italie, de Dalmatie, de Grèce et du Levant fait aux années 1675 et 1676*, Lyon, s.n. 1678, t. III, 60 et G. FURLANETTO, *Le antiche lapidi patavine illustrate*, Padova 1847, 499. Voir, pour situer la piscina di San Moisè : *An Atlas of Venice*, ed. E. Salzano, Venezia 1989, secteur n° 107.

[11] Voir J. SPON, *Miscellanea eruditæ anti-*

Ἥρακλες, ποῦ σοι πτόρθος μέγας ἥ τε Νέμειος
χλαῖνα καὶ ἡ τόξων ἔ∣μ∣πλεος ἰοδόκη·
ποῦ σοβαρὸν μίμημα· τί σ᾽ἔπλασεν ὧδε κατηφῆ
Λύσιππος, χαλκῷ δ᾽ἐγκατέμιξ᾽ ὀδύνην·
ἄχθῃ γυμνωθεὶς ὅπλων σέο· τίς δέ σ᾽ἔπερσεν·
ὁ πτερόεις, ὄντως εἰς βαρὺς ἆθλος, Ἔρως.[12]

v. 2 ἔμπλεος *mss.* : ΕΝΠΛΕΟΣ *Sponius*; v. 3 μίμημα *mss.*, *Sponius* :
βρίμημα *corr. Ruhnken* ‖ τί σ᾽ἔπλασεν *uulg.* : ΤΙΣ ΕΠΛΑΣΕΝ *Sponius*,
qui fatetur se ultro uerba distinxisse, quo epigramma clarius intellegatur;
v. 4 χαλκῷ δ᾽ *mss.*, *Sponius* : χαλκῷ τ᾽ *corr. Brunck* ‖ ἐγκατέμιξ᾽ :
ΕΓΚΑΤΕΜΙΞΕ *Sponius*.

S'il s'avérait que cette épigramme n'était pas de nature purement livresque, mais qu'elle avait effectivement servi de *titulus* à une statue, nous dispo-
serions d'un témoignage exceptionnel sur le mode d'exposition de certaines
œuvres de renom : un original de Lysippe, ou sa copie, aurait été accompagné d'une inscription qui mettait en question la signification de la scène
représentée, avant de l'expliquer. L'on se plaît à supposer quelque maître de
maison choisissant, parmi les épigrammes de la *Couronne de Philippe*, le
poème adapté pour figurer aux côtés d'une image d'Héraclès[13]. Le *dominus*
aurait ainsi confronté deux types de langages — le langage plastique et le langage poétique.

quitatis in quibus marmora, statuæ, musiva,
toreumata, gemmæ, numismata, Grutero,
Ursino, Boissardo, Reinesio, aliisque collectori-
bus ignota, Lyon 1685, section II, 51. L'inscription a ensuite été republiée par A.F. GO-
RI [*Inscriptiones antiquæ in Etruriæ Vrbibus
exstantes...* (1726-1734), t. 2, Firenze 1734,
135-136], dans le cadre d'une discussion sur
l'iconographie des représentations d'Héraclès. Gori suit le témoignage de Spon, mais
affirme que l'inscription se trouvait encore
de son temps au palais Erizzo et signale,
contrairement à Spon, la présence d'une statue de bronze représentant Héraclès aux
côtés de l'inscription.
12 « Héraclès, où sont ta grande massue, la
mante de Némée et ton carquois chargé de
traits ? Où est ta fière image ? Pourquoi Lysippe t'a-t-il modelé avec cet air piteux, pourquoi
avoir mêlé le bronze et le chagrin ? Tu souf-
fres d'avoir été dépouillé de tes armes; qui t'a
anéanti ? C'est l'Amour ailé, qui compta, à
n'en pas douter, parmi tes pénibles travaux »
(trad. de l'auteur). Si l'on suit l'heureuse correction proposée par Ruhnken au v. 3, le sens
devient : « Où est ta vigueur impétueuse ? ».
13 Voir J.A. OVERBECK, *s.v.* « Lysippos »,

*Die antiken Schriftquellen zur Geschichte der bil-
denden Künste bei den Griechen*, Leipzig 1868,
œuvre n° 14, texte n° 1474 : l'auteur considère
que cette épigramme renvoie tout comme la
pièce *Anth. Plan.* 104 de Philippe à un Héraclès
désarmé dont le lieu d'exposition antique ne
nous est pas connu. A. BANDURI (*Imperium
Orientale I*, Paris 1711, 3ᵉ partie, livre 6, 109-
110) fut le premier à proposer d'identifier cette
œuvre avec l'Héraclès colossal de Tarente, statue de Lysippe qui n'était pas pourvue des traditionnels attributs d'Héraclès — reste que la
peau du lion de Némée recouvrait, à en croire
les témoignages byzantins, la corbeille sur
laquelle le colosse était assis : voir sur ce point
et sur l'Héraclès de Tarente en général J. DÖ-
RIG, « Lysipps letztes Werk », *Jahrbuch des deut-
schen archäologischen Instituts* LXXII (1957),
19-43, ainsi que le catalogue de l'exposition *Lisippo. L'arte e la fortuna*, ed. P. Moreno, Roma
1995, 281-288 et 374-379. L'hypothèse de Banduri fut reprise et développée par Dörig et
mentionnée, sans grand enthousiasme, par
G. SCHWARZ (*Die griechische Kunst des 5. und
4. Jahrhunderts vor Christus im Spiegel der
«Anthologia Græca»* : Diss. Graz n° 6, Wien
1971, 88-89, part. note 229) qui préfère voir

Plusieurs savants ont considéré que le témoignage de Spon attestait la présence aux côtés de l'épigramme d'une statue [14] : il s'agirait alors de l'un des très rares cas où ont été conservés ensemble, jusqu'à l'époque moderne, un *carmen epigraphicum* de type ecphrastique et la représentation figurée qui l'accompagnait. L'hypothèse est certes séduisante, mais il convient de formuler quelques remarques sur la nature de la collection épigraphique conservée dans le palais de San Moisè [15].

dans l'Héraclès des épigrammes *Anth. Plan.* 103 et *Anth. Plan.* 104 une œuvre indépendante du colosse de Tarente, puis défendue par P. MORENO (*Testimonianze per la teoria artistica di Lisippo*, Roma 1973, 105-108) qui va jusqu'à supposer que l'inscription de Venise ne soit autre que celle qui figurait sur la base du colosse lorsque celui-ci ornait la collection de l'Hippodrome de Constantinople. PICARD (*Manuel, op. cit.*, 552-553), au contraire, ne mentionne pas les liens que cette épigramme pourrait entretenir avec le colosse de Tarente, mais suggère d'y voir la confirmation du rôle de Lysippe dans l'invention du thème d'Eros larron. Pour une analyse récente sur la signification de l'Héraclès de Tarente, voir K. STÄHLER, « Zu Lysipps Herakles in Tarent », *Boreas* 20 (1997), 43-47 : l'interprétation donnée par l'auteur à la posture d'Héraclès s'oppose entièrement à celle que propose Tullius Geminus. Enfin, il faut mentionner l'existence d'une source épigrammatique de découverte récente, que P. BERNARDINI et L. BRAVI [« Note di lettura al nuovo Posidippo », *Quaderni Urbinati di Cultura Classica*, n.s., LXX, 1 (2002), 147-163, part. 150] ont proposé de mettre en relation avec l'Héraclès de Tarente : il s'agit d'une épigramme de Posidippe conservée dans le papyrus de Milan, *P. Mil. Vogl.* VIII, 309, qui ne présente aucune similitude avec l'épigramme de Tullius Geminus ; *contra* : voir E. KOSMETATOU et K. PAPALEXANDROU [« Size Matters : Poseidippos and the Colossi », *Zeitschrift für Papyrologie und Epigraphik* 143 (2003), 53-58] qui considèrent que l'épigramme de Posidippe ne désigne pas spécifiquement les œuvres colossales de Lysippe.

[14] Voir par exemple, PICARD, *Manuel, op. cit.*, 552 : « D'après le voyageur lyonnais, l'épigramme accompagnait une statue en bronze d'Héraclès vaincu par l'Amour ».

[15] Je n'ai retrouvé dans l'œuvre de Spon aucun passage qui permette d'affirmer l'existence d'une telle statue. Bien qu'ambigu, le lemme de l'inscription me semble au contraire sous-entendre que la base ne portait plus de statue à l'époque de Spon : *Epigramma. Olim basi statuæ Herculis inscriptum. Venetias translatum marmor* (*Miscellanea, op. cit.*, section II, 51). Par prévenance pour son lecteur, Spon donne des indications sur ce qu'il suppose être le contexte d'origine de la base de marbre. A la vérité, l'idée selon laquelle l'inscription aurait accompagné un bronze dérive non de l'œuvre de Spon, mais du témoignage de GORI (*Inscriptiones antiquæ, op. cit.*, t. 2, 135) qui cite l'épigramme dans le cadre d'une réflexion sur le type de l'Héraclès Farnèse, qu'il connaît à travers la réplique du Palazzo Pitti à Florence. Pour l'exemplaire florentin du type de l'Héraclès Farnèse, voir O. PALAGIA, *s.v.* « Herakles », *Lexicon Iconographicum Mythologiæ Classicæ*, Zürich 1988, IV, 1, n° 703. La réplique de Florence est la seule à porter une signature attribuant l'œuvre à Lysippe (voir MARCADÉ, *Recueil des signatures, op. cit.*, vol. I, n° 70) : sur la foi de cette signature, Gori attribue à Lysippe l'invention du thème de l'Héraclès mélancolique. A en croire Gori, l'épigramme de Venise était donc surmontée d'une réplique du type de l'Héraclès Farnèse et non d'une statue dérivant du type tarentin de l'Héraclès assis, type dont Gori n'ignore pas l'existence puisqu'il dit avoir vu dans une collection toscane un Héraclès prostré. La notice que Gori consacre à l'épigramme du palais Erizzo pose plusieurs problèmes. Il faut d'abord souligner le caractère tout à fait exceptionnel qu'aurait la présence d'un bronze antique dans une collection du XVIIᵉ siècle : l'extrême rareté des grands bronzes conservés jusqu'à l'époque moderne conduit à regarder avec prudence ce témoignage. Plus étonnante encore serait la présence d'une telle œuvre dans une collection jouissant d'une aussi faible notoriété que le « musée Erizzo » —sur l'histoire de cette col-

C'est lors de son voyage de 1675-76 que Spon a l'occasion de visiter le palais Erizzo, en compagnie de l'abbé Ambrogio Gradenigo, bibliothécaire de Saint-Marc. Il en fait le récit dans le *Voyage d'Italie, de Dalmatie, de Grèce et du Levant* [16] :

> ... Sçachant que la curiosité étoit l'unique objet de mes voyages, [l'abbé] me mena à l'ancienne maison d'Erizzo, pour me faire voir cinq ou six inscriptions apportées autrefois de Grèce, parmi lesquelles il y a l'Epitaphe de Diogène le Cynique, avec son chien gravé sur la pierre. Celui du Poëte Anacreon, qui s'étoufa en avalant de travers un grain de raisin. Il se trouve pourtant imprimé dans Théocrite, & l'on ne sait si le Poëte l'a pris du marbre, ou si le marbre l'a pris du poëte.

(tome I, 75)

De ces « cinq ou six inscriptions », seules deux sont décrites dans le *Voyage d'Italie* [17] : le médecin lyonnais se propose en effet de publier les autres dans un recueil ultérieur [18] et ce sera chose faite, en partie du moins, dans les *Miscellanea eruditæ antiquitatis*, parus en 1685, où l'érudit réédite l'inscription de Diogène [19] et livre sa propre transcription de l'épigramme de Tullius Geminus [20], avant de faire brièvement allusion à une quatrième épigramme non transcrite. Si l'inscription lysippique devait être le fleuron de la collection épigraphique du palais Erizzo, les deux monuments auxquels il est fait allusion dans le *Voyage d'Italie* permettent de mieux comprendre la prédilection du collectionneur pour les pierres alliant de quelque façon l'épigramme à la sculpture : le chien « assis sur son derrière » [21], qui surmontait l'épitaphe de Diogène, et le poème de Théocrite consacré à la statue d'Anacréon [22] relevaient en effet du même jeu esthétique entre poésie et image que l'épigramme sur l'Héraclès dépouillé de ses armes.

---

lection, qui ne dépasse pas le stade de la conjecture, voir la deuxième partie de la présente étude. Enfin, on s'explique assez mal le silence de Spon et de Wheler sur une telle découverte. S'il y a jamais eu une statue de bronze représentant un Héraclès mélancolique dans la maison Erizzo, il s'agissait vraisemblablement d'un faux et il est probable qu'il ait été placé aux côtés de l'inscription seulement après le passage de Spon et de Wheler à Venise.

[16] Sur le *Voyage d'Italie, op. cit.* : voir L. RE-BAUDO, « Il viaggio in Italia e il metodo antiquario di Jacob Spon », *Annali della scuola normale superiore di Pisa*, IVᵃ ser., Quaderni 2, Pisa 1998, 111-138.

[17] Voir SPON, *Voyage d'Italie, op. cit.*, t. III, 60-65.

[18] Voir SPON, *Voyage d'Italie, op. cit.*, t. III,

65 : « Dans cette même Cour se voient quatre autres inscriptions Grecques, que je rendrai un jour publiques, avec bon nombre d'autres, s'il plaît à celui qui est le maître de nôtre santé, & de notre vie ».

[19] Voir SPON, *Miscellanea, op. cit.*, section II, 51.

[20] Voir SPON, *Miscellanea, op. cit.*, section IV, 125-126.

[21] SPON, *Voyage d'Italie, op. cit.*, t. III, 60.

[22] Le texte de Théocrite feint en effet de s'adresser à un voyageur contemplant la statue du poète de Téos et joue sur l'imitation de formules topiques de l'épigraphie artistique. Voir sur ce point P. BING, « Theocritus' *Epigrams* on the Statues of Ancient Poets », *Antike und Abendland* XXXIV (1988), 117-123.

Le texte de l'épitaphe de Diogène, qui correspond à l'*Epigr*. VII, 64 de l'*Anthologie Palatine* (= *Anthologie de Planude*, III, 546), pourrait être transcrit comme suit, en tenant compte des règles d'édition modernes[23] :

– Εἰπέ, κύ⌈ο⌉ν, τίνος ἀνδρὸς ἐφεστὼς σῆμα φυλάσσεις·
– Τοῦ Κυνός. – Ἀλλὰ τίς ἦν οὗτος ἀνήρ, ὁ Κύων·
– Διογένις. – Γένος εἰπέ. – Σιν⌈ω⌉πεύς. – Ὃς πίθον ᾤκει·
– Καὶ μάλα, νῦν δὲ θανὼν ἀστέρας οἶκον ἔχει[24].

v. 1 κύον *edidi e.g. Anth. Pal.* VII, 64 : κύων *Sponius, Wheler* | | ἐφεστὼς *Sponius* : ἐφιστὰς *Wheler*; v. 2 ὁ Κύων *Sponius* : ὦ Κύων *Wheler*; v. 3 Σιν⌈ω⌉πεύς *edidi e.g. Anth. Pal.* VII, 64 : ΣΙΝΟΠΕΥΣ *Sponius, Wheler* | | ᾤκει *Sponius* (*Voyage d'Italie*), *Wheler* : ὤκει *Sponius* (*Misc. erud. antiquit.*); v. 4 μάλα *Anth., Sponius* : ΜΑΛΛΑ *Wheler, qui praue correxit priorem errorem in imagine incisa factam.*

L'un des charmes du *Voyage d'Italie* de Spon est de pouvoir être comparé avec l'œuvre du botaniste anglais Sir George Wheler qui accompagna le médecin de Lyon dans une partie de son périple. Bien que Wheler ne s'attarde pas à décrire Venise et se contente de résumer à gros traits l'histoire de la Sérénissime, son ouvrage permet de compléter partiellement les indications données par Spon : dans l'*excursus* consacré à Corinthe, où Wheler évoque l'échec de ses recherches visant à retrouver le tombeau de Diogène, il décrit le monument vu dans le palais Erizzo à Venise[25]. Contrairement à Spon, Wheler fournit une illustration du relief[26] (planche 1) et formule une hypothèse sur la provenance de la pierre : d'après lui, l'inscription du palais Erizzo se serait trouvée à Corinthe avant d'être transportée à Venise.

---

[23] Voir S. PANCIERA, « Struttura dei supplementi e segni diacritici dieci anni dopo », *Supplementa Italica*, n.s., 8 (1991), 9-21. Sur l'épigramme elle-même, voir l'étude de H. HÄUSLE, *Sag mir o Hund, wo der Hund begraben liegt?*, Hildesheim-Zürich-New-York 1989, 9, part. note 41 : l'auteur y commente le récit de Spon, mais livre des conclusions erronées ou incomplètes faute de connaître le témoignage de Wheler (voir *infra*, note 25) et la gravure fournie par celui-ci. Le rapport que Häusle établit entre l'indifférenciation ο/ω dans l'alphabet corinthien et les particularités graphiques trahies par la transcription de Spon n'est pas pertinent, comme l'a montré P.A. HANSEN [« Diogenes the Cynic at Venice », *Zeitschrift für Papyrologie und Epigraphik* 82 (1990), 198-200]. Les confusions ο/ω dans l'épigramme ne peuvent servir d'argument pour prouver que l'inscription serait antique.

[24] « – Dis-moi, chien, à qui est la tombe sur laquelle tu te tiens aux aguets ? – Au Chien.

– Mais cet homme, le Chien, qui était-ce ? – Diogène. – Dis-moi son origine. – Sinôpè. – C'est celui qui demeurait dans un tonneau ? – Assurément; mais maintenant, il est mort et les astres sont sa demeure » (trad. de l'auteur).

[25] G. WHELER, *A Journey into Greece by George Wheler Esquire in Company of Dr Spon of Lyons*, London 1682, 444-445, avec *errata* p. [14].

[26] Afin de ne pas alourdir inutilement l'appareil critique, nous n'y avons pas signalé les trois erreurs du graveur corrigées par WHELER (*op. cit.*, p. [14]), par l'ajout du *iota* oublié dans ΦΥΛΑΣΣΕΙΣ (v. 1), du *nu* omis dans ΟΙΚΟΝ (v. 4) et la substitution du *mu* à l'*êta* lu dans la gravure (ΗΑΛΛΑ *pro* ΜΑΛΛΑ [sic!]). Comme l'a montré à juste titre HANSEN (« Diogenes », art. cit., 199), la leçon ΜΑΛΛΑ trahit une négligence de Wheler dans la correction : le savant anglais a recopié par mégarde une partie de l'erreur du graveur.

Une pierre véronaise, de provenance padouane, vient toutefois obscurcir l'histoire de l'inscription lue par les deux voyageurs du XVIIᵉ siècle[27] : ce monument porte une inscription exactement identique à celle du *titulus* du palais Erizzo, mais le texte n'y est pas surmonté d'un relief[28] (planche 2). Dès le XVIIIᵉ siècle, Scipione Maffei avait identifié cette inscription comme étant un faux moderne[29]. La présence de cette pierre dans la collection Bassani à Padoue est attestée avant le passage de Spon et de Wheler à Venise par Sertorio Orsato[30]. Spon, qui, dans le *Voyage d'Italie*, passe sous silence l'existence de l'exemplaire padouan, le mentionne dans les *Miscellanea eruditæ antiquitatis*, en signalant que l'épigramme relative à Diogène est inscrite sur deux monuments antiques, décrits respectivement par Orsato et par lui-même[31].

A défaut de permettre de statuer sur l'authenticité de la pierre lue par Spon et Wheler, l'exemplaire de Vérone atteste l'activité déployée par un faussaire vénète autour de l'épigramme de Diogène et incite à considérer avec prudence l'exemplaire perdu du palais Erizzo. Plusieurs cas de figure distincts peuvent être imaginés. Les deux monuments peuvent n'être qu'une seule et même pierre, mutilée après que Spon et Wheler l'ont vue à Venise — en effet, Spon, qui a pourtant séjourné une semaine à Padoue, en compagnie de Wheler[32], ne dit à aucun moment avoir vu la pierre de Padoue, dont il ne documente l'existence que par un renvoi bibliographique à Orsato ; il faudrait toutefois supposer, dans le cas d'une pierre unique, que Orsato ait passé sous silence l'existence d'un relief surmontant l'inscription. Quoi qu'il en soit, la faiblesse des arguments *ex silentio* impose de ne pas écarter complètement l'hypothèse de l'unicité des deux documents. Dans l'hypothèse où les deux monuments seraient distincts l'un de l'autre, il faut envisager deux cas — celui où l'inscription de Venise serait authentique, tan-

---

[27] Voir T. RITTI, *Iscrizioni e rilievi greci nel museo Maffeiano di Verona*, Roma 1981, n° 100*. La bibliographie citée par HÄUSLE (*Sag mir, op. cit.*, 9, note 41) montre qu'il connaissait cette pierre, même s'il n'en tire aucune conclusion. L'existence de cette inscription n'est pas mentionnée par HANSEN (« Diogenes », art. cit.), mais est rappelée par une note de G. PETZL [« Der begrabene Hund und andere veroneser Fälschungen », *Zeitschrift für Papyrologie und Epigraphik* 84 (1990), 79-80] écrite en réponse à ce premier article. Ces différents auteurs n'ont pas cherché à replacer l'épigramme lue par Spon dans le contexte d'une collection donnée et n'ont pas mentionné l'existence des autres inscriptions métriques du palais Erizzo.

[28] A la lg. 2, la pierre porte bien KYΩN avec un *oméga* et non un *omicron*, contrairement au texte édité par RITTI, *Iscrizioni, op. cit.*

[29] S. MAFFEI, *Museum Veronense*, Verona 1749, LXVIII, n° 1.

[30] S. ORSATO, *Monumenta Patauina*, Padova 1652, 70, n° 61 et commentaire, 127. L'auteur, qui considère l'inscription comme authentique, évoque le problème de savoir si c'est la pierre qui a servi de source à l'*Anthologie* ou l'inverse — problématique qui rappelle de très près celle que Spon énonce en un chiasme élégant au sujet de l'inscription d'Anacréon (voir *supra* : « L'on ne sait si le Poëte l'a pris du marbre, ou si le marbre l'a pris du poëte »). La publication ultérieure de cette pierre par FURLANETTO (*Le antiche lapide, op. cit*, 499, n° DCCCI) repose sur le témoignage d'Orsato, comparé à celui de Spon. Les conditions de l'acquisition de cette pierre par Maffei ne sont pas connues.

[31] Voir SPON, *Miscellanea, op. cit.*, section IV, 125.

[32] Voir WHELER, *A journey, op. cit.*, 1-3.

dis que l'inscription de Padoue serait fausse, et celui où les deux inscriptions auraient été réalisées à l'époque moderne. Si les deux inscriptions étaient fausses, il serait assez tentant de supposer qu'un seul et même faussaire ait gravé ces deux documents, pour ainsi dire en série[33].

Le texte de la pierre du Museo Maffeiano et le relevé donné par Spon et Wheler de l'inscription du palais Erizzo présentent une similitude fondamentale : ils se caractérisent tous deux par une confusion au premier vers entre le vocatif ΚΥΟΝ et la forme du nominatif ΚΥΩΝ. Cette similitude a été étudiée par Peter Alan Hansen qui ignorait la présence de l'épigramme dans les collections actuelles du Museo Maffeiano, mais connaissait le témoignage du catalogue du *Museum Veronense* réalisé par Maffei : les quatre premiers mots de l'inscription y sont donnés, ainsi qu'un renvoi à l'*Anthologie*[34]. Partant du principe que les trois témoignages se référaient à la même pierre, Hansen en déduisait que le texte ΚΥΩΝ avait de bonnes chances de figurer effectivement sur la pierre. Même dans l'hypothèse où la pierre du palais Erizzo ne serait pas la même que la pierre de Vérone, il me semble que cette conclusion demeure valable, puisque Spon et Wheler donnent le même texte, alors que leurs divergences sur d'autres points[35] montrent que l'ami de Spon ne se contentait pas de recopier le témoignage donné dans le *Voyage d'Italie*. Hansen cite à propos de cette leçon des exemples de nominatifs employés au lieu de vocatifs dans des inscriptions du IVe siècle avt. J.-C. Cette confusion ne permettrait donc pas d'infirmer l'authenticité de la pierre. L'auteur remarque également que les leçons de l'*Anthologie de Planude* et de l'*Anthologie Palatine* concordent sur ce point. A l'exemple des deux anthologies, toutes les éditions anciennes donnent le texte κύον,

---

[33] L'hypothèse de l'unicité des deux inscriptions est la seule envisagée par PETZL («Der begrabene Hund», art. cit., 79) : «Die kleine Marmorplatte... ist jedenfalls über Padua nach Verona ins Museum des gelehrten Scipione Maffei gelangt». Dans tous les cas, un tel parcours est démenti par le témoignage d'Orsato en 1652 : si l'inscription est unique, elle s'est successivement trouvée à Padoue, à Venise, où elle est alors arrivée dans la décennie précédant l'arrivée de Spon, puis à Vérone. Petzl écarte implicitement l'hypothèse de l'existence de deux inscriptions identiques et s'efforce avant tout de comprendre la nature du relief illustré par la gravure de Wheler : à partir du moment où l'on suppose que l'inscription de Vérone et celle de Venise ne font qu'un, la principale difficulté consiste en effet à rendre compte de la différence manifeste entre la plaque de marbre du Museo Maffeiano et l'image fournie par Wheler (à savoir de la présence ou l'absence du chien). Il me semble toutefois que les recherches menées par M.P. BILLANOVICH [«Falsi epigrafici», *Italia Medioevale e Umanistica* X (1967), 25-110] sur les officines de faussaires doivent nous encourager à envisager le cas où il aurait effectivement existé deux inscriptions distinctes. Son étude sur plusieurs collections du XVIIIe siècle a en effet démontré l'existence d'inscriptions jumelles : la même inscription produite en double ou triple exemplaire par une officine de faussaires se retrouve dans plusieurs collections contemporaines (voir notamment l'exemple de la collection épigraphique Passionei). Billanovich a montré comment l'identité de différents textes épigraphiques pouvait servir de critère pour établir leur inauthenticité. L'existence de telles falsifications ne peut que nous dissuader d'écarter l'hypothèse selon laquelle il aurait existé deux pierres portant le même texte.

[34] HANSEN, «Diogenes», art. cit., 199.

[35] Voir notamment le cas de ΕΦΕΣΤΩΣ/ΕΦΙΣΤΑΣ au v. 1.

exception faite, toutefois, de la troisième édition aldine de l'*Anthologie de Planude*, datée de 1550, et de sa réédition pirate qui porte le même millésime. D'après Hansen, la quasi-unicité du texte lu par Spon rend très peu probable l'hypothèse d'une falsification ; aussi ce savant propose-t-il d'ajouter l'inscription de Diogène au *corpus* de *carmina epigraphica* du IV° siècle avt. J.-C. édité par ses soins [36]. Il me semble tout au contraire que la troisième édition aldine pourrait très bien avoir servi de source à un faussaire, surtout si celui-ci officiait à Venise du vivant de Sebastiano Erizzo, célèbre humaniste qui pourrait bien être à l'origine de la collection épigraphique du palais de San Moisè [37].

L'examen du bas-relief reproduit par Wheler n'apporte pas d'éléments décisifs dans cette discussion. En effet, la présence du relief ne saurait constituer un argument en faveur de l'authenticité de la pierre : tout comme l'inscription, le relief peut être un faux moderne, ou encore une pièce authentique, anépigraphe à l'origine, mais à laquelle on aurait adjoint une inscription moderne [38]. Georg Petzl propose même d'envisager le cas où

---

[36] Voir HANSEN, «Diogenes», art. cit., 200 : «Häusle is inclined to accept the monument as authentic. Above, I hope to have strengthened his case, and I consider that denying authenticity might be a little eccentric». Pour le *corpus* des *carmina epigraphica* du IV° siècle avt. J.-C., voir *Carmina epigraphica græca sæculo IV ante Christum natum* (= *C.E.G.* 2) : Texte und Kommentare 15, ed. P.A. Hansen, Berlin-New-York 1989. La référence proposée par HANSEN («Diogenes», art. cit., 200) pour l'inscription de Diogène est *C.E.G.* 3, n°? = *C.E.G.* 2, 653a.

[37] Voir *infra* la section consacrée à Sebastiano Erizzo. L'hypothèse d'une réalisation groupée de cette épigramme avec les textes *Anth. Plan.* 102 et 103 est à exclure, dans la mesure où aucune des éditions vénitiennes de 1550 ne comporte les coquilles transmises par le relevé de Spon pour *Anth. Plan.* 103 et par la pierre n° 33* du Museo Maffeiano pour *Anth. Plan.* 102 (voir *infra*).

[38] L'inscription n° 46* du recueil de RITTI (*Iscrizioni, op. cit.,* 104) témoigne de l'existence de telles falsifications dans les collections vénètes : la stèle représente une scène de banquet funéraire, mal interprétée par le faussaire qui jugea bon de la compléter par un extrait d'Athénée (XI, 463d), qui n'est autre que la citation infidèle d'une strophe de Sappho sur les coupes d'or remplies par Cypris (planches 3-4). Cette fausse inscription dérivant d'une méprise cocasse sur le sens du bas-relief me semble

d'ailleurs présenter une graphie similaire à celle de la fausse épitaphe de Diogène conservée dans le même musée : voir notamment la forme caractéristique des *upsilon* ressemblant pafois à des V en caractères romains, dont les hastes auraient été légèrement incurvées en dedans. La hauteur moyenne des lettres est de 6-7 mm. dans l'inscription de Cypris et de 8 mm. dans l'inscription de Diogène. Même s'il faut se garder de tirer des conclusions trop audacieuses d'une simple similitude graphique, il n'est pas impossible que les deux inscriptions soient effectivement dues au même faussaire et que celui-ci se soit pour ainsi dire spécialisé dans les textes poétiques liés à une représentation figurée. Le recueil des *Iscrizioni* présente d'ailleurs une série de faux susceptibles de retenir l'attention : voir, en particulier, outre les deux inscriptions citées, les inscriptions n° 33* et 34*. L'inscription n° 33* s'avère particulièrement intéressante, car elle combine elle aussi épigramme et image (planche 6) : il s'agit d'une citation d'*Anth. Plan.* 102 — c'est-à-dire de l'épigramme qui précède immédiatement dans l'*Anthologie de Planude* le texte de Tullius Geminus lu par Spon à Venise, ce qui n'est peut-être pas un hasard. Thématiquement proche du texte de la collection Erizzo, cette épigramme fait allusion à une triple représentation d'Héraclès — Héraclès enfant, Héraclès revenant victorieux chez Eurysthée, Héraclès fêtant son apothéose. La candeur des procédés du faussaire saute cette fois aux yeux : non

Spon et Wheler auraient complété le monument grâce à leur connaissance du passage de Diogène Laërce[39] où est décrit le monument funéraire de Diogène à Corinthe[40]. Il est vrai que le chien à l'oreille d'épagneul qui figure sur la gravure semble moderne et Petzl le compare au chien de ronde-bosse dont une restauration renaissante flanqua le portrait de Diogène conservé à la Villa Albani[41]. Cette particularité peut être due à la fantaisie ou au style du graveur qui aurait reproduit avec une infidélité compréhensible une œuvre antique qu'il ne connaissait pas directement ; mais elle peut tout aussi bien refléter l'inauthenticité du relief.

Après avoir édité l'inscription de Diogène, Spon consacre quelques pages du *Voyage d'Italie* à un *excursus* sur Polémon d'Ilion, ainsi qu'à des considérations variées sur l'intérêt des anciens pour les études antiquaires, avant de livrer la transcription de l'épigramme de Théocrite qu'il dit avoir vue dans le même palais[42] :

ΘΑΣΑΙ ΤΟΝ ΑΝΔΡΙΑΝΤΑ ΤΟΥΤΟΝ Ω ΞΕΝΕ

ΣΠΟΥΔΑΙΕ ΚΑΙ ΛΕΓ ΕΠΑΝ ΕΙΣ ΟΙΚΟΝ ΕΛΘΗΣ

ΑΝΑΚΡΕΟΝΤΟΣ ΕΙΚΟΝ ΕΙΔΟΝ ΕΝ ΤΕΩ

ΤΩΝ ΠΡΟΣΘΕΙΤΙ ΠΕΡΙΣΣΟΝ ΩΔΟΠΟΙΩΝ

ΠΡΟΣΘΕΙΣ ΔΕΧΩΤΙ ΤΟΙΣ ΝΕΟΙΣ ΑΔΕΤΟ

ΕΡΕΙΣ ΑΤΡΕΚΕΩΣ ΟΛΟΝ ΤΟΝ ΑΝΔΡΑ

content d'écrire les *nu* à rebours pour donner une teinture archaïque à son œuvre, il a jugé bon de copier jusqu'au lemme byzantin de l'épigramme (εἰς εἰκόνα Ἡρακλέους : «pour une image d'Héraclès»), et de l'agrémenter d'une incision représentant la massue du héros. Si l'on excepte les fantaisies propres à la graphie de 33* (en particulier les *nu* inversés), cette inscription et 34* pourraient avoir été incisées par une seule et même main : la forme des *oméga*, très arrondis et bien plus petits que les autres lettres, semble assez caractéristique. La hauteur des lettres dans l'inscription n°34* est d'environ 26 mm., tandis qu'elle varie entre 24 et 28 mm. dans l'inscription n°33*.

[39] DIO. LÆRT. IV, 2, 78. Voir PETZL, «Der begrabene Hund», art. cit., 79, part. note 2.

[40] Ce type de reconstitutions entièrement graphiques est bien connu au sujet des œuvres de Pirro Ligorio qui aimait à créer dans ses planches des collages d'inscriptions et de statues non jointives —voir notamment la falsification par laquelle Ligorio a uni en un seul monument l'inscription *I.G.* XIV, 1004 (= *Inscriptiones Græcæ*: Preussische Akademie der Wissenschaft, Berlin 1913) et *I.G.*

V.R. 175, un hermès d'Héraclès et une tête juvénile : *Pirro Ligorio e le erme di Roma*, edd. P. Baldassarri, B. Cacciotti *et alii*, Roma 1998, 13 et 122-123). Il me paraît toutefois hasardeux de supposer un comportement similaire de la part de Wheler. Qui plus est, l'hypothèse formulée de Petzl oblige à supposer, en plus de la falsification graphique de Wheler, une entorse à la vérité dans le texte de Spon. L'érudit lyonnais mentionne en effet la présence du «chien gravé sur la pierre» avant que Wheler n'en donne une illustration. Chez Spon, une telle falsification ne pourrait se justifier par un souci esthétique semblable à celui qu'aurait pu éprouver Wheler, au moment de faire réaliser les gravures de son ouvrage.

[41] Voir G.M.A. RICHTER, *The Portraits of the Greeks*, London 1965, IIn, 182-183 et fig. 1057-1058 et *Forschungen zur Villa Albani, Katalog der antiken Bildwerke*, ed. P.C. Bol, Roma 1989, I, 180-184, n°55 et pl. 100-102.

[42] SPON, *Voyage d'Italie, op. cit.*, t. III, 64. Je respecte l'absence de césure entre certains mots de la transcription de Spon.

Cette épigramme, également transmise par la voie manuscrite, figure tant dans les *codices bucolici* que dans l'*Anthologie Palatine*[43]. Le témoignage de Spon est connu des éditeurs de l'*Anthologie* ou des *Bucoliques grecs*, qui le mentionnent dans leurs apparats[44], mais accordent généralement peu de foi à ce témoignage[45].

En réalité, les travaux de restauration de la poste centrale de Venise[46] ont livré en 1940 une pierre qui confirme pleinement les propos de l'érudit lyon-

---

[43] Voir A.S.F. GOW, D.L. PAGE, *The Greek Anthology. 1. Hellenistic Epigrams,* Cambridge 1965, *Epigr.* XV (= THEOCR. *Epigr.* XV *H.E.*), A.S.F. GOW, *Theocritus,* Cambridge 1952, *Epigr.* XVII (= THEOCR. *Epigr.* XVII Gow) et *Anth. Pal.* IX, 599.

[44] Les éditeurs du XIXe siècle, à partir de l'édition de Théocrite par Warton, connaissent indirectement l'existence de la pierre. Le lemme de Warton est en effet répété d'édition en édition ; voir par exemple l'édition des Bucoliques grecs due à J.A. JACOBS (*Theocriti, Bionis et Moschi quæ supersunt græce, cum scholiis Græcis,* t. I, Halle 1824, ...) : «Warton. *Hoc epigramma, ait, ueteri marmori literis uncialibus inscriptum, Venetiis extare in area palatii nobilis cuiusdam uiri tradit, ex auctore nescio quo, Barnesius in ed. Anacr. p. 318. a. 1734*». C'est au XXe siècle que les philologues retrouvent l'origine de cette notice et la rapportent à Spon : voir par exemple l'apparat critique de l'édition *Anthologie grecque Ire partie. Anthologie palatine* : Collection des Universités de France, edd. G. Soury, P. Waltz *et alii,* t. VIII (= livre IX, *Epigr.* 359-827), Paris 1974. Dans une note dans les «Miscellen» du *Rheinisches Museum,* ser. 3, III (1845), 465-467, F.G. WELCKER signale l'existence d'une autre source ; présentant rapidement le contenu du *Libro XLIIII Dell'antichità, nel quale si contiene dell'effigie d'alcuni antichi Heroi et huomini illustri* de Pirro Ligorio, qu'il a consulté à la Bibliothèque Apostolique Vaticane (l'Ottob. Lat. 3369, copie par Lucas Holstein pour Christine de Suède du mss. A.II. 10. J. 33 de Ligorio actuellement aux Archives d'Etat de Turin), Welcker mentionne quelques inscriptions jugées dignes d'un intérêt particulier et renvoie à la rapide notice que Ligorio consacre à l'épigramme de Théocrite vue à Venise chez Erizzo (voir LIGORIO, *Dell'Antichità, op. cit.,* 255). Le témoignage de Ligorio confirme celui de Spon. Dans la mesure où l'Ottobonianus Latinus diffère en plusieurs points du manuscrit de Turin, il faudrait, pour compléter cette étude, rechercher dans les manuscrits ligoriens de Turin et de Naples les éventuelles allusions aux inscriptions que nous avons mentionnées. Les œuvres de Ligorio, que je n'ai pu consulter fournissent peut-être de plus amples détails sur la collection épigraphique d'Erizzo.

[45] Voir H. BECKBY, *Die griechischen Bukoliker : Theokrit-Moschos-Bion* : Beiträge zur klassischen Philologie 49, Meisenheim am Glan 1975, 534 : «Sponius behauptete (*Itiner.* 1, 280), er habe zu Venedig im Hause Erizzo's dieses Epigramm an einer Marmorstatue Anakreons gefunden, was wenig glaubhaft ist». Comme le montrent la pagination indiquée par Beckby et les différences entre les leçons attribuées à Spon dans l'édition Soury-Waltz et le texte édité par l'humaniste en 1678, ce n'est pas la première édition du *Voyage d'Italie* qui a servi de référence aux éditeurs de Théocrite et de l'*Anthologie,* mais une réédition en deux volumes. Sur les différentes éditions du *Voyage d'Italie* : voir H. POMMIER, «Bibliographie de Jacob Spon», *Jacob Spon. Un humaniste lyonnais du XVIIe siècle* : Publications de la Bibliothèque Salomon-Reinach VI, edd. R. Etienne, J.-C. Mossière, H. Duchêne, Paris 1993, 53-78, part. 67-68. A notre connaissance, la réédition critique des deux premiers tomes du *Voyage d'Italie* par Etienne, Mossière et Duchêne, annoncée dans cet article, n'est pas parue à ce jour. De façon générale, Pommier souligne l'infidélité des rééditions en deux volumes vis-à-vis de l'original du *Voyage d'Italie* en trois volumes. Aussi ne faut-il sans doute pas accorder trop de crédit au texte qu'elles proposent pour l'épigramme de Théocrite, car il a fort bien pu être contaminé par la comparaison avec telle ou telle édition de l'épigramme, ou encore déformé par des erreurs typographiques.

[46] Il s'agit du bâtiment connu sous le nom de Fondaco dei Tedeschi.

nais [47]. Voici la transcription et la restitution que Margherita Guarducci propose pour cette inscription conservée au Musée archéologique de Venise, dans le « Gabinetto delle opere di incerta attribuzione [48] » (planche 7) :

Θᾶσαι τὸν ἀνδριάντ[α ——
σπουδαῖε καὶ λέγε· [——
Ἀνακρέοντος εἰκόνε[ς ——
..]ν πρόσθει τι περισσὸ[ν ——
——]·ς δ'ἔχω τι το[——
———— ος ————

Le commentaire proposé par Guarducci ne statue pas de façon définitive sur la nature de cette inscription gravée, sans soin et sans réglure, dans le marbre de Paros : l'Anacréon nommé au vers 3 est-il l'illustre poète lyrique ou un homonyme inconnu ? L'inscription est-elle destinée à accompagner des représentations figurées ou sert-elle d'inscription funéraire [49] ?

Comme l'a montré Werner Peek [50], les interrogations soulevées par Guarducci disparaissent d'emblée, si l'on rapproche la pierre de l'épigramme de Théocrite sur la statue d'Anacréon [51].

Loin de renvoyer à un obscur défunt, le nom d'Anacréon désigne bel et bien l'illustre poète de Téos. La restitution εἰκόνε[ς, qui faussait l'interprétation de tout le passage, peut être abandonnée : en réalité, l'*epsilon* compris comme un début de désinence par Guarducci sert d'initiale au mot suivant (εἶδον). Il n'est donc pas question de plusieurs statues mais d'une seule.

D'après Peek, l'inscription de Venise ne peut être qu'un faux réalisé à l'époque moderne. Cette assertion repose sur deux arguments qui méritent d'être examinés plus en détail. Tout d'abord, Peek nie que la pierre ait pu s'insérer dans un contexte matériel susceptible d'accueillir une image. La faible épaisseur du monument montre qu'il n'a pu servir de base statuaire [52]. Cet argument ne me paraît pas décisif : il pourrait en effet s'agir d'un placage de marbre conçu pour être encastré sur une base réalisée dans un

---

[47] Voir M. GUARDUCCI, « Le iscrizioni greche di Venezia », *Rivista del Reale Istituto d'archeologia e storia dell'arte* XX (1942), 7-53 ; 29-30, Inscription n° 4. La publication de cette inscription est signalée dans le *Bulletin épigraphique* de 1944, sous l'entrée n° 4 (IV). L'inscription a été révisée par W. PEEK, « Steinkopie eines Theokritepigramms aus der Renaissance », *Zeitschrift für Papyrologie und Epigraphik* XVIII (1975), 26.

[48] Voir B. FORLATI TAMARO, *Il museo archeologico del palazzo reale di Venezia*, Roma 1953, 29, n° XVI, 5. L'inscription d'Anacréon, qui occupe aujourd'hui encore le même emplacement dans le musée, porte le numéro d'inventaire 418.

[49] Voir GUARDUCCI, « Le iscrizioni greche », art. cit., 30. Le catalogue de FORLATI TAMARO (*Il museo archeologico, op. cit.*, 29, n° XVI, 5) réitère les incertitudes formulées onze ans plus tôt par Guarducci.

[50] PEEK, « Steinkopie », art. cit., 26.

[51] THEOCR. *Epigr.* XV *H.E.* = THEOCR. *Epig.* XVII Gow = *Anth. Pal.* IX, 599.

[52] PEEK, « Steinkopie », art. cit., 26 : « (Es handelt sich) um das *Epigramm* 17... des Theokrit..., das in humanistischer oder späterer Zeit spielerisch auf einen Stein gesetzt worden ist, der dafür gar nicht geeignet war, denn er ist nur 5 cm. dick, kann also niemals eine Statue getragen haben ».

matériau moins noble. Toutefois l'aspect matériel du monument confirme bien les présomptions de Peek. Comme le montre clairement l'examen des tranches de la pierre, l'inscription de Venise est incisée au dos d'un relief retaillé. Le lemme de l'*editio princeps* indique d'ailleurs la présence d'une figure d'homme nu très abîmée sur l'autre face de la plaque de marbre[53]. L'épaisseur très irrégulière des tranches semble indiquer qu'il s'agissait à l'origine d'un couvercle de sarcophage du type «Klinenmonument»[54] ou encore d'un grand relief probablement funéraire plaqué sur un autre monument. A défaut de démentir l'authenticité de l'inscription, ces éléments contredisent sans doute la datation haute que propose Guarducci (IIe siècle avt. J.-C.), dans la mesure où l'incision de l'épigramme ne peut intervenir que dans une phase de remploi du monument.

Le second argument retenu par Peek pour prouver que l'inscription est moderne est d'ordre philologique : l'inscription donne le texte σπουδαῖε, variante inférieure à la leçon σπουδᾷ qu'illustre l'*Anthologie Palatine*[55]. Si la déduction de Peek est juste, il est toutefois possible d'affermir et d'approfondir ses conclusions par un examen plus approfondi de l'histoire du texte de cette épigramme.

Dans la note qu'il consacre à cette inscription, Peek évoque le témoignage de Spon et affirme que l'érudit lyonnais a vu la pierre alors qu'elle était encore intacte. S'il n'est pas absolument certain que l'exemplaire vu par Spon et la pierre du Museo archeologico ne soient qu'un seul et même monument[56], il est vrai que le texte transcrit dans le *Voyage d'Italie* s'accorde parfaitement avec les parties conservées de l'inscription exhumée en 1940 : la transcription de Spon et le document archéologique demeurent remarquablement solidaires, y compris pour des leçons décisives dans l'histoire du texte de l'*Epigramme* 17[57]. Il s'agit donc soit de la même pierre, soit de deux exemplaires différents, mais qui dépendent probablement l'un de l'autre. Ces quelques remarques et la transcription due à Spon permettent de proposer une nouvelle restitution de l'inscription :

Θᾶσαι τὸν ἀνδριάντ[α τοῦτον, ὦ ξένε,]
σπουδαῖε καὶ λέγ᾽ ἐπ[ὰν εἰς οἶκον ἔλθῃς·]
Ἀνακρέοντος εἰκόν᾽ ε[ἶδον ἐν Τέῳ]
[τῶ]ν πρόσθ᾽ εἴ τι περισσὸ[ν ᾠδοποιῶν]
[προσθε]ὶς δὲ χὥτι τοῖ[ς νέοις ἄδετο]
[ἐρεῖς ἀτρεκέ]ως [ὅλον τὸν ἄνδρα][58].

---

[53] Voir GUARDUCCI, «Le iscrizioni greche», art. cit., 29.

[54] Sur ce type de monument, voir H. WREDE, «Stadtrömische Monumente, Urnen und Sarkophage des Klinentypus in den beiden ersten Jahrhunderten nach Christus», *Archäologischer Anzeiger*, XCII (1977), 395-431.

[55] PEEK, «Steinkopie», art. cit., 26 : «Der Abschreiber... hat eine Theokritausgabe vor sich gehabt, die das in den Hss. K C D¹ überlieferte sinnlose σπουδαῖε nachdruckte».

[56] Voir sur ce point les conclusions de BILLANOVICH («Falsi epigrafici», art. cit.) sur la production de falsifications jumelles.

[57] En particulier le cas des leçons σπουδαῖε et περισσό[ν]. Voir *infra*, Annexe : tableau n° 3.

[58] «Contemple cette statue, étranger, avec

Afin de statuer sur l'authenticité du monument, l'examen philologique du texte conservé par l'inscription de Venise peut à son tour fournir des indices importants. Comme nous l'avons vu plus haut, l'épigramme sur la statue d'Anacréon figure dans deux traditions manuscrites différentes — la tradition bucolique et l'*Anthologie Palatine*[59]. C'est *a priori* de la première que le texte de Venise se rapproche le plus, comme le montre la leçon σπου-δαῖε au vers 2. Cette leçon, fautive, car elle ne peut s'accorder avec le rythme de l'hendécasyllabe phalécien, est commune à l'inscription de Venise et aux manuscrits bucoliques. La leçon de l'*Anthologie Palatine* (σπουδᾷ) respecte au contraire les contraintes métriques.

A supposer que l'inscription d'Anacréon soit l'œuvre d'un faussaire, celui-ci a pu s'inspirer soit d'un manuscrit, soit d'une édition imprimée. Aussi ai-je choisi d'examiner successivement ces deux hypothèses.

Par commodité, je dresse un tableau des différents témoins manuscrits où figure l'épigramme sur la statue d'Anacréon et des deux premières éditions des *Epigrammes* de Théocrite (voir *Annexes*, tableau n° 1); j'y ai également fait figurer les deux premières éditions des *Epigrammes*, toutes deux parues en 1516. Le deuxième tableau (voir *Annexes*) rappelle la date de l'*editio princeps* des différents recueils d'épigrammes importants pour cette étude.

Le tableau n° 3 (voir *Annexes*) présente une comparaison des leçons des différents témoins de l'épigramme[60] : comme le montre ce tableau, le texte

---

grand soin, et dis, quand tu seras rentré chez toi : 'J'ai vu dans Téos l'image d'Anacréon, poète remarquable, s'il en fut jadis', et si tu ajoutes que les garçons faisaient ses délices, tu auras décrit au vrai l'homme tout entier» (trad. de l'auteur).

[59] Le texte n'est pas représenté dans l'*Anthologie de Planude*. Sur la tradition manuscrite de Théocrite, voir l'ouvrage de C. GALLA-VOTTI, *Theocritus quique feruntur Bucolici Græci*, Roma 1946. Ses conclusions et ses *stemmata* sont discutés par GOW, intro. *Theocritus, op. cit.*, vol. I. L'ouvrage polémique de R.J. SMUTNY (*The Text History of the Epigrams of Theocritus*, Berkeley-Los Angeles 1955) propose une nouvelle collation des différents témoins des épigrammes. Ce travail, réalisé à partir de microfilms et non à partir des manuscrits eux-mêmes, a notamment été recensé par J. IRIGOIN, dans la *Revue de Philologie* LXXXV (1959), 57-61. Irigoin a montré que le stemma établi par Smutny était erroné.

[60] Une véritable recension aurait excédé les limites imparties à cette étude, d'autant qu'elle devait prendre en compte non seulement les manuscrits, mais aussi les imprimés. Aussi ai-je choisi de recenser les différentes éditions

parues au cours du XVIe siècle et les deux manuscrits Parisinus Græc. 2721 et 2726. Pour les autres manuscrits, les leçons que je présente dans le tableau n° 3 sont tirées des recensions de Smutny, que j'ai pris soin de confronter avec les apparats des éditeurs les plus récents : pour l'*Epigr.* XVII, le témoignage de Smutny s'accorde avec celui de ses prédécesseurs. La seule différence concerne la lecture du mot περισσόν dans le manuscrit D : Smutny croyait lire une correction περισσαν. Après examen du manuscrit, il s'avère que le manuscrit porte bien περισσόν, correction après grattage d'une première leçon περισσαν. Le grattage a épargné le départ de la moitié inférieure de la seconde boucle de l'*oméga*. Smutny, qui a travaillé à partir de microfilms et de reproductions, n'a sans doute pas pu voir que ce départ de boucle était une scorie de la leçon originale. Les deux manuscrits parisiens, B et D, comportent des corrections. Dans le cas de l'*Epigr.* XVII, le correcteur de B, que j'identifie au moyen du sigle B², n'est intervenu qu'une seule fois. Au contraire, D porte de multiples corrections, probablement dues à des mains différentes. Ces mains, qu'Ahrens pensait être au nombre de trois, sont bien trop difficiles à distinguer, en

de l'inscription de Venise, globalement plus proche des leçons transmises par la tradition bucolique que des variantes fournies par l'*Anthologie*, ne s'apparente pas à l'état du texte proposé par K, le plus ancien des témoins bucoliques connus pour cette épigramme et le seul qui soit exempt des contaminations que manifestent B, C, D, Neap., Per. et Taur.

De deux choses l'une : soit la pierre est antique, soit la pierre est un faux reflétant un état du texte postérieur aux contaminations de la tradition bucolique par des variantes tirées de l'*Anthologie*. En effet, la variante περισσὸ[ν], qui correspond très certainement au texte original de l'épigramme, n'apparaît dans la tradition bucolique que vers la fin du XVᵉ siècle ou au début du XVIᵉ siècle, sous la forme d'une correction, à l'évidence inspirée de l'*Anthologie*[61].

La liste des leçons manuscrites qui diffèrent du texte inscrit est suffisamment riche et variée pour permettre d'écarter la plupart des manuscrits de la présente étude. En effet, le manuscrit C ne peut avoir servi de source aux éventuels faussaires en raison des leçons ἐς, ἔνθης et νέοισιν. Les manuscrits K, Per. et Taur. sont hors de cause, comme le montrent les variantes ἔνθης et περισσῶν. Le manuscrit Neap. ajoute à ces deux écarts le barbarisme ὀδοποιῶν. Une longue liste de divergences exclut également le manuscrit de l'*Anthologie Palatine* (σπουδᾷ, ἐς, ἔνθης, προσθέντι, καί, τοῖς νέουσιν). Heid. ne peut avoir inspiré le faussaire, en raison des leçons σπουδᾷ, ἐς et νέοισιν. Ces mêmes variantes conduisent à exclure l'édition juntine, et, *a fortiori*, la calliergine dont la recension a débouché sur un texte bien plus éloigné de l'exemplaire inscrit que ne l'était le texte de l'édition Giunta : les variantes ξεῖνε et ἔνθης ne sauraient s'accorder avec le témoignage de Spon.

Certaines de ces variantes fournissent des informations particulièrement intéressantes sur l'histoire de cette inscription : à supposer que le témoignage de Spon soit fiable, la pierre reproduit par exemple la leçon [ἔλθης], seulement attestée par trois manuscrits et reproduite par l'édition de Giunta, mais non par celle de Calliergès. Probable *lectio facilior* pour ἔνθης, appa-

---

particulier dans le cas de l'*Epigr.* XVII où les corrections se limitent parfois à un simple grattage. Aussi m'a-t-il paru plus sage de noter toutes les corrections par le sigle D², bien que cette méthode introduise une certaine confusion entre différents états du texte.

[61] Si l'*Anthologie Palatine* n'est ni connue, ni diffusée au XVIᵉ siècle, contrairement à l'*Anthologie de Planude* (voir *Annexes*, tableau n°2), les études de R. AUBRETON [« La tradition de l'*Anthologie Palatine* du XVIᵉ au XVIIIᵉ siècle (I) », *Revue d'Histoire des Textes* X (1980), 1-53] ont montré que l'invention du Palatinus Græc. 23 à Heidelberg intervenait probablement dès l'extrême fin du XVIᵉ siècle, grâce à

Friedrich Sylburg. Pour la question de la tradition des *Epigrammes* de Théocrite, il importe surtout de noter que le manuscrit se trouvait probablement en Italie au XVIᵉ siècle. A partir de la réflexion qu'il a mené sur le texte des *Epigrammes* de Théocrite, Irigoin a fait l'hypothèse que Marco Musuro (Musurus, 1470-1517) aurait pu avoir partie liée avec l'arrivée en Occident du *codex* contenant l'*Anthologie Palatine*. C'est en effet de l'édition de Théocrite annotée et complétée par Musuro que dépendent l'édition juntine, et, dans une moindre mesure, la calliergine (IRIGOIN, rec. cit. de Smutny, *The Text History*, 60-61).

rue de façon récente dans la tradition manuscrite, cette leçon peut constituer un indice en faveur de l'inauthenticité de l'inscription de Venise.

Si l'on considère l'hypothèse d'une copie d'après les éditions imprimées, il faut à nouveau rechercher les similitudes et les dissemblances entre le texte inscrit et les différentes éditions de Théocrite. Une enquête menée sur les différentes éditions parues au XVIe siècle montre que les choix des éditeurs se résument assez facilement. Il est possible de dénombrer sept points de désaccord entre les éditeurs et le texte lu par Spon :

1. Filippo Giunta, Henri Estienne et toutes les éditions postérieures à la *Stephaniana maior* de 1566 donnent ξένε, comme l'inscription, tandis que les autres retiennent la leçon ξεῖνε.

2. *Tous les éditeurs donnent le texte* σπουδᾷ.

3. Les éditeurs sont partagés, sans distinction d'époque, sur la leçon ἐπάν ou ἐπήν. La variante ἐπήν est toutefois minoritaire (Venise 1539 ; Paris 1543).

4. *Tous les éditeurs donnent le texte* ἐς *et non* εἰς.

5. Toutes les éditions sauf la juntine, donnent le texte ἔνθης.

6. Une édition présente la coquille ᾠδοπειῶν (ed. J. Crépin, Genève 1584). Toutes les autres s'accordent sur ce point avec la leçon lue par Spon dans le palais Erizzo.

7. *Toutes les éditions portent le texte* νέοισιν.

Les points 2, 4 et 7 conduisent à écarter l'hypothèse d'une falsification basée sur un texte imprimé. Les leçons σπουδᾷ, ἐς et νέοισιν, incompatibles avec le texte de l'inscription lue par Spon, sont en effet retenues par toutes les éditions, y compris par la juntine, qui présente pourtant le texte le plus proche de la transcription donnée dans le *Voyage d'Italie*.

Parmi les textes qui nous sont parvenus, et qui auraient pu servir de source au faussaire, seuls deux n'ont pas été écartés dans l'analyse qui précède. Il s'agit des manuscrits B et D, tous deux conservés à la bibliothèque nationale de France. Le cas du manuscrit D est difficile à trancher : en effet, dans son état actuel, il diffère en plusieurs points de l'inscription du palais Erizzo. Mais, dans la mesure où il est admis que ce manuscrit a subi plusieurs phases de correction différentes[62], il n'est pas impossible que ce manuscrit ait présenté, entre deux phases de correction, un état parfaitement similaire à celui du texte de Venise. Une telle hypothèse suppose que la correction de περισσῶν en περισσόν soit antérieure à toutes les autres, à savoir au grattage de l'*epsilon* de σπουδαῖε, à l'ajout de l'*êta* au-dessus de l'*alpha* de ἐπάν, au grattage du *iota* de εἰς et à l'ajout, en exposant, de ιν à νέοις. Ahrens avait à juste titre attribué à deux phases de correction différentes l'ajout de l'*êta* au-dessus de l'*alpha* de ἐπὰν, et l'ajout de ιν à νέοις. Les encres, la graphie et la présentation des deux corrections diffèrent en effet. Ainsi, si l'on retient l'hypothèse d'une falsification inspirée de D, il

---

[62] Dans son édition, Ahrens distingue jusqu'à trois mains de correcteurs.

faut probablement situer cette opération entre les deux premières phases de correction de D. Le cas du manuscrit B s'avère bien plus facile à étudier : la transcription de Spon coïncide parfaitement avec l'état du texte après correction. Le correcteur n'est en effet intervenu qu'en un seul point de l'*Epigramme* XVII, pour exponctuer et rayer la terminaison ων de l'adjectif περισσῶν et pour inscrire, au-dessus de ces deux lettres, les caractères ὸ et ν, qui s'accordent avec la leçon illustrée par Spon. Ainsi le manuscrit B présente-t-il encore aujourd'hui un état du texte similaire à celui qu'avait lu Spon.

Cette coïncidence prodigieuse, au sujet d'un texte fautif en plusieurs points, ne peut signifier que deux choses : soit Spon a corrigé sa propre transcription d'après le manuscrit B — hypothèse fantaisiste, d'autant plus que la pierre retrouvée dans la poste de Venise s'accorde, dans toutes ses parties conservées, avec la lecture de Spon —, soit l'inscription a été copiée d'après l'un des manuscrits conservés aujourd'hui à Paris. S'il s'agit du D, cette opération s'est déroulée entre la première et la deuxième phase de correction ; s'il s'agit du B, la copie a pu intervenir à tout moment après que le manuscrit a été corrigé.

Reste à savoir si ces manuscrits se sont ou non trouvés en Vénétie à une époque où des *falsarii* étaient susceptibles de sévir. Aucun des deux manuscrits ne porte de souscription, mais ils sont tous les deux l'œuvre de Georgios Tribizios [63]. Or ce copiste d'origine crétoise fut prêtre à Venise, à San Giorgio dei Greci, où il officiait déjà en 1474 [64]. Il est notamment connu pour avoir réalisé un nombre impressionnant de manuscrits pour le compte du cardinal Bessarion. La réalisation des manuscrits B et D, sur papier italien, a donc toute chance de s'être produite à Venise même, autour de 1475.

Que l'inscription lue par Spon dans le palais Erizzo et la pierre exhumée dans le fondaco dei Tedeschi soient ou non un seul et même objet, il est donc fort vraisemblable que ces monuments aient été réalisés d'après l'un des manuscrits actuellement conservés à Paris, alors que ceux-ci se trouvaient encore dans leur ville d'origine. Aux soupçons que l'on peut formuler sur l'authenticité de l'inscription de Diogène vient donc s'ajouter la forte présomption que sème l'examen philologique de l'inscription d'Anacréon. Ces deux exemples montrent que les officines de faussaires pouvaient

---

[63] L'identification du copiste de D est due à Irigoin et a été confirmée par Saffrey, qui a également attribué à Tribizios la réalisation du manuscrit B. Voir sur ce point K.A. DE MEYIER, «More manuscripts copied by George Tribizius», *Scriptorium* XIII (1959), 86-88, part. 88.

[64] Pour une étude détaillée de la biographie de Georgios Tribizios, voir P.D. MASTRODIMITRI, «Γεώργιος Τριβίζιος (πρὸ τοῦ 1423-1485) κωδικογράφος τοῦ Βησσαρίωνος καὶ ἱερεὺς τῶν ἐν Βενετίᾳ Ἑλλήνων», *Thesaurismata* VIII

(1971), 49-62. Mastrodimitri montre que, bien que la présence de Tribizios à Venise ne soit explicitement attestée qu'à partir de 1474, date à laquelle il devint prêtre à San Giorgio dei Greci, il y vivait sans doute déjà depuis un certain temps. Pour des exemples de la graphie de Tribizios, on pourra consulter, entre autres, D. HARLFINGER, *Specimina griechischer Kopisten der Renaissance, I : Griechen des 15. Jahrhunderts*, Berlin 1974, 29 et n° 60 et 61 (avec la bibliographie précédente).

tout aussi bien s'inspirer de manuscrits, comme les exemplaires copiés par Tribizios dans le cas de l'inscription d'Anacréon, que d'éditions imprimées, comme les anthologies parues en 1550 à Venise, qui ont pu inspirer la falsification de l'épitaphe de Diogène. Si ces recherches nous informent sur les turpitudes des faussaires vénètes, elles nous renseignent également sur l'honnêteté du travail de Spon. Si celui-ci s'est en effet mépris sur l'authenticité des inscriptions du palais Erizzo, l'accord remarquable de sa transcription avec les leçons, très isolées, du manuscrit B a permis de retrouver la source des faussaires : cet exemple prouve la fidélité de la transcription de Spon. Contrairement aux auteurs peu scrupuleux des rééditions du *Voyage d'Italie* en deux volumes, contre lesquels Spon s'insurgeait à raison [65], l'érudit lyonnais n'a pas modifié son texte au gré des lectures rencontrées dans une édition imprimée de Théocrite. Ainsi, les recherches menées sur les inscriptions d'Anacréon et de Diogène nous conduisent à renoncer à l'hypothèse de leur authenticité et donc au témoignage qu'elles nous auraient procuré sur l'usage des épigrammes livresques par les collectionneurs romains ; mais, dans le même temps, elles nous apportent de précieuses indications, tant sur les méthodes des faussaires que sur celles de Spon.

Mais il y a peut-être plus à dire encore de la quatrième épigramme du palais Erizzo, que Spon mentionne sans fournir de transcription. En effet, le texte de l'inscription lysippique est suivi d'une notice plus que sibylline :

> *Istud epigramma quod Venetiis in Erizzorum palatio descripsi reperitur & in Anthologia Epigrammatum Græcorum, sicut & aliud immediatè hoc præcedens in eodem loco* [66].

L'« autre épigramme, qui précède immédiatement celle-ci » ne saurait désigner une inscription métrique décrite par Spon juste avant l'épigraphe inspirée de Geminus. Les pages précédentes des *Miscellanea* sont en effet consacrées à des monuments variés relatifs à Héraclès, mais ne comportent pas de transcription d'épigramme. A mon sens, la périphrase employée par Spon ne peut se référer qu'au texte qui précède immédiatement *Anth. Plan.* 103 dans l'*Anthologie*, c'est-à-dire à *Anth. Plan.* 102. Bien que cette interprétation heurte la tournure latine, l'on ne voit pas bien comment se justifie la mention de cette nouvelle épigramme à cet endroit, ni ce qu'elle peut signifier, si ce n'est que le voyageur lyonnais a vu une pierre portant *Anth. Plan.* 102 dans le palais Erizzo.

Une telle inscription existe bel et bien : il s'agit du faux véronais portant le n° 33* [67] (planche 6), épigramme sur une triple représentation d'Héraclès, ornée de l'incision d'une massue et convaincue d'inauthenticité par Maffei [68] :

εἰς εἰκόνα Ἡρακλέους
Οἶον καὶ Κρονίδης ἔσπειρέ σε τῇ τρισελή⌈ν⌉ῳ

---

[65] POMMIER, « Bibliographie de Jacob Spon », art. cit., 67-68.

[66] SPON, *Miscellanea, op. cit.*, section II, 51.

[67] Voir *supra*, note 38.

[68] Voir MAFFEI, *Museum, op. cit.*, LXVII, n° 3. La provenance de cette inscription n'est précisée ni par RITTI (*Iscrizioni, op. cit.*), ni par Maffei.

νυκτί, καὶ Εὐρυσθεὺς εἶδεν ἀερθλοφόρον,
κἠκ πυρὸς εἰς Οὔλυμπον ἐκώμασας, ὦ βαρύμοχθ[ε]
Ἀλκείδη, τοίην εἰκόνα σου βλέπομεν.
Ἀλκμήνης δ᾽ ὠδῖνας ἔχει λίθος· αἱ δὲ μεγαυχεῖς
Θῆβαι νῦν μύθων εἰσὶν ἀπιστότεραι [69].

v. 1 τρισελή⌈ν⌉ῳ *e.g. Anth. Plan. 102* : ΤΡΙΣΕΛΗΟΩ *lapis* [sic].

Dans l'hypothèse où mon interprétation du texte de Spon serait juste, il faudrait supposer que la pierre de Vérone provient de la collection Erizzo, ou du moins qu'il existait deux pierres identiques, hypothèse déjà formulée dans le cas de l'épitaphe de Diogène. Dès lors, la qualité et le sérieux de la collection Erizzo mériteraient d'être mis en doute et il faudrait s'interroger sur l'authenticité de l'inscription lysippique, dont nous ignorons l'aspect, mais qui pourrait bien être l'œuvre d'un faussaire ingénu, copiant l'une après l'autre deux épigrammes consécutives de l'*Anthologie de Planude*.

L'épitaphe d'Oppien

Le témoignage de Pirro Ligorio qui mentionne, tout comme Spon la présence de l'épigramme de Théocrite dans la maison d'Erizzo[70], révèle l'existence d'une cinquième épigramme[71]. Il s'agit de l'épitaphe d'Oppien, publiée en 1856-59 dans le quatrième volume du *Corpus Inscriptionum Græcarum*[72]. Cette inscription, dont j'ignore l'emplacement actuel, fut édité par Ernst Curtius et Adolf Kirchhoff sur la foi du témoignage de Ligorio. Elle présente deux anomalies métriques[73] :

[69] « Tel le Cronide t'engendra dans la nuit aux trois lunes, tel Eurysthée te vit revenir victorieux, tel tu t'élanças du bûcher pour aller festoyer sur l'Olympe, Alcide aux durs travaux, tel nous te contemplons dans cette image. Ce marbre porte en lui le rejeton d'Alcmène. Désormais, les prétentions de Thèbes sont encore moins crédibles que les fables » (trad. de l'auteur).

[70] LIGORIO, *Libro XLIIII Dell'antichità, op. cit.*, 255.

[71] LIGORIO, *Libro XLIIII Dell'antichità, op. cit.*, 155. Cette inscription est signalée par WELCKER (« Epigraphisches », art. cit., 465-467) dans son dépouillement du livre XLIIII.

[72] *Corpus Inscriptionum Græcarum*, edd. E. Curtius, A. Kirchhoff, vol. IV, Berlin 1878, n° 6860 (= *C.I.G.* 6860). Sur cette épigramme voir *Inscriptiones Græcæ Metricæ ex scriptoribus præter anthologiam collectæ*, ed. T. Preger, repr. Chicago 1977² (1891), n° 36. L'épitaphe d'Oppien figure également dans les *Grieschiche Vers-Inschriften*, ed. W. Peek, vol. I *Grab-Epigramm*, Berlin 1955, n° 1114 (= *G.V.I.* 1114) et dans les *Steinepigramme aus griechischen Osten*, edd. R. Merkelbach, J. Stauber, vol. IV *Die Südküste Kleinasiens, Syrien und Palæstina*, Leipzig 2002, 223, *Epigr.* 19/17/03. Ces différents auteurs évoquent, sur la foi de la tradition manuscrite de la *Vita Oppiani*, la réalisation d'un monument à Anazarbe en Cilicie au IIIᵉ siècle ap. J.-C., mais ne mentionnent ni le témoignage du *C.I.G.*, ni celui de Ligorio.

[73] Ces deux anomalies, situées respectivement aux v. 1 et 5, correspondent à des points extrêmement controversés dans la traduction manuscrite de la *Vita Oppiani*, ce qui pourrait confirmer l'hypothèse d'une falsification du monument : voir l'apparat de Βιογράφοι. *Vitarum Scriptores Græci Minores*, ed. A. Westermann, Braunschweig 1854.

> Ὀππιανος κλέος ἔσχον ⌈ἀ⌉οιδέ⌈ω⌉ν, ἀλλά με Μοιρέων
> βάσκανος ἐξήρπασε μίτος, κρυερός τ᾽ Ἀΐδης με
> καὶ νέον ὄντα κατέσχε, τὸν εὐεπίης ὑποφήτην
> εἰ δὲ πολύν με χρόνον ζωὸν μίμνειν φθόνος αἰνὸς
> εἴασ᾽, οὐκ ἄν τις μο‹υ› ἴσον γέρας ἔλλαχε φωτῶν [74].

v. 1 ⌈ἀ⌉οιδέ⌈ω⌉ν : ΛΟΙΔΕΟΝ *lapis*; v. 2 ΕΞΗΡΠΑΣΕ *lapis*; v. 4 μο‹υ› ἴσον :
ΜΟΙΣΟΝ *lapis*.

Contrairement aux quatre autres textes de la collection Erizzo, l'épitaphe d'Oppien ne provient pas de l'*Anthologie grecque* et ne semble pas se référer à une représentation figurée. Dément-elle le jugement que nous avons porté sur la collection Erizzo ? A la vérité, rien ne s'oppose à ce que ce texte soit lui aussi un faux : cette épigramme funéraire figure en effet dans la *Vita Oppiani*, qui précède les *Halieutica* dans plusieurs témoins manuscrits de l'œuvre d'Oppien [75]. Ainsi était-elle susceptible d'être copiée à la Renaissance par quelque faussaire vénitien [76].

Le texte de la *Vita Oppiani* permet de mieux comprendre pourquoi cette épitaphe figurait dans une collection d'épigrammes descriptives. Il s'agissait en effet de l'épigramme incisée sur la base d'une statue que les habitants d'Anazarbe avaient dédiée à leur illustre concitoyen [77].

---

[74] « Moi, Oppien, j'ai trouvé la gloire dans le chant, mais le fil envieux des Moires m'a emporté et l'Hadès glacé m'a pris, moi, alors que je n'étais qu'un jeune homme et que ma poésie laissait présager une belle éloquence. Si Jalousie, la terrible, m'avait permis de rester longtemps en vie, aucun mortel n'eût obtenu une gloire égale à la mienne » (trad. de l'auteur).

[75] Voir Βιογράφοι, *op. cit*, 64, 66. Les deux *Vies* d'Oppien donnent l'épigramme : de très nombreuses variantes sont données par les différents témoins du texte. L'anomalie métrique (ἐξήρπασε) correspond à une leçon transmise par les manuscrits et par l'édition aldine de 1517.

[76] Sur la tradition manuscrite d'Oppien et la *Vita Oppiani*, ainsi que sur les premières éditions : voir F. FAYEN, *Überlieferungsgeschichtliche Untersuchungen zu den «Halieutika» des Oppian* : Beiträge zur klassischen Philologie 32, Meisenheim am Glan 1969, part. 9-26. Des trois éditions imprimées susceptibles d'être utilisées du vivant d'Erizzo comme source de l'inscription, aucune ne correspond exactement au texte qui nous a été transmis : l'édition de Giunta (1515) ne donne que les deux

premiers vers. Le texte de l'édition d'Adrien Turnèbe (Paris 1555) ne correspond guère à celui dont nous disposons. Les leçons de l'édition aldine (1517) concordent en de nombreux points avec l'inscription, mais de nombreuses différences subsistent : ΛΟΙΔΕΟΝ *lapis* : ἀοιδέων *ed. aldina* ; Μοιρέων *lapis* : Μοιρῶν *ed. aldina* ; κατέσχε τὸν *lapis* : κατέσχετο *ed. aldina* ; εἴασ᾽, οὐκ *lapis* : εἴασεν, οὐκ *ed. aldina* ; ΜΟΙΣΟΝ μοι ἴσον *ed. aldina*. Si la pierre du palais Erizzo est un faux —ce qui semble probable—, il est possible que la falsification ait eu pour source un manuscrit et non une édition imprimée. Fayen a recensé trente-quatre témoins manuscrits de la *Vita Oppiani*.

[77] *Vita Opp.* I, 64, 1-5 Westermann : Οἱ δὲ πολῖται θάψαντες αὐτὸν ἄγαλμα πολυτελὲς αὐτῷ ἀνέστησαν καὶ τάδ᾽ ἐνεχάραξαν· – « Après les honneurs funèbres, ses concitoyens érigèrent pour lui une riche statue et gravèrent ces mots : ... » (trad. de l'auteur). *Vita Opp.* II, 66 Westermann : Ἡρίον δὲ θαυμαστὸν αὐτῷ ἡ πόλις ᾠκοδόμησε καὶ ἄγαλμα πολυτελὲς ἔστησεν ἐγχαράξασα τάδε· – « La cité fit construire un tombeau magnifique et ériger une riche statue où l'on avait gravé ces mots : ... » (trad. de l'auteur).

La collection du palais Erizzo dans le contexte du collectionnisme vénitien

A ma connaissance, l'existence de cette collection épigraphique dans l'«ancienne maison d'Erizzo» n'est pas attestée par d'autres auteurs que Ligorio, Spon, Wheler et Gori[78]. Il est donc fort difficile de retracer son histoire. Dans la famille Erizzo, la branche dite «de San Moisè» s'éteignit en 1585 avec le décès du célèbre humaniste Sebastiano Erizzo, mort sans laisser de fils[79]; comme le montre le témoignage de Ligorio, c'est la maison de Sebastiano que visitent Spon et Wheler[80]. Erizzo, auteur d'un *Discorso sopra le medaglie*, possédait une collection de médailles dont la richesse avait suffi à attirer Ligorio à Venise. Les dispositions testamentaires de Sebastiano ne mentionnent pas d'inscription, mais évoquent de façon vague des «anticaglie», c'est-à-dire «medaglie et altro dello studio», dont le collectionneur prescrit qu'elles soient vendues en un seul lot par son neveu favori et exécuteur testamentaire Pietro Lando. La même demande apparaît au sujet de sa collection de livres, tout à fait impressionnante, puisque l'inventaire après décès montre qu'elle s'élevait à mille cent cinquante ouvrages, tant manuscrits qu'imprimés[81]. Les volontés de l'auteur des *Sei giornate* furent au moins respectées au sujet de sa collection numismatique, qui fut acquise dans sa totalité par Giandomenico Tiepolo. Contrairement à beaucoup de ses contemporains et peut-être faute d'avoir eu d'héritiers directs, l'auteur des *Sei Giornate* n'avait donc pas une conception familiale du collectionnis-

---

[78] Pour une introduction générale sur le collectionnisme à Venise, voir M. ZORZI, cat. expo. *Collezioni di antichità a Venezia nei secoli della Repubblica (Venezia 27 mag.-31 lug. 1988)*, Roma 1988 et I. FAVARETTO, *Arte antica e cultura antiquaria nelle collezioni venete al tempo della serenissima* : Studia archæologica 55, Roma 1990. Pour l'étude plus précise des collections épigraphiques, il faut signaler l'existence d'un manuscrit inédit de G.A. ASTORI [*Inscriptiones*, Marcianus Latinus XIV, 200 (= 4336)], conservé à la Biblioteca Marciana, où sont décrites plusieurs collections épigraphiques vénitiennes. Ce manuscrit devrait faire l'objet d'une publication annoncée par G. BODON [«Vicende di epigrafi greche tra Venezia e l'Europa attraverso la lettura di un codice marciano», *Venezia, l'archeologia e l'Europa (Convegno di Venezia, 27-30 giug. 1994)*, ed. M. Fano Santi, n° spécial, *Rivista di Archeologia. Supplementi* 17 (1996), 34-38]. L'œuvre d'Astori, *syllogè* illustrée de cinquante inscriptions dont trente *tituli* grecs, n'est pas datée avec certitude : elle fut probablement rédigée dans les premières années du XVIIIe siècle. Ce manuscrit, que j'ai pu consulter, comporte une mention de l'inscription lysippique de la maison Erizzo (f° 6v°). Il ne s'agit hélas pas d'un témoignage autoptique, mais d'un emprunt à Spon, dont Astori cite les *Miscellanea*. Entièrement tributaire du témoignage partiel des *Miscellanea*, l'auteur ignore toutes les autres inscriptions de la collection Erizzo et ne verse aucune pièce supplémentaire au dossier.

[79] Voir G. BENZONI, *s.v.* «Sebastiano Erizzo», *Dizionario biografico degli Italiani*, vol. 43, Roma 1993, 198-204.

[80] Avec une conclusion similaire, ZORZI (*s.v.* «Museo Erizzo», *Collezioni di antichità, op. cit.*, 87) qui ne mentionne pas le témoignage de Ligorio.

[81] Pour tous ces détails, voir l'article d'I. PALUMBO FOSSATI, «Il collezionista Sebastiano Erizzo e l'inventario dei suoi beni», *Ateneo Veneto*, n.s., XXII (1984), 201-218. Pour une introduction générale, sur la collection de Sebastiano Erizzo et sur celle de son exact contemporain Battista Erizzo, voir ZORZI, *Collezioni di antichità, op. cit.*, 59.

me, mais tenait avant tout à préserver l'unité de son travail, en exigeant que les pièces qu'il avait réunies ne soient pas dispersées.

L'inventaire après décès de l'humaniste, qui permet de retracer la présence dans la maison de deux têtes de marbre et d'une mosaïque représentant la Vierge[82], ne permet pas plus que le testament de déceler la trace d'une collection épigraphique. Il serait cependant dangereux de tirer trop de conclusions de ce silence, dans la mesure où le notaire qui en fut chargé, Girolamo Luran, ne semble pas avoir eu les compétences nécessaires pour décrire les pièces antiques ou les détails de la bibliothèque, qu'il se contente d'évoquer avec un laconisme affligeant, en réservant les maigres fleurs de sa rhétorique à la peinture des présentoirs et cassettes qui accueillaient les médailles.

Si les inscriptions vues par Spon avaient été réunies par Erizzo, c'est donc qu'elles n'avaient pas été vendues avec les autres antiquités, mais étaient demeurées dans la maison léguée à Paolina, fille de Giambattista Grimani et épouse en secondes noces de l'humaniste. A la vérité, cette hypothèse soulève deux difficultés : le testament prescrivait que la collection d'antiques fût vendue en un seul lot à un tiers et Paolina s'était vu refuser l'héritage des bijoux, joyaux et autres objets de prix. Ces deux clauses excluent *a priori* la possibilité que Paolina ait hérité d'une collection épigraphique, sauf si celle-ci était scellée dans les murs et difficilement amovible[83]. Dans ce dernier cas, la série d'inscriptions aurait pour ainsi dire fait partie des murs de la maison héritée par Paolina.

Nous manquons d'éléments pour comprendre comment la collection d'un érudit dépourvu de descendants a pu se maintenir dans sa maison et ce pendant un siècle, voire un siècle et demi, à en croire Gori[84]. A partir du seul témoignage de Spon, Marino Zorzi imagine l'existence d'un Museo Erizzo implanté dans la seconde moitié du XVIIe siècle dans la demeure du célèbre collectionneur[85]. Le manque de sources sur cette collection épigraphique doit sans doute être mis en relation avec la faible considération dont semblent avoir joui la plupart des « musées épigraphiques » privés[86].

---

[82] Voir PALUMBO FOSSATI, « Il collezionista », art. cit., 216.

[83] Il s'agit du mode d'exposition le plus couramment adopté dans les collections privées. Voir sur ce point I. CALABI LIMENTANI, « Gli altri musei epigrafici », *Nuovi studi Maffeiani* : Atti del Convegno Scipione Maffei e il Museo Maffeiano (Verona, 18-19 nov. 1983), 381-398, part. 387.

[84] D'après CALABI LIMENTANI (*Ibid.*, 386), l'existence des collections d'inscriptions constituées par des particuliers était en général éphémère.

[85] ZORZI, *Collezioni di antichità*, op. cit., 87.

[86] Voir les conclusions, pour le XVIIIe siècle,

de CALABI LIMENTANI, « Gli altri musei epigrafici », art. cit., 385-387. La correspondance de Maffei avec le comte Carlo Silvestri di Rovigo invite en effet à relativiser l'importance attachée par les connaisseurs aux collections épigraphiques, destinées le plus souvent à compléter des collections plus importantes de statues, de monnaies ou d'intailles. Le père du musée lapidaire de Vérone explique en effet à son correspondant que les galeries épigraphiques de particuliers sont surnommées avec mépris « gallerie dei pover' uomini » ou encore « museo da poveretti ». Il est certain que les innombrables falsifications engendrées par le collectionnisme et le commerce des inscrip-

Au terme de cette étude, il semble licite d'avancer que les inscriptions d'Anacréon et de Diogène vues par Spon étaient des faux : cette conclusion s'appuie notamment sur l'examen des leçons représentées par ces textes. La collection Erizzo comportait probablement une inscription identique au *titulus* destiné à un Héraclès triforme qui est conservé au Museo Maffeiano : il s'agissait soit de l'exemplaire de Vérone, soit d'une pierre jumelle de celle-ci. Puisque ce monument porte l'épigramme qui précède immédiatement l'inscription lysippique dans la collection de Planude, il se peut qu'un faussaire du XVIe siècle ait incisé sur deux pierres acquises par le même collectionneur deux épigrammes successives de l'*Anthologie*. Dans ce cas, la célèbre inscription perdue de l'Héraclès de Tarente, qui figure tant dans le recueil de Löwy que dans celui de Jean Marcadé, serait un faux moderne. Le maigre *corpus* des épigrammes littéraires gravées dans l'Antiquité aux côtés de copies d'œuvres grecques se verrait dès lors réduit et non augmenté, comme on pouvait l'espérer dans un premier temps, en découvrant les témoignages de Spon et de Wheler.

Il est également possible d'affirmer que la pierre retrouvée dans la poste centrale de Venise en 1940 est, autant que son état de conservation permette d'en juger, identique à celle qu'avait vue Spon. Peut-on aller jusqu'à affirmer qu'il s'agit de la même pierre ? Le caractère exceptionnel du texte ne constitue pas un argument suffisant pour répondre à cette question, puisque les recherches de Maria Pia Billanovich ont prouvé que certaines officines de faussaires produisaient jusqu'à trois exemplaires du même texte. Cette remarque vaut également pour les deux inscriptions du Museo Maffeiano —à savoir pour l'épitaphe de Diogène et pour l'épigramme relative à une triple représentation d'Héraclès. Il ne me semble pas que l'on puisse d'emblée exclure qu'il ait existé deux exemplaires distincts de l'inscription de Diogène.

Dans tous les cas, l'exacte ressemblance du texte incisé sur la pierre du fondaco dei Tedeschi avec celui qu'a transcrit Spon permet de tirer deux conclusions certaines : qu'ils ne fassent qu'un ou non, les deux documents ne sont pas indépendants l'un de l'autre et, au moins dans ce cas, le médecin lyonnais ne semble pas avoir remodelé le texte qu'il publiait en fonction des éditions de Théocrite qu'il connaissait. L'identité du texte transmis par Spon avec les parties conservées de l'inscription du fondaco dei Tedeschi nous

---

tions avait contribué a jeter le discrédit sur les collections épigraphiques. L'affirmation de Maffei ne va toutefois pas sans une certaine ambiguïté, dans la mesure où elle vise à inciter le comte à se séparer à vil prix de son importante collection d'inscriptions au profit du lapidaire véronais. Dans tous les cas, il faut sans doute se garder d'exagérer le prix que le premier possesseur de la collection vue par Spon accordait aux pièces qu'il avait réuni.

BILLANOVICH («Falsi epigrafici», art. cit, 41-42) a en effet souligné toute l'ambiguïté de la relation entre collectionnisme et falsifications en matière d'épigraphie : si certains faux passaient pour authentiques aux yeux du client, il est très probable que certaines imitations étaient acceptées comme telles par le futur propriétaire lors de l'achat et il n'est pas impossible que certains collectionneurs aient passé commande de faux.

autorise à raisonner sur les leçons transmises par Spon, puisqu'il n'apparaît pas que celui-ci ait corrigé sa lecture au moyen de textes édités.

Il est difficile de juger si Erizzo était ou non conscient d'avoir acquis des faux, mais la variété des textes réunis et la cohérence thématique de la collection semble indiquer une certaine connivence entre le travail de l'humaniste et celui du faussaire. La collection s'insère parfaitement dans le contexte du collectionnisme vénitien et dans un moment spécifique de l'histoire des études consacrées à l'art ancien. Comme l'a remarqué Antonio Corso dans son étude sur la réception de l'*Anthologie de Planude*[87], la parution successive de trois éditions aldines de l'*Anthologie* dans la première moitié du XVIe siècle montre la vivacité de l'intérêt éprouvé pour la collection planudéenne dans la ville où était conservé le manuscrit autographe de Maxime Planude, le Marcianus Græcus 481. Lorsque paraît à Venise la troisième édition aldine de cette collection[88], celle-ci fait déjà figure de référence essentielle et de source inépuisable pour la connaissance de l'art antique. Dans un contexte où l'histoire de l'art se constitue au travers d'une comparaison constante entre les textes ecphrastiques livrés par les sources littéraires et les monuments archéologiques retrouvés sur le sol italien, on comprend bien la fascination exercée par le genre de l'épigramme descriptive, où l'éloge littéraire se mêle au souvenir de véritables signatures d'artistes.

---

[87] Voir A. CORSO, « La descrizione dei capolavori antichi dell'*Antologia Planudea* a Venezia e la fortuna della concezione dell'arte antica da esse dedotta », *Venezia, l'archeologia, op. cit.,* 81-85. Plus largement, sur la fortune de l'*Anthologie de Planude,* voir J. HUT-TON, *The Greek Anthology in Italy to the Year 1800* : Cornell Studies in English XXIII, Ithaca (NY), 1935.

[88] Il s'agit de l'édition de 1550 qui est la source probable de la falsification de l'épitaphe de Diogène. Voir *supra.*

Sigle	Manuscrit ou édition
B	Parisinus Græc. 2721, manuscrit sur papier italien, daté d'après ses filigranes du 3ᵉ quart du XVᵉ siècle et qui fut copié par Georgios Tribizios : voir IRIGOIN, rec. cit. de Smutny, *The Text History*, part. 58 et DE MEYIER, « More manuscripts », art. cit., part. 88. Ce manuscrit n'a en général pas été pris en compte dans l'établissement du texte des *Epigrammes*.
C	Ambrosianus 104 (B. 75 sup.) : XVᵉ-XVIᵉ siècle. Si Gallavotti estime que le texte des *Epigrammes* de Théocrite dans C est copié de D, et s'il choisit d'éliminer C de ses appa-rats, A.S.F. Gow considère que C fournit en partie des leçons contaminées par l'*Anthologie*. La répartition des leçons au sujet du mot περισσὸ[ν] illustre assez bien la théorie exposée par Gow.
D	Parisinus Græc. 2726, manuscrit sur papier italien, daté d'après ses filigranes du 3ᵉ quart du XVᵉ siècle et qui fut copié par Tribizios (voir IRIGOIN, rec. cit. de Smutny, *The Text History*, part. 58 et DE MEYIER, « More manuscripts », art. cit., part. 88). Pour les *Epigrammes* de Théocrite, Gallavotti considère que D descend à travers B de K et que ses leçons présentent donc assez peu d'intérêt. Gow considère au contraire qu'une contamination de la tradition bucolique par l'*Anthologie* est possible dans le cas de D. Dans sa recension de l'ouvrage de Smutny, IRIGOIN (rec. cit., 60-61) a reformulé avec netteté le problème des contaminations anthologiques de D : dans l'ensemble des *Epigrammes* de Théocrite, le témoignage des divers correcteurs de D (rassemblés sous le sigle D²) concorde, pour la majeure partie des leçons importantes, avec le texte de l'*Anthologie* et avec les deux éditions de 1516.
K	Ambrosianus 886 (C. 222 inf.) : fin du XIIIᵉ siècle. Ce manuscrit a été jugé exempt de toute contamination due à la tradition anthologique.
Anth. Pal.	*Anthologia Palatina*, Palatinus Græc. 23 : Xᵉ siècle.
Heid.	Palatinus Græc. 341 : vers 1500. Ce manuscrit, négligé par les éditeurs de Théocrite avant les travaux de SMUTNY (*The Text History, op. cit.*), présente un texte très proche de celui de l'édition juntine, bien qu'il n'ait pas été copié d'après elle.
Neap.	Neapolitanus 200 (II.F. 43) : XVᵉ siècle.
Per.	Perusinus 249 (D. 67) : XVᵉ siècle. Ce manuscrit fut copié par Tribizios : voir DE MEYIER, « More manuscripts », art. cit., part. 88.
Taur.	Taurinensis 138 (B.III. 11) : XVᵉ siècle. Ce manuscrit fut copié par Tribizios : voir DE MEYIER, *Ibidem*.
Iunt.	Edition de Filippo Giunta, Firenze 1516. Cette édition et la suivante sont indépen-dantes l'une de l'autre. Giunta et Calliergès sont les premiers éditeurs de Théocrite à avoir fait figurer les *Epigrammes* aux côtés des *Idylles* dans leur édition : les *Epigrammes* sont en effet absentes tant de l'*editio princeps Mediolanensis a. 1480* de THÉ-OCRITE que des deux éditions aldines successives de 1495.
Cal.	Edition de Zacaria Callierges, Roma 1516. Comme l'édition juntine, l'édition calliergine représente peut-être par certaines de ses corrections le *codex Patauinus* de Paolo Capodi-vacca, dont la nature a été très débattue. Les différences de Iunt. et Cal. avec K et D, con-sidérées par Gallavotti (*Theocritus, op. cit.*) comme des propositions de lectures dues à Musuro et Bonini, pourraient refléter, d'après Gow, la complexité de la filiation des manuscrits de la tradition bucolique et des contaminations dues à l'*Anthologie* (voir *Theocritus, op. cit.*, LVII–LVIII). Irigoin a proposé une nouvelle solution, qui faisait la synthèse des hypothèses de Gallavotti et de Gow : selon lui, Musurus aurait eu entre les mains à un moment donné le Palatinus Græc. 23 —cette hypothèse fut reprise peu après par Gallavotti [voir « Planudea », *Bollettino dei Classici*, VIII (1960), 11-23, part. 23].

Tableau 1 : Index des livres utiles pour l'établissement du texte d'*Anth. Palat.* IX, 599.

Nom de l'œuvre	Date de l'*editio princeps*	Remarques
Anthologie Palatine	*Anthologiæ Græcæ a Constantino Cephala conditæ libri tres,* ed. J.J. Reiske, Leipzig 1754; première édition complète de l'*Anthologie Palatine* : Analecta poetarum græcorum, ed. R.F.P. Brunck, Strasbourg 1772-76.	Si l'édition imprimée et donc la diffusion de l'*Anthologie Palatine* adviennent de façon très tardive, la tradition des *Epigrammes* de Théocrite semble montrer que Marco Musuro, qui annota et compléta de sa main un exemplaire de Théocrite utilisé plus tard par Giunta et Calliergès, avait eu entre les mains le manuscrit qui contenait cette collection.
Anthologie de Planude	Ed. Janus Lascaris (Florence, 1494)	L'édition de Lascaris reproduit comme toutes les éditions antérieures à celle de F. Jacobs (1813-17) l'intégralité de la recension planudéenne, c'est-à-dire aussi bien les pièces connues aujourd'hui sous le nom d'«Appendice de Planude», qui ne figuraient pas dans l'*Anthologie Palatine,* que les pièces qui, comme l'épitaphe de Diogène, faisaient partie des deux collections.
Epigrammes de Théocrite	Deux éditions contemporaines (1516) et indépendantes : Giunta (Firenze) et Calliergès (Roma)	

Tableau 2 : Les différentes collections d'épigrammes et les dates de leur *editio princeps*

Leçon de l'inscription vénitienne, reconstituée, le cas échéant, d'après Spon	Leçons identiques à celle de l'inscription	Autres leçons
[ξένε]	B, C, D, K, *Anth. Pal.*, Heid., Neap., Per., Taur., Iunt.	ξεῖνε Cal.
σπουδαῖε	B, C, D¹, K, Neap., Per., Taur.	σπουδᾷ D², *Anth. Pal.*, Heid., Iunt., Cal.
ἐπ[ὰν]	B, C, D¹, K, *Anth. Pal.*, Heid., Neap., Per., Taur., Iunt., Cal.	ἐπὴν D²
[εἰς]	B, D¹, K, Neap., Per., Taur.	ἐς C, D², *Anth. Pal.*, Heid., Iunt., Cal.
[ἔλθης]	B, D, Heid., Iunt.	ἔνθης C, K, *Anth. Pal.*, Neap., Per., Taur., Cal.
πρόσθ εἴ τι	B, C, D, K, Heid., Neap., Per., Taur., Iunt., Cal.	προσθέντι *Anth. Pal.*
περισσὸ[ν]	B², C, D², *Anth. Pal.*, Heid., Iunt., Cal.	περισσῶν B¹, D¹, K, Neap., Per., Taur.
[ᾠδοποιῶν]	B, C, D, K, Heid., Per., Taur., Iunt., Cal.	ᾠδοποιοῦ *Anth. Pal.* ; ὁδοποιῶν Neap.
τοῖ[ς νέοις ἄδετο]	B, D¹, K, Neap., Per., Taur.	τ. νέοισιν ἄ. C, D², Heid., Iunt., Cal. [89] ; καὶ τ. νέουσιν ἤδετο *Anth. Pal.*
[ἀτρεκέ]ῳς	B, C, D, K, *Anth. Pal.*, Heid., Neap., Per., Taur., Iunt., Cal.	ΑΤΡΕΚΕΩΝ [90]

Tableau 3 : Leçons des différents témoins pour l'Epigramme *Anth. Pal.* IX, 599

[89] Ce texte est également donné par la réédition en deux volumes du *Voyage d'Italie* de Spon, que citent Waltz et Soury dans leur édition du livre IX de l'*Anthologie Palatine*, *op. cit.*, mais qui fut désavouée par Spon.

[90] Voir note précédente : du reste, la pierre de Venise infirme ce témoignage.

Nom et sujet de l'œuvre évoquée dans l'épigramme	La tradition manuscrite			Les pierres de la collection Erizzo — qui atteste leur présence dans la collection et à quelle date ?					Existence d'inscriptions jumelles de celles de la collection Erizzo — il s'agit peut-être des mêmes pierres que dans les colonnes précédentes				
	Anthologie Palatine	Anthologie de Planude	Autre	Ligorio	Spon, Voyage d'Italie	1675 Spon, Misc. erud. antiquit.	Wheler	1734 Gori	provenance alléguée par ce premier témoin	premier témoin	lieux de conservation et témoins successifs	lieu de conservation actuel	Authenticité
Héraclès de Lysippe	—	Anth. Plan. 103 (IVa 9, 17; IV, 10, 17)	—	—	—	x	—	x	—	—	—	—	—
Diogène	Anth. Pal. VII, 64	Anth. Plan. (IIIa, 28, 10)	—	—	x	x	x	—	à Padoue en 1652 (co. Bassani)	Orsato (1652)	Vérone (Musée lapidaire: Maffei, 1749)	Vérone (Musée lapidaire: pl.2 et pl.5)	faux moderne
Anacréon	Anth. Pal. IX, 599	—	Theocr. Epig. XVII	x	x	—	—	—	à Venise, en 1940 (Fondaco dei Tedeschi)	Guarducci (1942)	Venise (Museo archeologico)	Venise (Museo archeologico: pl.7)	authenticité douteuse
Héraclès triforme	—	Anth. Plan. 102 (IVa 9, 16; IV, 10, 16)	—	—	—	x	—	—	à Vérone en 1749 (Musée lapidaire)	Maffei (1749)	Vérone (Musée lapidaire)	Vérone (Musée lapidaire: pl.6)	faux moderne
Epitaphe d'Oppien	—	—	Vita Oppiani	x	—	—	—	—	—	—	—	—	—

Tableau 4 : Récapitulatif

Planche 1 : « Diogenis Monumentum Sepulcrale » : *A Journey into Greece by George Wheler Esquire in Company of Dr Spon of Lyons,* London 1682, 445

Planche 2 : « Inscription dite de Diogène (100* Ritti) », Verona, Museo Maffeiano, inv. 28697

Planche 3 : « Relief funéraire antique, portant une inscription moderne (46* Ritti), inspirée d'une ode saphique », Verona, Museo Maffeiano, inv. 28643

Planche 4 : « Détail de la graphie de l'inscription 46* Ritti », Verona, Museo Maffeiano, inv. 28643

Planche 5 : « Détail de la graphie de l'inscription 100* Ritti », Verona, Museo Maffeiano, inv. 28697

Planche 6 : « Inscription dite d'Héraclès (33* Ritti = *Anth. Plan.* 102) », Verona, Museo Maffeiano, inv. 28630

Planche 7 : «Inscription dite d'Anacréon», Venezia, Museo Archeologico (©Deutsches Archäologisches Institut-Rom, inst. neg. 82-794)

HISTOIRE LITTERAIRE

JEAN DE SALISBURY ET PÉTRARQUE :
ASPECTS ET ENJEUX DE LEUR JUGEMENT SUR CICÉRON

par LAURE SCHEBAT

Lorsque, en 1345, Pétrarque découvre à la bibliothèque capitulaire de Vérone les seize livres des *Lettres* de Cicéron à Atticus, les recueils mineurs des épîtres à son frère Quintus et à Brutus et la lettre apocryphe à Octavien, il écrit coup sur coup deux lettres fictives adressées à l'orateur romain pour exprimer les sentiments contradictoires d'indignation et d'admiration qu'il ressent à l'égard de celui qu'il considère comme « le père suprême de l'éloquence romaine »[1] : ce sont les *Epistolæ* XXIV, 3 et XXIV, 4 du recueil des *Familiares*[2]. La première de ces lettres ouvre à la Renaissance un débat sur la personnalité de Cicéron, nous conduisant jusqu'à Politien qui, dans une note à la lettre de Pétrarque, prend la défense de Cicéron et justifie sa conduite politique[3]. Mais si nous remontons en amont de Pétrarque, nous découvrons un passage de l'*Entheticus de dogmate philosophorum* de Jean de Salisbury[4] qui nous livre lui aussi un jugement sur Cicéron mêlant à la criti-

---

[1] *Fam.* XXIV, 4, 4 : « Romani eloquii summe parens ». Les *Rerum Familiarum libri* seront données avec les références entre parenthèses de la lettre dans l'édition nationale des œuvres de Pétrarque : voir note 2. Chaque traduction, sauf mention contraire, est de l'auteur.

[2] F. PETRARCA, *Le Familiari* : Edizione Nazionale delle Opere di Francesco Petrarca X-XIII, edd. V. Rossi, U. Bosco, Firenze 1933-1942, 4 vol. Ces deux lettres figurent dans le vol. 4. Pour les livres I à XI des *Familiares*, on se reportera à l'édition française parue récemment : PÉTRARQUE, *Familiarium rerum libri-Lettres familières* : Les Classiques de l'Humanisme, dir. P. Laurens, trad. A. Longpré,

intro., notes U. Dotti, Paris 2001-03, 3 vol. parus. Pour les livres XII à XXIV, seule l'édition italienne demeure pour l'instant disponible, dans l'attente de la parution prochaine des volumes suivants dans la même collection.

[3] Voir L. SCHEBAT, « La polémique autour de la personnalité de Cicéron : diffusion et portée de la *Familière* XXIV, 3 dans les années 1390-1420 », article à paraître dans *Pétrarque épistolier. Colloque international (Toulouse, 26-27 mars 1999)* : Cahiers de l'Humanisme-série III, hiver 2003-04.

[4] J. OF SALISBURY, *Entheticus major et minor*, ed. J. van Laarhoven, Leiden 1987, 184-187. Il s'agit d'un extrait de l'*Entheticus de dogmate philosophorum*, v. 1215 à 1256. Nous en

que des louanges pleines d'admiration. L'affinité entre les deux passages est même telle, qu'elle nous affronte à notre tour à un problème souvent rencontré par le lecteur de Pétrarque[5], qui, tout imprégné qu'il paraisse par les idées, débats et textes médiévaux, évite systématiquement de citer ses sources non classiques : celui de la connaissance directe qu'il pouvait avoir de l'œuvre de son prédécesseur.

Avec une intuition juste du problème, Pier Paolo Gerosa, relevant avant nous qu'« aucun autre écrivain du Moyen Age ne lui ressemble peut-être autant » et affirmant qu'« avec aucun autre peut-être la comparaison n'est aussi bienvenue et intéressante »[6], poursuit ainsi :

> Pétrarque connaissait-il Jean de Salisbury ? Ses œuvres principales eurent une grande diffusion à l'époque de notre auteur et peut-être se trouvaient-elles parmi ses livres ; mais il y a plus : ce prélat anglais est un des rares écrivains médiévaux dont les pages pétrarquiennes portent des traces certaines ; il est cité de manière évidente, toutefois sans être explicitement nommé, dans les *Lettres familières*[7].

et encore :

> Jean de Salisbury n'était pas opposé à la logique, il en prit même la défense dans une œuvre en quatre livres intitulée *Metalogicus*. Mais son mode favori de raisonnement était plutôt semblable à celui de Pétrarque, c'est-à-dire un discours visant à persuader avec des critères essentiellement moraux, ayant une fin pratique et utilisant aussi des moyens oratoires, à la manière de Cicéron dont il partageait, dans le domaine de la connaissance, le probabilisme académique[8].

reproduisons le texte et en proposons une traduction française à la fin de notre article. C'est après avoir élaboré cette traduction et rédigé cette synthèse que nous avons découvert une traduction française du même passage dans l'article suivant : J.-Y. Tilliette, « Jean de Salisbury et Cicéron », *Helmantica* 50 (1999), 697-710. La traduction de v. 1215-1246 se situe aux p. 703-704. Certaines des conclusions de l'auteur, notamment la brève comparaison qu'il fait de ce texte avec la lettre de Pétrarque, seront discutées dans la suite de notre exposé.

[5] En dernier lieu C. Carraud *ap.* Pétrarque, *Les remèdes aux deux fortunes*, vol. II, Grenoble 2002, 68 suiv. et *passim*. Une bonne exposition du problème dans D. Goldin Folena, « Petrarca e il Medioevo latino », *Il Petrarca latino e le origini dell'Umanesimo II* : Atti del Convegno internazionale, Firenze, 19-22 mag. 1991, dans *Quaderni Petrarcheschi* IX-X (1992-93), 459-487, renvoyant aux travaux de M. Feo, E. Fenzi, G. Velli, V. Fera. Déjà P. de Nolhac, *De patrum et medii æui scriptorum codicibus in bibliotheca Petrarchæ olim collectis*,

Paris 1892.

[6] P.P. Gerosa, *Umanesimo cristiano del Petrarca. Influenza agostiniana. Attinenze medievali*, Torino 1966, 204 : « Forse nessun altro scrittore del Medioevo gli rassomiglia tanto, e con nessun altro forse il confronto torna così opportuno ed interessante ».

[7] Gerosa, *Umanesimo cristiano, op. cit.*, 205 : « Ebbe il Petrarca conoscenza di Giovanni di Salisbury ? Le sue opere principali ebbero grande diffusione a l'epoca del Nostro e forse si trovavano fra i suoi libri ; ma v'è di più : codesto prelato inglese è uno dei pochi scrittori medievali di cui si osservino tracce sicure nelle pagine petrarchesche ; vi è citato in modo evidente, pur senza essere esplicitamente nominato, nelle *Epistolæ familiares* ». Pour plus de détails voir 205, note 69.

[8] Gerosa, *Umanesimo cristiano, op. cit.*, 205 : « Giovanni di Salisbury non era contrario alla logica... ma il modo di ragionare preferito da lui era piuttosto simile a quello proprio del Petrarca, ossia ad un discorso inteso a persuadere con criteri essenzialmente mora-

Ce savant définit clairement les données, internes et externes, de toute enquête, d'abord en opposant à l'absence de référence explicite la richesse des éléments citationnels et, au delà, la parenté d'une philosophie et d'une méthode, ensuite en laissant la place — « et peut-être se trouvaient-elles parmi ses livres » — à une découverte de caractère codicologique qui apporterait, à défaut de la citation expresse, un argument décisif.

C'est ainsi que la comparaison des deux lettres de Pétrarque et du texte de l'*Entheticus* nous permettra de mettre d'emblée fortement en lumière cette parenté, posant du même coup la question de l'accès que Salisbury a pu avoir à la Correspondance de l'Arpinate. Elargissant ensuite le champ d'étude, on établira par l'abondance des citations dans la Correspondance de Pétrarque, telle que la met en évidence l'édition de Vittorio Rossi[9], que ces deux auteurs partagent une même conception de la littérature, de l'homme lettré et de la lecture : au XIIe siècle déjà, avant la Renaissance dont on dit traditionnellement que Pétrarque est l'initiateur, Salisbury défendait un idéal de savoir et de culture hérité de Cicéron[10]. Enfin si à ce jour aucun manuscrit de Salisbury n'a été identifié comme ayant appartenu à Pétrarque on essaiera de tirer quelque présomption de l'histoire du manuscrit Parisinus Latinus 6417, copié à Milan à la fin du XIVe siècle à partir d'un exemplaire de la bibliothèque des Visconti[11].

Pétrarque et Salisbury vouent une même admiration à Cicéron. « Le monde latin n'eut rien de plus grand que Cicéron », écrit l'humaniste anglais dans son *Entheticus de dogmate philosophorum*[12]. L'humaniste italien, quant à lui, développe son éloge à partir d'une image empruntée à Cicéron lui-même (*De natura deorum*, I, 120) :

> O romani eloquii summe parens, nec solus ego sed omnes tibi gratias agimus, quicumque latine lingue floribus ornamur ; tuis enim prata de fontibus irrigamus, tuo ducatu directos, tuis suffragiis adiutos, tuos nos lumine illustratos ingenue profitemur ; tuis denique, ut ita dicam, auspi-

li, per un fine pratico, con mezzi anche oratori, alla maniera di Cicerone, del quale condivideva pure, nel campo della conoscenza, il probabilismo academico ».

[9] *Fam.* V, 1, 3 (vol. 2, 3 Rossi) ; *Fam.* IX, 5, 26-28 (vol. 2, 229 Rossi) ; *Fam.* XI, 5, 4 (vol. 2, 332 Rossi) ; *Fam.* XV, 7, 10 (vol. 3, 150 Rossi) ; *Fam.* XVIII, 16, 30 (vol. 3, 308 Rossi) ; *Fam.* XXIV, 7, 10 (vol. 4, 243 Rossi).

[10] B. MUNK OLSEN, « L'Humanisme de Jean de Salisbury : un cicéronien au XIIe siècle », *Entretiens sur la Renaissance du XIIe siècle*, Paris-La Haye 1965, 53-83.

[11] Pour l'histoire de ce manuscrit, voir G. BILLANOVICH, *Petrarca letterato. I. Lo scrittoio del Petrarca*, Roma 1947, 323-324, 328-330, 413 et E. PELLEGRIN, *La bibliothèque des Visconti et des Sforza, ducs de Milan, au XVe siècle* : Publications de l'I.R.H.T. vol. V, Paris 1955, 110-112. Billanovich a commencé par supposer que le manuscrit avait été copié à Padoue à partir d'un exemplaire de la bibliothèque des Carrara —d'où il serait ensuite passé aux mains des Visconti— avant de se ranger à l'avis de Pellegrin. Quelle que soit sa provenance, son ancêtre a pu passer entre les mains de Pétrarque.

[12] *Entheticus*, op. cit., v. 1215 : *Orbis nil habuit maius Cicerone Latinus*. Voir désormais texte et traduction à la fin de l'article pour toutes les citations de l'*Entheticus*, v. 1215-1256.

> *ciis ad hanc, quantaculacunque est, scribendi facultatem ac propositum pervenisse* [13].

Ils reconnaissent tous deux à Cicéron la suprématie sur la Grèce. Voici les trois premiers vers du chapitre « De Cicerone et dogmate eius » dans l'*Entethicus* :

> *Orbis nil habuit maius Cicerone Latinus,*
> *Cuius ad eloquium Græcia muta fuit.*
> *Omnibus hunc Græcis opponit Roma vel effert.*

Cet argument est repris dans le *Policraticus* où Salisbury parle ainsi de l'orateur romain : *Ille in quo Latinitas nostra sola invenit quicquid insolentiæ Græciæ eleganter opponit aut præfert, Ciceronem loquor, Romani auctorem eloquii* [14]. Pétrarque, dans sa deuxième lettre à Cicéron, évoque Virgile et montre comment ces deux auteurs ont porté la littérature latine à son sommet et ont ainsi surpassé les auteurs grecs :

> *Necnon et latinis gratulatus musis, quod insolentibus graiis vel reliquissent ambiguam vel certam victoriam abstulissent. Utriusque enim sententie auctores sunt : te, si ex libris animum tuum novi, quem nosse michi non aliter quam si tecum vixissem videor, ultime assertorem futurum, ut que in oratoria dedisti sic in poetica palmam Latio daturum [...] fuisse non dubito* [15].

Il est tout d'abord intéressant de constater que les deux auteurs reprennent la même idée mais en se servant de sources différentes. Salisbury emprunte, pour ses deux textes, sa formulation à Sénèque le Rhéteur : *Quidquid Romana facundia habet quod insolenti Græciæ aut opponat aut præferat circa Ciceronem effloruit* (*Controversiæ* 1, *præfatio*, 6), il suit sa source de très près en choisissant les mêmes verbes ; pour le passage du *Policraticus*, il reprend une formule d'Augustin : *Sicut ait etiam quidam « Romani maximus auctor eloquii »* (*De civitate Dei*, XIV, cap. 18) [16]. Pétrarque se réfère davan-

---

[13] *Fam.* XXIV, 4, 4 (vol. 4, 228 Rossi) : « Ô père suprême de l'éloquence romaine, non seulement moi mais tous, nous te rendons grâces, nous qui nous nous parons des fleurs de la langue latine ; car nous arrosons nos prés de l'eau de tes sources, nous déclarons ouvertement avec sincérité que ta direction nous guide, que tes jugements nous aident, que ta lumière nous donne de l'éclat. Et finalement, pour ainsi dire, c'est sous tes auspices que je suis parvenu à ce talent d'écrivain, si petit soit-il, et que m'est venu le projet même d'écrire ».

[14] JEAN DE SALISBURY, *Policraticus*, II, 22 = *Patr. Lat.* 199 Migne, col. 449A.

[15] *Fam.* XXIV, 4, 9 (vol. 4, 229 Rossi) : « Et il n'est pas possible que tu n'eusses pas remercié les Muses latines, soit d'avoir laissé aux Grecs orgueilleux une victoire incertaine, soit de leur avoir ravi une victoire certai-

ne : car il y a des partisans de l'une et l'autre opinion. Toi, s'il est vrai que je connais ton âme d'après tes livres, toi que je connais, me semble-t-il, comme si j'avais vécu avec toi, tu aurais été, je n'en doute pas, un défenseur de la dernière opinion ; de même que tu as donné la palme au Latium pour l'éloquence, tu la lui aurais donnée pour la poésie ».

[16] L'expression remonte en fait à Lucain. Voir LUC. *Bell. ciu.* VII, 62-67 (Collection des Universités de France, edd. A. Bourgery, M. Ponchont, rev. P. Jal, Paris 1993) : *Cunctorum uoces Romani maximus auctor/ Tullius eloquii, cuius sub iure togaque/ Pacificas sæuus tremuit Catilina securis,/ Pertulit, iratus bellis cum rostra forumque/ Optaret, passus tam longa silentia miles*, « Le plus grand représentant de l'éloquence romaine, Tullius, qui, magistrat en toge, fit trembler le cruel Catilina de-

tage à Macrobe [17] et à Juvénal [18], bien qu'il reprenne l'adjectif *insolens* appliqué à la Grèce par Sénèque le Rhéteur. Ni Pétrarque, ni Salisbury ne connaît le grec [19] ; mais l'humaniste italien, peut-être parce qu'il a davantage conscience de l'immense territoire qui lui reste inconnu et parce qu'il pressent la valeur d'auteurs comme Homère ou Platon, reste plus prudent et ne prend pas à son compte cette supériorité incontestée des Latins sur les Grecs, il préfère l'attribuer à Cicéron, comme le montre l'expression : *Te... ultime assertorem futurum fuisse non dubito*. Enfin, l'originalité de l'humanisme pétrarquien ressort clairement de la comparaison avec Salisbury. Ce dernier admire Cicéron qu'il qualifie de *Cicero noster* [20], il le cite fréquemment et ne cache pas sa sympathie pour la philosophie de l'Académie. Mais le rapport littéraire avec Cicéron que Pétrarque s'efforce de mettre en place dans toute son œuvre, et en particulier dans sa correspondance, me semble tout à fait nouveau : Pétrarque insiste sur l'aspect personnel de cette relation, il connaît Cicéron intimement, comme s'il avait vécu avec lui — *Te, si ex libris animum tuum novi, quem nosse michi non aliter quam si tecum vixissem videor*. Dans une autre lettre, il raconte comment, dans la Correspondance de Cicéron, il a trouvé après-coup une idée qu'il avait eue au cours de ses réflexions sur l'amitié :

> *Hec et his similia cum sepe pro quotidiani moris excusatione dixissem, forte accidit ut in epystolas Ciceronis inciderem, librum magnum multeque varietatis atque huiuscemodi familiaribus plenum refertumque colloquiis. Ibi excusationem similem legi, et delectatus sum, nescio qua vel ingenii, quod ut optare, sic sperare utinam liceret, vel ipsarum rerum sola similitudine me dixisse quod tanto ante magnus ille vir dixerat, cum adhuc, Deum testor! ab illo dictum esse nescirem, et secum, ut in quodam loco ait idem, in eadem incidisse vestigia* [21].

vant ses haches pacifiques, fut le porte-parole de tous ; il s'irrite d'être à la guerre quand il désire les rostres et le forum et, soldat, souffre de son long silence ».

[17] MACROBE, *Sat.* V, 1, 20 (Bibliotheca Teubneriana, ed. J. Willis, Leipzig 1970) : *Infra ipsum enim mihi visum est, si dicerem decem rhetorum qui apud Athenas Atticas floruerunt stilos inter se diversos hunc unum permiscuisse.* Macrobe parle aussi à propos de l'imitation d'Homère par Virgile de *mira imitatione* ; il semble donc être un partisan de la seconde opinion.

[18] Voir pour la défense de la première opinion JUVÉNAL, *Satires* XI, 180-181 (Collection des Universités de France, edd. P. de Labriolle, F. Villeneuve, rev. J. Gérard, Paris 1983) : *Conditor Iliados cantabitur atque Maronis/ Altisoni dubiam facientia carmina palmam* : « On y récitera des vers de l'auteur de l'*Iliade* et des poè-

mes de Virgile aux accents si sublimes qu'on ne sait à qui décerner la palme ».

[19] Voir cependant sur la question les travaux de A. FYRIGOS, dont récemment : « Leonzio Pilato e il fondamento bizantino del preumanesimo italiano », *Manuele Crisolora e il ritorno del Greco in Occidente. Atti del Convegno Internazionale (Napoli, 26-29 giu. 1997)* : Istituto Universitario Occidentale, edd. R. Maisano, A. Rollo, Napoli 2002, 19-29.

[20] *Policrat.* VII, 1 = *Patr. Lat.* 199 Migne, col. 638D : *Academicorum quoque juvat opinionem, quod non modo Heraclides Ponticus, et Cicero noster, in summa ingeniosorum virorum laude recepti, tandem ad eos transierunt.*

[21] *Fam.* XVIII, 8, 14 (vol. 3, 290-291 Rossi) : « Tandis que j'avais souvent avancé ces arguments et d'autres semblables pour justifier mon comportement habituel, je suis tombé par hasard sur des lettres de Cicéron, un

C'est finalement un Cicéron personnel que Pétrarque se forge, si bien que l'orateur romain devient le miroir de ses propres questions : *Qui ergo libenter quidem Ciceronis gloriam dum licet amplector, quia id modo non licet excusationem tanti viri non invitus accipio vel potius ipse michi fingo*[22]. Le Cicéron de Pétrarque n'est pas forcément le Cicéron réel, il est une construction littéraire qui reflète autant les préoccupations essentielles de son créateur, telles que le problème de l'*otium* et de l'engagement politique de l'écrivain, que les aspects réels du philosophe romain.

Cette admiration pour Cicéron commune à nos deux auteurs est somme toute monnaie courante dans l'Antiquité et au Moyen Age. Cicéron vaut comme autorité, son éloquence et sa philosophie ont une valeur de modèles absolus, de points de référence. Mais l'aspect le plus intéressant est la critique du comportement politique de Cicéron. Salisbury, après avoir loué les qualités d'orateur et d'écrivain de l'auteur qu'il apprécie, n'hésite pas à souligner les contradictions entre sa vie et ses écrits :

> *Et si vita foret Ciceronis consona verbis,*
> *In summis poterat maximus esse viris.*
> *Os hominis cuncti mirantur, non ita pectus*[23].

Dans sa première lettre à Cicéron[24], Pétrarque reproche à Cicéron son engagement politique :

> *Quis tibi tot contentionibus et prorsum nichil profuturis simultatibus voluisti? Ubi et etate et professioni et fortune tue conveniens otium reliquisti? Quis te falsus glorie splendor senem adolescentium bellis implicuit et per omnes jactatum casus ad indignam philosopho mortem rapuit*[25]?

---

ouvrage admirable, d'une grande variété et plein de conversations familières semblables aux miennes. J'y ai lu une excuse semblable et j'ai été ravi d'avoir dit, je ne sais s'il s'agit d'une parenté d'esprit — ce que je souhaite, mais n'ose espérer — ou d'une parenté de sujet, et que ce grand homme avait déjà dit tant de temps auparavant, alors que jusqu'à ce moment, Dieu m'en soit témoin, j'ignorais qu'il l'avait dit, et j'ai donc été ravi d'avoir, comme il le dit lui-même dans un passage, marché sur ses traces ».

[22] PÉTRARQUE, *De otio religioso* II, VIII, 12 (*Le repos religieux*, introd., trad. C. Carraud, Grenoble 2000, 366-369) : « Moi qui suis attaché à la gloire de Cicéron autant que je le puis, je vois mon affection achopper sur ce point-là ; et c'est bien volontiers que j'accepte les excuses d'un si grand homme, ou plutôt que je me les fabrique de toutes pièces ».

[23] *Entheticus*, op. cit., v. 1241-1243. L'opposition entre *os* (ou *lingua*) et *pectus* vient d'AUG. *Conf.* III, 4, 7 à propos de l'*Hortensius* : *Cuiusdam Ciceronis, cuius linguam fere omnes mirantur, pectus non ita.*

[24] *Fam.* XXIV, 3 (vol. 4, 225-227 Rossi) : « A quoi as-tu voulu en venir avec tant de conflits et de querelles absolument inutiles ? Où as-tu abandonné le loisir qui sied à ton âge, à ta profession et à ton rang ? Quel éclat trompeur de la gloire t'a engagé, vieux désormais, dans des guerres faites pour de jeunes gens, t'a exposé à tous les coups du sort et t'a emporté vers une mort indigne d'un philosophe ? »

[25] *Fam.* XXIV, 3, 2 (vol. 4, 226 Rossi) : « A quoi as-tu voulu en venir avec tant de conflits et de querelles absolument inutiles ? Où as-tu abandonné le loisir qui sied à ton âge, à ta profession et à ton rang ? Quel éclat trompeur de la gloire t'a engagé, vieux désormais, dans des guerres faites pour de jeunes gens, t'a exposé à tous les coups du sort et t'a emporté vers une mort indigne d'un philosophe ? »

Dans sa seconde lettre [26], il précise sa critique en insistant sur le fait qu'elle ne concerne que l'homme Cicéron et non pas l'écrivain, l'orateur ou le philosophe :

> *Tu quidem Cicero, quod pace tua dixerim, ut homo vixisti, ut orator dixisti, ut philosophus scripsisti; vitam ego tuam carpsi, non ingenium, non linguam, ut qui illud mirer, hanc stupeam* [27].

Salisbury opposait la bouche et le cœur (*os / pectus*), Pétrarque oppose la langue et la vie (*lingua / vita*). D'ailleurs, dans la suite de l'*Entheticus*, ce doublet apparaît dans le chapitre « Quod virtus eloquentiæ præfertur » :

> *Quem magis evexit virtus, superat Ciceronem;*
> *Datque locum vitæ lingua perita loqui.*
> *Nam quamvis linguam formet, componat et actus,*
> *Vivere præcipue Philosophia docet.*
> *Vivere sincere pars optima philosophandi est,*
> *Qua sine quid prodest lingua diserta? nihil* [28].

Le dernier vers nous ramène d'ailleurs à un autre passage de la première lettre à Cicéron : *Nimirum quid enim iuvat alios docere, quid ornatissimis verbis semper de virtutibus loqui prodest, si te interim ipse non audias* [29] ?

Si nos deux auteurs ont porté le même jugement sur l'homme Cicéron [30], c'est peut-être parce qu'ils ont tous deux lu la Correspondance de l'homme politique romain, du moins partiellement. Pétrarque est connu pour avoir redécouvert le *corpus* des lettres à Atticus, Quintus et Brutus. Mais, chose que l'on sait moins, Salisbury connaissait certainement les *Epistulæ ad familiares*.

Attilio Hortis relevait déjà en 1878 des citations de la Correspondance de Cicéron dans l'œuvre de Salisbury [31]. Ces références sont cependant à prendre avec précaution, car si l'on examine la première, on s'aperçoit que l'écrivain anglais a tiré sa citation de Quintilien et non de Cicéron. Hortis mentionne un extrait du *Metalogicus* : *At Marcus Tullius non oderat filium, a quo in epistolis sicut apparet grammaticam instantissime exigebat. Gaius Cesar de analogia libros edidit* [32]... La source de ce passage est Quintilien : *Sed*

---

[26] *Fam.* XXIV, 4 (vol. 4, 227-231 Rossi).

[27] *Fam.* XXIV, 4, 2 (vol. 4, 227-228 Rossi) : « C'est ta vie que pour ma part j'ai critiquée, non ton intelligence et ton art de la parole si bien que moi qui admire la première, je m'extasie sur le second ».

[28] *Entheticus, op. cit.,* v. 1247-1252.

[29] *Fam.* XXIV, 3, 6 (vol. 4, 227 Rossi) : « Assurément en quoi est-il utile d'instruire les autres, à quoi cela sert-il de toujours discourir sur les vertus dans un langage très élégant, si pendant ce temps tu ne t'écoutes pas toi-même ? »

[30] Nous nous opposons ici à l'avis de TILLIETTE (« Jean de Salisbury », art. cit., 707-708), ce qui nous amène à traduire le terme *pectus* par « caractère » Certes, l'argument est moins développé chez Jean de Salisbury que chez Pétrarque, mais les deux vers qui précèdent (v. 1241-1242) nous semblent confirmer cette interprétation puisqu'on y trouve l'opposition entre *vita* et *lingua* qui se retrouvera chez Pétrarque.

[31] A. HORTIS, *M. T. Cicerone nelle opere del Petrarca e del Boccaccio,* Trieste 1878, 20.

[32] JEAN DE SALISBURY, *Metalogicus,* I, 21 =

nihil ex grammaticæ nocuerit nisi quod supervacuum est. An ideo minor est M. Tullius orator, quod idem artis huius diligentissimus fuit, et in filio, ut epistulis apparet [33], *recte loquendi asper quoque exactor. Aut vim C. Cæsaris fregerunt editi de analogia libri* [34] *?* La preuve apportée par Hortis s'effondre pour ce passage. Salisbury connaît quelques phrases ou thèmes de lettres de Cicéron par l'intermédiaire de Macrobe, comme l'a montré Johann Kasper von Orelli [35]. Un passage du *Policraticus* [36] reprend des éléments donnés par Macrobe [37]. Un autre passage du *Policraticus* utilise encore la même source [38]. Certains passages de la Correspondance de Salisbury semblent cependant avoir comme source directe les livres IX à XVI des *Epistulæ ad familiares* de Cicéron. En voici la liste avec, en regard, le passage correspondant de Cicéron :

Patr. Lat. 199 Migne, col. 851C.

[33] CIC. *Frag. epist.* VIII, 6.

[34] QUINT. *Inst. Orat.* I, VII, 34-35 (Collection des Universités de France, ed. J. Cousin, Paris 1975) : « Ce qui serait nuisible ici, ce n'est pas la grammaire : ce sont ses superfluités. Cicéron est-il moins grand orateur, pour avoir prêté une attention très diligente à cette science, et avoir été aussi, pour la correction du langage chez son fils, comme le prouve sa correspondance, un exigent censeur ? La vigueur oratoire de C. César a-t-elle été brisée par la publication d'un *Traité de l'analogie* ? »

[35] Orelli propose un relevé incomplet, mais très pertinent des citations de la Correspondance de Cicéron par divers auteurs médiévaux, dont Jean de Salisbury, en distinguant bien les passages pris à des sources secondaires de ceux empruntés directement à Cicéron. Voir CICÉRON, *Opera quæ supersunt omnia*, edd. J.C. von Orelli, J.G. Baiter, Zürich 1845 : le vol. 3 concerne la correspondance et comprend une « Historia critica epistolarum Ciceronis ad familiares », V-XXXVIII. Ces références sont reprises par C. SCHAARSCHMIDT, « Johannes Sariberiensis in seinem Verhältnis zur klassischen Litteratur », *Rheinisches Museum für Philologie* 14 (1859), 200-234, part. 208. Voir aussi R.H. ROUSE dans *Texts and transmission. A survey of Latin Classics*, ed. L.D. Reynolds, Oxford 1983, 135-142, 142 : « Books 9-16, or extracts from them, do appear to have been known further west in the Middle Ages in two instances. John of Salisbury quotes from *Fam.* 9, 15, and 16 in the *Policraticus* (1159). (Other echoes of the letters in the *Policraticus* come by way of Quintilian and Macrobius). Extracts from books 9, 10, and 13 appear in

Oxford Corpus Christi College 283, ff. 6-49v, a manuscript of disparate pieces brought together in Paris by William of Clare and given by him to St. Augustine's Canterbury in 1277 when he entered the abbey ».

[36] SALISBURY, *Policr.* III, 14 = *Patr. Lat.* 199 Migne, col. 509A : *Sed et in epistola ad C. Cassium violatorem dictatoris mordacius scripsit :* « *Vellem Idibus Martii me ad coenam invitasses, profecto reliquiarum nihil fuisset, nunc me reliquiæ vestræ exercent* ».

[37] MACROBE, *Sat.* II, 4, 13 (*op. cit.*) : *Vigebat in eo excedens iocos et seria mordacitas, ut hoc est ex epistula ad C. Cassium dictatoris violatorem :* Vellem idibus Martiis me ad cenam invitasses, profecto reliquiarum nihil fuisset. nunc me reliquiæ vestræ exercent. *Idem Cicero de Pisone genero et de M. Lepido lepidissime cavillatus est.* Il cite une lettre de CICÉRON, *Ad fam.* XII, 4, 1 : *Vellem Idibus Martiis me ad cenam invitasses; profecto reliquiarum nihil fuisset. nunc me reliquiæ vestræ exercent, et quidem præter ceteros me.*

[38] SALISBURY, *Policr.* VIII, 12 = *Patr. Lat.* 199 Migne, col. 759B) : *Cæterum histriones non inter turpes habitos, Cicero auctor est, qui, sicut Furius Albinus refert, Roscio et Æsopo familiariter usus est, adeo quidem, ut res rationesque eorum sua solertia tueretur. Quod cum ex aliis multis, tum ex epistolis ejus declaratur.* Voir MACROBE, *Sat.* II, 10 selon Orelli, en fait III, 14, 11 (*op. cit.*) : *Ceterum histriones non inter turpes habitos Cicero testimonio est, quem nullus ignorat Roscio et Æsopo histrionibus tam familiariter usum ut res rationesque eorum sua sollertia tueretur, quod cum aliis multis tum ex epistulis quoque eius declaratur.*

Jean de Salisbury	Cicéron
Epistula LXXV = *Patr. Lat.* 199 Migne, col. 61A :	*Epistula ad familiares,* XV, 4.
Hoc itaque vobis ascribere fidelius ausim quam Portio Catoni familiari suo Cicero pridem ascripserit.	
Epist. CLXIX = *Patr. Lat.* 199 Migne, col. 162A :	*Epist. ad fam.* XV, 16, 3 :
Cessent ergo de ludibriis fortunæ querelæ : de reliquo, dum nos quatenus licet a quæstionibus philosophicis non cessemus, indulgeamus persequutoribus nostris, nescientibus fortasse quid faciunt, et prælatis Ecclesiarum non vestratibus, sed nostratibus dico, qui, quod Caio Cassio Cicero in epistola ad eundem Cassium improperat, jam a multo tempore virtuti et officio suo nuntium remiserunt, nec cum eis agant deliniti divitiis et illecebris voluptatum.	*Sed hæc posterius; tempto enim te quo animo accipias. Si enim stomachabere et moleste feres, plura dicemus postulabimusque ex qua* αἵρεσει «*vi hominibus armatis*» *deiectus sis in eam restituare. In hoc interdicto non solet addi « in hoc anno ». Qua re, si iam biennium aut triennium est, cum virtuti nuntium remisisti delenitus illecebris voluptatis, in integro res nobis erit.*
Epist. CLXXIX = *Patr. Lat.* 199 Migne, col. 176C :	*Epist. ad fam.* IX, 10, 3 :
Numquid timent ne feritas mansuescat, aut, ut a Cicerone usurpatum est, ne refrigeat hasta Cæsaris, aut gladius hebetetur.	*Ego ceteroqui animo æquo fero. Unum vereor, ne hasta Cæsaris refrixerit.*
Epist. CLXXXVI = *Patr. Lat.* 199 Migne, col. 196A :	*Epist. ad fam.* XV, 11, 2 :
Ciceronem in epistula ad Marcellum scripsisse memini, quia sapientis judicio refert plurimum cui quis obligetur, et honesti viri prægravatur animus, quoties eum, aut rei familiaris angustia, aut articulus temporis illi constituit debitorem, quem ratio honestatis aut morum titulus coli prohibet et amari. Et hoc quidem, ut arbitror, eleganter, et vere dictum est...	*Magni interest cui debeas; debere autem nemini malui quam tibi, cui me cum studia communia, beneficia paterna tuaque iam ante coniunxerant, tum accedit mea quidem sententia maximum vinculum, quod ita rem publicam geris atque gessisti, qua mihi carius nihil est, ut, quantum tibi omnes boni debeant, quo minus tantundem ego unus debeam non recusem.*
Epist. CLXXXVIII = *Patr. Lat.* 199 Migne, col. 199A :	La référence n'est pas claire, les lettres de Cicéron à Tiron constituent le livre XVI des *Ep. ad fam.* ; peut-être Salisbury a-t-il un souvenir lointain de XVI, 2, 6 et XVI, 25 [39].
Licet autem omnino sileas, te tamen ut Cicero in Epistola ad Tironem de amico scribit, ubique et in omnibus habeo excusatum, ponens si quando destiteris ab officio, tibi opportunitatem defuisse, non animum.	

---

[39] Voir *The letters of John of Salisbury* : Oxford Medieval Texts, edd. W.J. Millor, C.N.L. Brooke, vol. 2. *The Later Letters (1163-1180),* Oxford 1979, 268 note 1.

Certains ont pensé que Salisbury avait utilisé, comme beaucoup d'auteurs médiévaux, un ou plusieurs florilèges de la Correspondance de l'orateur romain[40]. Mais cette hypothèse semble improbable, car aucun des florilèges des XIe et XIIe siècles ne contient d'extraits importants des *Epistulæ ad familiares*. Le travail considérable réalisé par Biger Munk Olsen[41] sur le sujet le fait apparaître clairement. Richard H. Rouse confirme cette hypothèse[42] : les lettres *ad familiares* ne se trouvent dans aucun des grands florilèges de l'école d'Orléans (*Florilegium Gallicum, Florilegium Angelicum*). Salisbury connaissait donc une partie des *Epistulæ ad familiares* de Cicéron, certainement la deuxième moitié, comme le montrent les exemples précédemment cités qui ne contiennent que des passages extraits des livres IX à XVI du recueil de Cicéron. Birger Munk Olsen a établi un catalogue très précis et très détaillé des manuscrits d'auteurs classiques en circulation aux XIe et XIIe siècles[43]. Son étude fait apparaître qu'il n'existe à cette époque qu'un seul manuscrit complet des *Epistulæ ad familiares*, l'actuel Laurentianus Pluteus 49, 9 de la Biblioteca Laurenziana à Florence[44] : copié pendant la 1re moitié du IXe siècle, d'origine rhénane, il se retrouva vers l'an 1000 chez l'évêque Leo de Vercelli, ville où il resta jusqu'à ce que Salutati le redécouvrît et l'utilisât. Pour les livres I à VIII, existe le manuscrit Parisinus Latinus 17812-II de la bibliothèque nationale de France[45], datant de la seconde partie du XIIe siècle, d'origine française ; il contient aux folios 51r°a-91v°a les *Epistulæ ad familiares*, I, 1, 1 à VIII, 8, 6. Pour les livres IX à XVI, on peut présenter un manuscrit pour l'ensemble et un autre pour les quatre derniers livres : le Harley 2682 de la British Library à Londres[46] provient de la cathédrale de Cologne et donne le texte des *Epistulæ ad familiares*, IX, 1, 1 à XVI, 27, 2, tandis que le Latinus 2° 252 de la Staatsbibliothek Preussischer Kulturbesitz à Berlin[47], datant du milieu du XIIe siècle, provenant de Corvey en Allemagne, présente un mélange de textes de Cicéron, probablement réunis à l'initiative de Wibald de Corvey[48] dont les *Epistulæ ad familiares*, XII, 29, 2 à XVI, 27, 2 (folios 176r°a-186r°a) et l'*Epistola ad Oct...* (folios 186r°a-v°b). Ce catalogue montre que les *Epistulæ ad familiares*

---

[40] Voir par exemple SCHAARSCHMIDT, « Johannes Sariberiensis », art. cit., 221.

[41] B. MUNK OLSEN, « Les classiques latins dans les florilèges médiévaux antérieurs au XIIIe siècle », *Revue d'Histoire des Textes* 9 (1979), 47-121 et *Ibid.*, 10 (1980), 115-164.

[42] Voir *Texts and transmission, op. cit.*, 141.

[43] B. MUNK OLSEN, *L'étude des auteurs classiques latins aux XIe et XIIe siècles* : Documents, études et répertoires publiés par l'Institut de Recherche et d'Histoire des Textes, Paris, 1982-1989, 4 vol.

[44] MUNK OLSEN, *L'étude des auteurs, op. cit.*, I, 174 (manuscrit 131 dans le classement de l'ouvrage) ; il comporte les *Ep. ad fam.* de I, 1, 1 à XVI, 27, 2.

[45] MUNK OLSEN, *L'étude des auteurs, op. cit.*, I, 278 (manuscrit 451).

[46] MUNK OLSEN, *L'étude des auteurs, op. cit.*, I, 211-212 (manuscrit 245). Voir aussi pour ce manuscrit A. CLARK, *Collations from the Harleian Ms. of Cicero 2682* : Anecdota Oxoniensia, Classical series. Part VII, Oxford 1891 et H. SCHWARTZ, « Über den Harleianus 2682 des Cicero », *Philologus* 54 (1895), 163-177.

[47] MUNK OLSEN, *L'étude des auteurs, op. cit.*, I, 148 (manuscrit 46).

[48] Voir M MANITIUS, *Geschichte der lateinische Literatur des Mittelalters*, III, München 1911-31, 290.

circulaient bel et bien à l'époque de Salisbury sous la forme de deux recueils distincts, ce qui confirme l'hypothèse de Rouse[49]. On peut raisonnablement supposer que Salisbury avait consulté ou possédait un exemplaire des livres IX à XVI.

La transmission des textes classiques durant le Moyen Age se révèle plus complexe qu'on ne pouvait le penser et amène à reconsidérer la culture de cette période. L'évêque anglais apparaît ainsi comme un pré-humaniste ; par sa relecture des Classiques et par sa pensée, il ouvre la voie aux conceptions de Pétrarque.

Le parallèle entre Pétrarque et Salisbury peut donc être élargi à la comparaison des valeurs humanistes de nos deux auteurs, héritées de Cicéron. Ils partagent une même conception de l'éloquence et de son rapport avec la sagesse. Dans le *Metalogicus* (II, 9), Salisbury écrit : *Eloquentiam sine sapientia non prodesse, celebre est, et verum...* ; il reprend l'affirmation de Cicéron dans le *De inventione* (I, 1) :

> *Ac me quidem diu cogitantem ratio ipsa in hanc potissimum sententiam ducit, ut existimem sapientiam sine eloquentia parum prodesse civitatibus, eloquentiam vero sine sapientia nimium obesse plerumque, prodesse numquam.*

Pétrarque développe une opposition analogue dans le *De otio religioso*, II, IX, 10, à ceci près que la *doctrina* est substituée à la *sapientia* :

> *Magni doctique viri multi fuerunt, diserti aliqui ; nescio enim quomodo, facilius est doctum hominem repperiri quam disertum ; imo vero causa in promptu est, quod doctrina sine eloquentia esse potest, eloquentia vero sine doctrina eaque multiplici et varia esse non potest, nisi forte loquacem pro eloquente ponamus, quo nichil est falsius, et hec est radix vel poetice vel oratorie raritatis, de qua multa divinitus in eo libro qui* Orator *inscribitur disputavit Cicero*[50].

---

[49] *Texts and transmission, op. cit.*, 142 : « Books 9-16, or extracts from them, do appear to have been known further west in the Middle Ages in two instances. John of Salisbury quotes from *Fam.* 9, 15, and 16 in the *Policraticus* (1159) ».

[50] PÉTRARQUE, *De otio religioso* II, IX, 10 : « Il y eut beaucoup de grands lettrés ; quelques-uns furent réellement éloquents. Je ne sais comment cela se fait, on rencontre plus facilement la première catégorie que la seconde ; ou plutôt la raison est évidente : la pensée peut exister sans l'éloquence, mais l'éloquence ne le peut sans la pensée —et une pensée riche et variée (à moins —erreur monstrueuse— de confondre éloquence et bavardage). D'où la rareté des poètes et des orateurs dont Cicéron parle longuement et admirablement dans *L'Orateur* » (*Le repos, op. cit.*). Voir CIC. *Orat.* V, 18 : *M. Antonius cui uel primas eloquentiæ patrum nostrorum tribuebat ætas, uir natura peracutus et prudens, in eo libro quem unum reliquit disertos ait se vidisse multos, eloquentem omnino neminem.* Voir aussi la *Fam.* VI, 7 de Pétrarque intitulée « Inter facundum et loquacem quid intersit », au § 1 : *Inter facundum enim ac loquacem largiter refert : alterum qualitatis est, quantitatis alterum ; hoc ingenium et ars et exercitatio modesta, illud preceps impetus et impudentia prestabunt.*

Cette conception de l'éloquence est empruntée directement à Cicéron par les deux auteurs et cette source commune pourrait sembler anéantir la comparaison entre les deux auteurs. Mais leur parenté de pensée ne s'arrête pas là.

Tous deux critiquent la suprématie de la logique et l'idolâtrie d'Aristote qui règnent à leurs époques respectives. Le *Metalogicus* développe cette idée au chapitre 27 du livre IV : *Nec tamen Aristotelem ubique plane aut sensisse aut dixisse protestor, ut sacrosanctum sit...* ; Pétrarque émet le même genre de réserves quand il déclare dans le *De ignorantia* (IV, 6) : *Ego vero magnum quendam virum ac multiscium Aristotelem, sed fuisse hominem, et idcirco aliqua, imo et multa nescire potuisse arbitror,* ou un peu plus loin (IV, 49) : *Neque ulli hominum humano studio rerum omnium scientiam fuisse concesserim. Hinc laceror, et quamvis alia sit invidie radix, hec tamen causa pretenditur : quod Aristotilem non adoro.*

Dans le prologue du livre premier du *Policraticus*, Salisbury justifie ses emprunts à divers auteurs en montrant comment il fait pleinement sienne la pensée d'autrui :

> *Quæ uero ad rem pertinentia a diuersis auctoribus se animo ingerebant, dum conferrent, aut iuuarent, curaui inserere, tacitis interdum nominibus auctorum ; tum quia tibi, utpote exercitato in litteris, pleraque plenissime nota esse noueram ; tum ut ad lectionem assiduam magis ascenderetur ignarus. In quibus si quid a fide ueri longius abest, mihi ueniam deberi confido, qui non omnia, quæ hic scribuntur, uera esse promitto ; sed siue uera, seu falsa sunt, legentium usibus inseruire... Hæc quoque ipsa, quibus plerumque utor, aliena sunt, nisi quia quidquid ubique bene dictum est*[51], *facio meum, et illud nunc meis ad compendium, nunc ad fidem ac auctoritatem alienis exprimo uerbis*[52].

C'est le même raisonnement que tient Pétrarque dans une de ses lettres :

> « *Seneca* », *inquis*, « *hoc dixit* ». *Quis negat ? et ego dico, et multi dicent post me, et ante eum multi forte dixerunt, et quisquis id dixerit, modo ne mentiatur, egregium magnificumque verbum dixerit. Ego et illud dixi, et quod sequitur dicam, et in utroque scio quod non mentior ; utinam nec fallar*[53].

---

[51] Dans ces quelques citations, c'est nous qui soulignons quelques expressions pour faire apparaître les similitudes textuelles entre les deux auteurs.

[52] SALISBURY, *Policr.* I = *Patr. Lat.* 199 Migne, col. 387C : « Ces citations en rapport avec le sujet qui, empruntées à divers auteurs, se gravaient dans mon esprit, j'ai pris soin de les introduire pourvu qu'elles soient d'une utilité ou d'une aide quelconque, parfois sans mentionner les noms des auteurs, parce que je savais qu'aguerri à la littérature, tu en connaissais parfaitement la majeure partie et pour pousser les ignorants à une lecture plus attentive. S'il s'y trouve quelque élément trop éloigné de la vérité, on pourra, j'en suis sûr, me pardonner, car je ne promets pas que tout ce qui est écrit soit vrai mais que, vrai ou faux, cela soit au service des besoins des lecteurs... Ces citations elles-mêmes dont je me sers souvent appartiennent à autrui, à moins que je ne fasse mien ce qui a été bien dit et que je ne l'exprime tantôt avec mes mots pour le résumer, tantôt avec ceux d'autrui pour lui rester fidèle et le respecter ».

[53] *Fam.* V, 18, 6 (vol. 2, 42 Rossi) : « 'C'est Sénèque, dis-tu, qui a dit cela'. Qui le nie ? Moi aussi je le dis, et beaucoup d'autres le

ou encore, dans une autre lettre du même recueil :

> Quanquam quid ego alienum *aliquid dixerim, licet ab aliis elabora-*
> *tum, cum Epycuri sententia sit ab eodem Seneca relata,* quicquid ab ullo
> bene dictum est, *non alienum esse sed nostrum* [54] ?

On relève le même vocabulaire chez le prélat anglais et l'humaniste italien
—l'adjectif *alienus*, l'expression *quicquid bene dictum est* ; tous deux reven-
diquent cette appropriation de la parole d'autrui qui est le fondement de
l'imitation. Ils n'en oublient pas pour autant les critiques de plagiat qui
pourraient leur être faites, mais insistent sur le caractère universel de ces
pensées vraies que chacun peut faire siennes —*facio meum, et ego dico.*

Cette pratique de l'imitation permet un véritable dialogue avec les auteurs de l'Antiquité qui abolit la distance temporelle et spatiale. Au début
du *Policraticus*, Salisbury affirme :

> *Iocundissimus cum in multis, tum in eo maxime est litterarum fruc-*
> *tus, quod omnium interstitiorum loci et temporis exclusa molestia, ami-*
> *corum sibi invicem præsentiam exhibent, et res scitu dignas aboleri non*
> *patiuntur* [55].

Pétrarque, quant à lui, met en pratique cette affirmation puisqu'au livre
XXIV des *Familiares*, il s'adresse aux écrivains les plus célèbres de l'Antiquité comme à des vivants. Il fait parler Sénèque tout en s'adressant à lui :
Respondebis : « Effugere uolui sed nequiui » [56]. Il écrit d'ailleurs au début de
cette lettre :

> *Iuuat vobiscum colloqui, viri illustres, qualium omnis etas penuriam*
> *passa est, nostra vero ignorantiam et extremum patitur defectum. Certe*
> *ego quotidie vos loquentes attentius quam credi possit audio ; forte*
> *improbe ut ipse a vobis semel audiar* [57].

La littérature permet ce lien d'amitié entre des grands hommes d'époques
différentes et acquiert ainsi sa fonction fondamentale de transmission ; elle
abolit le temps et l'oubli. Ainsi, Salisbury ajoute dans son prologue du *Poli-*

---

diront après moi, et bien d'autres l'ont peut-
être dit avant lui, et quiconque l'a dit, pourvu qu'il ne mente pas, a dit des paroles remarquables et sublimes» (*Lettres, op. cit.*, 214).

[54] *Fam.* I, 8, 3 (vol. 1, 39-40 Rossi) : «Encore
que… comment pourrais-je dire qu'une chose,
même élaborée par d'autres, nous est étrangère, quand Sénèque lui-même rapporte ce passage d'Epicure selon lequel toute pensée bien formulée par un autre ne nous est pas étrangère
mais est nôtre ?» (*Lettres, op. cit.*, 86). Voir SEN.
Ad. Lucil. XVI, 7 : *Quidquid bene dictum ab
ullo meum est.*

[55] SALISBURY, *Policr.* Prol. = *Patr. Lat.* 199
Migne, col. 385A : «Les avantages de la littérature sont très agréables pour de nombreu-

ses raisons, mais surtout parce qu'après avoir
levé l'obstacle de la distance spatiale et temporelle, elle met les amis en présence les uns
des autres et ne laisse pas disparaître des choses dignes d'être connues».

[56] *Fam.* XXIV, 5, 10-11 (vol. 4, 233 Rossi).

[57] *Fam.* XXIV, 5, 2 (vol. 4, 231 Rossi) :
«J'ai plaisir à m'entretenir avec vous, hommes illustres, dont toutes les époques ont certes supporté la disette, mais dont la nôtre a
supporté la méconnaissance et la complète
absence. En tout cas moi je vous écoute parler tous les jours avec plus d'attention qu'il
n'est imaginable ; c'est sans impudence que je
formule le vœu d'être écouté une seule fois à
mon tour de vous».

craticus : *Nullus enim umquam constanti gloria claruit, nisi ex suo vel scripto alieno.* Pétrarque approuve tout à fait cette affirmation, mais demeure de son côté moins optimiste : dans les *Familiares*, XXIV, 4, XXIV, 6 et XXIV, 7 (lettres à Cicéron, Varron et Quintilien), il déplore la perte ou la dégradation des œuvres antiques, phénomènes dus à l'incurie des générations modernes :

> *Itaque librorum aliqui, nescio quidem an irreparabiliter, nobis tamen qui nunc vivimus, nisi fallor periere : magnus dolor meus, magnus seculi nostri pudor, magna posteritatis iniuria* [58].

> *Quin et superstitum librorum magnas partes amisimus, ut velut ingenti prelio oblivionis et ignavie superatis, duces nostros non extinctos modo sed truncos quoque vel perditos sit lugere* [59].

> *Ardorem tuum nostra vicit ignavia* [60].

Dans la suite du prologue, Salisbury écrit :

> Exempla *maiorum, quæ sunt* incitamenta et fomenta virtutis, *nullum omnino erigerent aut servarent, nisi pia sollicitudo scriptorum et triumphatrix inertiæ diligentia eadem ad posteros transmisisset* [61].

Dans les *Familiares* on trouve très souvent le terme d'*exempla* — la forme *exempla* elle-même apparaît cinquante-deux fois. Prenons quelques exemples significatifs, où l'*exemplum* devient modèle et sert d'incitation à la vertu :

> *Quod fecisse videmus eos quorum tibi nunc* exempla *proposui, ut ad imitandum exardesceres* [62]...

> *Me quidem nichil est quod moveat quantum exempla clarorum hominum* [63].

> ...*Inserere huic etiam epystole aliquot exempla non desinam et quid exempla possint, exemplis ostendam* [64].

> ... *Video enim quam multis exempla contulerint ad virtutem* [65]...

---

[58] *Fam.* XXIV, 4, 12 (vol. 4, 230 Rossi) : « Et ainsi quelques-uns de tes livres (et peut-être de façon irréparable) sont, si je ne me trompe, perdus pour nous qui vivons en ce moment : grande est ma douleur, grande la honte de notre siècle, grande l'injustice de la postérité ».

[59] *Fam.* XXIV, 4, 14 (vol. 4, 230 Rossi) : « De plus nous avons perdu de grandes parties des livres qui ont survécu, si bien qu'après notre défaite dans le gigantesque combat contre l'oubli et la paresse, il nous faut nous affliger de ce que nos guides soient non seulement morts mais aussi mutilés et perdus ».

[60] *Fam.* XXIV, 6, 4 (vol. 4, 238 Rossi) : « Notre paresse a vaincu ton ardeur ».

[61] « Les *exemples* des Anciens, qui sont les aigillons et les encouragements à la vertu, ne seraient d'aucun secours à personne, si la pieuse activité des écrivains et l'effort vainqueur de la paresse ne les eussent transmis à la postérité. »

[62] *Fam.* II, 3, 27 (vol. 1, 72 Rossi) : « C'est ce qu'ont fait, on peut le constater, ceux dont je viens de te proposer l'exemple, pour que tu brûles tant de fois de les imiter... » (*Lettres, op. cit.,* 164).

[63] *Fam.* VI, 4, 3 (vol. 2, 78 Rossi) : « Il n'y a rien qui me touche davantage que les exemples d'hommes illustres » (*Lettres, op. cit.,* 290).

[64] *Fam.* VI, 4, 7 (vol. 2, 79 Rossi) : « Je ne vais pas cesser de mettre dans ma lettre quelques exemples et de montrer par des exemples ce que valent les exemples » (*Lettres, op. cit.,* 292).

[65] *Fam.* VI, 4, 14 (vol. 2, 80 Rossi) : « ... Je vois que beaucoup de gens ont été stimulés à la vertu par les exemples... » (*Lettres, op. cit.,* 294).

> *... Et si ratio non movet, moveant nos exempla, que undique vel nolenti-*
> *bus oculis se offerunt et vel exclusa se ingerunt, vel admissa præcordiis insi-*
> *dent, nec facile nisi contemptu impio et oblivione mortifera divelluntur*[66].
>
> Moveant *animum tuum* exempla *clarissimorum hominum*[67]...

Pour Pétrarque, l'exemple joue un rôle éthique. Dans le cadre de la philosophie morale, il possède une valeur protreptique et son pouvoir de persuasion est beaucoup plus puissant que tous les discours théoriques. De même
dans le *De otio religioso*, Pétrarque note :

> *Valet hoc, fateor, ad ingenium excitandum : habet enim emulatio cal-*
> *car ingens iuvatque magnanimum et precedentibus etiam et sequentibus*
> *se conferre*[68].

C'est cette *æmulatio* définie par Cicéron comme une *imitatio uirtutis*[69] qui
stimule l'esprit humain, elle prend appui sur les exemples pour le pousser
à pratiquer la vertu.

Dernier point commun : nos deux auteurs prônent les lectures païennes,
tout en émettant des réserves et des restrictions. Dans le *Policraticus*, Salisbury reconnaît l'utilité qu'il y a à lire de tels ouvrages, mais il recomman-
de la prudence, surtout aux lecteurs les moins cultivés, et invite à choisir
soigneusement ses lectures :

> *Gentilium dogmata neque horreamus... Sunt floridi, redolentes et*
> *fructiferi gentium horti... Omnes tamen scripturas legendas esse probabi-*
> *le est, nisi sint reprobatæ lectionis, cum omnia non modo quæ scripta,*
> *sed etiam quæ facta sunt, ad utilitatem hominum, licet eis abutatur*
> *interdum, instituta credantur... Cæterum libri catholici tutius leguntur*
> *et cautius ; et gentiles simplicioribus periculosius patent : sed in utriusque*
> *fidelioribus ingeniis utilissimum est. Nam exquisita lectio singulorum,*
> *doctissimum ; cauta electio meliorum, optimum facit*[70].

---

[66] *Fam.* VIII, 4, 17 (vol. 2, 165 Rossi) :
«... Et si la raison ne nous y incite pas, que
nous y incitent les exemples qui s'offrent de
toutes parts à nos yeux même contre notre
volonté, qui s'introduisent en nous même
quand nous les repoussons, qui, quand nous
les avons laissé entrer, s'installent au plus
profond de notre cœur et ne peuvent être
délogés, sinon par un mépris impie et un
oubli fatal ».

[67] *Fam.* X, 1, 20 (vol. 2, 282 Rossi) : « Que
ton âme soit touchée par les exemples des
hommes les plus illustres ».

[68] *De otio religioso* II, II, 8 : « Voilà qui peut
sans doute provoquer l'esprit : car le désir de
rivaliser échauffe et enflamme, et il plaît à
l'âme valeureuse de se mesurer à celles qui
l'ont précédée comme à celles qui la sui-
vront » (*Le repos, op. cit.*, 240-243).

[69] CIC. *Tusc.* IV, 8, 17 : *Nam et imitatio*
uirtutis æmulatio dicitur.

[70] SALISBURY, *Policr.* VII, 10 = *Patr.*
Lat. 199 Migne, col. 658A-661A : « N'ayons
pas peur des opinions des païens... Leurs jardins sont fleuris, parfumés et chargés de
fruits... Il faut cependant recommander de lire
tous les genres d'ouvrages, à moins que leur
lecture n'ait été condamnée, puisque non seulement tous les écrits mais aussi toutes les
actions ont été réalisés pour être utiles aux
hommes, bien qu'il se produise parfois des
abus... Mais lire des livres catholiques offre
plus de sécurité et de prudence ; les livres
païens se révèlent plus dangereux pour des lecteurs non avertis : mais pour les esprits atta-
chés aux lectures des deux genres, cela est très
utile. Car une lecture recherchée de quelques
auteurs rend plus savant, mais le choix pru-

Pétrarque, en reprenant cette notion d'utilité (*oportuni... auxilii*), préfère quant à lui souligner qu'elles doivent s'accorder avec la doctrine chrétienne (*ubi consonant nostris*) :

> *... Vt interdum oratione soluta inter seculares sacris stilum testimoniis condire soleo, sic inter ecclesiasticos et religiosos viros secularibus literis delector, que et prime et aliquandiu michi sole fuerunt et ubi consonant nostris, nescioquid oportuni admodum, licet peregrini, auxilii videtur accedere*[71].

Les deux écrivains révèlent leur souci de concilier les cultures païenne et chrétienne, d'unir dans une même réflexion humaniste philosophie antique et pensée chrétienne.

Toutes ces similitudes reconduisent à l'hypothèse que Pétrarque connaissait les œuvres de Salisbury. Il a lu de manière certaine le *Policraticus*[72]. La première preuve est d'ordre textuel. Il évoque ou cite à plusieurs reprises dans sa Correspondance l'*Institutio Traiani*, texte attribué à Plutarque[73] et qui ne nous est connu que par le premier chapitre du livre V du célèbre ouvrage médiéval[74]. Il s'agit d'ailleurs probablement d'un faux[75], dont on peut se demander s'il a été forgé ou non par l'auteur anglais lui-même[76].

Des réminiscences d'autres passages du *Policraticus* se trouvent dans la correspondance de Pétrarque : la *Familiaris* V, 1, lettre à Barbato da Sulmona sur la mort de Robert, roi de Sicile, évoque au §3 la mort de Platon en des termes proches de ceux de Salisbury :

> *Itaque si «quo die Plato rebus humanis excessit, sol cecidisse visus est, quid illo moriente videatur, qui et Plato alter ingenio fuit et regum nulli aut sapientia secundus aut gloria, cuius preterea mors tam multis hinc inde periculis viam fecit?»*[77].

---

[71] *De otio religioso*, II, IV, 11 : «...Et de même qu'il m'arrive de relever mon style d'une pointe de témoignages sacrés lorsque je m'adresse à des laïcs, de même, quand j'écris à des ecclésiastiques et à des religieux, j'aime mêler à mes propos des lettres profanes ; elles furent mes premières lectures, et parfois même les seules ; lorsqu'elles s'accordent avec les nôtres, il me semble qu'elles apportent une aide fort opportune, toute étrangère qu'elle est » (*Le repos, op. cit.*, 268-269).

[72] Voir à ce propos U. BOSCO, «Il Petrarca e l'umanesimo filologico, postille al Nolhac e al Sabbadini», *Giornale Storico della Letteratura italiana* 120 (1942), 65-119, part. 100-101.

[73] *Epistola Plutarchi instruentis Traianum = Patr. Lat.*, 199 Migne, col. 539CD.

[74] La *Fam.* XI, 5 cite ce texte au §4, de même, la *Fam.* XVIII, 16, lettre au doge de Venise Andrea Dandolo, l'évoque au §30 et la *Fam.* XXIV, 7, lettre à Quintilien, comporte au §10 une citation de ce même texte.

[75] Voir *Plutarchi fragmenta et spuria*, ed. F. Dübner, Paris 1876, 59-60.

[76] C'est le débat qui a opposé H. Liebeschütz à A. Momigliano. Voir H. LIEBESCHÜTZ, «John of Salisbury and Pseudo-Plutarch», *Journal of the Warburg and Courtauld Institutes* 6 (1943), 33-39 et A. MOMIGLIANO, «Notes on Petrarch, John of Salisbury and the Institutio Traiani», *Journal of the Warburg and Courtauld Institutes* 12 (1949), 189-190, article où figure aussi une nouvelle réponse de Liebeschütz.

[77] *Fam.* V, 1, 3 (vol. 2, 3 Rossi). Voir aussi *Fam.* XV, 7, 10 (vol. 3, 150) : *Habuit equidem orbis ille suum solem, Robertum summum illum et virum et regem, qui «quo die rebus humanis excessit», quod de Platone dicitur, «sol celo cecidisse visus est».*

Cette comparaison se trouve déjà dans le *Policraticus*, VII, 6, passage où la mort de Platon est comparée au soleil qui tombe du ciel[78]. Dans la *Familiaris* IX, 5, Pétrarque reprend, aux § 26-28, un assez long passage du *Policraticus* qui parle du pape Adrien IV :

> *Sed hoc Hadriani quarti dictum minus vulgatum est, quod inter philosophicas nugas*[79] *legi. Is ergo dicere solebat quod* [suit une longue citation du texte de Jean de Salisbury [80]]. *Hec eisdem pene verbis ad contextum retuli, quibus ab illo scripta sunt qui ex ore loquentis audierat* ».

Dans les *Rerum Memorandarum*, III, 95, Pétrarque se sert du même passage[81], en confondant d'ailleurs Adrien IV et Adrien V.

Il est difficile, au vu du nombre et de la précision des rapprochements que nous venons de recenser, de douter que Pétrarque ait eu entre les mains l'œuvre de Salisbury. Reste à examiner un dernier élément qui, sans constituer, du moins à l'heure actuelle, la preuve décisive, vient enrichir d'un élément de poids notre faisceau de présomptions. C'est, comme on l'annonçait, le manuscrit Parisinus Latinus 6417 de la bibliothèque nationale de France. Dans le *Catalogus codicum manuscriptorum bibliothecæ regiæ*, il est décrit ainsi : *Latinus 6417. Codex membranaceus, quo continetur* Joannis Sarisberiensis *policraticus, octo libris : præmittitur ejusdem* entheticus *versibus elegiacis. Is codex decimo quarto sæculo exaratus videtur*[82].

Giuseppe Billanovich s'est intéressé à ce manuscrit et l'a mis en relation avec d'autres de même origine, ces différents manuscrits formant selon lui un groupe homogène, lié à Pétrarque :

> Negli anni prossimi al 1388, lavorava par la biblioteca dei principi padovani un loro stipendiato tedesco, Ermanno del fu Corrado. Naturalmente Francesco il Vecchio e i suoi familiari commisero a Ermanno di copiare i testi più manuali della cultura del secolo, che invece il Petrarca aveva spregiato o finto di non curare : l'*Historia iudaica* di Egesippo, cioè la divulgata riduzione del *De bello iudaico* di Giuseppe Flavio, l'*Entheticus* e il *Policraticus* di Giovanni di Salisbury, il commento di Pietro d'Abano ai *Problemata* del pseudo Aristotele, naturalmente domestico entro le mura padovane, l'*Almagesto* di

---

[78] SALISBURY, *Policr.* VII, 6 = *Patr. Lat.* 199 Migne, col. 647C) : *Sol e coelo visus est cecidisse qua die philosophorum princeps Plato rebus excessit humanis.*

[79] Le titre complet du *Policraticus* est justement : *De nugis curialium et vestigiis philosophorum.*

[80] SALISBURY, *Policr.* VIII, 23 = *Patr. Lat.* 199 Migne, col. 814B-D). Le chapitre est intitulé « Consilio Bruti utendum esse adver-

sus eos qui pro summo pontificatu non modo certant, sed schismatice dimicant, et quod tyrannis nihil quietum ».

[81] Voir G. BILLANOVICH, intro. à F. PETRARCA, *Rerum memorandarum libri*, ed. G. Billanovich, Firenze 1943, LXXXVIII.

[82] *Catalogus codicum manuscriptorum bibliothecæ regiæ*, t. 4 *Codices manuscriptos latinos*, ed. A. Mellot, Paris 1744, 3ᵉ partie.

Tolomeo[83]. Ma Ermanno lavorò anche a fare avanzare il corpo degli scritti del Petrarca[84] che si preparava per la biblioteca carrarese[85].

Il ajoute quelques pages plus loin :

Appare ora emissario attivo del conquistatore un piccolo astro che sorge, il giovane letterato vicentino Antonio Loschi, che, allontanatone un favorito dei Carraresi, è fatto promuovere da Gian Galeazzo successore del Petrarca nel canonicato padovano di San Iacopo e che subito inizia quella familiarità con *i volumi passati dalla canonica padovana alla biblioteca carrarese*[86] che perfezionerà in Lombardia, fatto capofila dei ricercatori delle reliquie della libreria del Petrarca. *Ci è grato di ritrovare nell'inventario più antico della biblioteca dei Visconti quella collezione di scritti del Petrarca, che col cuoio con cui fu fasciato ciascuno di quei dorsi aveva steso una striscia rossa già sufficientemente lunga in uno scaffale della libreria di Francesco il Vecchio, e assieme gli altri volumi sottoscritti da Ermanno; e di potere immaginare sulla traccia di queste descrizioni l'aspetto originario di codici allestiti dai copisti, dai miniatori, dai rilegatori dei Carraresi*[87].

Ensuite, il décrit le chemin de ces manuscrits jusqu'à la bibliothèque nationale de France et donne les références actuelles des manuscrits : le premier groupe rassemble des œuvres de Pétrarque : *De gestis Cesaris, Epithoma, Compendium, De viris illustribus, Rerum memorandarum, De remediis, Epistole metriche*[88] et le deuxième groupe des œuvres médiévales : Egésippe, Salisbury, Aristote commenté par Pietro d'Abano et Tolomeo[89]. Il conclut ainsi sa démonstration :

Pour le philologue italien, le Parisinus Latinus 6417 est très certainement une copie d'un manuscrit que Pétrarque a pu avoir entre les mains à un moment de sa vie, copie réalisée à Padoue peu de temps après la mort de Pétrarque, pour la famille des Carrara, livre qui est ensuite arrivé à Milan, aux mains des Visconti[91].

---

[83] BILLANOVICH ajoute la note suivante : « Alla fine di ciascuno di questi codici Ermanno amò sottoscrivere il suo nome... dopo gli scritti di Giovanni di Salisbury : ARMANNUS DE ALMANIA ».

[84] Il s'agit d'une transcription du *De remediis utriusque fortune* et d'une version des *Epîtres métriques*.

[85] BILLANOVICH, *Petrarca letterato, op. cit.*, 323-324.

[86] C'est nous qui soulignons dans cette citation et les suivantes.

[87] BILLANOVICH, *Petrarca letterato, op. cit.*, 327-328. Il ajoute cette note : « Quella striscia viene a confermare la autentica omogeneità del gruppo che ora ricostituiamo. Ma pure

dopo che hanno svestito la loro antica legatura quei codici possono ancora mostrare per molti segni la loro stretta affinità. Così la bella immagine che a rappresentare Giovanni di Salisbury è incorniciata entro l'iniziale della prima pagina del volume col *Policratico* che fu trascritto da Ermanno ricorda subito i ritratti analoghi del Petrarca (naturalmente di ben diversa fedeltà) con cui si aprono i codici dell'*Epithoma* e dei *Rerum memorandarum* ».

[88] Voir les Par. Lat. 5784, 6069F, 6069G, 6069I, 6069T, 6496, 8123.

[89] Voir les Par. Lat. 5067, 6417, 6541, 7258 et là-dessus BILLANOVICH, *Petrarca letterato, op. cit.*, 329-330.

Ce même manuscrit est étudié par Elisabeth Pellegrin, elle le décrit ainsi :

> Paris, Bibl. Nat. Lat. 6417. XIVe siècle. I + 171 fol. Contient le *Poli-craticus* de Jean de Salisbury († 1180), orné au f. 1 d'une bordure et d'une initiale et des armes des Visconti qui paraissent repeintes sur d'autres armes dont le fond rouge transparaît (celles de Pasquino de' Capelli ?), il a été écrit par le copiste : *Armannus de Alemania* dont on lit la souscription au f. 171v : ... *Explicit per Armannum de Alma-nia. Deo gratias. Laus tibi sit Christe quia liber explicit iste*[92].

Elle s'appuie sur d'autres manuscrits pour en conclure qu'Armannus de Alemania était un copiste au service de Pasquino de' Capelli, secrétaire de Gian Galeazzo Visconti, dont les biens furent confisqués par le duc de Milan après son injuste condamnation, et non au service de Galeazzo ou Gian Ga-leazzo Visconti ou des Carrara de Padoue. Elle ajoute qu'un autre manuscrit, le Parisinus Latinus 6830 comprend en marge, au folio 131, une annotation du copiste : *Armannus scripsit mandato D. Pasquini*. D'autres manuscrits de la même collection sont d'ailleurs des œuvres de Pétrarque ou des livres lui ayant appartenu : le Parisinus Latinus 6069 reproduit le *De viris illustribus* de Pétrarque copié par Lombardo della Seta en 1379, ouvrage dédié à Francesco da Carrara, passé dans la bibliothèque des Visconti après la victoire de Gian Galeazzo en 1388 ; le Parisinus Latinus 5802 contient des œuvres de Suétone, Florus, Eutrope, Frontin et Cicéron et a appartenu à Pétrarque.

Le Parisinus Latinus 6417 s'intègre donc à un groupe de manuscrits liés à Pétrarque, et, que son origine soit padouane ou milanaise, il est permis de penser qu'il a été copié à partir d'un livre que Pétrarque a pu avoir sous les yeux, puisque l'humaniste a été en relation avec les deux familles que sont les Carrara et les Visconti. Il faudrait comparer les leçons de ce manuscrit avec le texte du *Policraticus* que donne Pétrarque dans sa Correspondance et dans les *Rerum Memorandarum Libri* ; et peut-être sera-t-il possible alors de montrer de manière plus sûre que ce manuscrit provient d'un manuscrit de Salisbury consulté par Pétrarque.

---

[90] BILLANOVICH, *Petrarca letterato, op. cit.*, 413.

[91] Billanovich s'est ensuite rétracté et rangé à l'avis de Pellegrin (voir *supra*, note 8) en supposant que ce manuscrit avait été copié par Armannus pour Pasquino de Capelli, sec-rétaire de Gian Galeazzo Visocnti, seigneur de Milan.

[92] PELLEGRIN, *La bibliothèque, op. cit.*, 110.

Jean de Salisbury, *Entheticus major et minor*, ed. Jan van Laarhoven, Leiden 1987, 184-187, extrait de l'*Entheticus de dogmate philosophorum*, vers 1215 à 1256 :

[De Cicerone et dogmate eius]

Orbis nil habuit maius Cicerone Latinus,
  Cuius ad eloquium Græcia muta fuit.
Omnibus hunc Græcis opponit Roma vel effert.
  Sed tamen hic dubium dogma probare solet.
Transiit huc tandem, cum se natura deorum
  Angeret, ut dubitet, quid putet esse Deum,
Qualiter arbitrii libertas consona fato
  Exstet, nam fatum si manet, illa perit.
Ut sibi conveniant casus fatumque repugnans,
  Nescit; ob hoc vates ora tenere monet.
Nam genus humanum premit ignorantia veri,
  Nec sinit in claro cernere vera die;
Quæ si forte patent, obscura nube videntur,
  Nec falsi plene suspicione carent.
Scire Deum solum credit ventura; sed ipsum,
  Quid statuat, nescit, sed tamen esse probat.
Non corpus putat esse Deum, sed corpore maius,
  Quod nec homo sensu, nec caro bruta capit.
Solis corporeis sensus carnalis inhæret,
  Res incorporeæ sub ratione iacent.
Illum sola fides capit, et dilectio vera;
  Naturamque sequi, cultus amorque Dei est.
Quisquis enim satagit rationis iura tueri,
  Naturam sequitur, servit, amatque Deum.
Ille tamen cultus non est servilis habendus :
  Sic servit matri filia, sponsa viro.
Et si vita foret Ciceronis consona verbis,
  In summis poterat maximus esse viris.
Os hominis cuncti mirantur, non ita pectus;
  Imperium linguæ par fuit, immo minus :
Illius eloquio minor est Romana potestas,
  Nam linguam pariter civis et hostis amant.

[Quod virtus eloquentiæ præfertur]

Quem magis evexit virtus, superat Ciceronem;
  datque locum vitæ lingua perita loqui.
Nam quamvis linguam formet, componat et actus,
  vivere præcipue Philosophia docet.
Vivere sincere pars optima philosophandi est,
  qua sine quid prodest lingua diserta? nihil.
Namque diserta nocet, si sit deserta superno
  munere, prudentes quod facit esse viros.
Sed quantum prosit sapiens facundia, lingua,
  sit licet insignis, dicere nulla potest.

[Cicéron et sa doctrine]

Le monde latin n'eut rien de plus grand que Cicéron ;
  Devant son éloquence, la Grèce fut muette.
A tous les Grecs, Rome l'oppose et même le porte aux nues.
  Mais il approuve bien souvent une doctrine douteuse.
Il en arriva finalement, quand de la nature des dieux
  Il était inquiet, à douter : quelle définition donner de Dieu ?
De quelle manière le libre arbitre avec le destin
  Se peut-il accorder ? Car si subsiste le destin, périt la liberté.
Comment se concilient le hasard et le destin, son contraire,
  Il l'ignore ; c'est pourquoi il avertit les devins de tenir leur langue.
Car le genre humain est accablé par l'ignorance du vrai
  Qui l'empêche de discerner la vérité dans l'éclat du jour ;
Si d'aventure elle apparaît, ils la voient dans une sombre nuée,
  Et elle n'échappe pas complètement au soupçon de fausseté.
Il croit que seul Dieu connaît l'avenir ; mais
  Ce qu'Il détermine, il l'ignore ; mais il prouve quand même Son existence.
Il pense que Dieu n'est pas un corps, mais quelque chose de plus grand qu'un corps
  Que ni l'homme par son intelligence, ni la chair brute ne perçoit.
C'est seulement à ce qui est corporel que s'attache l'intelligence charnelle,
  Ce qui est incorporel dépend de la raison.
Seule la foi Le perçoit, ainsi que le véritable amour ;
  Et suivre la nature, c'est honorer et aimer Dieu.
Celui qui s'efforce d'observer les lois de la raison,
  Suit la nature, sert et aime Dieu.
Ce culte cependant ne doit pas être considéré comme servile :
  Ainsi la fille sert sa mère, ainsi l'épouse son mari.
Et si la vie de Cicéron avait été en accord avec ses mots,
  Parmi les hommes d'excellence, il aurait pu être le plus grand.
La bouche de l'homme est admirée de tous, mais pas son caractère ;
  L'empire fut l'égal de sa langue, voire inférieur :
Son éloquence surpasse le pouvoir romain,
  Car le citoyen et l'ennemi portent un même amour à sa langue.

[La vertu est supérieure à l'éloquence]

Celui que la vertu a porté plus haut, surpasse Cicéron ;
  La langue habile à parler laisse place à la vie.
Car bien qu'elle façonne une langue et règle des actions,
  C'est avant tout à vivre que la Philosophie apprend.
Vivre sincèrement, voilà la meilleure partie du travail de philosophe,
  Sans cela, à quoi sert une langue éloquente ? A rien.
Car l'éloquence est nuisible, si elle a été privée du don
  Du ciel qui rend les hommes prudents.
Combien est utile l'éloquence pleine de sagesse, aucune
  Langue, si remarquable soit-elle, ne peut le dire.

DE LA SILVE *NUTRICIA* D'ANGE POLITIEN
AU « PARNASSE » DE RAPHAËL :
UNE THEORIE HUMANISTE DE LA LECTURE DES CLASSIQUES [*]

par EMILIE SERIS

Nutricia est la quatrième et dernière des *Silves* d'Ange Politien [1]. Ce poème fut prononcé en 1486 au « Studio » de Florence en introduction à un cours sur la poésie antique. Politien y expose sa théorie de la poésie, présentée comme une déesse nourricière et civilisatrice et développe ensuite un catalogue des poètes depuis les origines de la littérature jusqu'à son époque. Si le poète humaniste s'inspire à la fois de l'*Ars poetica* d'Horace et du *De inuentione* de Cicéron, il ne révèle pas moins une conception originale de l'histoire littéraire, liée aux théories de la *copiosa uarietas* et de l'imitation.

---

[*] Le présent article est la version écrite de la contribution de l'auteur au Iᵉʳ Congrès de la Société Française des Etudes Néo-Latines (S.F.E.N.L.), organisé par F. La Brasca et P. Maréchaux, les 19-20 février 2001 au Centre d'Etudes Supérieures de la Renaissance de Tours et consacré à la *Lecture des Classiques*.

[1] A. POLIZIANO, *Silvæ* : Istituto Nazionale di Studi sul Rinascimento. Studi e Testi XXXIX, ed. F. Bausi, Firenze 1996 et ID., *Les Silves* : Les Classiques de l'Humanisme, trad. P. Galand, Paris 1987. Les deux principales études sur les *Silves* de Politien sont celle d'A. BETTINZOLI, *A proposito delle « Silvæ » di Angelo Poliziano : questioni di poetica* : Memorie dell'Istituto Veneto di scienze, lettere ed arti 43, Venezia 1990 ; repr. dans *« Dædaleum iter » : studi sulla poesia e la poetica di Angelo Poliziano* : Istituto Nazionale di Studi sul Rinascimento. Studi et Testi LI, Firenze 1995, 67-152 et celle de P. GALAND-HALLYN dans *Le reflet des fleurs : description et métalangage poétique d'Homère à la Renaissance* : Travaux d'Humanisme et de Renaissance CCLXXXIII, Genève 1994, chap. VII, 483-563. Sur *Nutricia* en particulier voir aussi P. PAOLINI, « Sul tema dell'incivilmento attraverso la poesia nei *Nutricia* del Poliziano e in altri autori », *Italianistica* 12 (1983-84), 217-234 ; P. GALAND-HALLYN, « Les jeux textuels de Politien dans l'apologue de la poésie civilisatrice (*Nutricia*, 34-138) », « *Homo sapiens, homo humanus* » : *Individuo e società nei secoli XV e XVI. Atti del XXX° Convegno Internazionale del Centro di Studi Umanistici « Angelo Poliziano »*, Montepulciano 1988, ed. G. Tarugi, Firenze 1990, 261-282 et ID., « Ange Politien et l'équivoque intertextuelle », *Poétique* 77 (1989), 35-51.

La fresque du « Parnasse » fut commandée à Raphaël par le pape Jules II en 1508 en même temps que la décoration de trois salles entières du palais du Vatican. La Chambre de la Signature, dans laquelle se trouve aujourd'hui le « Parnasse », était destinée à devenir la bibliothèque du pape[2]. La peinture illustrait un vaste programme doctrinal : les quatre piliers de la Religion étaient représentés dans la voûte par des allégories (la Théologie, la Justice, la Poésie et la Philosophie) et sur les parois correspondantes par quatre scènes éloquentes : la « Dispute du Saint-Sacrement », « Trébonianus remettant les *Pandectes* à Justinien » ainsi que « Grégoire IX promulguant les *Décrétales* », le « Parnasse » et l'« Ecole d'Athènes ». L'ambition de Jules II et des théologiens du Vatican était donc d'intégrer l'héritage littéraire païen (juridique, poétique et philosophique) dans la religion chrétienne pour conforter l'autorité de l'Eglise.

On voit que les buts immédiats du professeur Politien et des théologiens du Vatican étaient totalement différents. Pourtant, le poème et la fresque ont en commun leur fonction didactique, et leur intention est d'illustrer une certaine théorie de la poésie à travers un panthéon de poètes dont la lecture est jugée bénéfique, qu'elle qu'en soit la raison. Or les *Silves* d'Ange Politien avaient été éditées du vivant du poète à Florence[3] et à Bologne[4], l'*editio princeps* des *Opera omnia* était parue en 1498 à Venise[5] et fut rééditée l'année suivante à Florence[6]. Le texte de la sylve *Nutricia* était donc en circulation au début du XVIe siècle ; il était nécessairement connu des humanistes comme Jacopo Sannazaro ou Gilles de Viterbe, dont on sait qu'ils ont

---

[2] Sur les fresques de Raphaël dans la Chambre de la Signature, voir P. D'ANCONA, *Raphaël, la « Stanza » de la Signature* : Les grands cycles de la peinture 1, Paris 1937 ; B. NOGARA, *Paintings of the Vatican. 1. Stanza della Segnatura*, Città del Vaticano 1950 ; A. CHASTEL, *Art et Humanisme à Florence au temps de Laurent le Magnifique : études sur la Renaissance et l'Humanisme platonicien*, Paris 1959 (repr. 1981), III, 5, chap. 2 : « Le *Miroir doctrinal* : la Chambre de la Signature », 469-483 ; D. REDIG DE CAMPOS, *Raffaello nelle Stanze*, Milano 1965 ; E. CARLI, *Raffaello : Le Stanze vaticane*, Milano 1968 et ID., *Raffaello. Armonia e splendore del Rinascimento*, Milano 1983, 89-94 ; J. POPE HENNESSY, chap. IV « The mute poet », *Raphael*, New York 1970, 137-159 ; J. SHEARMAN, « The Vatican Stanze, Functions and Decoration », *Proceedings of the British Academy* 58 (1971), 369-424 ; E.H. GOMBRICH, chap. « Raphael's *Stanza della Segnatura* and the Nature of ist Symbolism », *Symbolic images : Studies in the Art of the Renaissance*, London-New York 1972 ; repr. *Gombrich on the Renaissance*, London 1993, vol. 2, 85-101 ; P.L. DE VECCHI, *Raffaello. La pittura*, Firenze 1981, 32-57 ; J.-P. CUZIN, *Raphaël : vie et œuvre*, Paris 1983, 103-133 ; R. JONES, N. PENNY, *Raphael*, New Haven-London 1983, 49-80 ; C. PIETRANGELI, *Raffaello in Vaticano*, Milano 1984 ; cat. *Raffaello e la Roma dei Papi* (Biblioteca Apostolica Vaticana, Salone Sistino, gen.-ott. 1985, mag.-ott. 1986), ed. G. Morello, Roma 1986 ; J. BECK, *Raphaël : la Chambre de la Signature*, trad. J.-F. Piquet, Paris 1994.

[3] *Silva cui titulus Nutricia*, Firenze, Antonio Miscomini 1491.

[4] *Silva cui titulus Nutricia*, Bologna, Platone de' Benedetti 1491.

[5] *Opera omnia Angeli Politiani*, Venezia, Aldo Manuzio 1498.

[6] *Opera omnia Angeli Politiani*, Firenze, L. De Arigis 1499.

nourri le programme culturel de Jules II[7] en puisant notamment dans la tradition poétique florentine initiée par Pétrarque.

De plus, dans les années 1511-1512 où il travaillait à la décoration de la bibliothèque de Jules II, Raphaël réalisa dans le palais du banquier Agostino Chigi (l'actuelle Villa Farnesina) un « Triomphe de Galatée » dont la source est un passage des *Stanze per la giostra* de Politien. On sait même que l'ensemble du programme iconologique de la salle était inspiré de l'*ekphrasis* du palais de Vénus : la galerie devait représenter conformément aux portes décrites par le poète une série de scènes des *Amours* d'Ovide[8]. Mais, retenu par ses travaux au Vatican, il n'eut le temps de peindre que Galatée, son élève Sebastiano del Piombo réalisant le Polyphème d'après l'un de ses cartons. Ainsi Raphaël, qui du reste était d'une famille lettrée et a lui-même écrit des sonnets alors qu'il rentrait précisément d'un séjour à Florence[9], semble avoir fait de Politien une source privilégiée dans une période où il peignait beaucoup de sujets mythologiques.

Mon hypothèse est que les humanistes du Vatican se sont servi, entre autres sources, de la silve *Nutricia* de Politien, tant pour élaborer la liste des poètes du « Parnasse » et pour établir leur classification que pour définir une théorie de la lecture des Classiques[10].

Les poètes

Peu de figures du « Parnasse » de Raphaël ont été identifiées avec certitude, mais toutes ont une place de choix dans le catalogue des poètes de Politien. La seule figure dont le nom soit indiqué en toutes lettres est celle de la poétesse Sappho, qui tient à la main un manuscrit signé. La présence de l'écrivain de Lesbos n'est pas sans surprendre dans la bibliothèque d'un pape, étant donnés ses écrits, ses mœurs et son sexe. Or, Politien s'est beaucoup intéressé à la figure de Sappho. En témoigne le commentaire qu'il a consacré à la XVᵉ *Héroïde* d'Ovide[11], mais aussi le magnifique portrait qu'il a peint de la poétesse dans *Nutricia* :

---

[7] Voir S.J.H. PFEIFFERS, *Zur Ikonographie von Raffaels « Disputa » : Egidio da Viterbo und die christlich-platonische Konzepzion der « Stanza della Segnatura »*, Roma 1975 et M. DERAMAIX, « *Mons reuelationum*. L'œuvre de Jacques Sannazar ou l'évangélisation du Parnasse de Pétrarque à Gilles de Viterbe », article à paraître dans un volume sur le *Parnasse*, dir. M. Fumaroli. Je remercie M. Deramaix de m'avoir communiqué ce texte avant sa publication.

[8] Voir JONES, PENNY, *Raphael, op. cit.*, 93-100.

[9] Voir *Raffaello Sanzio, gli scritti : lettere, firme, sonetti, saggi tecnici e teorici*, ed. E. Camesasca, Milano 1993.

[10] Voir E. SÉRIS, *Les étoiles de Némésis : la rhétorique de la mémoire dans la poésie d'Ange Politien (1454-1494)* : Travaux d'Humanisme et Renaissance CCCLIX, Genève 2002, 291-380.

[11] Voir A. POLIZIANO, *Commento inedito all'epistola ovidiana di Saffo a Faone*, ed. E. Lazzeri, Firenze 1971.

> ... Sed enim lyricis iam nona pœtis
> 620 Æolis accedit Sappho, quæ flumina propter
> Pierias legit ungue rosas unde implicet audax
> Serta Cupido sibi; niueam quæ pectine blando
> Gyrinnem Megaramque simul cumque Atthide pulchram
> Cantat Anactorien et crinigeram Telesippen;
> 625 Et te conspicuum recidiuo flore iuuentæ
> Miratur reuocatque, Phaon, seu munera uectæ
> Puppe tua Veneris, seu sic facit herba potentem.
> Sed tandem Ambracias temeraria saltat in undas;
> Quæ totiens Gorgo, totiens incesserat atrox
> 630 Famosam Andromeden patriaque libidine turpem.
> Non illi Praxilla suos prædoctaque Nossis
> Contulerint Myrtisque modos, non dulcis Agacles,
> Non Anyte, non quæ uersus Erinna trecentos
> Castalio ceu melle rigat, non candida Myro,
> 635 Nec Telesilla ferox, non quæ canit ægida sæuæ
> Pallados effusum crinem uittata Corinna.
> Illam etiam decimo cunctæ accepere sedili
> Pierides, sertumque nouem de floribus auro
> Contextum nitidis lætæ imposuere capillis[12].

Mais voici que des poètes lyriques vient déjà la neuvième, l'éolienne Sappho, qui au long des fleuves cueille de son ongle les roses des Piérides, dont l'effronté Cupidon pourra se tresser une couronne; s'accompagnant de son plectre caressant, elle chante Corinne, blanche comme neige et avec elle Mégara, et puis avec Atthis la belle Anactorié et Télésippe aux longs cheveux; ensuite c'est toi, que la fleur renaissante de ta jeunesse rendit célèbre, qu'elle contemple avec émerveillement et qu'elle supplie de revenir, Phaon, toi qui obtins ce pouvoir en récompense du passage de Vénus dans ta barque ou bien grâce à une herbe : enfin, téméraire, elle se jette dans les ondes d'Ambracie, elle qui tant de fois, noire Gorgone, tant de fois, s'était attaquée à Andromède, honteusement célèbre par l'amour de son père. A son œuvre, ni Praxilla, ni Nossis la très savante, ni Myrtis ne sauraient comparer leurs modes, ni la tendre Agaclè, ni Anytè, ni Erinna qui baigne les trois cents vers de ses poèmes comme dans du miel de Castalie, ni la blanche Myro, ni la farouche Thélésilla, ni celle qui chante l'égide de la cruelle Pallas, celle dont la chevelure éparse est couronnée de bandelettes, Corinne. Car c'est Sappho que les Piérides, à l'unanimité, acceptèrent même de recevoir parmi elles sur un dixième siège et elles posèrent, joyeuses, sur ses cheveux brillants, une couronne de neuf fleurs tressées mêlées d'or[13].

Le poète réutilise des *topoi* poétiques célèbres à propos de Sappho. Une épigramme de l'*Anthologie* fait de Sappho le neuvième des poètes lyriques[14]

---

[12] POL. *Nutricia*, v. 619-639 = Bausi, 233-235.

[13] POLITIEN, *Les Silves, op. cit.*, 345-347,

[14] Voir *Anth. Græc.* IX, 571, 7-8.

(vers 619), une autre veut que Sappho soit toujours ornée d'une couronne de roses[15] (vers 621). Politien rappelle par l'expression *pectine blando* que Sappho passe, selon la tradition, pour avoir inventé, « la première », le plectre[16]. Il énumère ensuite les jeunes filles chantées par la poétesse de Lesbos (vers 622-628) et rappelle son suicide par amour pour Phaon. Politien conclut l'éloge sur un ultime *topos*, selon lequel Sappho aurait été élue par les muses dixième d'entre elles[17].

Dans le « Parnasse » Sappho, située au premier plan, occupe une place privilégiée. Il se pourrait bien que le travail d'érudition effectué par Politien dans le commentaire de la lettre ovidienne et son portrait poétique dans *Nutricia* aient contribué à la glorification de la poétesse dans les « Stanze » du Vatican. En effet, deux au moins des *topoi* poétiques évoqués par Politien sont repris dans la figuration de Raphaël. L'instrument de musique qui repose au pied de Sappho, en bas et presque en marge de la fresque, et qu'elle s'apprête à saisir, déjà tournée vers les autres poètes, a manifestement pour fonction de rappeler que la tradition fait d'elle l'inventeur du plectre. D'autre part, Sappho, unique figure féminine parmi les poètes, est dans cette image élevée au titre de neuvième muse par sa ressemblance physique avec les Piérides. L'attitude de Sappho est quasi identique à celle de Calliope (la muse en blanc à gauche d'Apollon) et elle tient en main un instrument comme Terpsychore (la muse en bleu à droite du dieu).

Trois autres figures ont pu être identifiées dans la fresque parce que leur portraits sont des illustrations d'une tradition iconologique codifiée. Il s'agit d'Homère, de Virgile et de Dante. On sait quelle part capitale a pris l'humaniste florentin dans la redécouverte d'Homère en Italie à la Renaissance[18]. Politien, qui était l'un des meilleurs hellénistes de Florence, s'est fait connaître à quinze ans en traduisant en hexamètres latins les livres II, III et IV de l'*Iliade* (1470-1473)[19]. Il a aussi consacré au poète mythique, dans le cadre de son enseignement universitaire, une silve intitulée *Ambra* (1485)[20] et un discours, l'*Oratio in expositione Homeri* (1486), dans lequel il le présente comme la

---

[15] Voir *Anth. Græc.* IV, 1, 6. Voir aussi, sur l'association de la rose à la figure de Sappho : PHILOSTR., *Ep.* 51 et Sappho elle-même, *frag.* 94, 12-17.

[16] POLIZIANO, *Commento all'epistola ovidiana, op. cit.,* 7 : *Eadem et plectrum prima inuenit.*

[17] Voir AUSON. 51, 1 et *Anth. Græc.* VII, 14, 1-2 ; IX, 66, 506 et 571.

[18] Une courte et utile synthèse dans P. GALAND-HALLYN, *Les yeux de l'éloquence. Poétiques humanistes de l'évidence* : L'Atelier de la Renaissance, Orléans 1995, part. III, 1, chap. 1 « Politien lecteur d'Homère », 189-210, renvoyant aux études fondatrices de I. MAÏER, *Ange Politien. La formation d'un poète humaniste (1469-1480)* : Travaux d'Humanisme et

Renaissance LXXXI, Genève 1966 et ID., *Les Manuscrits d'Ange Politien*, Genève, 1965 et de V. BRANCA, *Poliziano e l'Umanesimo della parola*, Torino, 1983.

[19] La traduction de Politien a été publiée par I. del Lungo, *Prose volgari inedite e poesie latine e greche edite e inedite di Angelo Poliziano*, Firenze 1867. Voir là-dessus A. CERRI, « La traduzione omerica di Angelo Poliziano (gli epiteti degli dei e degli eroi) », *Annali della Facoltà di Lettere e Filosofia dell'Università di Studi di Milano*, XXX (1977), 143-174 et ID., « Epiteti ed aggettivi nella versione omerica di Angelo Poliziano », *Ibid.* XXXI (1978), 349-372.

[20] POL. *Ambra* = Bausi, 100-161.

source de toute la poésie ainsi que des autres arts [21]. Dans le catalogue de *Nutricia*, l'éloge d'Homère met un point d'orgue au chant entonné par Politien. Il est le seul poète à avoir jamais égalé le dieu Apollon en personne :

> *... Etenim ut stellas fugere undique cælo,*
> *Aurea cum radios Hyperionis exseruit fax,*
> *Cernimus, et tenuem uelut euanescere lunam ;*
> *Sic ueterum illustres flagranti obscurat honores*
> *Lampade Mæonides : unum quem, dia canentem*
> *Facta uirum et sæuas æquantem pectine pugnas,*
> *Obstupuit prorsusque parem confessus Apollo est* [22].

> Mais en vérité, tout comme, lorsque le flambeau d'or d'Hypérion a dévoilé ses rayons, nous voyons les étoiles fuir de tous côtés du ciel et la lune amincie pour ainsi dire s'évanouir, de même le poète de Méonie, de sa torche éclatante, éclipse la brillante gloire des Anciens : car il est le seul qui, chantant les divins exploits des héros et sachant de son plectre égaler les combats cruels, laissa Apollon interdit et l'obligea d'avouer qu'il était absolument son égal [23].

La métaphore comparant Homère au soleil est presque traduite mot pour mot de l'*Anthologie grecque* [24]. L'idée qu'Apollon aurait concédé une faveur exclusive à Homère est également tirée d'une épigramme de l'*Anthologie* [25]. L'épithète *Mæonides* est encore une citation : le mot est employé par le pseudo-Plutarque, dans un passage de la *Vie d'Homère* que Politien avait noté dans le commentaire aux *Fastes* d'Ovide [26]. *Nutricia* fait aussi écho à l'*Ambra* où Homère, dans un délire divin, fait resurgir le fantôme d'Achille et est frappé de cécité à cause de l'éclat de son bouclier. Achille, pris de pitié, insuffle alors le don de prophétie à Homère et lui offre le bâton du devin Tirésias :

> *Ergo his defixus uates, dum singula uisu*
> *Explorat miser incauto, dum lumina figit,*
> *Lumina nox pepulit ; tum uero exterritus hæsit,*
> 285   *Voxque repressa metu, et gelidos tremor impulit artus.*
> *At iuuenem sacer Aonium miseratus Achilles*
> *(Quandoquidem, Saturne, tuas inflectere leges*
> *Haut licitum cuiquam), clypeo excipit, oraque iungens*
> *Inspuit augurium ; baculum dat deinde potentem*
> 290   *Tiresiæ magni, qui quondam Pallada nudam*
> *Vidit, et hoc raptam pensauit munere lucem,*
> *Suetus offensos baculo duce tendere gressus.*

---

[21] A. POLIZIANO, *Oratio in expositione Homeri*, Bâle, N. Episcopus Jun., 1553, 477-492.

[22] POL. *Nutricia*, v. 339-345 = Bausi, 197-198.

[23] POLITIEN, *Les Silves, op. cit.*, 323 : trad. Galand.

[24] Voir *Anth. Græc.* IX, 24 : Ἄστρα μὲν ἠμαύρωσε καὶ ἱερὰ κύκλα σελήνης/ ἄξονα δινήσας ἔμπυρον ἥλιος,/ ὑμνοπόλους δ'ἀγεληδὸν ἀπημάλδυνεν Ὅμηρος/ λαμπρότατον Μουσῶν φέγγος ἀνασχόμενος. La référence est citée par BAUSI, dans POLIZIANO, *Silvæ, op. cit.*, 197, notes.

[25] Voir *Anth. Græc.* IX, 455.

[26] Voir Ps.-PLUT. *Vit. Hom.* I, 2 et POLIZIANO, *Commento inedito ai «Fasti» di Ovidio*, ed. F. Lo Monaco, Firenze 1991, 162.

> *Nec deest ipse sibi; quin sacro instincta furore*
> *Ora mouet, tantique parat solatia damni*[27].

Ainsi le poète garde sa vue fixée sur ces astres qu'il détaille un à un d'un regard imprudent, le malheureux; tandis qu'il les fixe des yeux, soudain la nuit chasse la lumière; alors, épouvanté, il demeure véritablement figé, sa voix est étouffée par la crainte et ses membres glacés sont secoués d'un tremblement; mais le vénérable Achille prend pitié du jeune Aonien, puisqu'il n'est permis à personne de fléchir tes lois, Saturne, et le soustrait à l'éclat du bouclier; lui donnant un baiser, il lui insuffle le don de prophétie; puis il lui offre le bâton magique du grand Tirésias; ce devin vit jadis Pallas nue et compensa la perte de la lumière par ce présent, puisqu'il s'accoutuma à diriger ses pas sans danger en se fiant à ce bâton. Et Homère ne se manque pas à lui-même; au contraire il prononce des paroles animées par le délire sacré et se ménage ainsi une consolation à un si grand malheur[28].

Homère est chez Politien la figure emblématique du poète inspiré et visionnaire. Or, dans la fresque peinte par Raphaël dans la bibliothèque de Jules II, c'est Homère, dont la poésie fut remise à l'honneur dans les décennies précédentes en grande partie grâce à Politien, qui est donné comme figure exemplaire du *uates*. Les humanistes théologiens jouaient à l'époque de la similitude phonétique entre les expressions *mons Vaticanus* et *mons uaticinius*, faisant du Vatican le nouveau Parnasse, choisi par les Muses. Se dressant au sommet du Parnasse, Homère, le visage levé vers les astres, la bouche ouverte, la main tendue, est en train de proférer des paroles inspirées, accompagné à la viole par Apollon. La représentation du Méonide reprend deux *topoi* de la poésie antique que Politien avait rappelés dans les *Silves* : le rapport privilégié d'Homère avec le dieu Apollon et sa cécité. En effet, nombreuses sont les similitudes graphiques entre la figure d'Homère et celle d'Apollon. La position des pieds et surtout de la tête, tournée vers le ciel, établit un parallélisme entre le dieu et son prophète favori; du reste, comme le révèlent les dessins préparatoires, Raphaël a travaillé à plusieurs reprises ces détails de la fresque[29]. Par ailleurs, Homère est représenté aveugle, les yeux clos et la main tendue comme tâtonnant dans l'obscurité. Son attitude, sa barbe et son long manteau l'apparentent aux représentations des devins de la tragédie grecque et en particulier à Tirésias, le plus célèbre des prêtres d'Apollon. La présence à ses côtés de la muse Melpomène, cachant dans sa main gauche un masque tragique, et sans doute, derrière elle, de Stace, auteur d'une *Thébaïde*, confirme la référence au personnage mythologique de Tirésias.

Dans son catalogue des poètes, Politien présente Virgile comme l'élève le plus proche d'Homère et peut-être supérieur à son maître :

---

[27] POL. *Ambra*, v. 282-294 = Bausi, 131-132.

[28] POLITIEN, *Les Silves, op. cit.*, 259 : trad. Galand.

[29] Il s'agit des dessins, inv. 452 et 453, reproduits dans *Raffael. Zeichnungen*, edd. E. Knab, E. Mitsch, K. Oberhuber, Stuttgart 1983, 365.

Proximus huic autem, uel (ni ueneranda senectus
Obstiterit) fortasse prior, canit « arma uirumque »
Vergilius, cui rure sacro, cui gramine pastor
Ascræus Siculusque simul cessere uolentes;
Quem non tabifico mordax attingere Liuor
Dente queat, Liuor tandem et sandalion ausus
Carpere, cum dominam asseruit sua forma Dionen[30].

Mais le poète le plus proche de lui, ou bien (si son âge vénérable ne s'y opposait) peut-être même supérieur à lui, qui chante « les armes et le héros », est Virgile; devant lui, quand il chante la campagne sacrée et les herbages, le berger d'Ascra et le Sicilien en même temps, de leur plein gré, se retirèrent; lui, la jalousie livide et mordante ne saurait l'atteindre de sa dent corruptrice, la jalousie livide qui avait osé s'attaquer même à une sandale, quand Dioné, sa maîtresse, fut défendue par sa propre beauté[31].

Les différentes œuvres de Virgile sont rappelées à la mémoire de l'auditeur par de brèves citations emblématiques. Les mots *arma uirumque* désignent l'*Enéide*, *rure sacro* les *Géorgiques*, *gramine, pastor* les *Bucoliques*. Dans le premier cas, Politien cite l'*incipit*, extrêmement célèbre, de l'œuvre. Mais pour que la citation s'insère avec naturel dans le fil de la Silve, il se contente de choisir pour les deux autres œuvres des alliances de mots caractéristiques du genre géorgique et bucolique. L'éloge s'achève, comme souvent, sur une image. Elle est empruntée à Philostrate : la Jalousie, ne sachant comment décrier la beauté de Vénus, s'en serait prise au grincement de ses sandales[32].

Le visage de Virgile, conforme à ses portraits depuis l'Antiquité et ceint de lauriers, apparaît dans le « Parnasse » immédiatement placé, dans la perspective, derrière Homère. Comme dans *Nutricia*, la hiérarchie entre les deux immenses poètes est ambiguë : car si Virgile vient après Homère et paraît plus jeune que lui, il le dépasse par le mouvement qu'il fait en se dirigeant vers la droite de la fresque et en indiquant la voie à suivre à Dante lui-même. Il semble que les théologiens du Vatican aient adopté, dans cette querelle importante pour la critique littéraire humaniste, le même point de vue que Politien.

Le quatrième poète dont la présence soit absolument attestée dans le « Parnasse » est Dante, dont on reconnaît le profil fixé notamment par Benozzo Gozzoli dans la fresque de l'église San Francesco de Montefalco et maintes fois reproduit[33]. L'une des originalités du catalogue de poètes de Politien est précisément de rassembler des poètes depuis les origines de la poésie jusqu'à la fin du Quattrocento. Parmi les poètes florentins, salués à

---

[30] POL. *Nutricia*, v. 346-360 = Bausi, 198-200.
[31] POLITIEN, *Les Silves, op. cit.*, 323-325 : trad. Galand légèrement modifiée.
[32] Voir PHILOSTR. *Ep.* 37; voir aussi IULIAN. *Epist.* 50, 445d-446a., ainsi que POL.

Epist. I, 4 et *Commento inedito ai « Fasti »*, *op. cit.*, 45 (références citées par BAUSI, *Silvæ, op. cit.*, 198, notes).
[33] Voir CHASTEL, *Art et humanisme, op. cit.*, I, 2, chap. 2 : « le portrait de Dante », 111-112.

la fin de la Silve, Politien réserve un bel hommage à Dante, rappelant le jeu étymologique sur son nom :

> *Nec tamen Aligerum fraudarim hoc munere Dantem,*
> *Per Styga, per stellas mediique per ardua montis,*
> *Pulchra Beatricis sub uirginis ora, uolantem* [34].

Cependant je ne déroberai pas le tribut de gloire qui est dû à l'Aligère, à Dante, qui vole à travers le Styx, à travers les étoiles, à travers les hauteurs de la montagne qui sépare les deux extrêmes, soutenu par le beau regard de la vierge Béatrice [35].

Le poème de Politien comme la fresque du Vatican montrent la même volonté d'insérer les modernes dans la continuité de l'Antiquité et le même souci de présenter du premier grand poète florentin un portrait canonique, facile à reconnaître.

Les genres poétiques

Encouragée par ces premières correspondances entre le poème de Politien et la fresque, je me suis demandé s'il n'était pas possible, en appliquant au « Parnasse » la classification du catalogue de Politien de mieux comprendre le fonctionnement de la fresque et éventuellement d'identifier de nouvelles figures. En effet, tous les critiques d'art s'accordent pour dire que les regroupements des poètes dans le « Parnasse » illustrent une certaine classification, mais celle-ci reste obscure dans son détail.

La silve *Nutricia* reprend la classification des genres poétiques élaborée par Politien dix ans auparavant dans le *Commentaire aux Silves de Stace* [36]. Cette classification s'inspire largement des préceptes d'Aristote, de Quintilien et surtout de Diomède : Politien distingue essentiellement deux groupes de poètes, les *poetæ per excellentiam* et tous les autres [37]. Parmi les premiers, il compte les poètes qui composent en hexamètres dactyliques, qu'il s'agisse d'épopée, de fables allégoriques, d'histoire ancienne ou de tout autre type de sujet. Dans les seconds figurent les lyriques, les comiques (auteurs de tragédies, comédies et drames satiriques), les élégiaques, les iambiques, les bucoliques, les auteurs d'hymnes, mais aussi les asmatographes (auteurs d'odes), les épithalamiographes, les *monodoi* (auteurs d'épitaphes) et les auteurs d'épigrammes.

---

[34] POL. *Nutricia*, v. 720-722 = Bausi, 246-247.

[35] POLITIEN, *Les Silves, op. cit.*, 353 : trad. Galand.

[36] Voir A. POLIZIANO, *Commento inedito alle « Selve » di Stazio*, ed. L. Cesarini Martinelli, Firenze, 52-59.

[37] Voir les analyses de ce passage par BET-TINZOLI, « *Dædaleum* », *op. cit.*, 140 suiv. et par F. HALLYN, chap. III, 2 « Poésie et savoir au Quattrocento et au XVIe siècle », *Poétiques de la Renaissance. Le modèle italien, le monde franco-bourguignon et leur héritage en France au XVIe siècle* : Travaux d'Humanisme et Renaissance CCCXLVIII, edd. P. Galand-Hallyn, F. Hallyn, Genève 2000, 190-191.

Cette classification semble d'abord se fonder sur des critères formels et notamment sur le mètre. Pourtant, il est permis de douter que Politien ait voulu donner une classification purement générique. D'abord, à ces deux catégories, il se plaît à en rajouter une troisième de poèmes qu'il juge impossibles à classer. Ce sont des mètres de plus en plus rares et obscurs tels l'*ithyphallica*, le *manerus*, le *lytierses* et enfin le fameux *Centaure* de Chérémon, qui est cité par Aristote comme l'exemple même du genre mixte. Ensuite, Politien brouille cette classification générique en lui en superposant deux autres, non moins importantes à ses yeux, selon le mode d'énonciation (*genus*) dramatique, narratif ou mixte et selon la qualité du style (*character*) bref, grand, moyen ou fleuri. Le catalogue des poètes de *Nutricia* est donc rigoureusement ordonné puisqu'il reste fidèle à la classification du *Commentaire*; mais, en croisant des paramètres différents, Politien élabore un réseau d'œuvres littéraires subtil et très personnel. Le jugement subjectif sur le style serait déterminant, le poète-humaniste ne cachant pas sa prédilection pour le style *floridus*, dont il donne pour exemple Stace et qu'il définit comme le style de la silve.

Si l'on confronte la classification de l'ensemble du catalogue avec la fresque, il est possible de proposer une lecture du « Parnasse » qui, au demeurant, confirme diverses interprétations déjà proposées par des critiques d'art. Le groupe situé en haut à gauche du dieu Apollon figurerait les « poètes par excellence », les plus proches des cieux. Homère y fait office, comme dans le système poétique de Politien, de clé de voûte. Il est entouré de ses disciples dans le genre épique, Virgile, Dante mais aussi très probablement Stace, cité par Politien immédiatement après Virgile et par ailleurs identifié par Chlodorowski[38] dans la figure placée derrière Virgile. Notons que, parmi ces auteurs, tous ont pratiqué d'autres genres poétiques que l'épopée et d'autres mètres que l'hexamètre. La silve *Nutricia* corrobore aussi l'interprétation commune qui veut que le personnage assis et prenant la dictée d'Homère soit Ennius. Politien classe en effet Ennius, en tant qu'historien des *Annales*, parmi les « poètes par excellence » et le baptise conformément à la tradition *Mæonides Italis secundus*[39]. Un second groupe de poètes, situé en bas à gauche d'Apollon, comprendrait les élégiaques, les bucoliques et les lyriques cités par Politien après les « poètes par excellence » et placés dans sa liste entre Ennius et Sappho. La critique d'art a avancé les noms de Properce, Tibulle, ou encore Pindare et Anacréon, tous loués par Politien dans *Nutricia*. Un troisième groupe se trouve à droite de la porte de la bibliothèque. Un poète

---

[38] Voir R.I. CHLODOROWSKI, « Angelo Poliziano nel Parnaso : genesi poetica dell'ideale artistico dell'alto Rinascimento », *Letteratura italiana e arti figurativi* : Biblioteca dell'*Archivum romanicum*, ser. 1. Storia, letteratura, paleografia 208, ed. A. Franceschetti, Firenze 1988, vol. II, 499-510. Chlodorowski voit dans la présence de Stace dans le Parnasse un argument pour faire de Politien l'une des sources

de la fresque. A. NAVA CELLINI (« Per il Poliziano nel Parnasso di Raffaello », *Paragone* 28 (1991), 3-8) va même jusqu'à identifier Ange Politien en personne dans cette figure.

[39] Voir LUCR. I, 117-126 ; CIC. *Somn. Scip.* X, 10 ; HORAT. *Epist.* II, 1, 50-52 ; PERS. VI, 10-11. Ces passages sont cités par Politien dans le *Commento inedito alle « Selve »*, *op. cit.*, 526-527.

en particulier est placé comme Sappho en avant-scène grâce au trompe-l'œil du chambranle de la porte et sert d'admoniteur, montrant du doigt le spectateur. Le catalogue de *Nutricia* incite à voir dans cette figure le poète Horace. En effet, dans la Silve, Politien insiste sur le lien étroit entre poésie lyrique et poésie satirique, qu'il symbolise par l'affinité mutuelle des écrits de Sappho et d'Horace. Pour lui, les poèmes érotiques de Sappho sont le miel qu'a butiné l'« abeille de Venouse », auteur à la fois des *Odes* et des *Satires*. Or, nombreux sont les spécialistes de Raphaël qui voient dans le groupe de ces trois poètes les satiriques Horace, Perse et Juvénal[40]. Quant au dernier groupe, dans l'angle supérieur droit de la fresque, il correspondrait bien au genre théâtral comme le prétend généralement la critique d'art[41]. C'est en effet avec le genre théâtral (les satiriques d'abord, puis les tragiques et les comiques) que s'achève la classification générique de *Nutricia*. Il est intéressant de noter que Politien rétablit d'une certaine façon le lien génétique entre la satire et le drame satirique en enchaînant les deux genres dans sa liste — sa *Fable d'Orphée* n'est pas seulement un drame rapportant les amours de bergers mais bien aussi une *satura*, c'est-à-dire un mélange des genres bucolique (la complainte d'Aristée), épique (la descente aux Enfers) et tragique (le sacrifice d'Orphée).

Outre que, dans son schéma général, la classification de *Nutricia* rend compte de façon satisfaisante de la disposition circulaire de la fresque du « Parnasse », la poétique originale de Politien expliquerait en partie les difficultés rencontrées jusqu'ici par la critique d'art. Si la théorie poétique qui a présidé à la conception du « Parnasse » est celle de la *copiosa uarietas*, du mélange des genres, rien d'étonnant à ce que leur distinction soit parfois subtile. Plus que les différences, ce sont les filiations littéraires entre les poètes qui intéressent Politien et construisent sa vision de l'histoire littéraire : le poème tisse des liens entre des poètes mêmes distants dans la liste grâce à un système complexe de renvois ou de citations. De même, la fresque de Raphaël est animée par des jeux de regard, des gestes de la main, des mimétismes d'attitudes ou des rappels chromatiques qui font dialoguer entre eux tous les poètes du « Parnasse ».

La théorie de la transmission littéraire

J'aimerais maintenant montrer que, plus encore que la coïncidence dans le choix des poètes ou que la correspondance de leur classification générale, ce sont les principes d'une théorie de la transmission des textes qui rapprochent le poème de Politien et la fresque de Raphaël. Dans *Nutricia*, Politien

---

[40] Voir par exemple N. PONENTE, *Raphael*, Paris 1990, 67 ou BECK, *Raphaël, op. cit.*, 65.

[41] Voir CHASTEL, *Art et Humanisme, op. cit.*, III, 5, chap. 2, 483 et JONES, PENNY, *Raphael, op. cit.*

use de deux métaphores pour exprimer sa théorie de la transmission littérai-re : celle, musicale, du concert et celle, végétale, de la silve. L'une et l'autre sont reprises dans la fresque de Raphaël pour la bibliothèque de Jules II, avec l'intention évidente de livrer un enseignement.

Dans l'introduction de la Silve, Apollon, le dieu du Parnasse, est peint la lyre à la main, accompagnant le chant dialogué des neuf muses :

> *Ipsum* [...] *Iouem* [...]
> *Vt tamen increpuit neruis et pectine pulcher*
> *Delius alternumque piæ cecinere sorores,*
> *Placari totumque sua diffundere mundum*
> *Lætitia et subito cælum instaurare sereno* [42].

> ...Pourtant, dès que le beau Délien fait retentir les cordes de son plectre et lorsque les pieuses Sœurs chantent un chant dialogué, (Jupi-ter lui-même) s'apaise et répand sur l'univers entier son allégresse, rétablissant soudain le ciel dans sa sérénité [43].

Par la suite, à travers tout le catalogue des poètes réapparaît le motif de la lyre apollinienne, transmise de mains en mains. L'instrument est même personnifié dans l'éloge d'Orphée [44] : il porte sur les flots de l'Hèbre la tête du poète chantant le nom d'Eurydice. La lyre devient, par sa récurrence, une métaphore de l'inspiration divine (le *furor poeticus*) courant d'un poète à l'autre. Politien fait allusion à l'*Ion* de Platon et à la thèse néoplatonicien-ne : l'histoire littéraire serait le résultat de la diffusion progressive à travers le temps et l'espace d'un feu sacré.

Toutefois, on ne peut nier l'ironie affectée par Politien à l'égard de cette doctrine au moment même où il s'en sert pour son enseignement. Il s'amu-se à peindre Hercule en train d'assommer Linus, son professeur de poésie, du plat de sa lyre, suggérant ainsi les aléas de la transmission du *furor diuinus* et rappelant la nécessité d'une éducation littéraire. D'autre part, l'instrument prend des caractéristiques particulières selon la personnalité du poète qui le fait sonner. Politien parle de la lyre caressante (*pecten blandum*) de Sappho, du plectre de Smyrne (*Smyrnis plectris*) de Valgius Rufus, du luth éolien en or savant (*Æolium docto barbyton auro*) d'Alcée. Le souci de varier le sub-stantif, l'alternance du singulier et du pluriel poétique, la diversité des épithè-tes et notamment des adjectifs exprimant des différences régionales ren-voient au goût de la *copiosa uarietas* et d'un éclectisme esthétique. L'image de la lyre n'est pas seulement le symbole du *furor pœticus*, transmis à l'identique d'un poète à l'autre. C'est aussi, dans chaque portrait pris séparément, un emblème du style personnel de l'écrivain. Ainsi, pour Politien, la lecture des auteurs, et en particulier des auteurs classiques, est la condition nécessaire de

---

[42] POL. *Nutricia*, v. 135-138 = Bausi, 175.
[43] POLITIEN, *Les Silves, op. cit.,* 307 : trad. Galand dans légèrement modifiée.
[44] Voir C. MUNRO PYLE, « Le thème d'Or-phée dans les œuvres latines d'Ange Poli-tien », *Bulletin de l'Association Guillaume Bu-dé* 39 (1980), 409-419 et M. MARTELLI, « Il mito d'Orfeo nell'età laurenziana », *Interpres* VII, 1 (1987), 7-40.

la transmission de l'inspiration. Mais c'est surtout le moyen d'apprendre à distinguer des mélodies, des sonorités singulières. A l'image d'un concert d'instruments divers, le poème de Politien réveille par l'imitation les voix très variées d'un grand nombre de poètes. Il donne à entendre à ses étudiants un poème polyphonique, invitant à la lecture des Classiques comme à l'écoute musicale des voix ou styles des auteurs. Ainsi comprise, la lecture aurait aussi pour fin la formation de nouveaux poètes.

La présence de plusieurs instruments de musique dans le « Parnasse » a été remarquée. Leur réalisme est tel qu'il est possible d'identifier précisément ces instruments et il est probable que leur vue évoquait immédiatement au spectateur de la Renaissance des sons familiers. Comme dans *Nutricia,* c'est Apollon l'initiateur de la mélodie qui s'élève : il est le seul véritablement représenté en train de jouer et probablement de chanter. Les auteurs du programme de la fresque ont manifestement choisi eux aussi la métaphore musicale pour évoquer l'inspiration poétique. La référence à la théorie néoplatonicienne du *furor diuinus* est évidente ; on peut également se demander dans quelle mesure la multiplication et l'individualisation des instruments de musique ne renvoient pas, comme chez Politien, à la *copiosa uarietas*.

La seconde métaphore de la lecture développée dans *Nutricia* est la forêt. Le catalogue des poètes de Politien est envahi de motifs végétaux qui, loin d'être de simples ornements, entrent dans la composition de la matière de la Silve [45]. Tout est prétexte, dans ce poème, à peindre un paysage : la mention du pays d'origine d'un poète, le résumé d'un ouvrage de poésie géorgique ou bucolique... et bien sûr l'évocation du mont Parnasse et des autres lieux mythiques affectionnés par les Muses. Ainsi la production poétique est-elle mise en parallèle avec celle de la nature. La diffusion des Belles Lettres suit le modèle naturel de la prolifération, de la ramification, de l'insémination des végétaux. En effet, étymologiquement, la « lecture » est une « cueillette » et le « recueil » en est le fruit. Cette intrusion du décor qui devient la matière même (ὕλη) du poème a aussi pour effet de présenter tous les poètes du catalogue sur un fond unifié, dans un espace mythologique et atemporel, qui n'est autre que la mémoire du poète de la silve. Dès lors les frontières historiques, géographiques ou génériques entre les auteurs s'estompent. Essentielle est la cohérence des liens tissés par le poète-critique littéraire entre les œuvres, à l'image des feuillages sylvestres. Politien affirme un principe d'affinité ou d'élection naturelle entre les auteurs, qui se traduit par des analogies ou des filiations.

La nature joue aussi un rôle important dans la fresque de Raphaël. Elle permet évidemment de reconnaître le mont Parnasse. Il n'est pas non plus exclu que la métaphore végétale de la production littéraire et de sa récolte par la lecture ne soit ici évoquée. De plus, dans le « Parnasse », le décor struc-

---

[45] Sur les implications de la métaphore végétale dans la poésie de Politien, voir GA- LAND-HALLYN, *Le reflet, op. cit.,* 510-513.

ture la composition et façonne un véritable « paysage littéraire » : les arbres
séparent par leur tronc des groupes de poètes, mais en relient d'autres entre
eux par leur frondaison. Surtout, la perspective à point de vue unique (situé
derrière Apollon) unifie l'image et rassemble tous les poètes dans un espace
homogène, supposé être l'univers mythologique du Parnasse.

Outre l'importance du décor sylvestre, j'ai remarqué dans le poème de
Politien et la fresque de Raphaël la récurrence d'un motif végétal singulier,
la couronne de laurier. Presque tous les poètes sont peints dans *Nutricia* les
tempes ceintes de feuillages, le plus souvent les lauriers de la gloire mais
aussi des pampres pour Anacréon (*bicolore caput redimite racemo*) ou des
roses pour Sappho (*sertum nouem de floribus auro contextum*). Le laurier de
la gloire signifie l'immortalité que s'arroge lui-même le poète par ses écrits.
En effet, Politien insiste beaucoup dans la Silve sur le *labor*, le travail con-
cret et la peine de l'écrivain. Il exhibe les réalités de l'écriture et de la lecture en décrivant précisément les ouvrages des auteurs. De plus, il ne cesse de
rappeler les phénomènes de citation, allusion ou même plagiat : l'imitation
poétique apparaît comme la théorie maîtresse qui sous-tend cette immense
fresque de la poésie depuis son origine. La transmission des Lettres passe par
une lecture scrupuleuse des textes et donc un soin pour leurs supports,
manuscrits ou éditions. C'est aussi peut-être une des fonctions de la métaphore végétale que de rappeler que la poésie commence avec un matériau (le
papyrus ou la pâte à papier) et que la transmission des Belles Lettres est tributaire de la conservation matérielle des écrits.

Dans le « Parnasse », tous les poètes (à l'exception toutefois d'Ennius)
sont également ceints de laurier. Le spectateur ne peut pas, dans la Chambre de la Signature, ne pas établir le lien entre les auréoles des saints dans la
« Dispute du Saint-Sacrement » et les lauriers des poètes. Cette similitude va
bien dans le sens d'une interprétation néoplatonicienne, voire chrétienne.
Cependant un autre détail dans la peinture incite à tempérer cette analyse :
ce sont les livres ou parchemins que portent à la main certaines figures.
D'une part, la présence de ces objets témoigne d'un souci proprement humaniste de fidélité au texte, manuscrit ou publié. D'autre part, une différence apparaît nettement dans la composition du « Parnasse » et de la « Dispute
du Saint-Sacrement » entre la théorie de la transmission des écrits poétiques
et celle des écrits théologiques. Dans la « Dispute du Saint-Sacrement », les
livres saints sont disposés verticalement dans l'axe lumineux dessiné par le
Père, le Fils et l'Esprit. Dans le « Parnasse », les livres sont essaimés horizon-
talement dans la file des poètes. La vérité théologique se transmettrait selon
une transcendance, tandis que la transmission poétique serait immanente.

Il est tout à fait probable que *Nutricia* est l'une des sources du « Parnasse ». Les correspondances avec les éléments élucidés de la fresque sont trop
nombreuses et trop systématiques pour être le fruit du hasard. En outre, le
poème de Politien invite à compléter ou renouveler l'interprétation du « Parnasse », tant pour ce qui est de l'identification des figures que pour sa signification générale. Dans *Nutricia*, Politien expose une théorie de la transmis-

sion des Classiques fondée sur une pratique active de la lecture. Cette lecture doit être savante et fidèle : elle doit être soucieuse de la lettre du texte et de son attribution. Elle doit être plurielle : il est nécessaire de lire un grand nombre de poètes sans privilégier un genre ou une période. Elle doit être élective, préférentielle : l'Antiquité nous a légué des voix singulières, des auteurs, et il importe de se former un jugement sur leur style. Elle doit enfin être créative : la lecture des Classiques doit semer les germes d'une nouvelle floraison, c'est-à-dire qu'elle doit donner lieu à des imitations. La théorie de Politien est enseignée à travers diverses métaphores, comme la couronne, la lyre ou la silve. Tous ces symboles figurent dans la fresque du « Parnasse ». Il est bien sûr difficile de prouver que la théorie poétique de Politien a été délibérément adoptée par les humanistes théologiens pour le programme iconographique. Mais il paraît raisonnable de supposer que des principes tels que la fidélité aux textes, l'inspiration divine, la fécondité naturelle de la littérature ont séduit les théologiens du Vatican comme propices à une évangélisation du Parnasse antique.

Raphaël, « Le Parnasse » (1511), Stanza della Segnatura, Musei del Vaticano

CONSIDÉRATIONS SUR MARSILE FICIN [*]

par CESARE VASOLI

La vie de Marsile Ficin [1], né en 1433 et mort en 1499, s'étendit sur une ample partie de son siècle, une époque caractérisée par une suite de transformations et de crises politiques très considérables, et surtout par des événements de l'histoire religieuse et ecclésiastique qui nous aident à comprendre sa méditation. Il assista ainsi à la faillite des tentatives d'une solution conciliaire aux « troubles » de l'Eglise du XIVᵉ siècle et au triomphe du pouvoir spirituel et temporel du pontife romain, au retour humaniste aux sources évangéliques et patristiques de la chrétienté antique et, à la fin du siècle, à la reprise des espoirs prophétiques et des attentes du nouvel âge d'or, mais aussi à la prédication apocalyptique de Jérôme Savonarole qui troubla ses dernières années. Mais, en vérité, son expérience philosophique et religieuse fut influencée surtout par un événement du temps de son enfance : le Concile de Ferrare-Florence (1438-39) qui nourrit l'espoir du retour à l'unité chrétienne et à la « paix de la foi », sous le signe de la tradition apostolique commune.

Ficin était alors encore un enfant qui, sans doute, ne pouvait pas comprendre les interminables disputes entre les théologiens latins et byzantins ou les doctrines philosophiques proposées par les maîtres de Constantinople, si liés à la profonde inspiration platonicienne de la théologie orientale. D'autre part, notre connaissance encore fragmentaire de sa première forma-

---

[*] Conférence prononcée à l'occasion de la Journée organisée par R. Imbach (Centre Pierre Abélard de l'Université Paris IV-Sorbonne) à l'Ecole Normale Supérieure (Ulm), autour de la parution de l'édition du *Commentaire sur le « Banquet » de Platon, De l'amour* de Marsile Ficin (Les Classiques de l'Humanisme) par P. Laurens, le 1ᵉʳ mars 2003.

[1] Pour la biobibliographie de Ficin, voir P.-O. KRISTELLER, *Marsilio Ficino and his Work after Five undred Years*, Firenze 1987 ; ID., *Il pensiero filosofico di Marsilio Ficino*, Firenze 1988, 441-476 ; C. VASOLI, « Ficino, Marsilio (Marsilius Feghinensis) », *Dizionario biografico degli Italiani*, 47, Roma 1997, 378a-395a ; T. KATINIS, « Bibliografia ficiniana. Studi e edizioni delle opere di Marsilio Ficino dal 1986 », *Accademia* 2 (2000), 101-135.

tion philosophique ne nous permet d'établir d'une façon définitive les origines réelles de sa vocation de rénovateur de la sagesse platonique. Mais Ficin lui-même lia[2] les origines de ce grand retour au « mécénatisme » de Cosme de Médicis l'Ancien et à son désir de connaître les doctrines de Platon, qui serait né juste au temps du Concile, quand il s'était longuement entretenu avec Georges Gémiste Pléthon. Ce récit, qui visait à attribuer à son œuvre une signification et une valeur providentielles, confirmées par les « signes » des astres, est, peut-être, plutôt douteux. Néanmoins, Sebastiano Gentile[3], grâce à ses recherches philologiques rigoureuses, a désormais démontré que les lectures du jeune philosophe révélait l'influence des textes les plus utilisés par Gémiste : c'est-à-dire les *Oracula chaldaica*, attribués à Zoroastre, les *Hymnes* attribués à Orphée, à Homère et à Hésiode, les *Argonautica* pseudo-orphiques, et encore, un peu plus tard, la *Theologia platonica* de Proclus. Ces références documentaires, nombreuses et importantes, nous amènent à croire que l'influence du maître byzantin ne se limita pas à l'apologie platonicienne du *De differentiis*, mais favorisa aussi la connaissance des doctrines et des auteurs qui, plus tard, lui inspirèrent les conclusions les plus radicales du *Traité des Lois*[4]. Et il faut bien rappeler — si nous en croyons son ennemi acharné, Georges de Trébizonde[5] — que ces conclusions étaient celles mêmes que Pléthon avait exposées à Florence, au temps du Concile, quand il aurait annoncé la fin des « sectes du Livre » et le retour de la « théologie hellénique », à savoir, de la contemplation et du culte de la Monade éternelle, génératrice du Tout.

Il est vrai que, durant le cours de sa vie, Ficin ne suivit pas les doctrines antichrétiennes de Gémiste, qui avaient justifié la condamnation du *Traité des Lois*, destiné au feu par le Patriarche Gennade ; et, en effet, il n'imita pas la violence critique de quelques pages pléthoniennes, même s'il polémiqua contre la décadence intellectuelle et spirituelle du clergé et en appela aux savants pour restituer à la religion chrétienne sa pureté et sa vérité originelle. Mais il apprit, sans doute, par la lecture des livres du maître byzantin, le mythe de la *prisca theologia*, à savoir, l'idée de la continuité d'une tradition « sapientielle » engendrée par les premiers philosophes et législateurs du genre humain, reçue ensuite par les penseurs les plus anciens de la civilisa-

---

[2] Marsilii FICINI *Opera quæ extant omnia*, Basileæ 1576 ; repr. ed. M. Sancipriano, Torino 1959-62, 1983, II, 1537-1538. Et voir S. GENTILE, « Giorgio Gemisto Pletone e la sua influenza sull'umanesimo fiorentino », *Firenze e il Concilio del 1439*, ed. P. VITI, Firenze 1994, II, 813-822.

[3] Voir S. GENTILE, « In margine all'epistola *De divino furore* di Marsilio Ficino », *Rinascimento*, II ser., XXIII (1983), 33-77 ; ID., « Per la storia del *Commentarium in Convivium* di Marsilio Ficino », *Ibid.*, XXI (1981), 3-27 ; ID.,

« Sulle prime traduzioni dal greco di Marsilio Ficino », *Ibid.*, XXX (1990), 57-104 ; et son « Introduction » à Marsilio FICINO, *Lettere*, I, *Epistolarum familiarium liber I*, ed. S. GENTILE, Firenze 1990, avec les indications d'autres recherches.

[4] Pour les fragments de cette œuvre sont conservés, voir PLÉTHON, *Traité des Lois*, ed L. Alexandre, trad. C. Alexandre, Paris 1858.

[5] Voir *Comparationes philosophorum Aristotelis et Platonis a* Georgio TRAPEZUNTIO *viro clarissimo*, Venetiis 1523.

tion grecque, exaltée par Pythagore, Platon et les néoplatoniciens et continuée enfin par quelques savants théologiens, au sein même de la culture chrétienne médiévale, jusqu'à sa *renovatio* providentielle. Ficin n'établit jamais d'une façon claire et explicite les rapports chronologiques et doctrinaux entre cette tradition et la révélation biblique et évangélique. Et si le futur chanoine de la cathédrale florentine se déclara toujours un *fidelis Christi*, il n'est pas facile réduire son interprétation du Christianisme au magistère théologique officiel de l'Eglise qui, du reste, en ce temps-là, n'était pas encore conditionné par la rigueur dogmatique de la Contre-Réforme.

Sa profession de foi ne l'empêcha pas cependant de proclamer la compatibilité parfaite entre le platonisme et le Christianisme et d'élever au rôle de prophètes de l'avènement du Christ aussi les *vates* du monde païen, Orphée, Virgile, les Sybilles et le fabuleux roi, philosophe, prêtre et magicien égyptien Hermès Trismégiste. Jamais Marsile ne dissimula sa conviction que pour délivrer la sagesse chrétienne de sa contamination avec l'« impiété » de l'exégèse averroïste et alexandrine des livres d'Aristote, il était absolument nécessaire de revenir à une méditation nourrie par la sagesse des *prisci theologi* et par la « vérité » de Platon et des philosophes platoniciens.

Ce n'est pas tout : Ficin ne s'adonna jamais à la théologie dogmatique, à ses argumentations très subtiles et à sa méthode dialectique, même s'il médita souvent sur le grand thème de l'incarnation du Christ et se dédia à l'élaboration d'une explication difficile et peu claire du « mystère trinitaire », qu'il essaya de concilier avec sa forte accentuation de l'unité absolue de la Monade éternelle. Au contraire, le prêtre-philosophe découvrit dans les *Epîtres* de saint Paul et dans sa doctrine de la Charité et de la Grâce l'expression la plus profonde et la plus sincère de son Christianisme, interprétée en stricte liaison avec son thème préféré de l'*eros* platonicien, célébré dans son œuvre la plus admirable, le *Commentaire sur le Banquet* ou *De Amore*. Mais le principe fondamental de toute sa réflexion philosophique et religieuse fut le même que celui que Gémiste avait considéré comme le plus essentiel et nécessaire : l'immortalité et l'origine divine de l'âme humaine, son destin éternel après la mort et son indépendance absolue à l'égard de l'ordre des événements de la nature physique[6].

Ces considérations nous expliquent pourquoi la conception ficinienne de la religion (et, en conséquence, aussi son attitude envers le Christianisme) fut toujours liée à la démonstration de son caractère tout à fait intrinsèque à la nature humaine et pourtant constitutif de l'anthropologie du nouveau platonisme. Cette conception est déjà présentée d'une façon très explicite dans le premier livre personnel de Ficin livré à l'impression, le *De christiana religione*, édité, entre 1474 et 1477, en langue vulgaire florentine et ensuite en latin[7].

---

[6] Voir C.M. WOODHOUSE, *George Ge-* *mistos Plethon. The Last of Hellenes*, Oxford 1986.

[7] Je lis cette œuvre dans les incunables

En ce temps-là Ficin s'était dédié depuis plus que dix ans à la traduction et au commentaire des écrits de Platon (une tâche à lui confiée par Cosme l'Ancien) et il avait déjà traduit aussi le *Corpus Hermeticum*, édité à Trévise en 1477. Cette version lui avait permis d'ajouter à la « généalogie » gémistienne des *prisci* cet autre maître de la sagesse la plus antique, déjà apprécié par Lactance et Clément d'Alexandrie, et dont les écrits étaient aussi bien connus d'Augustin qui, bien qu'il les considérât comme les fruits néfastes d'une inspiration démonique, y avait reconnu la prophétie de l'avènement du Christ. Il faut dire que l'appel très fréquent à Hermès et à ses doctrines servit au jeune philosophe pour accentuer le caractère « sapientiel » de sa conception religieuse et dessiner le portrait idéal du « gardien » savant des *mysteria divina* qu'ensuite il s'attribua à lui-même.

Voilà pourquoi au début de la préface du *De christiana religione*, Ficin propose de nouveau un *topos* apologétique célèbre et déjà utilisé aussi par Cicéron, pour affirmer que, tandis que les bêtes ne sont pas douées de sentiments religieux, les hommes sont les seules créatures qui regardent le ciel et élèvent leur esprit à Dieu, *rex coelorum*. Le culte de la divinité est, donc, si universel et constitutif de la nature humaine, qu'il est permis de le comparer aux instincts les plus nécessaires des animaux, comme le hennissement pour les chevaux et l'aboiement pour les chiens. Mais si la religion était une chose vaine, l'homme serait aussi l'être le plus imparfait et *dementissimus*, victime d'une duperie que l'obligerait aux privations inutiles et d'une erreur qui le destinerait à un malheur irrémédiable. Et même si l'instinct des animaux ne se trompe pas, quand, par son impulsion naturelle, il peut prévoir certains événements futurs, il ne peut jamais abuser l'instinct humain qui nous induit à honorer Dieu et à espérer la grâce de la vie éternelle. Les principes fondamentaux de toutes les religions, c'est-à-dire, l'existence d'une divinité qui pourvoit aux hommes et la réalité d'une vie future et de ses récompenses ou de ses peines, sont donc vrais et indiscutables. Celui qui ne les possède pas est tout à fait en dehors de la nature humaine, une espèce de *monstrum... ab initio vel contagione alterius monstri inquinatus*[8].

Il s'agit évidemment d'un discours apologétique. Mais Ficin, quand il parle de cette *religio naturalis*, commune à tous les hommes, appelle aussitôt Platon à confirmer « notre divinité », que Dieu même révèle quand il excite notre esprit par sa puissance souveraine, pénètre notre essence et agit dans nos actes d'adoration et dans notre désir de nous réunir à sa perfection éternelle. De cette manière, l'âme humaine, toujours plus « défiée », peut devenir vraiment un « temple de Dieu » beaucoup plus solide et durable que les autres qui sont bâtis par les hommes, et destiné à ne s'effondrer jamais. Ainsi Ficin, bien sûr que Dieu même aimerait être adoré et détesterait être mépri-

suivants : *De christiana religione*, (Firenze, Niccolò di Lorenzo, entre le 10. XI et le 10. XII. 1476) ; *Libro di Marsilio Ficino della cristiana Religione* (Firenze, Niccolò di Lorenzo,   avant le 25. III. 1475)

[8]   Voir *De christiana religione, inc. cit.*, 4v°-6v°.

sé par les hommes, écrit qu'il n'y a au monde aucune région qui soit tout à fait privée de religion, même si les cultes et les rites d'adoration sont très différents et nombreux. Il ne doute pas que cette « variété » engendre dans l'univers une splendeur (*decus*) admirable et que Dieu —comme le Cusain avait déjà écrit dans le *De pace fidei*— daigne approuver des moyens si différents, et même ceux qui sont encore rudes, que les hommes ont choisi pour l'honorer. Il n'y a pas une religion qui soit impie, à condition qu'elle apporte son tribut de vénération à celui qui est en soi le Bien suprême, la Vérité de toutes choses, la *Lux* et le *Favor mentis*[9].

Il est clair que Ficin se réfère à la valeur indiscutable d'une religion naturelle commune, qui adore un Dieu sans visage, que l'on peut identifier avec le principe de l'ordre universel et le fondement de l'Etre. Mais son discours change tout de suite quand le philosophe affirme que les vrais adorateurs de Dieu, *actionis bonitate, veritate linguæ, mentis claritate,* sont surtout les hommes qui adorent Dieu selon les enseignements de Christ, *vitæ magister,* et de ses disciples. Cette affirmation est vraiment le point déterminant du *De christiana religione,* qui marque —comme Paul-Oskar Kristeller l'a bien souligné— le « tournant » de la pensée ficinienne, parce qu'il semble postuler une différence essentielle entre le Christianisme et les autres religions. Certes, il n'est pas aisé de suivre toute l'argumentation souvent ambiguë élaborée par Ficin pour concilier sa conception philosophique et la théologie traditionnelle, et ainsi comprendre la signification la plus profonde de son « modèle » de « piété », bien différent, en tous cas, du magistère traditionnels de l'Eglise. Et il serait tout à fait impossible de vérifier la réelle sincérité d'un auteur qui écrivait dans un pays catholique, pour les lecteurs catholiques, et ne désirait pas se condamner à la clandestinité ou au silence. Cependant, la recherche des historiens devrait bien vérifier le caractère spéculatif et spirituel d'une conception du Christianisme qui se propose d'accueillir en soi toutes les expériences de la sagesse humaine et les « vérités » de l'Antiquité la plus lointaine.

A ce propos, il faudra bien considérer que, dans les écrits de Ficin, la réflexion sur la religion est absolument étrangère aux controverses de son siècle et aux conflits entre les pouvoirs et les institutions de l'Eglise ; et qu'elle se propose de représenter l'image d'un Christianisme « philosophique » et « naturel », dont le centre est l'idée de la mission prophétique suprême et de la médiation cosmique du Christ-Verbe, régénérateur et sauveur du monde et la participation intime de tous les hommes à l'identification avec le « divin ». Une *religio,* enfin, qui, si elle affirme sa foi dans la révélation évangélique, accentue sa convergence ésotérique avec toutes les manifestations de la sagesse divine et reconnaît le caractère tout à fait « spirituel » et intérieur de l'adhésion amoureuse avec l'Un et le Tout. Mais elle annon-

---

[9] *Ibid.,* 7r°-8r°.

ce aussi le proche avènement d'une *renovatio* qui rétablira les hommes et toutes les choses dans leur perfection originelle.

Je ne peux, malheureusement, esquisser ici que quelques lignes de développement d'une tradition religieuse engendrée par la philosophie ficinienne, qui ensuite acquit une signification mystique, esotérique, voire même « néognostique » et pénétra, au delà des conflits confessionnels, dans la culture de l'Europe catholique et protestante, en se liant quelquefois aux desseins réformateurs les plus radicaux mais aussi à l'espoir du retour à l'unité œcuménique. Cependant, il est à noter que la religion de Ficin reconnaît dans la prophétie et les miracles le signe de la vérité d'une foi temoignée par les événements extraordinaires, qui révélent l'intervention divine directe agissant dans le monde comme dans les esprits des hommes. Mais il s'agit aussi d'une « révélation » qui n'exclut pas les enseignements des *Prisci*, se rappelle au témoignage des Ecritures, à la pureté des premiers disciples du Christ et à la sagesse des Pères, surtout d'Origène et Augustin, les plus aimés par Ficin. En tous cas, la centralité du Christ, Homme-Dieu, Verbe Eternel, qui a pris le corps et la chair des hommes et dont l'avènement n'a pas seulement délivré le genre humain du péché originel, mais a opéré et opère la médiation divine entre l'Un et la Multiplicité du monde, permet au philosophe de célébrer la nature humaine, centre nécéssaire de toute la réalité, liaison vivante entre la hiérarchie des esprits et l'informité de la matière :

> *Infinita bonitas qua se communicare vult omnibus tunc modo quodam aptissimo se ipsam cunctis communicavit quando sibi coniunxit hominem in quo tamquam in media rerum specie cuncta comprehenduntur* [10].

La valeur salutaire et cosmique attribuée par Ficin à la nécéssaire humanité du Christ contribua, plus tard, à renforcer les arguments des critiques radicaux du dogme trinitaire, considérés comme hérétiques par toutes les églises confessionnelles. Ses interprétations de ce dogme semblent, en effet, particulièrement obscures et peu satisfaisantes, justement parce qu'elles tentent une conciliation plus que difficile entre l'enseignement orthodoxe et la doctrine néoplatonicienne de la génération du multiple par l'Un. En tous cas, l'avènement du Christ, sa prédication et sa mort deviennent le « moment » décisif d'un processus éternel qui se réalise hors du temps, par la production pérenne du multiple et son retour à l'Un.

Ficin voulut, néanmoins, soustraire le Christianisme au destin commun de toutes les autres religions nées pour satisfaire le désir humain de l'immortalité et du divin, mais qui sont soumises à la domination des astres, et deviennent les instruments des pouvoirs politiques, « impostures » qui gouvernent les peuples et imposent la discipline civile bienfaitrice. Voilà pourquoi il s'empressa de délivrer la *fides Christi* et ses miracles de tous les soupçons de « prestige » magique et à démontrer qu'elle ne subit pas la nécessité de la fatalité astrale et n'a jamais été un instrument de tromperie et de domi-

---

[10] Voir *De christiana religione, inc. cit*, 36r°.

nation, parce qu'elle est la fille de l'éternelle sagesse, puissance et volonté divine, annoncée par les prophéties bibliques et par les prédictions païennes de l'avènement de Christ. Il écrivit que les astrologues et les oracles des démons avaient prédit que la « loi » chrétienne finirait trois cent quinze ans après sa naissance. Mais sa persistance était, donc, la meilleure preuve que cette religion n'était pas soumise aux mouvements des étoiles et des cieux, mais seulement à l'immutabilité pérenne de Dieu.

Ces arguments ficiniens ne sont pas originaux ; ils étaient caractéristiques de la tradition apologétique augustinienne, renouvelée par les prédicateurs des ordres des Mendiants, justement en raison du croissant succès des doctrines astrologiques et des suggestions magiques, qui d'ailleurs étaient mieux que bien connues par le chanoine florentin. Les *Libri de vita* sont, en effet, le témoignage de sa vaste connaissance de la médecine astrologique et, bien plus, de sa lecture des textes magiques, comme la célèbre *Picatrix,* un document bien connu de la magie hermétisante.

Il est évident que son insistance à revendiquer l'authenticité divine du Christianisme était tout à fait liée à son propos d'en accentuer le caractère prophétique, pour confirmer le rapport toujours étroit entre l'homme et la divinité et surtout la nature immortelle et séparée de son âme. La lecture des textes néoplatoniciens, et ses capacités personnelles de prévision, dont il était très fier, avaient renforcé sa croyance que l'âme humaine avait le pouvoir de se séparer de la sensibilité corporelle, d'une manière totale (*vacatio animæ*), et de devenir l'instrument de la révélation divine qui ouvre la connaissance de l'avenir. Ainsi, il n'avait aucun doute à propos de la véracité de la prophétie. Le livre XIII [11] de la *Theologia platonica* énumère parmi les hommes qui avaient pu se séparer de leur corps, les prophètes de la Bible, mais aussi les devins de l'Antiquité, les Sibylles et les « philosophes platoniciens » qu'il considérait comme doués de l'« esprit prophétique ». L'étude de Plotin, de Synésius et plus encore d'Avicenne l'avait même persuadé que le songe véridique était une forme de l'inspiration divine, concédée seulement aux hommes qui, aussi dans l'état de veille, pouvaient s'élever au delà des impressions sensibles et de l'imagination et qui donc n'étaient pas sujets à l'imagination obscure et désordonnée propre aux autres songes. Il n'est donc pas étonnant que, en 1490, au commencement de la seconde prédication florentine de Savonarole, Ficin reconnût la véracité de ses prophéties et lui prêta foi, jusqu'aux sanglants événements de l'été 1497. Après cette année-là, il fut un adversaire bien décidé et le considéra comme l'Antéchrist [12].

Cette attitude du philosophe est, du reste, tout à fait compréhensible, si l'on se rappelle que, pour lui, l'âme humaine est toujours supérieure à ses limites corporelles et qu'elle possède en soi le pouvoir de devenir l'instru-

---

[11] Voir *Opera, op. cit.,* 284-305.
[12] Voir C. VASOLI, « Savonarola, Ficino e la cultura filosofica del tardo Quattrocento », « *Quasi sit Deus* ». *Studi su Marsilio Ficino,* Lecce 1999, 301-319.

ment de Dieu et de produire ainsi les événements extraordinaires et prodigieux, hors de l'ordre naturel et nécessaire des choses :

> *Qui phantasiam iubet silere ac etiam superni numinis desiderio flagrans consuetis rationis naturalis discursibus non confidet, sola vivit mente, evadit angelus et toto capit pectore Deum* [13].

Son esprit peut ainsi agir avec presque la même puissance que les intelligences angéliques, parce que l'homme est créature destinée à revenir à son origine céleste et à exaucer son désir de s'élever jusqu'à l'union suprême avec l'unité divine. Intellect et volonté, amour et « soif » insatiable du Bien et du Beau excitent sans cesse l'âme humaine à son ascension vers la paix et l'accomplissement éternel. Ainsi la Charité, lien amoureux qui réunit les hommes à la totalité des choses créées et, par elles, à leur créateur nous achemine, déjà, pendant la vie terrestre, à notre unique et seule fin, par la communion avec toute la réalité et toutes les vies.

Ces considérations sur la *pia philosophia* de Ficin — comme il l'appela lui même — nous aident à comprendre la vraie et profonde signification de l'aspect le plus connu de sa méditation : la « philosophie de l'amour ». Le *De amore* [14] est, en effet, celui de ses livres qui a joui de la plus ample popularité et fortune, justement grâce à ce thème de l'amour que son auteur illustra admirablement par le recours à tous les arguments persuasifs dérivés de l'illustre précédent platonique, de la sensibilité religieuse nouvelle, du goût humaniste pour les symboles et les mythes. Dans ce texte, la théorie philosophique de l'amour platonique devint le motif central d'une vision du monde constituée par une chaîne parfaite de hiérarchies cosmiques ; la conception de la poésie comme une « fureur » engendrée par les « dispositions astrales et célestes » les plus hautes se lia à l'appel à la valeur charismatique des expériences « sacramentelles » et « prophétiques » ; et encore, l'idée de l'harmonie universelle, expression de la disposition parfaite de l'ordre cosmique engendra la superbe beauté des métaphores architectoniques et musicales, des analogies lumineuses et solaires destinées à une très longue fortune. En outre, le *De amore* permit à Ficin de se présenter comme l'héritier de la culture philosophique et poétique florentine de l'âge de Dante et de Guido Cavalcanti. Répertoire très riche d'admirables *loci* rhétoriques, mais aussi de doctrines métaphysiques et religieuses largement utilisées ensuite par les intellectuels européens, ce dialogue singulier, qui répliquait le *Banquet* platonicien, constitua le « prototype » de l'intense prolifération de la littérature d'amour du XVIe siècle.

Dans le « proème » du texte latin, ainsi que dans la dédicace de sa version vernaculaire, qui a pour titre *Dell'Amore*, Ficin insista sur l'« inspiration

---

[13] Voir *Opera, op. cit.*, 301.
[14] Je lis ce texte dans la nouvelle édition : Marsile FICIN, *Commentaire sur le « Banquet » de Platon, De l'amour* : Les Classiques de l'Humanisme, ed. P. Laurens, Paris 2002. Ficin traduit aussi le *De amore* en langue vulgaire florentine ; et voir Marsilio FICINO, *El libro dell'amore*, ed. S. Niccoli, Firenze 1977.

céleste» de son livre, mais aussi sur le caractère à la fois doctrinal, poétique et plus populaire de sa philosophie d'amour, confirmé par les personnalités des protagonistes de ce dialogue qui ne réunissait pas seulement quelques philosophes, mais un homme d'Eglise, l'évêque Antonio degli Agli, un médecin, Diotifeci Ficino, père de Marsile, un célèbre humaniste et poète, Cristoforo Landino, les deux fils d'un autre humaniste, Cristoforo et Carlo Marsuppini, un de ses disciples les plus fidèles, Tommaso Benci, un secrétaire de la République à venir, Bernardo Nuzzi et celui qu'il considérait son ami le plus cher, Giovanni Cavalcanti[15]. Puis, l'idée de l'ordre harmonieux du monde est énoncé tout de suite, au commencement du dialogue où le philosophe affirme que la vertu de l'amour établit l'accord parfait de toutes les choses, en détermine les hiérarchies et en dispose les «concordances» mutuelles, afin de réaliser une connexion accomplie, universelle et dynamique. Ficin se réclame du *Timée* de Platon, d'Orphée, d'Hermès, d'Hésiode et Parménide pour écrire que, dans tous les «ordres» de la réalité, des esprits angéliques à l'«âme du monde» qui donne sa forme au cosmos, des âmes humaines à l'univers des choses matérielles, l'amour agit toujours et est le principe générateur de la «mesure» lumineuse et belle du monde. L'harmonie soumet ainsi l'obscurité informe du chaos et ses lois s'imposent au désordre et à la difformité de la matière, obligée de subir l'admirable beauté des formes[16].

Dieu crée d'abord la substance de l'esprit angélique, encore sans forme et ténébreuse; et ensuite, cette âme, fille de Dieu, se tourne vers son principe, poussée par un désir inné. Le rayon de la lumière divine l'illumine et suscite un amour plus fort qui la rapproche de sa source divine de laquelle elle assume les formes de toutes les choses créées. Les sphères des cieux et des éléments, les astres, les «natures» des vapeurs, les «espèces» des pierres, des métaux, des plantes et des animaux, sont ainsi spirituellement empreintes dans l'esprit angélique. Ces formes sont, sans doute, les Idées. Et en effet, les Anciens les ont divinisées, quand ils ont nommé la «forme des cieux» le dieu Ciel, celle de la première planète le dieu Saturne, celle de la seconde le dieu Jupiter; puis, à partir de l'ordre des planètes identifiées avec les Dieux, ils ont aussi nommé Vulcain l'élément du Feu, Junon celui de l'Air, Neptune celui de l'Eau, et Pluton celui de la Terre[17]. Mais cet ordre est seulement le processus de l'amour, *deus magnus atque mirandus*, engendré par le désir éternel, qui éveille de leur sommeil les «choses qui dorment», allume les «ténébreuses», donne la vie aux mortes, complète les «imparfaites»; un principe qui précède le monde et même la naissance de l'esprit. L'amour est, ainsi, le père de la beauté et de l'harmonie du cosmos qui naît de la «grâce», c'est-à-dire de la «correspondance entre plusieurs choses», de la «concorde» des lignes et couleurs, de la «consonance des voix», du suprême «accord» des

---

[15] *De amore, op. cit.*, 4-5.
[16] *Ibid.*, 8-14.

[17] *Ibid.*, 10-11.

vertus[18]. La beauté la plus haute est splendide, elle est pourtant celle de Dieu, principe, « moyen » et fin universels, bonté et justice éternelle et indivisible, substance et unité parfaite. Source de tous les amours, il attire à soi l'univers par une attraction continuelle qui procède de Lui, passe dans le monde et enfin revient à Dieu : un cercle pérenne dont le commencement est la beauté, le moyen l'amour et la fin la béatitude[19].

Ficin, qui cite les paroles du pseudo-Denys : *Amor circulus est bonus a bono in bonum perpetuo revolutus,* compare l'amour à la puissance lumineuse et rayonnante du soleil, parce qu'il donne aux âmes la clarté et l'ardeur de la vérité. Pourtant Dieu n'est pas seulement le centre de toutes les choses qu'il a produites et qui reviennent à Lui, mais plutôt Il leur donne la *potentia intima, simplicissima, præstantissima... quæ rerum unitas nominatur.* Par conséquent, les choses sont toujours multiformes, composées et mobiles, mais, comme les lignes ou les circonférences, elles reviennent au centre de l'unité. Au delà des « ombres » et des « vestiges » qui sont les corps, il se révèle le « cercle immobile » de l'esprit, toujours identique dans l'opération qui lui est propre : après, le « cercle » de la raison (*ratio*) qui ne peut pas connaître, si elle n'agit pas dans le temps et dans l'espace ; le « cercle » de la « nature » qui est la force de l'âme génératrice et, enfin, le « cercle » de la matière toujours passive. Ces « cercles » manifestent les quatre splendeurs des idées, des « raisons » (*rationes*), de la « semence » (*semina*) et des formes : ou, pour citer une belle page du *De amore* :

> Bonum quidem ista supereminens Dei existentia dicitur, pulchritudo
> actus quidem sive radius, inde per omnia penetrans, primo in angelicam
> mentem, secundo in animam totius et reliquos animos, tertio in natu-
> ram, quarto in materiam corporum. Mentem idearum ordine decorat.
> Animam rationum serie complet. Naturam fulcit seminibus. Materiam
> formis exornat[20].

La contemplation de cette perfection révélée à tous les degrés de l'Etre, engendre le désir et l'amour irrésistibles de la splendeur divine qui brille dans tous les corps beaux, vraies statues vivantes de Dieu. Et cet acte absolu d'amour et le désir de l'amant de s'identifier, de la manière la plus totale, avec la chose aimée sont l'épilogue conclusif du chemin de l'âme vraiment déifiée[21].

Le discours ficinien parvient ainsi au noyau essentiel et le plus profond de sa doctrine, constitué par la constatation que l'amour est aussi une espèce de mort volontaire, la perte de soi dans l'objet aimé, mais aussi une résurrection double, par laquelle l'amant et l'aimé revivent l'un dans l'autre : *Ubi cum semel moriente, semel ipse similiter moritur : cum bis reviviscente, bis itidem reviviscit.* Mais cet amour transforme encore les amants en deux « miroirs » qui se reflètent, toujours au cœur de la « concordance » universelle,

---

[18] *Ibid.,* 14suiv.
[19] *Ibid.,* 22-25.

[20] *Ibid.,* 27-35.
[21] *Ibid.,* 36-39.

engendrée par la puissance des influences célestes, l'occulte maîtrise des « démons », l'affinité des complexions naturelles, de l'éducation, des connaissances, des goûts, qui lie entre elles toutes les âmes qui aiment [22].

Je ne saurais insister encore sur ces thèmes dont vous connaissez très bien les nombreux et très importants développements dans la culture du XVIᵉ siècle, par exemple dans une œuvre très connue en France : le *De harmonia mundi* de François Georges de Venise [23] ou dans les *Asolani* de Pietro Bembo [24]. Il faut pourtant rappeler que Ficin souligne l'origine amoureuse de toutes les formes du savoir et qu'il appelle la musique, art amoureux par excellence, parce qu'elle se propose de reproduire, par l'accord des sons, la « concorde » parfaite des sphères célestes. Mais l'astrologie aussi connaît l'« amitié » qui réunit les cieux, les astres et les éléments, tandis que la « faculté » sacerdotale et prophétique enseigne la charité amoureuse qui doit joindre tous les hommes à Dieu et aussi à la famille et à ses concitoyens [25]. Enfin, l'exégèse du mythe platonicien de la triple nature originaire de l'homme exalte à nouveau l'œuvre conciliatrice de l'amour, qui renouvelle toujours l'unité du Tout et nous indique le chemin qui permet de remonter de la « lumière naturelle » à la « lumière divine », à savoir, de l'une à l'autre moitié de l'âme humaine, désunie après sa chute du ciel dans le corps [26].

A ce triomphe universel de l'amour ne participe seulement la raison, mais aussi tous les sens et les « qualités sensibles », surtout la vue et l'ouïe qui fournissent à l'âme la nourriture des couleurs, des figures, des sons et des voix. Mais la « beauté » c'est justement cette « grâce » des proportions qui enchante l'âme et l'enflamme d'amour, et qui transfigure les désirs des corps beaux dans la contemplation de la perfection incorporelle. La splendeur et la grâce révélées dans l'ange, dans l'âme et même dans la matière mondaine constituent la « beauté universelle », objet premier et spirituel de l'amour, parce qu'elle est « la splendeur de la face de Dieu » [27].

Ficin ne limite pas à ces considérations sa charmante doctrine de l'amour. Au contraire, il affronte un thème certainement difficile et périlleux, quand il parle de la double nature de l'amour, qui est, à la fois, dieu et démon, principe d'union et aussi de malheur et de souffrance [28]. Mais il se réfère à la conception néoplatonicienne des démons, intermédiaires de la nature cosmique, qui transmettent aux choses inférieures les dons puissants des anges et des âmes célestes ; une doctrine que le philosophe interprète d'une façon très ambiguë [29]. Ainsi l'amour, qui descend de Dieu et possède la puissance des démons, préside aussi à l'ordre des « affinités » qui lient entre eux les amants, sous l'influence du même astre dominant au moment

---

[22] *Ibid.*, 42-49.
[23] Voir Francisci GEORGI Veneti Minoritanæ familiæ *De Harmonia mundi totius Cantica tria*, Venetiis, in ædibus Bernardi de vitalibus calchographi, Anno Domini MDXXV.
[24] Voir P. BEMBO, *Prose e rime*, ed. C. DIO-NISOTTI, Torino 1966, 311-504.
[25] *De amore, op. cit.*, 56-61.
[26] *Ibid.*, 64-75.
[27] *Ibid*, 86-99.
[28] *Ibid.*, 136-137.
[29] *Ibid.*, 136-139.

de l'incarnation des âmes dans les corps. La « magie » de l'amour a donc des « racines » astrologiques évidentes que Ficin explique par sa conception de l'« esprit », l'intermédiaire qui, dans la nature de l'homme-microcosme mais aussi dans la totalité du monde-macrocosme, joint les âmes aux corps et en assure le meilleur rapport harmonique.

Le philosophe élabora et compléta le *De amore* et sa version en langue vulgaire pendant la période décisive de sa vie, quand il écrivit le *De christiana religione* et le *De raptu Pauli,* avant de livrer à l'impression en 1482, la *Theologia platonica,* et en 1484 ses traductions des œuvres de Platon.

Il faudrait donc parler encore de ses quinze dernières années qui consacrèrent la diffusion extraordinaire de sa philosophie, mais elles furent aussi le temps d'une évidente radicalisation de ses doctrines. Les justes règles de la discrétion m'imposent cependant de n'abuser pas plus longtemps de votre très gentille patience. Je me limiterai à dire que son long travail de traducteur et de commentateur de Plotin renouvela et accentua l'attirance pour des philosophes néoplatoniciens, qu'il avait déjà bien médités au temps de sa jeunesse. Les traductions, en 1488-89, de nombreux textes de Psellos, de Porphyre, de Jamblique, de Proclus et de Synésius sont les preuves les plus éloquentes de cette nouvelle phase da sa pensée. Pourtant, l'événement qui, au commencement des années quatre-vingt-dix, accrût sa notoriété déjà si grande, fut, sans doute, la rédaction et l'impression des *Libri de vita*[30], dont la première circulation souleva une forte opposition dans les milieux ecclésiastiques et nourrit les soupçons explicites sur l'orthodoxie de Ficin, fortement attiré, dans ce livre, par les plus audacieuses techniques opératoires astrologiques. Ses professions de foi répétées, la traduction et le commentaire du *De mystica theologia* et du *De divinis nominibus* du Pseudo-Denys et, surtout, la protection de Laurent le Magnifique lui permirent d'éviter les plus graves mesures de l'autorité ecclésiastique qui avait déjà condamné Jean Pic de la Mirandole. Mais dans les années suivantes, sa suprématie sur la culture florentine fut considérablement limitée par la prédication prophétique et réformatrice de Jérôme Savonarole qui enthousiasma quelques-uns de ses amis. La diffusion et l'influence des ses idées, confiées surtout au succès extraordinaire du *De Amore* et des *Libri de vita,* était pourtant déjà un événement commun de la vie intellectuelle européenne, destiné à durer, au moins, jusqu'à la fin du XVIᵉ siècle.

---

[30] Voir *Three Books on Life,* edd. C.V. Kaske, J.R. Clark, Binghamton 1989.

L'IDEE DE BEAU ET LA PHILOSOPHIE D'AMOUR
CHEZ MARSILE FICIN ET AGOSTINO NIFO [*]

par LAURENCE BOULEGUE

Le *De Pulchro et Amore* (1531) d'Agostino Nifo s'inscrit dans la tradition des traités d'amour, inspirés par le *Commentaire sur le Banquet de Platon,* ou *De Amore* (1469), de Marsile Ficin. Le traité de Ficin, séduisant par son thème et par sa composition, n'en est pas moins un ouvrage de métaphysique. A sa suite, parmi les traités les plus remarquables sur les thèmes du beau et de l'amour, se distinguent le *Commento* (1500) de Pic de la Mirandole et les *Dialoghi d'Amore* de Léon Hébreu, écrits entre 1501 et 1506, parus à Rome en 1530, tous deux en italien. Peu à peu, cependant, le genre du traité d'amour s'éloigne des enjeux philosophiques de Ficin, de Pic et de Léon Hébreu, pour tenter de difficiles compromis entre l'idéal platonicien et l'amour humain.

Lorsque, soixante ans après la parution du *De Amore* de Ficin, Pompeo Colonna commande à Nifo le *De Pulchro et Amore,* il semble bien qu'il ait voulu rester dans cet esprit courtois en le destinant à une dame, Jeanne d'Aragon. Cette donnée n'empêche pas Nifo, habile à mêler les tonalités, d'écrire un ouvrage sérieux et philosophique en composant, sous la forme de deux traités articulés l'un à l'autre, un vaste ensemble pensé et rédigé en latin. Des deux traités, conçus comme les deux versants d'une même réflexion et toujours édités ensemble [1], c'est le *De Pulchro,* visiblement, qui a

[*] Conférence prononcée à l'occasion de la Journée organisée par R. Imbach (Centre Pierre Abélard de l'Université Paris IV-Sorbonne) à l'Ecole Normale Supérieure (Ulm), autour de la parution de l'édition du *Commentaire sur le « Banquet » de Platon, De l'amour* de Marsile Ficin (Les Classiques de l'Humanisme) par P. Laurens, le 1er mars 2003.

[1] Bien que chacun des deux traités possè-de son autonomie et puisse être lu de façon indépendante, l'un centré sur l'idée de beau, et l'autre sur le thème de l'amour, le *De Pulchro* et le *De Amore,* datés ensemble à la fin du second traité, sont liés et forment un seul livre : l'ensemble du texte des deux traités est encadré par la dédicace à Jeanne d'Aragon, au début du *De Pulchro,* et par le dernier hommage, au dernier chapitre du *De Amore.* De

davantage inspiré les critiques, et particulièrement la fameuse description de
Jeanne d'Aragon au chapitre V. Cette séparation des deux traités a profité
au *De Pulchro*, plus concis que le *De Amore*. On peut cependant se demander si cette préférence n'en a pas faussé les interprétations.

Benedetto Croce, délaissant donc le *De Amore*, porte une attention particulière au *De Pulchro* dans son *Poeti e scrittori del Rinascimento*[2], en 1952.
La réflexion de Nifo sur le beau lui paraît originale par rapport aux autres
ouvrages du XVIe siècle sur ce thème parce qu'il rompt avec la tradition platonicienne qui associe le beau au bon et parce qu'il assigne au beau un
domaine précis, celui de la *natura rerum*, supprimant ainsi, selon lui, toute
transcendance. Particulièrement frappé par la description de Jeanne d'Aragon au chapitre V et par l'utilisation qu'en fait Nifo dans son argumentation, Croce, relayé par Serge Trottein dans deux articles[3], voit dans le *De
Pulchro* les prémices de l'esthétique moderne, tout en regrettant que le philosophe ne tire pas alors de sa réflexion toutes les possibilités pour constituer une véritable philosophie esthétique, notamment en excluant l'art du
champ de la beauté[4]. Eugenio Battisti, en 1960, constate lui aussi cette rupture dans une étude consacrée à la peinture vénitienne[5], mais il voit dans le
traité de Nifo le fondement philosophique de cette école, issu du naturalis-
me padouan. Un tel intérêt remonte à la fin du XIXe siècle avec Jacques Houdoy qui, dans son livre consacré à la beauté des femmes du XIIe au XVIe siècle, avait relevé la divergence du *De Pulchro et Amore* de Nifo avec la théorie néo-platonicienne[6]. Séduit par la description de Jeanne d'Aragon, Houdoy résumait en appendice le traité de Nifo et il caractérisait déjà le *De Pulchro* comme un traité d'esthétique :

> Il nous a semblé qu'il serait intéressant de donner une analyse déve-
> loppée de ce travail, afin de faire connaître le premier traité d'Esthé-
> tique qui ait été composé dans les temps modernes et qui, croyons-
> nous, n'a jamais été traduit[7].

plus, le *De Pulchro* se clôt sur ces mots : *Post hæc de amore per se disserendum est ; nam quæ de eo hucusque diximus, obiter ea ratione diximus qua de pulchro ipso pertractauimus : non enim de pulchro quispiam dicere poterit nisi de ipso amore dixerit quippe cum amor et pul-chrum, ut inquit Socrates, correlatiua sint quo-rum eadem scientia. Quare de amore disseren-dum nunc per se, nam et de pulchro diximus, licet nonnulla obiter de ipso sint adhuc dicenda.* Il est donc évident que, pour Nifo, la ques-tion n'est pas entièrement traitée à l'issue du *De Pulchro*.

[2]   B. CROCE, *Poeti e scrittori del pieno e del tardo Rinascimento*, Bari 1952, III, 101-110.

[3]   S. TROTTEIN, « L'humanisme esthétique d'Agostino Nifo», *La Dignité de l'homme* (*Actes du colloque Sorbonne-Paris IV, nov. 1992*), ed. P. Magnard, Paris 1995, 225-238 et ID., «Nifo et les paradoxes du beau», «*Fine Follie*» *ou la catastrophe humaniste. Etudes sur les transcendantaux à la Renaissance*, ed. B. Pinchard, Paris 1995, 239-259.

[4]   CROCE, *Poeti e scrittori*, op. cit., III, 103.

[5]   E. BATTISTI, *Rinascimento e Barocco*, Torino 1960, 163-174 et surtout 164-165.

[6]   J. HOUDOY, *La beauté des femmes dans la littérature et dans l'art du XIIe au XVIe siècle*, Paris 1876, 141-182.

[7]   HOUDOY, *La beauté des femmes*, op. cit., 149.

Ces interprétations esthétisantes, plus ou moins déçues, sont toutes sensibles à la rupture opérée par le *De Pulchro* avec le contexte néo-platonisant des traités d'amour, dessinant dans la *natura rerum* le lieu propre à la beauté et offrant ainsi au sensible une légitimité séparée de l'intelligible. Mais la beauté, chez Nifo, reste intimement liée au sentiment amoureux, et cela dès le *De Pulchro*. En effet, même les passages consacrés précisément à la question du beau et qui ont, à ce titre, attiré l'attention de ces commentateurs (c'est-à-dire surtout les chapitres XV à XXV et le portrait de Jeanne d'Aragon au chapitre V), s'appréhendent dans leur rapport au tout qu'est le *De Pulchro et Amore*, au sein du débat que Nifo a réactualisé en livrant une lecture critique du *Commentaire sur le Banquet de Platon* ou *De Amore* de Ficin. Le *De Pulchro*, visant, dans un premier temps, à rétablir la définition traditionnellement péripatéticienne de la beauté, ouvre effectivement des perspectives esthétiques différentes de celles inspirées par la philosophie néo-platonicienne; et on comprend qu'en certaines de ses propositions les critiques aient pu voir les intuitions d'une esthétique moderne. Mais les enjeux véritables du *De Pulchro et Amore* se nouent au sein de la philosophie d'amour et, en cela, impliquent une redéfinition de l'exception humaine qui n'est pas moins originale, ni moins passionnante.

Une lecture critique du cinquième discours du De Amore *de Marsile Ficin : la question de la symétrie*

La relation profonde que tisse le traité de Nifo avec le *De Amore* de Ficin, en particulier avec le cinquième discours, structure déjà le *De Pulchro* qui s'élabore en opposition à celui-ci pour préparer à son propre *De Amore*.

En effet, certaines pages du *De Pulchro* anticipent sur le *De Amore*; ainsi quelques chapitres du premier traité pourraient figurer dans le *De Amore* en traitant de questions pratiques sur le sentiment amoureux et sur les amants[8], problèmes caractéristiques des traités d'amour du XVIe siècle que l'on retrouve dans le *De Amore*, au chapitre LXXI par exemple, intitulé *Quæstiones amatoriæ*. De plus, certains développements sur le beau obligent souvent l'auteur à opérer des distinctions entre les multiples amours dès le *De Pulchro*[9]. Inversement, le *De Amore* revient parfois sur les conclusions du *De Pulchro* afin de faciliter la compréhension du lecteur[10]. Le lien

---

[8] Par exemple les chapitres LIIII *Amari ei puellæ iucundum esse quæ amatur*, LV *Puellam longe magis gaudere quia amatur quam quia amat*, LVI *Non posse puellam amari quin amet potissimum cum a laudatis uiris se amari nouerit*, LVII *Desiretne puella deformis amari magis an pulchra*. Ces chapitres apparaissent, suite à une erreur de numérotation, sous les n° LIII, LIIII, LV, LVI dans les éditions du XVIe siècle.

[9] On le voit au chapitre LII intitulé *Pulchri fruendi desiderium diutius permanere eo ferino amore qui est utendi* ou encore au chapitre LIII *Amorem perfectum non esse plurium simul* : chapitres LII et LIII, indiqués par erreur LII et LII dans les éditions du XVIe siècle.

[10] Le chapitre XV, par exemple, est une réfutation des trois amours définis par Ficin,

entre beauté et amour, établi depuis le *Phèdre* et le *Banquet* de Platon, est développé par Ficin dans son *Commentaire* et, plus précisément, au cinquième discours : les six premiers chapitres sont effectivement consacrés à la définition du beau et les sept chapitres suivants retrouvent le thème principal de l'ouvrage qui est l'amour et son éloge. Les deux notions sont indissociablement liées et elles le restent également chez Nifo, aussi bien dans le *De Pulchro* que dans le *De Amore* qui forment un seul et même ouvrage.

De plus la composition interne du *De Pulchro* révèle à quel point l'analyse de Nifo s'élabore sur (ou contre) les fondements mis en place par Ficin. Deux moments très nets structurent l'exposé du philosophe : les chapitres I à XXV retracent, de façon chronologique, l'histoire et l'évolution de l'idée de beau de l'*Hippias majeur* jusqu'aux néo-platoniciens de son temps et les chapitres XXVI à LXXI développent les positions de l'auteur. Or non seulement l'objet de cette première étape est la théorie platonicienne et ses développements ultérieurs, mais l'ensemble de l'exposé est orienté vers la théorie ficinienne qui fait l'objet des chapitres XV à XXV. Les titres de ces chapitres sont clairs et, derrière le terme de « platoniciens », il n'est pas difficile de lire le nom de Ficin. Citons, par exemple, les chapitres XV et XVI respectivement intitulés *Rationem pulchritudinis non esse corpus secundum platonicos* : « La raison de la beauté n'est pas le corps selon les platoniciens », et *Rationem pulchritudinis non esse quantitatem secundum platonicos* : « La raison de la beauté n'est pas la quantité selon les platoniciens », ou encore le chapitre XVII *Pulchritudinem non esse speciem incorpoream quæ a re quæ placet multiplicatur in anima amantis* : « La beauté n'est pas une forme idéelle incorporelle qui, à partir de ce qui nous plaît, se diffuse dans l'âme de l'amant », et le chapitre XIX *Pulchritudinem non esse certam membrorum proportionem atque commensum cum quadam colorum suauitate, secundum platonicos* : « La beauté n'est pas une proportion déterminée des membres ni une symétrie jointes à une certaine douceur des couleurs, selon les platoniciens »[11].

Bien que Ficin ne soit explicitement nommé qu'une seule fois, au chapitre XVII, la source est évidente, et précisément le troisième chapitre du cin-

---

amour divin, amour humain et amour bestial, ce qui fut démontré dans le *De Pulchro* aux chapitres XXXVIII *De ea præparatione quæ est uocum harmonia*, XXXIX *De ea præparatione quæ est in odore suauitas* et XL *De ea præparatione quæ est in carne lenitas*.

[11] Les autres chapitres de cet ensemble sont le chapitre XVIII *Quomodo pulchritudo sit corporea, quomodo ue sit incorporea* : « Comment la beauté est corporelle ou incorporelle », le chapitre XX *Quæ sit pulchri definitio secundum Platonem et Socratem* : « La définition du beau selon Platon et Socrate », le chapitre XXI *Per quæ pulchritudo quæ gratia*

est animam rapiat ad sui fruitionem secundum platonicos : « Par quoi, selon les platoniciens, la beauté qui est grâce ravit l'âme et l'incite à la jouissance », le chapitre XXII *De triplici Amore triplicique raptu secundum platonicos* : « Du triple amour et du triple rapt selon les platoniciens », le chapitre XXIII *De origine gratiæ quæ pulchritudo est secundum Socratem* : « De l'origine de la grâce qui, selon Socrate, est beauté », le chapitre XXIV *De præparatione qua præparantur omnia ad gratiam diuinumque fulgorem excipiendum* : « De la préparation par laquelle toutes les choses sont préparées à recevoir la grâce et l'éclat divin ».

quième discours du *Commentaire*, intitulé *Pulchrum est aliquid incorpo-reum* : «La beauté est chose incorporelle», qui est le nœud du débat et que Nifo «décompose» en plusieurs développements dans les chapitres cités pré-cédemment. Or Ficin s'y livrait lui-même à une réfutation, celle de la défi-nition péripatéticienne du beau comme symétrie, ou harmonieux rapport de proportion entre les parties, unie à une certaine douceur des couleurs : *Com-mensurationem et proportionem eum quadam colorum suavitate esse pulchritu-dinem opinentur*. Héritée de la *Métaphysique*[12] d'Aristote et reformulée par Cicéron au livre IV des *Tusculanes*[13], une telle définition exclut donc du champ de la beauté les choses simples, ce que Ficin, à la suite de Plotin[14], ne saurait accepter, soucieux qu'il est d'appliquer ce terme aux intelligibles que sont Dieu et les anges. Ficin insiste donc, et Nifo le montre, sur l'idée que la beauté est séparée de la matière. En effet, les chapitres XII et XIII du *De Pulchro*, qui préparaient l'exposé des thèses ficiniennes par le rappel des con-ceptions de Proclus et de Jamblique, mettaient en exergue l'immatérialité du beau par la métaphore, caractéristique des néo-platoniciens, du soleil et de ses rayons : le beau serait un acte du bon et de même qu'un rayon de soleil illumine les quatre éléments, de même un rayon de Dieu illumine l'intelli-gence, l'âme, la nature et la matière, et en chacune est présente la splendeur divine qui est Beauté. Nifo met ainsi en évidence l'esthétique néo-platoni-cienne de la lumière par le lexique de la vision (*inscipit, aspicit, intuendam, contemplatur, intuetur*) et de l'éclat (*radium, radius, solis radius, illustrat, Dei radius, illuminat, lumen, solis lucem, Dei fulgorem, splendorem, clare, clarius, clarissime*), qui court effectivement tout au long du chapitre IV du *De Amore* de Ficin : *Pulchritudo est splendor diuini uultus* : «La beauté est la splendeur de la face de Dieu». Et si Nifo prend soin de rappeler et d'exposer ainsi les thèses néo-platoniciennes et particulièrement les formulations ficiniennes, c'est qu'à son tour il entend les réfuter et opposer à la conception si répan-due à la Renaissance de la beauté-splendeur une autre définition qui, s'ap-puyant sur la symétrie péripatéticienne, substituera à l'éclat du visage divin la perfection de la figure humaine.

La beauté est perfection de la figure humaine :
contre une métaphysique du beau

Le chapitre XVII du *De Pulchro*, *Pulchritudinem non esse speciem incorpo-ream quæ a re quæ placet multiplicatur in anima amantis*, cité plus haut, annonce la réfutation de Nifo :

> Le très docte Ficin, ne faisant pas de différence entre *ce par quoi* (pour parler ainsi) et *ce qui*, affirme que la beauté est la forme idéelle

---

[12] ARIST. *Meta.* M, III, 1078b.
[13] CIC. *Tusc.* IV, 31.
[14] PLOT. *Enn.* I, 6.

d'une chose qui, à partir de cette chose, atteint l'âme elle-même. Mais
ceci est absolument faux puisque la beauté ne serait pas réelle (pour
utiliser la terminologie des philosophes) mais intentionnelle. Or l'i-
mage intentionnelle ne plaît pas, en revanche elle est ce par quoi plaît
à l'âme ce dont elle est l'image [15].

Pour Nifo, Ficin opérerait une confusion entre le sujet (*id quod*) et le
moyen (*id quo*). La thèse de Ficin, présentée par Nifo [16], fait de la beauté la
species de la chose qui n'est pas seulement une image du sensible — qui serait
lui-même une image de l'intelligible —, mais sa raison même, son «idée». La
beauté est donc, dans le sensible, l'émanation manifeste de l'intelligible. La
matière, le corps, n'est qu'un réceptacle. Mais Nifo traduit Ficin en termes
péripatéticiens — la *forma*, qui peut être soit «réelle», soit «intentionnelle» — et, ainsi, refuse de penser en termes d'émanation. Or la *forma* n'est
pas séparable, si ce n'est logiquement, de la matière, *res*. Et l'image, *simulachrum*, est en effet chez Nifo un simple instrument dans la théorie de la
connaissance. Donc, dans cette réécriture, la confusion de Ficin, selon Nifo,
est d'attribuer à l'image (*simulachrum*) ce qui est le propre de la chose (*res*).
Cela repose, plus généralement, sur une représentation du réel chez Ficin,
qui implique aussi, selon Nifo, une confusion dans le terme de *species* entre
la réalité et les images. Dans la réalité, pour Nifo, il n'existe que la chose, *res*,
et son image, *simulachrum*. Pour Nifo, «ce qui plaît» est la *res* en tant que
belle, la *forma realis*. Si la beauté et la matière ne sont pas identifiables, elles
sont inséparables. «La forme intentionnelle», qui renvoie à la *species* de
Ficin, est la *forma* envisagée séparément d'un point de vue logique, mais qui
ne correspond à aucune réalité chez Nifo alors qu'elle renvoie à une réalité
— voire la réalité qui n'est pas *res* — chez Ficin.

Pic de la Mirandole, dans son *Commentaire sur une chanson d'amour*, cri-
tiquait déjà Ficin sur ce point en affirmant que le beau «se distingue du bien
comme l'espèce de son genre et non comme l'extrinsèque de l'intrinsèque,
pour citer Marsile» [17], et il revenait aux formules péripatéticiennes : la beauté est justesse des proportions et harmonie des contraires. Ainsi n'admettait-
il pas l'application de ce terme, ni à Dieu ni aux choses simples. Si Nifo se
heurte, comme Pic, à la définition ficinienne, dans un même souci de délimiter des domaines précis pour penser le monde, ses intentions sont différentes : pour Pic, il s'agit de détacher totalement la matière de Dieu en distinguant le beau du bon [18] ; pour Nifo la conception péripatéticienne de la

---

[15] NIFO, *De Pulchro, op. cit.*, chap. XVII :
*Ficinus uir doctissimus, non discernens inter id
quo (ut ita loquar) et id quod, speciem rei quæ a
re proficiscitur ad ipsam animam asserit esse
pulchritudinem. Quod quidem falsum est quo-
niam pulchritudo non esset realis (ut philosophorum uerbis utar), sed intentionalis. At in-
tentionale simulachrum non placet, sed est quo
placet animæ id cuius est simulachrum.*

[16] Nifo reprend la définition que Ficin
donne au chapitre III du cinquième discours :
*Placet animo persone alicuius spefies, non prout
in exteriori iacet materia, sed prout eius imago
per uisum ab animo capitur uel concipitur.*

[17] G. PICO DELLA MIRANDOLA, *Commento* (1500), trad., notes S. Toussaint, Lausanne
1989, 110.

[18] Voir S. TOUSSAINT, «Les formes de l'in-

beauté comme symétrie et douceur des couleurs n'est pas une définition aboutie mais l'outil de la réfutation de la beauté supra-naturelle des platoniciens. C'est la première pierre d'une définition du beau plus originale et plus personnelle, destinée, au contraire, à valoriser le sensible, premier pas, fondamental, d'une esthétique.

En effet, le chapitre XXV complète les assertions du chapitre XVII : puisque la symétrie est la définition du beau, le beau est donc corporel et l'assimilation platonicienne du beau et du bon est donc abusive. Si le beau est corporel, l'amour qu'il suscite est un affect de l'appétit sensitif qui est « l'amour à proprement parler » (*amor proprius* ou *cupido*, « amour-désir »), et il n'est pas l'objet de l'appétit intellectuel, ou volonté, qui lui se porte sur le bon et que Nifo consent à appeler « amour métaphorique » (*amor metaphoricus*). Il s'ensuit, en opposition à la hiérarchie platonicienne qui n'admet que les sens de la vue et de l'ouïe, que tous les sens doivent être réhabilités, car tous concourent à la connaissance du beau. C'est sur ce recadrage de la pensée platonicienne par les définitions aristotéliciennes que Nifo clôt sa critique au chapitre XXV en déclarant :

> Bien que ce qu'affirment les platoniciens au sujet du beau ait été dit de façon assez ornée et travaillée, de nombreuses affirmations cependant semblent davantage rhétoriques que vraies [19],

reprenant ainsi la critique qu'Aristote adresse à Platon au premier livre de *La Métaphysique* :

> Quant à dire que les Idées sont des paradigmes et que les autres choses en participent, c'est prononcer des mots vides et faire des métaphores poétiques [20].

Cependant, dans la suite de sa démonstration, il sera difficile de s'appuyer sur le philosophe antique pour trouver les propositions d'une philosophie du beau et de l'amour qui n'existe pas ou que nous ne possédons pas.

En effet, après avoir écarté de la définition du beau les essences séparées de la matière, Nifo élimine du champ de la beauté, perçue comme une gracieuse composition de parties dissemblables et de formes différentes, les natures simples mais aussi les objets inanimés, les végétaux et les animaux [21],

---

visible », dans PICO, *Commento, op. cit.,* 15-69.

[19] NIFO, *De Pulchro, op. cit.,* chap. XXV : *Et licet quæ de pulchro platonici tradunt satis ornate atque composite dixerint, multa tamen eorum potius rhetorica quam uera uidentur.*

[20] ARIST. *Meta.* A, 9 [991a], trad. J. Tricot, Paris 1981.

[21] Voir les chapitres XXVI *Quod nulla res simplex sit pulchra* et XXVII *Pulchra, quæ propria ratione pulchra sunt, secundum Peripateticos, non esse in rebus nisi quæ sensibus obijciuntur,* qui explicitent, en quelque sorte, le chapitre V *Quod simpliciter pulchrum sit in rerum*

natura ex illustrissimæ Ioannæ pulchritudine hic probatur. Ajoutons les trois chapitres suivants : XXVIII *Pulchrum quod proprie pulchrum est, non esse nisi in rebus quæ solis humanis sensibus offeruntur,* XXIX *Desiderium animalium mutorum quo mouentur ad Venerem non esse amorem* et XXX *De motu quo pulchrum mouet animos nostros,* où Nifo s'applique à cerner davantage sa définition, et ces précisions impliquent de parler plus avant du domaine de l'amour et de la nature du sentiment amoureux.

car aucun de ces éléments ne présente suffisamment de dissemblances entre ses différentes parties, quand plusieurs parties il y a, pour offrir la convenance requise des parties au tout selon un harmonieux rapport de proportions. Quant aux créations artistiques, on ne peut les dire belles, si ce n'est en comparaison avec la nature qu'elles imitent. Ainsi, en procédant par éliminations successives, la définition du beau se précise et le beau ne saurait être qu'humain, implicitement d'abord, et ensuite explicitement au chapitre XXXII, intitulé *Pulchrum esse solum in genere hominum* : « Le beau existe seulement dans le genre humain ». Elaborée en opposition aux thèses de Ficin, formulées au cinquième discours du *Commentaire sur le Banquet de Platon,* une telle définition est le reflet d'un refus radical des distinctions platoniciennes et combat l'orientation métaphysique d'une conception du beau qui tend à ôter ce privilège au sensible : c'est l'opposition de l'empiriste à l'idéaliste.

Cependant, la définition du beau qui consiste, à force d'éliminations successives, à ramener la beauté non seulement au domaine de la *natura rerum* mais encore exclusivement au corps humain, laisse perplexe en ce qu'elle paraît très restrictive et limite considérablement le champ de la beauté en verrouillant le domaine d'investigation de l'esthétique qui deviendrait une théorie du beau humain conçu comme harmonie du multiple.

De la réhabilitation du sensible à la célébration de la sensualité

La définition platonicienne de la beauté-splendeur unie à la *concinnitas,* autant pythagoricienne que péripatéticienne, d'un Alberti eut un retentissement fort sur les conceptions artistiques de la Renaissance. Ficin, en quelques lignes au chapitre cinq du cinquième discours la formule clairement :

> Que si l'on se demande comment il se peut que la forme d'un corps ressemble à la forme et à la raison de l'âme et de l'intelligence, considérons, je vous prie, l'ouvrage d'un architecte. Tout d'abord l'architecte conçoit en esprit la raison et idée pour ainsi dire de son édifice. Puis, comme il l'a imaginé, il le réalise dans la mesure de ses moyens. Qui niera que la maison soit un corps et qu'en même temps elle soit semblable à l'idée incorporelle de l'architecte, à la ressemblance de laquelle il l'a réalisée ? Je dirais plus : selon un ordre incorporel et non selon la matière, on doit la juger semblable à l'architecte lui-même[22].

Le beau est donc la manifestation sensible de l'Idée. A cela Nifo répond par la théorie de la *mimesis,* au chapitre XLVI par exemple :

> L'art, en effet, est la beauté de l'artiste, en tant que forme de l'ouvrage ; d'où il est absurde et absolument irrecevable, dit-il[23], de penser que si nous contemplons les images des choses de la nature avec

---

[22] M. FICIN, *Commentaire sur le Banquet de Platon, De l'amour* : Les Classiques de l'Huma- nisme, ed., trad. P. Laurens, Paris 2002, 104.
[23] ARIST. *De part. an.* I [639 b].

un certain plaisir parce que nous considérons en même temps le talent qui les a créées, c'est-à-dire l'art de peindre ou de sculpter, alors nous ne rechercherions et nous ne vénérerions pas davantage la contemplation des choses elles-mêmes qui existent par le génie et l'admirable habileté de la nature, pourvu que nous soyons capables d'en connaître les causes[24].

L'art est donc une imitation de la nature et le modèle l'emporte sur sa représentation. Puisque, chez Nifo, seul le corps humain réalise pleinement l'harmonie des parties au tout, le corps humain sera donc non seulement beau mais constituera le *criterium* de la beauté.

On comprend que Benedetto Croce ait été déçu par de tels développements; c'est que voir dans le *De Pulchro*, qui délimite le domaine du sensible, une intuition pré-kantienne était attribuer une intention esthétisante à ce qui n'était, pour ainsi dire, que l'application du procédé général qu'Aristote emploie pour critiquer les définitions platoniciennes, consistant à délimiter des domaines précis, si précis, ici, que le beau, selon Nifo, rejoint paradoxalement la définition du *Phèdre* et du *Banquet* qui en fait l'objet du sentiment amoureux — c'est même sa définition.

Jacques Houdoy et Eugenio Battisti ont vu dans le *De Pulchro* un ouvrage révélateur des conceptions esthétiques de son temps : en effet, la recherche de la forme, de la beauté parfaite du corps humain, domine l'art pictural du XVIe siècle où les paysages ne sont encore que des décors — et Nifo refuse toute beauté à la nature végétale[25]. Et Battisti de noter l'importance des couleurs dans la peinture vénitienne du XVIe siècle; or la couleur est le second point de la définition péripatéticienne du beau. Mais la théorie artistique, limitée ici à une théorie de la *mimesis* réduite à sa plus simple expression, ne saurait non plus, de ce point de vue, faire du *De Pulchro* un traité d'esthétique.

La définition du beau humain permet au *De Pulchro et Amore* d'explorer une autre voie, originale parmi les traités d'amour du XVIe siècle, qui célèbre et légitime l'amour sensuel. Et c'est à juste titre que Benedetto Croce[26] est frappé par la description de Jeanne d'Aragon, au chapitre V, dont le portrait, loin d'être un simple ornement, prend valeur d'argument, comme l'indique le titre *Quod simpliciter pulchrum sit in rerum natura e illustrissimæ Joannæ pulchritudine hic probatur* : « Que le beau en soi existe dans la nature est ici prouvé par la beauté de l'illustrissime Jeanne » :

---

[24] NIFO, *De Pulchro, op. cit.,* chap. XLVI (numéroté XLV par erreur dans les éditions du XVIe siècle) : *Est enim ars artificis pulchritudo, ceu forma operis; unde inquit: absurdum enim nullaque ratione probandum est si imagines quidem rerum naturalium non sine delectatione propterea inspectemus quod ingenium una contemplemur, quod illas condiderit, id est artem pingendi aut fingendi, rerum autem ipsarum naturæ ingenio miraque solertia constitutarum contemplationem non magis prosequamur atque exosculemur, modo causas perspicere ualeamus.*

[25] HOUDOY, *La beauté des femmes, op. cit.,* 146.

[26] CROCE, *Poeti e scrittori, op. cit.,* 105.

Que le beau existe en tous points et en soi dans la nature, l'illustrissime Jeanne, totalement belle d'âme et de corps, nous est un argument pour le prouver. Beauté de l'âme assurément ; car, de cette héroïne, l'excellence et la douceur du caractère (qui sont la beauté même de l'âme) sont telles qu'elle passe pour être née d'une semence non pas humaine mais divine. Beauté du corps, puisque la perfection de ses lignes, qui est la beauté du corps, est si belle que Zeuxis, alors qu'il avait décidé de peindre le portrait d'Hélène, n'aurait pas cherché avec soin auprès des Crotoniates les détails d'un si grand nombre de jeunes filles pour représenter la seule image d'Hélène, s'il eût pu voir et apprécier cette seule beauté et son excellence. Car, de taille moyenne, droite et gracieuse, elle s'orne de membres façonnés par un admirable calcul de proportions ; sa chair n'est ni grasse, ni maigre, mais pleine de suc ; son teint n'est pas pâle, mais tend au rosé et au blanc ; ses cheveux sont longs et dorés ; ses oreilles sont petites et de même dimension que le cercle de la bouche ; ses sourcils bruns aux poils petits et non hérissés par l'épaisseur sont en demi-cercles ; ses yeux tendant au vert sont plus lumineux que toutes les étoiles et répandent partout un souffle de grâce et de joie ; ses paupières, aux cils peu nombreux mais disposés en un dessin régulier, sont teintées de bleu ; tiré verticalement à partir de la racine des sourcils, le nez est beau, régulier et de taille moyenne. Le petit vallon qui sépare le nez et la bouche fut modelé par une divine proportion ; sa bouche est plutôt petite, avec toujours un doux sourire, de nature à attirer vers elle et à ravir des escadrons de baisers ailés, bien plus que l'aimant n'appelle le fer ; ses lèvres pulpeuses sont de miel et de corail. Les dents aussi sont petites, polies, couleur d'ivoire et bien alignées ; le souffle qui s'en échappe exhale un parfum d'une admirable douceur ; sa voix a l'accent non d'une mortelle mais d'une déesse ; son menton est séparé en son milieu par un sillon ; ses joues sont couleur de neige et de rose. Alors que tout son visage tend à la rondeur, il retient quelque chose de masculin ; son cou, droit et long, blanc et charnu, est placé entre les épaules par une remarquable proportion ; sur sa gorge large et ample n'apparaît pas un os et y reposent des seins bien ronds et de proportion convenable qui, semblables à des fruits mûrs, exhalent un parfum suavissime ; sa main bien charnue est de neige du côté extérieur et d'ivoire à l'intérieur, pas plus longue que le visage lui-même, avec des doigts potelés et ronds sans être trop courts ; les ongles sont légèrement incurvés et fins, d'une tendre couleur ; le buste présente la forme d'une poire renversée, mais comprimée, dont évidemment le cône, étroit et rond en coupe transversale, et la base, à la racine du cou, offrent en longueur et en largeur de parfaites proportions ; le ventre, sous la poitrine, est bien formé, ainsi que les hanches auxquelles se rattachent les parties plus secrètes ; les cuisses sont larges et parfaitement rondes ; la cuisse et la jambe, la jambe et le bras étant dans un rapport de un et demi ; les épaules sont d'un rapport divin avec les autres parties du corps ; les pieds sont de taille moyenne où s'articulent, par une admirable composition, les orteils. La symétrie de son corps et sa beauté sont telles qu'elle ne serait pas à tort digne d'être placée parmi les habitants du ciel. Puisque l'harmonie de son caractère, sa beauté et sa grâce sont si grandes, il faut dire non seulement que le beau en soi existe dans la nature, mais encore que rien ne peut être dit beau en dehors de l'Humanité. Il faut donc postuler que le beau existe dans la nature et ensuite discuter de ce qu'est le beau lui-même, ce que sont ses qualités et en quoi il réside [27].

On s'est demandé si cette description renvoyait au portrait de Raphaël, exposé au Louvre, dont on a longtemps identifié le modèle comme étant Jeanne d'Aragon. Elle était, en effet, d'une grande beauté, et le cardinal Bibbiena, envoyé comme légat du pape auprès du roi de France François Ier, aurait commandé son portrait à Raphaël [28] en 1517, à cette occasion. Mais, l'identification de Jeanne d'Aragon comme modèle semble reposer sur une

---

[27] NIFO, *De Pulchro, op. cit.,* chap. V : *Quod autem omni ex parte ac simpliciter in rerum ipsa natura pulchrum sit argumento nobis est Illustrissima Ioanna, quæ tum animo, tum corpore omni ex parte pulchra est. Animo quidem, est enim ea heroines morum præstantia ac suauitas (quæ animi ipsa est quidem pulchritudo) ut non humano sed diuino semine nata esse censeatur. Corpore uero, quandoquidem forma, quæ corporis est pulchritudo, est tanta ut nec Zeusis, cum Helenæ speciem effingere decreuisset apud Crotoniatas tot puellarum partes ut unam Helenæ effigiem describeret, perquisiuisset sola illius inspecta ac peruestigata excellentia. Nam mediocri statura erecta ac gratiosa membris quadam admirabili ratione formatis ornatur; cuius habitudo nec pinguis, nec ossea, sed succulenta; colore non pallido, sed ad rubrum albumque uergente; capillis oblongis aureisque; auribus paruis ac rotundis ad os commensuratis; semicircularibus superciliis suffuscis quorum pili breues sunt nec densitudine horrentes; cesiis ocellis cunctis stellis lucidioribus qui charites atque hilaritatem omni ex parte perflant; submigris palpebris quarum pili non prolixi, sed decenti ratione compositi sunt; naso perpendiculariter a superciliorum intercapedine ducto, mediocri magnitudine atque æquali decorato. Vallecula, quæ inter nasum et os est interposita diuina quadam proportione formata est; ore ad paruitatem uerso, semper dulce quoddam subridente, basiola turmatim aduolantia longe magis ad se trahente quam magnes ferrum aduocet atque rapiat, cuius crassiuscula labella mellea ac corallina sunt. Dentes quoque parui, perpoliti, eburnei, ac decenter contexti; anhelitu, qui ex eo exhalat, admirabilem odoris suauitatem redolente; uoce quæ non hominem, sed deam sonat; mento conuallate quadam admodum intersecto; maxillis niueo roseoque colore affectis. Facie uniuersa quæ ad rotunditatem tendens uirilem uultum refert; recto ac procero collo, albo atque perpleno inter humeros illustri quadam ratione collocato; pectore amplo planoque ubi os nullum cernitur, in quo mamillæ rotundæ decenti mensura correspondentes suauissimo fragrantes odore persicis pomis persimiles redolent; crassiuscula admodum manu siluestri parte niuea, domestica uero eburnea, quæ facie ipsa non est oblongior, cuius pleniusculi digiti rotundique non breues sunt; ungues subincurui atque pertenues, colore per quam suaui; thorace pyri euersi formam subeunte, sed pressam, cuius uidelicet conus ad sectum transuersum paruus atque sphericus, basis ad colli radicem longitudine ac planitie excellenti proportione formatis collocantur; uentre sub pectore decenti et latere cui secretiora correspondeant; amplis atque perrotundis coxendicibus, coxa ad tibiam, et tibia ad brachium, sexquialtera proportione se habente; humeris diuina ratione ad cæteras corporis partes commensuratis; pedibus modicis, digitorum admirabili compositione structis; cuius symmetria ac pulchritudo tanta est ut non iniuria inter coelicolas collocari digna sit. Quod si morum concinnitas, forma atque gratia tanta est, non modo in rerum natura simpliciter pulchrum, uerumetiam nihil preter hominem pulchrum dicendum est. Igitur pulchrum esse in rerum natura supponendum est, deinde disserendum quid ipsum pulchrum sit, ac quale, in quoue sit.*

[28] Par ailleurs, on doute que Raphaël ait lui-même réalisé entièrement le tableau. Au Louvre, il est attribué à Jules Romain, que Raphaël aurait envoyé à Naples faire une esquisse : Raphaël aurait peut-être peint le visage et Jules Romain le reste du tableau.

erreur d'interprétation d'un passage de Brantôme qui, dans *son Recueil des dames galantes*[29], à la fin du XVIᵉ siècle, décrit un portrait de la collection royale à Fontainebleau, sans doute celui-ci, en parlant de Jeanne, reine de Naples. Il s'agissait alors, dans son esprit, de Jeanne d'Anjou qui vécut au XIVᵉ siècle. Mais Giorgio Vasari[30] pense, lui, qu'il s'agit d'un modèle contemporain. Brantôme se serait donc trompé. Quoi qu'il en soit, on conserva le prénom du modèle auquel pensait Brantôme tout en l'attribuant à une contemporaine de la création du tableau ; ainsi ce célèbre portrait fut-il appelé portrait de Jeanne d'Aragon. Une étude récente de Michaël P. Fritz[31] qui retrace l'historique de cette erreur dans l'identification du modèle, propose comme modèle véritable Isabel de Requesens, vice-reine de Naples à cette période-là.

Quel que soit le modèle, toujours est-il que ce portrait répond bien à la description faite par Nifo, mais il est vrai que la beauté de Jeanne est ici en tout point conforme aux canons esthétiques et rhétoriques de son époque — paradoxalement, l'*ekphrasis* qu'il offre à son lecteur peut faire douter de la supériorité de la nature sur l'art. A la lumière des chapitres suivants du *De Pulchro* et de son argumentation, la valeur programmatique de cette description est frappante. Là où Ficin, au septième chapitre du cinquième discours du *De Amore*, proposait un portrait de l'amour inspiré du discours d'Agathon en commentant la signification des adjectifs *iuuenem, tenerum, flexibilem siue agilem, apte compositum atque nitidum*, Nifo, lui, offre avant toute démonstration le minutieux examen de la beauté de Jeanne d'Aragon célébrée en chacune de ses parties, confirmant ainsi la divergence des méthodes du philosophe platonicien et du philosophe naturaliste. Et le portrait de Jeanne illustre parfaitement l'idée d'une beauté corporelle, fondée sur la symétrie jointe à la douceur des couleurs, qui sollicite la participation (et donc la réhabilitation) de tous les sens, y compris ceux de l'odorat, du goût et du toucher, pour saisir une beauté humaine, vivante et sensuelle.

Opposer à la spéculation philosophique la lumineuse constatation de la réalité donne au *De Pulchro et Amore* son orientation globale. La discussion sur le beau ouvre le champ du sensible et permet d'élaborer une théorie de la connaissance bien éloignée de la conception platonicienne de la réminiscence. En cela, le *De Pulchro* prépare l'avènement de l'esthétique, mais ne saurait lui-même en proposer une. En effet, en conservant le lien platonicien entre beauté et amour, non seulement il ne peut développer une théorie de l'art qui serait partie prenante dans la théorie de la connaissance, mais il revient même dans le domaine de la philosophie morale. Pour être inédi-

[29] BRANTÔME, *Recueil des Dames* dans *Recueil des Dames, Poésies et Tombeaux*, Paris 1991, 213.

[30] G. VASARI, *Les vies des meilleurs peintres, sculpteurs et architectes*, dir. A. Chastel, Paris 1984, vol. VII, 171.

[31] M.P. FRITZ, *Giulio Romano et Raphaël. La vice-reine de Naples*, trad. C. Nydegger Paris s.d. (Musée du Louvre, Conf. du 3 juin 1994), 4-6.

te, la définition du beau énoncée ici par Nifo révèle sa véritable dimension dans la philosophie d'amour qui l'inclut. Nifo veut établir les fondements qui lui permettront de parler du désir et de l'amour humains (*cupido*) : l'amour qui s'éveille à la vue de la beauté d'un homme ou d'une femme est un amour qui s'accomplit dans une jouissance charnelle (*fruitio* et non *usus*) que les animaux, uniquement guidés par la nécessité de la reproduction, ne connaissent pas dans l'accouplement. Le *De Pulchro et Amore* résout les contradictions auxquelles étaient en proie les traités d'amour en donnant une légitimation philosophique à la notion de plaisir humain et charnel qui sera au cœur du *De Amore,* sous-tendant une réflexion profonde sur l'âme et les processus de connaissance. Le *De Amore* de Ficin posait les bases d'une théologie platonicienne, le *De Amore* de Nifo, dans le prolongement du *De Pulchro,* par ses critiques décisives et ses positions sur l'amour et le plaisir, opérera une rupture radicale avec cet aspect du platonisme pour proposer une approche nouvelle de l'homme dans la définition d'un espace qui a ses propres aspirations et ses propres références.

LES STICHOMYTHIES
DANS LA TRAGEDIE LATINE DE GEORGE BUCHANAN :
BAPTISTES SIVE CALVMNIA (1577)

par CARINE FERRADOU

L'humaniste écossais George Buchanan (1506-1582) écrivit en France, dans les années 1530-1540, quatre tragédies latines, deux «traductions» des pièces d'Euripide, *Medea* et *Alcestis,* et deux pièces de son invention, à sujet biblique, *Baptistes siue Calumnia* et *Iephthes siue Votum.* Il a ainsi contribué à l'introduction en France de la tragédie, jusque là à peu près inconnue, et ses œuvres latines ont pu servir de modèle aux dramaturges français du XVIᵉ siècle[1]. Représentée par ses étudiants du collège de Guyenne, à Bordeaux entre 1539 et 1544, et composée d'un prologue et de neuf épisodes séparés par cinq chœurs, *Baptistes* évoque la mise à mort du prophète Jean-Baptiste, un innocent poursuivi par des calomniateurs acharnés à sa perte. Bien qu'elle n'ait été publiée qu'en 1577, cette pièce est une des premières œuvres latines de Buchanan[2].

On a souvent dit[3] que dans cette tragédie sacrée, qui se déroule dans le cadre formel de la tragédie grecque[4], Buchanan s'intéresse beaucoup moins

---

[1] Voir R. LEBÈGUE, *La tragédie religieuse en France. Les débuts (1514-1573)* : Bibliothèque littéraire de la Renaissance, Paris 1929, chap. XII, 185 suiv.; I.D. McFARLANE, *Buchanan*, London 1981, 163 suiv.

[2] Cette tragédie a été traduite ou adaptée rapidement en diverses langues européennes; ses seules traductions françaises datent de 1590 et 1613 : Roland BRISSET *Le premier livre du théâtre tragique...*, Tours, C. de Montrœil, J. Richer 1590, 1-312; Pierre de BRINON, *Baptiste ou la Calomnie, tragédie traduitte du Latin de Buchanan*, Rouen, J. Osmont, 1613.

[3] Voir par exemple E. FAGUET, *La tragédie française au XVIᵉ siècle (1550-1600),* Paris 1912; repr. Genève 1969, 73; *La vie théâtrale à Bordeaux, des origines à nos jours, I. Des origines à 1799,* ed. P. Rouyer, Paris 1985, 53.

[4] Cependant, on peut aussi effectuer un découpage des scènes de façon à y deviner l'amorce de ce qui deviendra la répartition classique en cinq actes, connue de certains dramaturges français de la seconde moitié du XVIᵉ siècle. Voir McFARLANE, *Buchanan, op. cit.*, 380-381.

à l'action qu'aux discussions et aux dialogues où s'affrontent des personnages formant des couples antithétiques, et où la rhétorique occupe une place importante[5]. Les protagonistes échangent leurs points de vue opposés dans de véritables argumentations qui font le plus souvent du dialogue dramatique une succession de « tirades ». Cependant, de temps en temps, les répliques se raccourcissent et deviennent plus vives, prenant même la forme de la stichomythie, telle que la définissent généralement les dictionnaires[6] et que l'interprète René Girard[7] : « La stichomythie... équivalent des coups alternés que se portent deux adversaires dans le combat singulier ». A la suite des tragiques grecs, Sénèque y a recours dans ses tragédies, ainsi que les dramaturges français de la Renaissance, d'Etienne Jodelle, sans doute élève de Buchanan au collège de Boncourt, à Robert Garnier le plus célèbre poète tragique de son temps[8].

La relative rareté de ce procédé dans l'œuvre de Buchanan et son adéquation traditionnelle au genre tragique attirent l'attention du lecteur sur les stichomythies incluses dans *Baptistes*. Elles apparaissent comme des indices, des moments emblématiques d'un phénomène inhérent au tragique : la difficulté de communiquer, qui conduit à un événement funeste, tout en consacrant ici l'échec de la parole persuasive[9].

Afin de mieux comprendre comment la stichomythie illustre ou « cristallise » d'une certaine manière, en un point d'orgue, le problème global de l'usage et de l'efficacité du discours dans cette tragédie, il sera d'abord utile d'évoquer brièvement la place et le rôle de la stichomythie dans le dialogue tragique antique qui servit de modèle à Buchanan et aux dramaturges humanistes, puis de situer les passages concernés à l'intérieur de la pièce, enfin nous étudierons les mécanismes linguistiques qui y sont mis en œuvre en nous efforçant de tirer des principes généraux d'exemples particulièrement intéressants et révélateurs.

---

[5] Voir T.J. REISS, « Vers un système de la tragédie renaissante : Buchanan, Montaigne et la difficulté de s'exprimer », *Canadian Review of Comparative Literature* 4 (1977), 163-164 : « Le tragique dans le langage est vite devenu la trame principale de la pièce, le mobile de son action, et il est visiblement présenté ici à travers un style très conscient de soi et de ses moyens... Tout comme chez Montaigne le signe se représente : si, chez ce dernier, la 'réalité' du moi n'est autre chose que l'action d'écrire... on peut dire que dans *Baptistes* cette même réalité n'est que le discours ».

[6] Par exemple J.-P. RYNGAERT, *s.v.* « Stichomythie », *Dictionnaire encyclopédique du théâtre*, ed. M. Corvin, Paris 1998 (1995) : « Succession de courtes répliques de même

longueur (ou de longueur voisine) qui permet un échange verbal rapide entre deux personnages. Présente dans le théâtre grec et latin, la stichomythie se rencontre souvent en France dans les théâtres des XVIe et XVIIe siècles, où elle traduit un moment de tension par l'effet de réponse réplique à réplique »; voir également P. PAVIS, *Dictionnaire du théâtre*, Paris 1980; etc.

[7] R. GIRARD, *Shakespeare : les feux de l'envie*, Paris 1990.

[8] Voir M. DASSONVILLE, E. BALMAS, *La tragédie à l'époque d'Henri II et de Charles IX*, Paris 1990 (1986), 5 vol.

[9] Sur la difficulté de s'exprimer dans le théâtre de Buchanan, voir l'art. cit. passionnant de REISS : « Vers un système », 133-178.

Le modèle du théâtre humaniste :
le dialogue dans les tragédies antiques

Aux XVe et XVIe siècles, avec le déclin progressif des genres dramatiques médiévaux, les érudits européens et les humanistes qui enseignent dans les collèges français où se forme l'élite noble et cultivée du pays (comme George Buchanan et Marc-Antoine Muret, au collège de Guyenne et à Paris, aux collèges Sainte-Barbe, du Cardinal Lemoine ou de Boncourt, par exemple) redécouvrent les tragiques grecs et Sénèque. Les illustres professeurs prennent ces derniers pour modèles de leurs propres compositions, latines ou françaises, à visée didactique et fortement empreintes de la rhétorique qu'ils apprennent à leurs élèves en commentant en particulier Cicéron et Quintilien, et en formant les plus âgés à la déclamation publique.

Les tragédies de Sophocle et d'Euripide, connues des dramaturges dans leur texte original ou en traduction latine [10], contiennent des dialogues souvent alertes, malgré de fréquentes tirades de longueur variable. Les dramaturges de la Renaissance prennent plus souvent pour modèles les tragédies de Sénèque, auquel ils attribuent sans hésitation *Octavia* et *Hercules Œtæus*, considérées actuellement comme apocryphes. Dans le dialogue sénéquien, les tirades sont le mode d'expression privilégié, la vivacité des échanges est moindre que dans la tragédie grecque ; cependant, lorsque les échanges sont rapides, le dialogue contient souvent de courts passages stichomythiques [11].

La stichomythie antique peut apparaître dans des dialogues purement « informatifs » [12], néanmoins, elle est surtout un des procédés habituels des scènes d'affrontement verbal. Comme les historiens recourant à l'*antilogia* et les philosophes adeptes des luttes éristiques, les dramaturges grecs s'inspirent dans leurs traditionnels *agônes* tragiques de la pratique oratoire, mise en œuvre dans les assemblées et enseignée par les rhéteurs, notamment les sophistes, devenus maîtres dans l'art de défendre successivement le pour et le contre sur n'importe quel sujet.

Les débats des tragédies grecques, en rapport plus ou moins étroit avec l'intrigue, opposent deux discours antithétiques, développés tantôt sous forme de tirades (deux, trois ou quatre, chacune comprenant une ou plusieurs dizaines de vers selon les cas), tantôt au cours d'un dialogue qui fait suite aux plaidoyers principaux. Le chœur est toujours présent, le coryphée, en deux ou trois vers, commente les discours successifs.

---

[10] Buchanan a traduit en latin *Medea* et *Alcestis* d'Euripide pour améliorer sa maîtrise du grec ancien. Il est un des rares dramaturges de la Renaissance à s'inspirer autant des Grecs que de Sénèque. Voir surtout *Iephthes siue Votum*.

[11] Les stichomythies d'*Octavia* sont rares mais assez longues et possèdent toutes les caractéristiques sénéquiennes.

[12] Ces dialogues permettent d'apprendre aux personnages des événements qu'ils ignorent et qui ont en général une influence sur le déroulement de l'épisode ou l'issue de l'intrigue. Voir SEN. *Œd*. 776-781, 784-788, 803-814 ; ID. *Phæd*. 856-857, 991-997. Sur la question voir M. BILLERBECK, *Senecan Tragödien. Sprachliche und stilistische Untersuchungen*, Leiden 1988.

Sénèque adapte à son tour à l'écriture tragique les leçons et les exercices des rhéteurs, pour mettre en relief les rapports de force et les tentatives de persuasion existant entre ses personnages [13], s'inspirant des cas de figure (parfois invraisemblables et complexes) [14] évoqués dans les écoles romaines pour former les jeunes gens à l'éloquence. Comme souvent dans les pièces grecques, les stichomythies sénéquiennes mettent en scène le protagoniste (ou un personnage principal), car elles apparaissent dans des scènes capitales [15], où la contradiction entre deux interlocuteurs [16] atteint son point culminant [17], ainsi que la tension dramatique, parfois liée à une progression dans la découverte d'informations nécessaires au dénouement de l'intrigue [18].

Les stichomythies grecques s'insèrent très souvent (mais pas systématiquement) dans l'échange rapide de répliques situé au cœur de la discussion passionnée et agitée [19], où chacun tente d'utiliser la logique et les mots de l'adversaire, cessant momentanément de prononcer des tirades plus ou moins longues. Cet échange de vers alternés, lui aussi de longueur variable [20], répond à la recherche de la symétrie que la situation de contradiction implique dans le détail de l'écriture dialogique. D'où le recours au «cliquetis de mots» [21], qui engendre l'enchaînement très vif des répliques, ainsi que parfois un morcellement extrême, et quelque peu artificiel, du vers [22] ou de la phrase.

---

[13] La plupart sont vouées à l'échec, sauf dans *Thy.* 535-545), où Atrée parvient à convaincre son frère d'accepter de revenir sur le trône, manipulant ainsi Thyeste par une fausse réconciliation, au service de son horrible vengeance.

[14] Voir certains sujets des déclamations collectées par Sénèque le Père dans les *Suasoriæ* et les *Controversiæ*.

[15] Voir SEN. *Agam.* 284-287 : Clytemnestre encore hésitante est poussée au meurtre par Egisthe, v. 791 suiv. : les propos rassurants d'Agamemnon s'opposent à la funeste prophétie de Cassandre ; *Thyestes* : le personnage éponyme participe aux trois passages stichomythiques de la tragédie, dont les deux derniers le confrontent à son frère ennemi, Atrée.

[16] Les chœurs de Sénèque n'interviennent pas dans les débats.

[17] Cependant, dans *Troades,* les échanges de vers alternés ne concernent pas systématiquement des personnages opposés, voir v. 492 suiv., la stichomythie entre Andromaque et le Vieillard.

[18] Dans *Œdipus* par exemple, les stichomythies permettent à Œdipe, de trouver les terribles réponses à ses interrogations sur l'identité du criminel et la sienne propre : l'alternance des vers possède un rôle informatif

mais aussi une dimension tragique.

[19] Un des constituants de la stichomythie est la dimension affective du dialogue. A. ÜBERSFELD (*Lire le théâtre, III. Le dialogue de théâtre*, Paris 1996, 47-48) donne des exemples tirés des tragédies grecques où déjà «le conflit intellectuel... se définit à l'intérieur d'un contexte passionnel». Sur la stichomythie chez Euripide : E.-R. SCHWINGE, *Die Verwenderung der Stichomythie in den Dramen des Euripides*, Heidelberg 1968.

[20] Elle peut n'occuper que quelques vers, mais aussi être beaucoup plus longue, voir notamment SOPH. *Ajax*, 1120-1141 ; EUR. *Alc.* 710-729.

[21] L'expression est de J. DUCHEMIN [*L'agôn dans la tragédie grecque*, Paris 1968 (1945), 229], qui regroupe sous cette désignation les répétitions (de mots ou de tours syntaxiques), les ressemblances de termes, l'usage de synonymes ou de mots antithétiques, créant de nombreux effets de contraste, d'association ou d'échos. La concision de l'expression favorise le recours aux phrases généralisantes, telles que les sentences et les maximes.

[22] Il est fréquent de rencontrer des successions de répliques d'un demi-vers, voir SOPH. *Œd. Col.* : les dernières réparties échangées entre Œdipe et Créon dans la stichomythie

Animé par un même souci de symétrie, Sénèque recourt à de pareils procédés stylistiques dans ses stichomythies[23]. Le plus souvent, elles sont encadrées par des discours étendus se raccourcissant au fur et à mesure des répliques, ou bien le dialogue dans lequel elles apparaissent possède d'emblée une certaine vivacité. Les affrontements psychologiques ou moraux se traduisent par de très fréquents duels de maximes et des joutes verbales fondées en grande partie sur le principe du « rebondissement » : chaque locuteur reprend, mais dans un sens différent et servant ses propres intérêts, le mot ou l'idée de son adversaire.

Dans les *agônes* sophocléens et euripidéens, un des personnages dirige le débat, interrogeant ou cherchant à imposer son opinion, mais il ne sort pas toujours vainqueur de l'affrontement[24], et des renversements de rôles sont possibles au cours de la stichomythie[25]. Ainsi le dialogue grec semble-t-il doté d'une certaine souplesse même s'il s'inscrit dans un cadre stylistique et dramaturgique relativement fixe. Les interlocuteurs sénéquéens entretiennent le plus souvent des liens pour ainsi dire hiérarchiques : l'un domine socialement ou politiquement l'autre[26], tandis que le dominé cherche à faire prévaloir ses vertus morales et les arguments rationnels indépendants de la position occupée dans la société[27]. Ainsi Phèdre et Médée s'opposent-elles à leurs nourrices, défendant un type d'autorité (celui de la maîtresse face à l'es-

---

[23] La fragmentation des unités métriques peut également être extrême chez SEN. *Med.* : les v. 168-173 clôturant la stichomythie entre la Nourrice et Médée, qui vient de prononcer sa célèbre affirmation *Medea superest* : « NUTRIX – *Rex est timendus*. MEDEA – *Rex meus fuerat pater./* NUT. – *Non metuis arma?* MED. – *Sint licet terra edita./* NUT. – *Moriere.* MED. – *Cupio.* NUT. – *Profuge.* MED. – *Pænituit fugæ./* NUT. – *Medea...* MED. – *Fiam.* NUT. – *Mater es.* MED. – *Cui sim uides./* NUT. – *Profugere dubitas?* MED. – *Fugam, at ulciscar prius./* NUT. – *Vindex sequetur.* MED. – *Forsan inueniam moras* ».

[24] Par exemple, dans le deuxième épisode opposant Créon à Antigone dans *Antigona* de Sophocle, Créon mène le débat, mais ne parvient pas à faire céder la jeune fille, et met fin au dialogue en la condamnant à mort, une décision qui prouve l'échec de sa tentative de persuasion, tout comme dans la troisième scène de *Baptistes,* Hérode, ne pouvant faire taire Jean-Baptiste, donne l'ordre à ses gardes de ramener le prisonnier dans sa geôle.

[25] DUCHEMIN, *L'agôn, op. cit.,* 222 suiv., analyse à ce sujet des exemples sophocléens et euripidéens.

[26] Il peut s'agir d'un tyran ou d'un chef et de ses « sujets » (voir *Hercules furens, Œdipus*), d'un vainqueur et d'une esclave : voir le dialogue entre Agamemnon et Cassandre dans *Agamemnon*, la confrontation entre Ulysse et Andromaque dans *Troades* ; d'un mari et de son épouse : voir *Medea, Phedra* ; ou de personnages de la même famille, dont l'un a le pouvoir, comme Atrée et Thyeste dans *Thyestes*.

[27] Le personnage dominant socialement croit mener le débat, mais il réussit rarement à imposer son point de vue : dans *Herc. fur.* 422 suiv., le tyran Lycus ne parvient pas à briser la résistance de Mégare ; au cours du duel entre Médée et Créon *(Med.* 192 suiv.), Médée conserve une attitude provocante, dans *Troad.* 327 suiv., Pyrrhus, qui conteste violemment le pouvoir d'Agamemnon, prend le plus souvent l'initiative de la poursuite de la discussion.

clave) totalement différent de l'autorité intemporelle et collective prônée par leurs servantes, celle de la sagesse et de la raison.

Les thèmes récurrents des stichomythies latines insérées dans les scènes de contradiction rappellent ceux des tragédies grecques : il y est souvent question de destin, de mort, de passion et de mesure, de vertus et de travers, de sagesse et de folie mais aussi (thèmes particuliers à Sénèque) de royauté et de tyrannie, de cruauté et de clémence. Bref, le thème du pouvoir, constant dans ses tragédies, est à l'origine de bien des passages en vers alternés.

Les stichomythies et les nombreux procédés rhétoriques employés par les poètes tragiques de l'Antiquité rendent spectaculaires les efforts des héros pour influencer autrui, et leur impossibilité d'atteindre une vérité unique et objective, dont l'évidence universelle serait susceptible de mettre un terme aux conflits des passions. Parce qu'elle est au cœur de l'écriture dramatique et attire l'attention sur un des principes majeurs de la tragédie (ces rapports conflictuels entre les personnages), il semble logique que la stichomythie soit présente, sans être généralement très abondante, dans les œuvres latines et vernaculaires des dramaturges de la Renaissance, dont la plupart ont surtout appliqué à ce «théâtre de collège» les critères sénéquéens [28].

Cette brève évocation du modèle dialogique ancien rappelle la tension permanente existant chez les auteurs tragiques entre l'idéal d'une écriture dramaturgique «vraisemblable», qui serait proche de la réalité de la conversation, et les contraintes liées à la prééminence de la rhétorique et à la dimension poétique de la tragédie. Un tel paradoxe peut être observé dans l'une des œuvres néo-latines qui préparent l'essor du théâtre tragique à la Renaissance et à l'époque classique.

Situation des stichomythies dans Baptistes

Sur les mille trois cent soixante vers [29] de la tragédie —auxquels il faut retrancher le prologue de cinquante et un vers—, la stichomythie concerne en tout soixante-huit vers, ainsi répartis :
– Premier Episode : les rabbins Malchus (calomniateur du prophète) et Gamaliel (en quelque sorte son défenseur) exposent à tour de rôle leur opi-

---

[28] Par exemple, du point de vue de la structure dialogique des épisodes, le schéma le plus fréquent d'une scène entre deux personnages peut se définir comme la succession d'une ou de plusieurs tirades, d'un échange de répliques d'une dizaine de vers puis progressivement plus brèves, jusqu'à la stichomythie —en moyenne, mais ce n'est qu'une moyenne, entre deux et vingt vers— qui laisse la place à des répliques de plus en plus étendues, et parfois même la scène se clôt sur une dernière tirade ; ce schéma connaît évidemment des variantes, il peut être reproduit plusieurs fois au cours d'une même scène, etc. Il arrive que la trop parfaite symétrie de certains dialogues tragiques révèle le caractère artificiel de la stichomythie, justifiée à cette époque par le goût pour les figures de style et pour les sentences, aux résonances morales, politiques ou religieuses.

[29] Un résumé de la tragédie se trouve en *Annexe*, à la fin de cet article.

nion sur le comportement de Jean-Baptiste, qui déplaît à Malchus parce que ce censeur risque d'entraîner le peuple dans son indignation. En revanche, Gamaliel est enclin à reconnaître l'inspiration divine de Jean-Baptiste. Dans les vers 149-153, deux conceptions de la religion et de la grâce divine s'opposent. Le dialogue se poursuit sur le thème du respect actuel de la tradition patriarcale et la stichomythie reparaît aux vers 177-184, que nous étudierons par la suite avec les vers 149-153. Gamaliel tente alors de persuader Malchus d'affronter directement le prophète dans un procès en règle, mais emporté par sa colère le rabbin quitte la scène.

– Deuxième Episode : La Reine veut convaincre son époux de faire arrêter et condamner Jean-Baptiste, en qui elle voit un agitateur politique, tandis qu'Hérode le considère comme un prophète innocent. Les vers 356-361 et 367-375 forment deux stichomythies :

> HERODES – *At hic ruentem sponte populum ad se docet.*
> REGINA – *Magis timenda est fusa late factio.*
> HER. – *Crimen refellit istud hominis sanctitas.*
> REG. – *Hoc tecta uelo sæpe flagitia latent.*
> HER. – *A purpuratis uis timenda est satrapis.*
> REG. – *Et a seueris fraus timenda hypocritis.*

> HÉRODE – Mais cet homme, il instruit le peuple qui vient à lui
> |spontanément.
> LA REINE – Une faction à large audience est beaucoup plus redoutable.
> HÉR. – La pureté de cet homme réfute ton accusation.
> LA R. – C'est souvent sous ce voile que se cachent les turpitudes.
> HÉR. – C'est la pourpre des satrapes qui recèle une force redoutable.
> LA R. – C'est la rigueur des hypocrites qui recèle aussi une perfidie
> |redoutable.

Le roi refuse de voir dans le prophète pauvre et humble un imposteur qui complote, mais la reine affirme qu'il ne peut se fier à son apparence pour juger de ses intentions, amenant Hérode à élargir le débat en déplorant les inconvénients de la fonction royale :

> HERODES – *Conditio regum misera si miseros timet.*
> REGINA – *Si nil timendo præda fit, miserrima.*
> HER. – *Quid ergo tutum iam supererit regibus ?*
> REG. – *Omnia, quieti si quod obstat auferant.*
> HER. – *Nempe hoc tyrannus interest regi bono :*
> *Hic seruat hostes, hostis ille ciuium est.*
> REG. – *Vtrumque durum est, et perire et perdere.*
> *Sed si eligendum est, præstat hostem perdere.*
> HER. – *Cum non necesse est alterum, utrumque miserum est.*

> HÉRODE – La condition des rois est misérable, s'ils craignent les
> |misérables.
> LA REINE – Très misérable si l'absence de crainte fait d'eux des proies.
> HÉR. – Où les rois trouveront-ils désormais la sécurité ?
> LA R. – Partout, s'ils détruisaient tranquillement toute opposition.
> HÉR. – N'est-ce pas en ceci que le tyran diffère du bon roi ?

L'un a toujours des ennemis extérieurs, l'autre est l'ennemi
|de ses sujets.

LA R. – Cruel dilemme : ou périr ou faire périr ;
    Mais s'il faut choisir, mieux vaut faire périr l'ennemi.

HÉR. – Quand l'un des termes est évitable, c'est que le dilemme est
    |déplorable.

La reine évoque alors dans un tableau catastrophique de plus de vingt vers une éventuelle rébellion dirigée par Jean-Baptiste, mettant le pays à feu et à sang. En apparence, Hérode ne semble pas impressionné par ses avertissements alarmistes et la congédie...

– Troisième Episode : Jean-Baptiste comparaît devant le roi — qui exerce ici la fonction d'un juge ; la « tirade » d'Hérode précède celle du prophète qui « se défend », puis le dialogue s'accélère, comme l'étude des vers 508-515 le montrera, avant de s'arrêter brusquement avec l'ordre donné par son juge de faire sortir « l'accusé ».

– Quatrième Episode : Malchus, d'abord seul, apostrophe ensuite le prophète, quand il l'entend louer Dieu et blâmer la « caste » de ses serviteurs corrompus, ce que Malchus interprète comme une attaque personnelle.
Vers 760-775 :

IOANNES – *Si probus es, ad te haud attinent quæ dicimus.*
MALCHUS – *Ad te sacerdotem attinet traducere?*
IOAN. – *Bene, puto dici, cum malis dictum est male.*
MALC. – *Parere iuuenem conuenit maioribus.*
IOAN. – *Parere cunctos conuenit magis Deo.*
MALC. – *Te iussit igitur ista proloqui Deus?*
IOAN. – *Iubet profari uera cunctos ueritas.*
MALC. – *Tacuisse uera sæpe multis profuit.*
IOAN. – *Cum scelere iuncta nil moramur commoda.*
MALC. – *Scelus uidetur ni scelus dicas tibi.*
IOAN. – *Scelus uidetur tot perire millia*
    Spectare, possim cum reducere in uiam.
MALC. – *Reducere? Gregis nonne pastores sumus?*
IOAN. – *Si res quidem eadem est pascere et deglubere.*
MALC. – *Rerum tuarum satage, nostra desere.*
IOAN. – *Vicina cum res agitur, agitur et mea.*

JEAN – Si tu es honnête, mes paroles ne te concernent pas.
MALCHUS – Cela te concerne de ridiculiser un prêtre?
JEAN – C'est bien parler, je pense, de se montrer brutal envers les
    |brutaux.
MALC. – Il convient à un jeune homme d'obéir aux aînés.
JEAN – Il convient mieux que tous obéissent à Dieu.
MALC. – Dieu t'a donc commandé de proclamer de tels propos?
JEAN – La vérité commande à tous de proclamer ce qui est vrai.
MALC. – Souvent beaucoup se sont bien trouvés de taire ce qui est
    |vrai.
JEAN – Je ne m'intéresse pas aux avantages liés à un forfait.
MALC. – Il te semble du moins un forfait de ne pas le nommer forfait.
JEAN – Il me semble un forfait de regarder tant de milliers d'êtres

Périr, alors que je peux les ramener dans le bon chemin.
MALC. – Les ramener ? Ne sommes-nous pas les pasteurs du
|troupeau ?
JEAN – Oui vraiment, si c'est la même action de nourrir et
|d'écorcher.
MALC. – Soucie-toi de tes propres affaires ; laisse-nous les nôtres.
JEAN – L'affaire de mon prochain est aussi la mienne.

Jean-Baptiste est amené à remettre en cause l'autorité spirituelle de Malchus, qui voit dans cette critique une preuve supplémentaire de son imposture, qui mérite la mort (vers 825-826) :

MALCHUS – *Horum pigebit, morte cum poenas lues.*
IOANNES – *Isthæc minare fata formidantibus.*

MALCHUS – Tu regretteras ces propos quand tu seras puni de mort.
JEAN – Réserve tes menaces à ceux qui redoutent le destin.

La stichomythie est absente des cinquième, sixième et septième Episodes.

– Huitième Episode : discussion animée entre Hérode et la Jeune Fille[30], le premier répugne à accorder la réalisation du vœu bien imprudent de la seconde, prétextant que la « récompense » exigée (la mort de Jean-Baptiste) ne convient guère à une jeune fille et qu'une telle exécution est le fait d'un tyran — vers 1195-1216 que nous étudierons *infra*[31]. La reine, comprenant que le roi essaie de se dérober à la réalisation de sa promesse, interrompt la stichomythie.

Le dernier Episode ne comprend aucune stichomythie.

Les stichomythies sont disséminées dans une grande partie de la tragédie[32], particulièrement dans les quatre premiers Episodes mais non exclusivement. Comme Sénèque, nombre de dramaturges français du XVIᵉ siècle recourront également à la stichomythie tout au long de leurs pièces, surtout dans un moment d'irrésolution et de suspens : le personnage puissant a pris une décision ou hésite à la prendre et son conseiller, ou son confident, essaie de le persuader de changer de projet ou de l'influencer dans sa délibération[33]. Dans *Baptistes*, à l'inverse des modèles anciens, aucune stichomythie ne peut être considérée comme purement informative ; la tension résultant de l'échange vif de paroles contradictoires semble permanente au sein des divers « couples » de personnages. L'incertitude sur le sort de Jean-Baptiste subsiste jusqu'à la fin de la pièce, si l'on fait abstraction de la connaissance que le pu-

---

[30] Salomé, la fille de la reine, n'est jamais nommée dans la tragédie, mais désignée par une appellation « fonctionnelle » relevant de la typologie traditionnelle des personnages de théâtre.

[31] On peut considérer globalement le passage comme une stichomythie développée, même si la symétrie des répliques est interrompue de temps en temps dans les v. 1197,

1204-1205, 1210-1211, 1214-1215.

[32] Buchanan s'inspire de Sénèque, qui dans certaines de ses tragédies (voir *Troad. Phæd.*, *Herc. Œt.*) répartit les stichomythies sur toute l'action, en les multipliant dans la première moitié de ses pièces.

[33] Voir par exemple dans le théâtre de R. GARNIER : *Les Juives*, II, 1 et *Marc-Antoine*, III, 1 ; IV, II ; II, 2 ; IV, 1 etc.

blic avait de la décollation du prophète rapportée par l'Evangile et évoquée par le prologue, ajouté sûrement tardivement au reste de la pièce[34]. Son exécution apparaît comme le résultat non pas d'une décision assumée par le roi mais d'une machination, d'une ruse ourdie par la reine (conseillée par Malchus et favorisée finalement par l'imprudence du roi), dont Hérode est la dupe et Jean-Baptiste la victime.

Dans les Episodes I, III et IV, la stichomythie s'insère, selon le schéma traditionnel, dans le dialogue après les tirades des deux locuteurs, qui exposent un discours construit et détaillé[35]. Une telle structure dialogique met en relief la dimension pédagogique du théâtre : l'échange dramatique est fondé sur l'alternance des argumentations, à l'instar des *controuersiæ* et des *declamationes,* auxquelles s'entraînent tous les élèves de la Renaissance, acquérant ainsi les techniques de la contradiction et de la persuasion. Dans les deux autres épisodes, le dialogue était déjà rapide et animé, mais le point commun avec les passages précédents est que les personnages en présence sont accoutumés aux débats, aux joutes verbales. Les docteurs de la Loi sont des «spécialistes» de la controverse religieuse et juridique; la reine, sans aucun pouvoir officiel, est en quelque sorte une «éminence grise» qui a recours à l'art de la persuasion pour influencer le cours des événements; quant à Hérode, le tétrarque de la Judée, il est juge dans certains cas, comme ici, et garant des lois.

Les interlocuteurs des tragédies antiques ne sont pas tous rompus à la pratique de l'éloquence[36]; pourtant, dès qu'ils participent à un débat, ces personnages défendent leur point de vue selon les règles de la discussion, de manière plus ou moins artificielle et conventionnelle. Le seul personnage de *Baptistes* qui ne soit pas un habitué de l'affrontement oratoire est Jean-Baptiste[37]. Il n'a été formé ni par une école rhétorique, ni par son expérience à mener un duel verbal; contrairement aux autres personnages, il ne cherche pas à convaincre. Nous verrons, en étudiant l'extrait du troisième Episode, comment il suit sans cesse son idée, qui est de délivrer le message inspiré par Dieu, sans se préoccuper de sa réception par son interlocuteur.

Comme dans les tragédies antiques, la stichomythie met en relief des rapports d'influence : chacun essaie de dominer l'autre dans son intérêt person-

---

[34] Voir G. BUCHANAN, *Tragedies,* edd. P. Sharratt, P.G. Walsh, Edimburgh 1983 (texte latin, trad. angl. et notes), 268.

[35] Dans l'Episode IV, la longue prière de Jean-Baptiste à Dieu se clôt davantage sur une diatribe véhémente contre les rabbins que sur une argumentation raisonnable et raisonnée.

[36] Il peut s'agir de nourrices et d'épouses de héros par exemple.

[37] H. DE LA VILLE DE MIREMONT («Les tragédies religieuses de Buchanan», *George Buchanan : a Memorial, 1506-1906,* ed. D.A. Millar, Saint Andrews-London 1907, 115-129), reprochant à Buchanan son goût pour les déclamations et les monologues, a qualifié Jean-Baptiste d'«orateur habile» qui «possède une science mythologique» inconvenante pour un prophète hébreu. Mais aussitôt après cette critique, il rappelle à juste titre que la tragédie a été composée à l'intention des élèves d'un collège où l'on enseignait la rhétorique et qu'«au XVIᵉ siècle, toute cette mythologie avait droit de cité dans les écoles».

nel. Il ne devrait régner entre les deux rabbins ni rivalité, ni antagonisme. Mais Malchus, se sentant menacé personnellement en tant que représentant du culte officiel, cherche à agir sur le plan religieux en ralliant à son avis son collègue[38]. La supériorité « morale » et sociale du vieux garant des traditions est patente face au jeune prophète inconnu — qui n'en est nullement impressionné. Dans l'Episode II, La Reine ne tient pas le genre de discours habituellement prononcé par les personnages féminins tragiques, mais celui d'un conseiller politique ou d'un homme possédant le pouvoir, comme est censé l'être son époux, plus faible et plus craintif qu'elle. Le paradoxe du roi forcé par une personne inférieure d'accomplir une action à laquelle il répugne est encore plus étonnant lorsque, dans l'Episode VIII, c'est la fille de la reine qui le contredit (aux dépens de toute vraisemblance) en des termes proches en quelque sorte de la pensée de Machiavel. Mais son personnage n'est présent dans la tragédie que pour faire écho à la discussion sur la royauté et la tyrannie de l'Episode II : la Jeune Fille est pour ainsi dire le « double » de sa mère, une autre incarnation de la tyrannie que Buchanan a toujours eu à cœur de dénoncer[39]. Enfin, dans la confrontation entre Hérode et Jean-Baptiste, le détenteur du pouvoir interroge et menace un de ses sujets. Pourtant le personnage « dominé » socialement résiste et la stichomythie s'achève sans qu'au niveau illocutoire il ait cédé à son interlocuteur. En revanche, sur le plan des actes, le roi met fin à l'entretien en renvoyant Jean-Baptiste, prouvant ainsi son pouvoir effectif sur lui[40].

Entrons maintenant plus avant dans le fonctionnement de la stichomythie dans la pièce de Buchanan à partir d'exemples significatifs. Cette étude des divers aspects de ce phénomène du discours dramatique, bien loin d'être exhaustive, s'efforcera de montrer dans quelle mesure il révèle à cer-

---

[38] Malchus cherche aussi à agir sur la politique en influençant l'attitude d'Hérode envers Jean-Baptiste, comme l'annonce sa dernière réplique du premier épisode, v. 215-216 : « Et puisque auprès de vous je ne trouve aucune protection,/ Pour éviter le désastre, je solliciterai le secours du roi ». Cette entrevue n'apparaît pas sur scène, parce qu'elle ferait redondance avec l'Episode II, la reine étant elle aussi un « mauvais conseiller ».

[39] Dans plusieurs de ses travaux sur Buchanan, McFarlane a insisté sur l'analogie qu'on pouvait établir entre les thèmes traités dans *Baptistes,* œuvre de jeunesse remaniée tardivement, et ceux du traité de politique élaboré à la fin de sa vie, *De Iure regni apud Scotos,* où, alors précepteur de Jacques VI et membre de l'Eglise Réformée d'Ecosse, il soutient la thèse d'une monarchie modérée

opposée à toute forme de tyrannie, apportant ainsi sa contribution au grand débat qui agite alors l'Europe à propos de la royauté, de ses limites et de ses devoirs, et qu'illustrent bon nombre de traités, de tragédies ou de pamphlets durant toute la Renaissance.

[40] Voir dans ce cas l'analogie possible avec le deuxième épisode de l'*Antigone* de Sophocle, cité en note *supra.* Les autres affrontements sont aussi des échecs sur le plan pragmatique du discours, mais dans l'économie de la tragédie, les « dominants » finissent par gagner : Malchus ne convainc pas Gamaliel et ne peut imposer le silence au prophète, mais son désir de se débarrasser de Jean-Baptiste sera exaucé à la fin ; la reine et sa fille n'ont pas besoin de l'adhésion d'Hérode, pourtant sollicitée à deux reprises, pour obtenir la mort du prophète.

tains moments de la tragédie un défaut de communication mettant en présence deux « univers » imperméables, qui s'opposent irrémédiablement.

Etude des stichomythies dans Baptistes

La stichomythie coïncide avec les moments de la tragédie où les personnages traitent de ses thèmes majeurs, attirant ainsi l'attention sur les problèmes posés par la religion et par la politique, mais aussi sur ceux que soulève
la confrontation de ces deux domaines de la pensée et de l'activité humaines,
comme le face à face entre le roi et le prophète le montrera. Les sujets politiques peuvent sembler traditionnels et même banals dans les stichomythies,
en revanche, l'importance accordée aux questions religieuses montre que,
loin d'être anodines, elles sont particulièrement d'actualité pour les hommes
du XVIᵉ siècle, et surtout pour Buchanan.

Les débats sur la religion

Dans le premier Episode, la polémique entre Malchus, le rabbin « conservateur », et Gamaliel, son collègue plus ouvert aux idées nouvelles, peut être
envisagée comme le reflet des luttes acharnées et sanglantes que provoqua
l'avènement de la Réforme dans l'Europe du XVIᵉ siècle et dont Buchanan
fut d'abord un spectateur puis un acteur. Le choix d'un sujet sacré compa-
rable aux événements de son temps est sans véritable équivalent antique,
car, à l'exception des *Bacchantes* d'Euripide, les pièces des Anciens, essentiellement inspirées par les mythes, n'évoquent ni l'introduction d'un nouveau
culte, ni l'éventualité d'un schisme religieux.

Malchus craint que Jean-Baptiste ne devienne le nouveau guide spirituel
(et politique) du peuple privé de l'entendement nécessaire pour discerner le
caractère subversif de ses propos. Gamaliel pense au contraire que la sagesse et la grâce divine se manifestent en n'importe quel homme même issu de
la populace inculte et donc aussi en Jean-Baptiste :

> MALCHUS – *Quin ergo cathedra cedimus opilionibus?*
> GAMALIEL – *Opilio Moses, opilio Dauid fuit.*
> MALC. – *Eos erudiuit cuncta spiritus Dei.*
> GAM. – *Hunc poterit idem qui erudiit illos Deus.*
> MALC. – *Nobis relictis erudiet illum Deus?*
>
> MALCHUS – Pourquoi donc ne descendons-nous pas de nos chaires
> |pour des bergers ?
> GAMALIEL – Berger ? Moïse l'était, David l'était.
> MALC. – L'esprit de Dieu les instruisit en tout.
> GAM. – Dieu qui les instruisit [jadis] pourra faire de même pour lui
> |[aujourd'hui].
> MALC. – Dieu nous abandonnera pour l'instruire ?

La discussion se poursuit sur la question du respect des traditions séculaires
(vers 177-184) :

GAMALIEL – *Quin potius omnes bona bonos semper decent.*
MALCHUS – *Si quid paterni spiritus nobis foret.*
GAM. – *Et nos paternis uiuerimus moribus.*
MALC. – *Poenas luisset morte nebulo hic, non minis.*
GAM. – *Aliena nostro ab ordine est crudelitas.*
MALC. – *Quicquid Deo præstatur, id sanctum et pium est.*
GAM. – *Morti immerentes impia est pietas dare.*
MALC. – *Hunc immerentem cuncta qui euertit uocas?*

GAMALIEL – Disons plutôt : ce qui est bien convient toujours à
|tous les hommes de bien.
MALCHUS – Si seulement nous avions une parcelle de l'esprit de nos
|pères.
GAM. – Nous aussi pourrions vivre selon les mœurs de nos pères.
MALC. – Ce vaurien eût été châtié par la mort, non par des menaces.
GAM. – Dans notre ordre, on ne connaît pas la cruauté.
MALC. – Tout ce qu'on offre à Dieu est saint et pieux.
GAM. – Mettre à mort des innocents est un acte de piété bien impie.
MALC. – Cet homme qui détruit tout, tu l'appelles un innocent ?

Gamaliel essaie encore une fois de ramener Malchus à des sentiments plus modérés, mais le rabbin furieux ne veut pas entendre un mot de plus et quitte la scène.

Dans le premier extrait, l'amorce de la stichomythie se fait par la modalité interrogative, qui relève de la fonction pour ainsi dire émotive ou expressive du langage ; la conjonction *ergo* marquant un lien logique de cause à effet avec l'assertion précédente de Gamaliel — « On peut souvent trouver dans la populace un homme / Qui ne le cèderait en rien à la sagesse de ses chefs » — souligne l'ironie de la réplique de Malchus, qui, se croyant plus avisé que le peuple, feint de surpasser l'humilité de Gamaliel dont la prise de position prudente et modérée l'irrite.

Comme dans les stichomythies antiques, la conversation « rebondit » alors sur les mots sur l'acception desquels les deux interlocuteurs sont en désaccord. Par exemple, Gamaliel reprend le substantif *opilio*, « berger », connoté d'abord chez Malchus péjorativement, les bergers représentant la catégorie la plus humble de la population dans son système de valeurs ; mais Gamaliel associe le statut de berger aux plus célèbres patriarches juifs par le biais de la copule *esse*[41], par cet effet d'équivalence, le nom *opilio* prend chez lui une connotation positive. Ensuite, c'est le prédicat *erudire*, « instruire », ayant pour sujet Dieu ou son Esprit qui est répété, car la question de l'inspiration divine de Jean-Baptiste est au centre du débat : prophète ou imposteur ?

Malchus reste tourné vers le passé : il répond à Gamaliel en employant le parfait de l'indicatif *erudiuit*, « les instruisit », son rôle de gardien des lois ancestrales l'amène à considérer la religion comme un dogme fixé définitivement par les patriarches et que personne ne peut désormais compléter ni

___

[41] *Opilio Moses, opilio Dauid fuit,* « Berger ? Moïse l'était, David l'était. »

modifier, Jean-Baptiste, en instaurant de nouveaux rites, est donc à ses yeux un imposteur. Il pense que si Dieu devait encore manifester son inspiration, il s'adresserait d'abord aux rabbins, les serviteurs que Lui-même s'est donné à l'origine. Quant à Gamaliel, il n'a pas de la religion une conception statique mais tournée vers l'avenir : il est le premier à introduire dans ses énoncés le futur de l'indicatif [42], sa tolérance envers Jean-Baptiste est fondée sur sa confiance en la toute-puissance de Dieu. La mise en relation du passé et du futur par le biais de la locution *idem qui* — qui crée un rapport d'identification parfaite entre les sujets des deux propositions — montre qu'à ses yeux, la grâce ne connaît pas de solution de continuité, parce qu'elle se fonde sur l'éternité de l'esprit divin. Il ne rompt pas avec la tradition, au contraire, il la respecte, mais, à la différence de Malchus, il voit en elle non pas un terme et un but en soi, mais l'instrument d'une transcendance qui peut employer un autre moyen pour se révéler, la voix d'un nouveau prophète notamment.

La stichomythie se construit sur des « décalages » énonciatifs, dont on peut voir un exemple dans la suspension de l'énoncé hypothétique de Malchus aux vers 178-180 : entre l'émission des deux parties de sa phrase — « Si nous avions une parcelle de l'esprit de nos pères, ce vaurien eût été châtié par la mort, non par des menaces » —, il est interrompu par Gamaliel qui formule une apodose de sens bien différent de la sienne : « Nous aussi pourrions vivre selon les mœurs de nos pères ». Tous deux, partant d'une même hypothèse, arrivent à deux conclusions opposées : la possibilité de respecter encore la morale et la façon de vivre des ancêtres — connotées positivement car elles supposent la sagesse et la modération ; l'application de mesures sévères et radicales, impliquant l'intransigeance dans le jugement et la rapidité d'exécution. Buchanan recourt ici à un procédé déjà utilisé par Euripide [43] : un personnage achève la phrase commencée par son interlocuteur. Mais en faisant suivre la réplique de Gamaliel de l'apodose de Malchus, qui rectifie et contredit l'opinion du premier rabbin, Buchanan souligne leur divergence de vues radicale, tandis que chez Euripide, on peut croire à un accord momentané des deux personnages devant l'évidence du fait réel évoqué.

Gamaliel prend de la distance par rapport à la situation présente, alors que son collègue ne cesse d'y revenir. Au vers 180, Malchus évoque la mort éventuelle de Jean-Baptiste, désigné péjorativement comme « ce vaurien » ; Gamaliel, dans ses répliques, évacue toute référence à l'actualité et élargit le propos vers une réflexion générale sur la cruauté, comme en témoigne l'em-

---

[42] *Hunc poterit idem qui erudiit illos Deus,* « Dieu qui les instruisit [jadis] pourra faire de même pour lui [aujourd'hui]. » Ce vers est une réminiscence d'une phrase prononcée par le Christ dans Jn 6, 45.
[43] Voir *Hecuba* : Collections des Universités de France, edd. L. Méridier, N. Loraux, F. Rey, Paris 1999, 20-21, v. 247-248 : Hécube,

essayant d'obtenir auprès d'Ulysse que Polyxène et Astyanax soient épargnés par les Grecs, rappelle au héros le jour où il s'est infiltré comme espion dans Troie assiégée et où elle ne le dénonça pas : « HÉCUBE – Bien. Je t'ai sauvé, je t'ai fait sortir du pays ?/ ULYSSE – Et je te dois cette lumière du soleil ».

ploi (assez rare en latin) [44] d'un sujet abstrait. Il ne parle pas en son propre, mais au nom de l'*ordo* auquel les deux rabbins appartiennent, il adopte un point de vue collectif en s'efforçant de replacer le cas particulier dans un cadre plus large, pour « relativiser » le problème et rester lucide, modéré, tandis que Malchus, assumant un avis personnel et motivé par sa passion, le renvoie à son « individualité » en le prenant à parti au vers 184 : « Cet homme qui détruit tout, tu l'appelles un innocent ? »

Les rabbins ne sont proches que superficiellement à cause de leur fonction ; en réalité, ils ont des conceptions très différentes que la confrontation verbale ne parvient pas à concilier. La stichomythie des vers 760-775 consacrée au face à face entre Malchus et le prophète aboutit à plus forte raison au même résultat.

Dans cet extrait, la stichomythie commence avec l'apparition des marques de la deuxième personne du singulier, auparavant absentes dans l'énonciation — *Si probus es, ad te haud attinent quæ dicimus*, « Si tu es honnête, mes paroles ne te concernent pas » —, Malchus, directement impliqué dans le discours, réagit immédiatement en s'exprimant à son tour avec rapidité et concision. Ici aussi et comme souvent depuis l'Antiquité, le dialogue est presque entièrement fondé sur la reprise de prédicats et d'expressions nominales, dont les signifiés de connotation révèlent deux morales opposées. Les interlocuteurs prononcent les mêmes mots, mais leur signification est différente pour chacun [45].

L'incompréhension entre Malchus et Jean-Baptiste vient de ce que le premier ne saisit pas toujours les signifiés connotés des énoncés du prophète, alors que son statut et son savoir le lui permettraient. Les vers 765-766 en sont un exemple frappant. Le rabbin demande à Jean-Baptiste si c'est Dieu qui lui commande de proclamer ce qu'il dit et celui-ci répond : *Iubet profari uera cunctos ueritas*, « La vérité commande à tous de proclamer ce qui est vrai ». Malchus conçoit la notion de *ueritas* dans son sens courant de connaissance conforme au réel, puisque dans sa réplique : *Tacuisse uera sæpe multis profuit*, « Souvent beaucoup se sont bien trouvés de taire ce qui est vrai », le terme répété est l'adjectif neutre pluriel complément d'objet et non pas le substantif abstrait qui était l'agent du prédicat. Mais la reprise dans l'énoncé

---

[44] Au v. 183, Gamaliel réitère le procédé avec le substantif sujet *pietas,* formant avec l'épithète *impia* de même racine une alliance de mots qui dénote tout de même chez lui une certaine indignation à l'égard des thèses soutenues par son collègue — ce qu'il nomme un acte de piété est à ses yeux un crime et un sacrilège, puisque Jean-Baptiste, loin de faire le mal, est un homme de Dieu.

[45] On pourrait rapprocher ce problème de communication des « dialogues de sourds » et des quiproquos : chacun entend l'autre sans le comprendre (ou l'écouter...). Une telle situation est à l'opposé des exercices de vocabulaire proposés par les professeurs humanistes (voir certains dialogues des *Colloques* d'Erasme), qui développent la *copia dicendi* de leurs élèves en leur faisant découvrir la richesse des synonymes et des tournures équivalentes de la langue latine, afin de recourir à l'expression la plus compréhensible, la mieux adaptée au contexte. Dans ce cas, plusieurs signifiants renvoient à un seul signifié, tandis que dans la tragédie, un même terme est doté d'au moins deux sens.

du prophète de l'expression verbale *iubere*, de la proposition infinitive et d'un infinitif formé avec le préfixe *pro-* établit un rapport formel avec la question du rabbin, qui se situait sur le plan spirituel et religieux ; de plus, Dieu est considéré en théologie comme le fondement du vrai, Jean-Baptiste use donc d'une synecdoque pour désigner Dieu. Il répond bien à son interrogation et confirme son inspiration divine, mais son énoncé généralisant et figuré reste hermétique à son interlocuteur, pourtant spécialiste de l'Ecriture sainte : il n'attendait pas pareille formulation.

Malchus perçoit sa fonction de rabbin comme un simple métier qui lui confère pouvoir temporel et prestige, ici il en occulte la dimension spirituelle et morale ; à l'inverse, le prophète du désert mène une existence entièrement consacrée à Dieu et la moindre de ses paroles doit être interprétée en rapport avec l'esprit des textes sacrés.

Les débats politiques

Dans les Episodes II et VIII, Hérode est confronté à la reine et à sa fille, qui, devant la menace éventuelle d'une révolution menée par Jean-Baptiste, prônent le recours à la force, une attitude que Hérode juge indigne d'un roi.

La distinction entre royauté et tyrannie, sujet sénéquien par excellence [46] mais aussi particulièrement d'actualité au XVI⁰ siècle, depuis *Le Prince* de Machiavel, est largement évoquée dans l'Episode VIII, où Hérode en refusant d'accorder à la Jeune Fille la tête du prophète allègue le caractère choquant et immoral de son souhait, puis le danger d'être considéré comme un tyran s'il ordonne un crime injuste et impopulaire :

> HERODES – *Non ego, sed ipsa ne feras, tibi in mora es.*
> PUELLA – *Da in hac recisum lance Baptistæ caput.*
> HER. – *Quod uerbum ab ore temere tibi, uirgo, excidit ?*
> PUEL. – *Non temere.* HER. – *Donum uirgini indecens petis.*
> PUEL. – *Non indecorum est facinus hostem perdere.*
> HER. – *Hic igitur ira dignus hostis regia est ?*
> PUEL. – *Is dignus ira est, scelere qui hanc meruit suo.*
> HER. – *Quod nunc remedium plebis odio reperiam ?*
> PUEL. – *Parere populi est, imperare regium.*
> HER. – *Æqua imperare regium est.* PUELLA – *Quod iniquum erat*
>   *Prius, imperando facere rex æquum potest.*
> HER. – *At imperandi lex facit regi modum.*
> PUEL. – *Si principi quod placuit est ius, iam modum*
>   *Non regibus lex, legibus sed rex facit.*
> HER. – *Pro rege fama me tyrannum perferet.*
> PUEL. – *At sceptra metuit.* HER. – *Metuit, et garrit tamen.*
> PUEL. – *Compesce ferro.* HER. – *Regna male seruat metus.*

---

[46] En tant que philosophe et dramaturge, Sénèque a traité à plusieurs reprises de la distinction entre le roi et le tyran, lieu commun de la philosophie et de la littérature antiques, notamment dans le *De clementia*, et dans sa tragédie *Thyestes* dont Buchanan s'inspire parfois étroitement.

PUEL. – *Et regna uertit facile scelerum impunitas.*
HER. – *Securus est, quem ciuium seruat fides.*
PUEL. – *Necesse reges est timeri, diligi*
      Necesse non est. HER. – *Odia crudelem premunt.*
PUEL. – *In rege uulgo lenitas contemnitur.*

HÉRODE – Ce n'est pas moi, mais toi-même qui retardes l'obtention
                                     |de ton vœu.
LA JEUNE FILLE – Donne-moi dans ce plat la tête de Baptiste décapité.
HÉR. – Quelle parole irréfléchie s'est échappée de ta bouche, jeune
                                     |fille?
LA J. F. – Irréfléchie? Non pas. HÉR. – Tu réclames un don choquant
                                 |de la part d'une jeune fille.
LA J. F. – Il n'est pas choquant de faire périr un ennemi.
HÉR. – Cet ennemi mérite donc la colère du roi?
LA J. F. – Il mérite la colère, celui qui l'a attirée par son propre forfait.
HÉR. – Quel remède trouver maintenant à la haine de la populace?
LA J. F. – Obéir est l'affaire du peuple, ordonner, celle du roi.
HÉR. – C'est l'affaire du roi d'ordonner ce qui est juste. LA J. F. – Ce
                                 |qui avant
    Etait injuste, le roi par ses ordres peut le rendre juste.
HÉR. – Mais la loi impose une limite aux ordres du roi.
LA J. F. – Si le droit consiste en la décision du prince, ce n'est plus la
                                 |loi qui
    Imposera une limite aux rois, mais le roi qui l'imposera
                                 |aux lois.
HÉR. – L'opinion publique dira qu'au lieu d'un roi, je suis un tyran.
LA J. F. – Mais elle craint ton sceptre. HÉR. – Elle le craint et pourtant
                                 |elle jase.
LA J. F. – Réprime-la par le fer. HÉR. – La crainte préserve mal les
                                 |royaumes.
LA J. F. – Et l'impunité des forfaits renverse aisément les royaumes.
HÉR. – Il vit sans souci, celui que préserve la confiance de ses sujets.
LA J. F. – Il est nécessaire de craindre les rois, de les aimer,
    Ce n'est pas nécessaire. HÉR. – L'homme cruel est écrasé par
                                 |la haine.
LA J. F. – Chez un roi, on méprise communément la douceur.

La reine intervient pour affirmer qu'elle ne craint pas de prendre la responsabilité de la mort de Jean-Baptiste à la place de son époux ni de réprimer la colère passagère de la foule.

Ici, la stichomythie se développe non plus grâce à la répétition de mots importants, mais à travers une série de glissements métonymiques; le second locuteur conserve le même référent que le premier et comprend son message mais sans y adhérer. En apparence, tous deux partagent le même référent, mais chacun poursuit son idée. L'isotopie principale du dialogue est celle du pouvoir royal, dont ils mettent en relief des aspects différents, selon les termes employés et les glissements opérés par contiguïté entre les signifiés. Par exemple, le roi s'exprime peu par images, il désigne «directement» la réalité : il parle du *rex*, du *tyrannus* et distingue bien les deux, comme il le faisait déjà dans l'Episode II[47], craignant d'être lui-même jugé comme un tyran ; Salomé, dans sa réponse, emploie la métonymie, certes lexicalisée, du sceptre pour désigner le pouvoir d'Hérode : *At sceptra metuit*, « Mais elle craint ton sceptre », occultant ainsi la distinction entre les deux régimes politiques, confondus dans son langage : s'agit-il du sceptre du roi ou du tyran ? De même, lorsque Hérode se plaint des critiques de la foule que la peur ne fait pas taire, sa réponse injonctive est : *Compesce ferro*, « Réprime-la par le fer », l'emblème du pouvoir n'est plus un objet symbolique inoffensif en lui-même, mais le métal des armes qui servent à tuer.

Cette nouvelle métonymie évoque l'instauration de la terreur, fondée sur la violence et l'arbitraire, que la Jeune Fille prônait déjà aux vers 1204-1205 dans une sentence jouant sur l'antithèse *iniquum / æquum*, « injuste » / « juste », que l'autorité royale, selon elle, résoudrait d'elle-même : le sceptre en rendant le roi tout-puissant le placerait au-dessus des lois (vers 1207-1208). Hérode, en revanche, insiste sur le devoir du roi de les respecter, ainsi que la justice (vers 1204 et 1206), car l'avantage dont bénéficie un roi juste et légitime est la *fides*, « confiance »[48] de ses sujets (vers 1213), qui lui assure un long règne, tandis que la terreur est source de troubles, de révolutions (vers 1211). Même si Hérode ne veut être un « bon roi » que par intérêt personnel et si sa motivation égoïste le rapproche de l'état d'esprit de Salomé, tous deux envisagent des politiques opposées pour atteindre le même objectif.

La Jeune Fille adopte un discours général sur les ennemis, le pouvoir, et multiplie les pires maximes que les tyrans de Sénèque répètent sans cesse pour prouver qu'un roi a le droit absolu de faire ce qui lui plaît ; mais Hérode, absorbé par ses rapports actuels et potentiellement conflictuels avec ses sujets, l'interrompt par une interrogation puis par une assertion au futur qui réorientent le dialogue vers son cas personnel. Il réintroduit dans l'énonciation les marques de la première personne du singulier, accompagnées au vers 1202 du déictique temporel *nunc*[49]. Mais la réponse de Salomé qui est personnellement moins impliquée dans la conjoncture présente reste intemporelle et générale, comme les théories des traités politiques de la Renaissance.

De fait, la stichomythie, dans ces vers et dans les autres passages de *Baptistes* mais aussi dans celles de Sénèque et des dramaturges du XVIe siècle, prend souvent la forme d'un duel de maximes, ce terme pouvant être défini comme le propose Charlotte Schapira dans son étude *La maxime et le discours d'auto-*

---

[47] Voir v. 371-372 : *Nempe hoc tyrannus interest regi bono :/ Hic seruat hostes, hostis ille ciuium est*, « N'est-ce pas en ceci que le tyran diffère du bon roi ?/ L'un a toujours des ennemis extérieurs, l'autre est l'ennemi de ses sujets ». L'énoncé général d'Hérode reprend la distinction inspirée par Platon et Aristote.

[48] Substantif polysémique recouvrant les notions de loyauté, de fidélité, de confiance, les sentiments qui fondent une relation durable et sereine avec autrui.

[49] V. 1202 : *Quod nunc remedium plebis odio reperiam ?* Littéralement : « Quel remède trouverais-je maintenant à la haine de la populace ? », le subjonctif présent marque ici la délibération. Au v. 1209, il revient encore à son cas personnel : « L'opinion publique dira qu'au lieu d'un roi, je suis un tyran ».

rité[50]. Les structures verbales impersonnelles, dépouillées des marques les plus visibles de l'énonciation sont nombreuses : infinitifs employés comme sujets grammaticaux[51], formes passives sans complément d'agent[52], etc. Le prédicat est au présent « gnomique », traditionnellement chargé des valeurs de vérité et d'intemporalité. Les sujets et les objets peuvent être des substantifs abstraits[53], ce qui est rare dans la langue latine, sauf dans la formulation d'énoncés généraux ou gnomiques, ou bien des noms pluriels sans détermination désignant une catégorie générique d'individus (vers 1209 et 1214 : les rois), ou des singuliers à valeur collective (vers 1204-1208 : le roi).

Dans l'Épisode II, La Reine est la première à prononcer des énoncés de type généralisant. Quand Hérode affirme que Jean-Baptiste n'est qu'un prédicateur inoffensif[54] et irréprochable[55], elle adopte un ton plus général pour le convaincre du danger que le prophète représente pour son pouvoir, comme en témoignent la gradation dans le développement de l'isotopie de l'intrigue politique[56] et la formulation d'énoncés qui élargissent le propos au delà du cas présent pour mieux l'englober. Même si le principe énoncé

[50] C. SCHAPIRA, *La maxime et le discours d'autorité*, Paris 1997, 89 : « Ainsi l'on pourra dire que la maxime est *une création individuelle signée*, constituée d'une ou plusieurs phrases créant *une unité de discours achevée*, plus ou moins concise, et *autonome aussi bien du point de vue grammatical que du point de vue référentiel*. Elle présente généralement un style élevé et une structure qui, sans être nécessairement catégorique, offre *l'apparence d'une vérité générale*, lui conférant l'autorité nécessaire à l'obtention du *statut citationnel* ». Sur la maxime voir *Formes brèves. De la γνώμη à la pointe : métamorphoses de la « sententia »* dans *La Licorne* 3 (1979), part. biblio. : 77, note 36 ; 85, note 2.

[51] Exemple, v. 1203 : *Parere populi est, imperare regium*, « Obéir est l'affaire du peuple, ordonner, celle du roi », maxime politique que sa structure syntaxique apparente à une définition antithétique, et que la paronomase entre les deux verbes de sens opposés, *parere*, « obéir » et *imperare*, « ordonner », rend frappante.

[52] Voir v. 1214-1215 : *Necesse reges est timeri, diligi/ Necesse non est*, « Il est nécessaire que les rois soient craints, qu'ils soient aimés,/ Ce n'est pas nécessaire ».

[53] Voir v. 1211-1212 : ... HÉRODES – *Regna male seruat metus./* PUELLA – *Et regna uertit facile scelerum impunitas*, « HER. – La crainte préserve mal les royaumes./ J.-F. – Et l'impuni-

té des forfaits renverse aisément les royaumes ». Comme aux v. 1203-1204, la stichomythie progresse grâce à une « rectification » du second locuteur, qui complète l'assertion du premier, en réalité cette correction équivaut à une réfutation, puisque les deux maximes révèlent deux conceptions contradictoires d'un même référent (le gouvernement d'un *regnum*, « un royaume ») ; les assonances entre les deux verbes *seruat* et *uertit*, de signifiés opposés, renforcent le contraste entre les deux maximes.

[54] V. 356 : *At hic ruentem sponte populum ad se docet*, « Mais cet homme, il instruit le peuple qui accourt spontanément vers lui. »

[55] Au v. 358, il parle de la *sanctitas* du prophète, substantif abstrait impliquant les notions de sainteté (caractère sacré, inviolable), de probité (droiture, intégrité) et de pureté.

[56] Après avoir traité Jean-Baptiste de *concitator*, « agitateur », elle a prononcé le diminutif neutre pluriel *conuenticula*, « petites réunions », qui peut suggérer l'existence de groupes secrets, et maintenant sa réponse à Hérode contient l'expression *fusa late factio*, « une faction à large audience ». Dans d'autres contextes, *factio* peut signifier « parti politique » ou « ligue », ce qui implique l'idée d'une foule. Le recours à un tel champ sémantique laisse supposer que Jean-Baptiste est le chef d'une bande de nombreux conspirateurs.

n'a pas toujours une valeur absolue, il se présente comme un discours d'autorité, qui dépasse le cas de Jean-Baptiste pour mieux s'y appliquer[57].

La tendance à la généralisation s'accentue dans le second extrait de l'Episode II avec l'absence des marques d'énonciation entre une première et une seconde personne du singulier, et des références explicites à Jean-Baptiste. La stichomythie naît du mécanisme de symétrie, qui s'instaure entre les personnages dans l'élaboration de maximes. Ainsi Hérode inaugure-t-il ce processus au vers 367 en induisant de sa propre incertitude une conclusion générale[58] formée par un système hypothétique au présent de l'indicatif marquant la répétition. La réplique de La Reine exprime alors une surenchère sur le thème séculaire de la déploration de la condition royale, et ainsi de suite. Toutes ses répliques soulignent l'intérêt pour le roi d'agir avec sévérité et violence, tandis qu'Hérode affirme ne pas sentir la nécessité d'une attitude despotique et radicale envers Jean-Baptiste, qu'il ne considère pas comme son ennemi.

Le référent principal de ce passage, la royauté, inspire traditionnellement des maximes. Toutes celles qui émaillent le dialogue de *Baptistes* entretiennent un rapport étroit avec l'action de la pièce[59]; La reine et sa fille, son « porte-parole » dans l'Episode VIII, les multiplient volontiers, afin d'atténuer le caractère radical, extrême, de leurs assertions en leur donnant l'apparence de la vérité, indiscutable et universelle. Hérode est amené à leur répondre en adoptant leur stratégie énonciative; son statut social de détenteur du pouvoir l'habilite par ailleurs à user de ce discours d'autorité.

Le résultat de ces duels de maximes est une impasse. Chaque locuteur exprime ce qu'il croit être des vérités générales, mais son interlocuteur lui prouve sur-le-champ qu'il ne partage pas cette croyance et qu'il observe d'autres principes; la maxime n'apparaît dès lors que comme un énoncé *en apparence porteur de vérité*, la confrontation immédiate des deux systèmes de valeurs antithétiques, qu'il véhicule successivement, discrédite son efficacité et sa validité. Le dialogue ne résout pas l'ambivalence de la vérité telle qu'el-

---

[57] Exemple, l'énoncé du v. 359 : « C'est souvent sous ce voile que se cachent les turpitudes » n'exprime pas précisément une vérité universelle, parce que le démonstratif *hoc* a ici une valeur anaphorique, renvoyant à la *sanctitas* de Jean-Baptiste, mais la présence de l'adverbe fréquentatif, d'un sujet qui est un nom abstrait au pluriel et l'emploi du présent de l'indicatif marquent un processus de généralisation.

[58] *Conditio regum misera, si miseros timet,* « La condition des rois est misérable, s'ils craignent les misérables ». Dans la tragédie de Jean de LA TAILLE, *Saül le Furieux,* on peut lire un des nombreux exemples de ce *topos* fréquent à la Renaissance (acte V, v. 1325-1332 : lamenta-

tion de David sur les malheurs royaux).

[59] Toutes les maximes traitent des problèmes de fond de cette tragédie. Sur ce point, même si l'on peut reprocher à Buchanan de multiplier les débats oratoires à visée (directement ou indirectement) didactique, l'insertion des maximes dans le dialogue semble répondre assez bien à un des critères de la dramaturgie classique souligné par J. SCHERER, *La dramaturgie classique en France*, Paris 1994 (1956), 2ᵉ partie, chap. VI, 3 « La sentence », 318 : « Il ne suffit donc pas que ces principes généraux soient utiles à l'instruction du public, il faut encore que leur expression soit nécessaire dans la situation particulière où un personnage est amené à les proclamer ».

le se présente dans l'œuvre de Buchanan, en tout cas celle que croient connaître et comprendre les hommes. Au contraire, la stichomythie met en relief cette dualité, source de conflit et de violence.

Deux types de préceptes s'opposent sans parvenir à se concilier, ni à l'emporter l'un sur l'autre : le parallélisme entre les répliques des deux personnages souligne leur égalité au point de vue argumentatif. Sur le plan didactique visant les spectateurs, le message de l'auteur risque de ne pas être très clair. Certes, on sait que Buchanan, tout au long de sa vie, a fui et critiqué toute forme de tyrannie, à la fois politique et religieuse[60] et que Jean-Baptiste est la figure emblématique de tous les protestants persécutés en Europe ; s'il a introduit dans *Baptistes* un porte-parole de l'idéologie qu'il défend, il faut l'identifier à Gamaliel (et au chœur, favorable lui aussi à Jean-Baptiste), mais il n'apparaît que dans la première scène et n'est pas le locuteur qui prononce le plus d'énoncés didactiques, de sorte que l'idéologie qui semble dominer dans la tragédie et qui triomphe finalement, est celle du despotisme arbitraire et intolérant. D'ailleurs, l'interruption soudaine de ce débat vain et stérile par l'intervention de La Reine prenant la responsabilité de la mort du prophète pour se venger d'une offense personnelle symbolise la victoire de la violence sur la modération et la raison.

Spiritualité et politique : la confrontation majeure

A la fin de l'Episode II, Hérode n'a toujours rien décidé et a résisté verbalement au discours de son épouse. La scène suivante montre qu'en réalité il est influencé malgré lui par les propos de La Reine dans la conduite de l'interrogatoire de Jean-Baptiste. La faillite de la communication perçue dans l'immédiateté du dialogue se résout en partie à long terme, puisque la suite révèle que le roi a bien reçu et assimilé le message de la reine, mais la communication reste unilatérale.

La stichomythie entre le juge et l'accusé n'atteindra même pas ce résultat, car tous deux appartiennent à des mondes trop éloignés et que tout oppose. Le roi qui croit diriger l'entretien parce qu'il détient l'autorité suprême, prononce d'abord dans une tirade tous les chefs d'accusations retenus contre le prophète, puis celui-ci se défend à son tour longuement, avant de conclure : «Ainsi donc, toutes les décisions que tu prendras sur mon sort, / Crois bien que Dieu lui-même les prendra sur le tien». Le dialogue se poursuit ainsi (vers 508-515) :

> HERODES – *Cum in astra uenies, loquere tum cælestia ;*
> *Terrena iura patere, dum terram coles.*

---

[60] Il fut emprisonné en Ecosse à cause de ses poèmes satiriques contre le clergé catholique en 1539, puis, se rapprochant de plus en plus des conceptions protestantes, il fut poursuivi par l'Inquisition au Portugal en 1550. Après avoir fréquenté les cours d'Ecosse et de France et participé à l'éducation de Marie Stuart, puis de son fils Jacques VI d'Ecosse (futur Jacques Ier d'Angleterre), à qui il a dédié cette tragédie, il a résumé, à la fin de sa vie, sa conception des devoirs et des vertus du roi dans son traité *De Iure regni apud Scotos*, publié en 1579.

IOANNES – *Terrena uereor regna, pareo regibus;*
          Æterna patriam regna puto, regem colo.
HER. – *Res ipsa clamat regibus quam pareas,*
        Parere regem qui tuis uis legibus.
IOAN. – *Si ferre leges mihi liceat, edicerem*
        Parere populos regibus, reges Deo.

HÉRODE – Quand tu rejoindras les étoiles, parle alors du ciel;
        Mais les lois de la terre, subis-les tant que tu habites la terre.
JEAN – Je respecte les royaumes de la terre, j'obéis à leurs rois;
        Mais pour moi le royaume éternel est ma patrie, j'honore son
                                                   |roi.
HER. – Ton propos montre à l'évidence combien tu obéis aux rois,
        Toi qui veux que ton roi obéisse à tes propres lois.
JEAN – Si je pouvais proposer une loi, je proclamerais que
        Les peuples obéissent à leurs rois, et les rois à Dieu.

Là-dessus, Hérode fait sortir Jean-Baptiste et médite en présence du chœur sur le malheur des rois et la sentence à choisir au sujet du prophète, devenu à ses yeux un danger pour la sécurité du pouvoir. Il finit par décider de l'arrêter et de le châtier, sans préciser la nature de la peine.

La répétition d'un ou deux termes ou de sémèmes dont ils sont porteurs engendre le passage d'une réplique à l'autre. Les deux premiers énoncés s'articulent sur la reprise de l'adjectif *terrena* et du sémème |soumission| contenu dans les verbes *patere*, «subis» et *pareo*, «j'obéis». Hérode répète ce dernier verbe dans le vers 512, ainsi que le substantif *rex*, présent deux fois dans la réplique de Jean-Baptiste, au pluriel puis au singulier[61]. Celui-ci relance une dernière fois le processus en retenant dans la réplique précédente le nom pluriel *legibus,* qu'il emploie dans une locution du vocabulaire juridique: *ferre leges,* «proposer une loi». Encore une fois, la répétition du terme amènerait à penser que les deux locuteurs sont «sur la même longueur d'ondes», mais ce n'est pas le cas. Hérode, dans le syntagme *tuis legibus,* «à tes lois», réduit la portée du substantif à son sens figuré de «volontés, caprices» d'une personne particulière, alors que Jean-Baptiste le comprend dans son sens propre et général de «règles établies, qui doivent être observées par toute la société» et, en tant qu'émissaire de Dieu, il a recours au champ sémantique du droit humain pour transmettre aux hommes la loi divine.

Sauf dans la proposition principale: *Res ipsa clamat...*, Hérode énonce tous les prédicats à la deuxième personne du singulier et ils ont pour sujet le prophète: il ne cesse de le prendre pour référent. Quant à Jean-Baptiste, il conjugue tous les verbes à la première personne du singulier et semble ne pas s'adresser à Hérode, absent de son énonciation. Le dialogue ne possède plus la réciprocité ou la réversibilité nécessaires à l'efficacité de tout échange verbal. Il l'entend bien puisqu'il répète certains des vocables qu'il prononce,

---

[61] Les nombreux *reges* qui se succèdent sur terre et dirigent des royaumes géographique-ment distincts sont différents du *rex* divin qui règne pour l'éternité sur toute la Création.

mais il ne l'écoute pas, il donne même l'impression de l'ignorer. Il ne cherche pas à convaincre Hérode, il proclame sa foi sans se préoccuper de l'interprétation qu'il fait de son discours et dont la fausseté est dangereuse pour sa vie. En effet, le roi y décèle une menace personnelle. Le vers 510 [62] devrait le rassurer, il confirme l'innocence « politique » de Jean-Baptiste, sa soumission à l'ordre temporel ; mais le vers 511 [63] peut le déranger, car il n'y affirme pas explicitement qu'il *lui* obéit ni qu'il le reconnaît comme *son roi*, au contraire, il dit que sa patrie réelle n'est pas la contrée qu'il gouverne, il y est en quelque sorte étranger, or tout étranger est un ennemi potentiel aux yeux du tétrarque. De plus, les prédicats du vers 510 impliquent une attitude « passive » de la part de l'agent, qui, dans le respect comme dans l'obéissance envers les rois terrestres, subit sans faire preuve de volonté ni exercer son consentement, tandis que les verbes de pensée et de sentiment du vers 511, au sujet du Royaume des cieux, évoquent une adhésion volontaire de l'individu. La profession de foi de Jean-Baptiste est pour Hérode une déclaration à retenir contre lui, parce qu'elle lui révèle qu'il ne peut être le maître ni de l'esprit ni du cœur de cet homme voué à Dieu, alors même que le prophète avoue sa totale indifférence à l'égard du pouvoir humain.

Le problème de communication entre les protagonistes provient de deux conceptions différentes du temps et de l'espace. L'utilisation de deux verbes au futur dans la première réplique de la stichomythie [64], alors que son deuxième énoncé est au présent, marque chez Hérode la distinction commune à tous les êtres humains, entre le présent et l'avenir. Jean-Baptiste, en revanche, conjugue presque tous les verbes au présent de l'indicatif : il ne semble pas appartenir à ce que l'on pourrait appeler le « temps humain », qui s'écoule linéairement dans la représentation mentale des Occidentaux. Hérode associe au présent et au futur deux espaces différents, la terre et le ciel : le roi renvoie les questions métaphysiques et religieuses à plus tard, au moment de la mort et de la vie dans l'Au-delà, comme le montrent l'image traditionnelle de la montée vers les étoiles — *Cum in astra uenies* — et l'utilisation de l'adjectif neutre substantivé *cælestia*, « les choses célestes », désignant par métonymie le divin et ce qui s'y rapporte [65] ; pour ce puissant du monde temporel, la vie présente appartient au politique. Le discours de la reine a pu l'influencer, car elle lui a transmis son obsession de la sauvegarde du pouvoir actuel, alors que lui-même, dans l'Episode II, montrait quelque intérêt (ou une certaine crainte) pour le sacré, lorsqu'il pensait que Jean-Baptiste était un saint homme.

---

[62] *Terrena uereor regna, pareo regibus*, « Je respecte les royaumes de la terre, j'obéis à leurs rois ».

[63] *Æterna patriam regna puto, regem colo*, «[Mais] pour moi le royaume éternel est ma patrie, j'honore son roi. »

[64] *Coles* est au futur, mais en français on ne peut le traduire que par un présent de l'indicatif après la conjonction de subordination *dum*. D'ailleurs ici, il renvoie à la sphère du présent, puisqu'il a pour objet *terram*.

[65] La tradition situe métaphoriquement le royaume de Dieu dans les cieux, par opposition à la *terra* des hommes.

Dans l'énonciation de celui-ci, seule la sphère du présent est représentée, parce qu'il est un serviteur de Dieu et partage sa vision totale du temps. Son présent est celui de l'éternité, atemporel, universel et infini, puisqu'il proclame que sa véritable patrie est dans *Æterna regna*, « le royaume éternel ». Certes, Hérode lui rappelle qu'il vit actuellement sur terre, mais il est sans cesse tourné vers le ciel, son horizon ; sa vie terrestre renferme déjà une dimension « céleste », une relation au divin exceptionnelle. Sur le plan de l'énonciation, lui ordonner comme le fait le roi de ne plus parler actuellement des « choses célestes », c'est le contraindre au silence, lui refuser même le droit d'exister, car toute son existence est fondée sur la parole divine, qu'il a pour mission de proclamer partout [66].

Tout son discours est motivé par sa conception particulière du temps, comme le montrent les deux énoncés corollaires exprimés par le vers 515 — « Les peuples obéissent à leurs rois, et les rois à Dieu » — et qui établissent une hiérarchie à trois étages. Selon Jean-Baptiste, tous les hommes sont inférieurs et donc soumis à Dieu ; la majeure partie des hommes sont subordonnés aux rois ; donc la base de la pyramide est occupée par les peuples, le faîte par Dieu, le « roi » éternel de tout l'univers, et le degré intermédiaire sur l'échelle de l'autorité est représenté par les quelques rois qui se partagent la Terre le temps de leur courte vie [67]. L'ordre chiasmatique des termes illustre cette situation médiane des rois (*populos, regibus, reges, Deo*). Leur condition humaine les empêche d'accéder au vrai pouvoir absolu, que seul Dieu possède depuis toujours. Devant Dieu, Jean-Baptiste est persuadé d'être l'égal d'Hérode, de lui être même supérieur, parce qu'il est plus docile à la loi suprême ; les énoncés conatifs [68] du roi ne peuvent être qu'inopérants.

Hérode interrompt alors le dialogue, se rendant compte que la discussion est un échec. Les deux interlocuteurs n'arrivent pas à s'écouter, ce qui augmente l'incompréhension mutuelle et la tension dramatique. A la fin de

---

[66] Voir l'analyse du tragique dans le théâtre humaniste par REISS, « Vers un système », art. cit., 153 : « L'échec du héros ne vient pas de ce qu'il est vaincu par des dieux ou par un destin quelconque, de ce qu'il ne dépasse pas son humanité, ou ainsi de suite, mais de ce qu'il ne peut pas traduire son discours en action, qu'il ne saurait sortir de son discours ni changer de parole. Il est bloqué dans son langage en dépit de tout effort pour en sortir —et c'est luimême qui s'y bloque. Dans un sens le tragique (toujours implicite) de ce théâtre de la Renaissance, du *Baptistes* de Buchanan au *Tamburlaine* de Marlowe, est fondamental : le pourquoi de la souffrance restera à jamais inconnu parce que la parole qui pose la question ne saurait changer de nature pour donner la réponse. Ce « pourquoi » est dans le langage, *est* le langage ; qui y est nécessairement aveugle. L'homme y est voué au tragique parce qu'il n'a qu'*une* parole ».

[67] La formulation de nombreux proverbes est fondée sur ce type de gradation, comme ce proverbe latin du Moyen Age : *Astra regunt homines, sed regit astra Deus*, « Les étoiles gouvernent les hommes, mais Dieu gouverne les étoiles », proche de l'énoncé du prophète à plusieurs points de vue et cité par M. MALOUX, *s.v.*, *Dictionnaire des proverbes, sentences et maximes*, Paris 1980.

[68] Hérode tient un discours prouvant sa double autorité de roi et de juge par l'emploi de l'impératif et du verbe *parere* qui appartient au champ sémantique de la soumission, rappelant le statut social « inférieur » de son interlocuteur.

la stichomythie, le roi n'a toujours rien tranché, mais son interprétation des paroles de Jean-Baptiste, « parasitée » par le souvenir du discours de son épouse, lui fera prendre une décision qui, bien qu'elle n'entraîne pas directement la mort du prophète, ajoute au caractère tragique de l'action. La confrontation entre le « faible » et le puissant n'aboutit pas à un rapprochement, encore possible à la fin de l'Episode II, mais à un écart, à une séparation irrémédiables qui contribuent à isoler davantage le prophète du monde des hommes à l'intérieur de la tragédie.

A la fin de cette étude des stichomythies dans la tragédie de Buchanan, nous pouvons dire que les voix alternées qui s'y font entendre ne parviennent presque jamais à se croiser, à créer un véritable échange, et qu'elles restent parallèles. Les dramaturges français de la Renaissance et, dans une certaine mesure, leurs successeurs « classiques », qu'ils aient connu ou non l'œuvre latine de Buchanan, feront un usage similaire de la stichomythie.

Dans *Baptistes*, le dialogue n'a pas une réelle incidence sur l'évolution de l'action et sur le plan dramatique, le résultat des échanges verbaux les plus vifs est médiocre, voire nul. Pourtant, hormis les actes d'énonciation, peu d'actes s'accomplissent. On peut se poser la question de l'utilité ou de la justification de la stichomythie à l'intérieur de la tragédie : pourquoi l'humaniste écossais a-t-il éprouvé la nécessité d'accélérer de temps en temps le rythme du dialogue, quand finalement ce ne sont pas les discours prononcés sur scène qui font progresser l'action vers son dénouement ?

Outre l'influence du modèle dramatique ancien, une partie de la réponse à cette interrogation serait qu'un des constituants du tragique réside précisément dans la tension née à l'intérieur de la pièce de la difficulté et parfois même, comme dans ces stichomythies, de l'impossibilité de communiquer. *Baptistes*, en représentant la mise à mort d'un homme voué au Verbe, est dans une certaine mesure une tragédie consacrant l'échec du langage comme moyen de communication. Il pourrait sembler paradoxal que son auteur fût un professeur réputé, dont plusieurs élèves devenus célèbres ont suivi les préceptes et les idées, mais sans doute son expérience acquise en des temps d'intolérance et de conflits l'a-t-elle amené à douter de l'efficacité de la parole humaine.

ANNEXE
RESUME DE LA TRAGEDIE

Prologue : Le *Prologus* annonce le sujet, qu'il définit à la fois comme ancien et actuel. *Episode* I : Les rabbins Malchus et Gamaliel exposent deux jugements opposés sur Jean-Baptiste, ascète qui blâme les mauvais ministres du culte traditionnel et prône la pénitence. Malchus, irrité par la tolérance de son collègue, le quitte pour aller se plaindre au roi ; Gamaliel médite sur les mauvais conseillers qui poussent les rois faibles à une vaine cruauté. Premier chant du Chœur des Juifs, qui déplore la méchanceté et la ruse animant les hommes comme Malchus. *Episode* II : Entretien entre La Reine qui veut faire arrêter Jean-Baptiste et Hérode qui voit en lui un saint homme. *Episode* III : Hérode fait comparaître dans une sorte de procès le prophète qui invoque comme défense son obéissance absolue à Dieu, le roi le congédie et réfléchit sur les difficultés de la fonction royale, puis il décide de punir Jean-Baptiste, qu'il juge rebelle. Le Chœur implore l'aide de Dieu en professant sa foi en Sa toute-puissance, souvent manifestée par le passé. *Episode* IV : Malchus, ayant affirmé son intention de triompher de Jean-Baptiste qui est en train de vilipender les lévites, les scribes et les prêtres, interroge celui-ci sur sa « mission », la réponse du prophète est une reprise de l'*Evangile selon saint Jean* (1, 19-27), inspiré par le verset 40, 3 du *Livre d'Isaïe*, annonçant la venue du précurseur du Christ. Malchus, ne saisissant pas l'allusion, met fin à l'entrevue en proférant des menaces. Bref chant du Chœur contre les vices et les crimes qui ne restent pas impunis. *Episode* V : Malchus incite La Reine à circonvenir une fois encore Hérode pour obtenir l'exécution de Jean-Baptiste : ils feront désormais alliance tous les deux contre ce dernier. Le Chœur condamne l'envie et la calomnie, piliers de la tyrannie, et admire la constance du saint homme. *Episode* VI : Ce dernier, averti par le Chœur qu'un danger extrême le menace, proclame qu'il ne redoute pas la mort, bref moment de passage vers une vie éternelle et meilleure. Le Chœur affirme son espoir en la vie future, repos éternel des justes, enfer pour les mauvais. *Episode* VII : La Reine, seule sur scène, fait le très bref récit du festin où sa fille a dansé « récemment » pour Hérode, qui lui a promis n'importe quelle récompense ; elle a juré à sa mère de demander la tête du prophète. *Episode* VIII : Apprenant le souhait de Salomé, Hérode tente de s'y dérober, car il craint que la mort d'un homme aimé du peuple ne provoque au moins un fort mécontentement, La Reine affirme alors qu'elle assumera seule la responsabilité de l'exécution, pour faire un exemple auprès de la foule. Le Chœur déplore l'impiété de ses contemporains, et annonce le châtiment prochain d'Israël, souillé du sang innocent du prophète (= la prise et de la destruction de Jérusalem par Titus en 70 après J.-C.). *Episode* IX : Un messager annonce brièvement au Chœur des Juifs la décapitation de Jean-Baptiste, en lui rappelant que la mort est pour les croyants une délivrance et non un malheur.

LE COMMENTAIRE DE CLAUDE MIGNAULT
SUR LES *EMBLÈMES* D'ALCIAT

par PHILIP FORD

Dans l'histoire de la mythographie de la Renaissance, l'humaniste, professeur et juriste bourguignon Claude Mignault n'a pas reçu toute l'attention qu'il mérite. Nous ne trouvons qu'une seule référence à sa contribution à la mythographie dans l'œuvre magistrale de Jean Seznec, *La Survivance des dieux antiques*[1], et cinq notes qui font mention de lui dans l'ouvrage d'Erwin Panofsky, *Essais d'iconologie*[2], où l'auteur fait allusion, il est vrai, au « plus précieux commentaire » de Mignault sur les *Emblèmes* d'Alciat. Et pourtant, le succès incontestable des *Emblemata*, ainsi que l'information abondante contenue dans le commentaire de Mignault, auraient sans aucun doute fait en sorte que sa conception des mythes antiques et de leur interprétation fût connue d'un public assez important. Ce que nous nous proposons de faire dans cet article, c'est de fournir dans un premier temps quelques détails sur la méthodologie adoptée par Mignault dans son commentaire, d'esquisser ensuite le développement de son texte dans les différentes éditions des *Emblemata,* avant de considérer enfin son traitement de quelques incidents tirés de l'*Odyssée.*

Claude Mignault naquit en 1536 ou en 1546, comme on l'a suggéré[3], à Talant, près de Dijon, d'où il vint à Paris dans l'été de 1567. Dès 1569, il était

---

[1] *Survivance des dieux antiques : essai sur le rôle de la tradition mythologique dans l'Humanisme et dans l'art de la Renaissance,* repr. Paris 1993 (1939), 96-97.

[2] *Essais d'iconologie : thèmes humanistes dans l'art de la Renaissance,* trad. C. Herbette, B. Teyssèdre, Paris 1979, 109, 179, 181, 296, 298. E.H. GOMBRICH (*Symbolic Images* : Studies in the Art of the Renaissance 9, London - New York 1972 ; repr. *Grombrich on the Renaissance,* vol. 2, London 1993³) ne fait pas

mention de lui, quoiqu'il paraisse trois fois dans E. WIND, *Mystères païens de la Renaissance,* trad. P.-E. Dauzat, Paris 1992.

[3] Voir C. MAGNIEN, *s.v., Centuriæ Latinæ : Cent figures humanistes de la Renaissance aux Lumières offertes à M.-M. de La Garanderie,* ed. C. Nativel, Genève, à paraître. Pour plus de précisions sur Mignault, voir l'article important d'A. GRAFTON, « Teacher, Text and Pupil in the Renaissance Class-Room : A Case Study from a Parisian College », *History of*

professeur du *primus ordo*, la classe de rhétorique, au collège de Reims à Paris, et c'est là que, encouragé par Christophe Plantin, il pensa à publier son commentaire sur les *Emblèmes* d'Alciat, comme il l'indique dans son Epître au principal du Collège, Jean Le Vasseur, dans la première édition du commentaire[4]. Quelques années plus tard, en 1574, il devint professeur au collège de la Marche et en 1575 il obtint un poste au collège de Bourgogne. En 1578, il abandonna l'enseignement pour se consacrer au droit canon. Il mourut à Paris en 1606. L'ouvrage qui nous concerne ici est son commentaire latin sur les *Emblèmes* d'Alciat, qui parut pour la première fois en 1571, sans illustrations. Mignault continuait à développer son commentaire dans des éditions subséquentes, à partir de 1573, et quoiqu'on ait prétendu que c'est dans l'édition Plantin de 1581 que l'ouvrage atteint sa forme la plus complète, Florence Vuilleumier Laurens a démontré que Mignault augmente son commentaire dans l'édition de Paris, 1589 (*Notæ posteriores*), puis dans l'édition de 1602 (*Appendices*)[5]. Mignault traduisit en français les *Emblemata* ainsi que son commentaire dans une version abrégée qui n'a fait que trois éditions, publiées en 1584, 1585 et en 1587. Il semble que l'influence de la version française ait été moindre que celle de la version latine[6].

Une épître liminaire de la plume de Mignault, rédigée à Paris en 1573, accompagne les éditions des *Emblemata* postérieures à 1581, dans laquelle l'auteur explique l'approche qu'il adopte dans son commentaire.

> *In hac tota ineunda ratione nihil magis obseruandum esse duxi, quam scrupos omnes & mæandros difficiliores, vt locos etiam obscuros enarrare, & Emblematum pene omnium originem ex suo fonte ductam repetere, postremoque vsum cuiusque loci & sententiæ facilem pro virili parte adiicere.*
> éd. 1581, **2r°

Universities I (1981), 37-70 et F. Vuilleumier Laurens, intro. à *L'université et la librairie en France à la fin du XVIᵉ siècle : le « Syntagma de Symbolis » de Claude Mignault (édition critique et traduction)*, [dossier d'Habilitation Paris IV-Sorbonne 2000], Genève à paraître.

4 *Omnia And. Alciati V. C. Emblemata*, op. cit. *infra* note 12 : *Tametsi enim ante duos, ni fallor, ea de re cum Christophoro Plantino ciue Antuerpiensi, & nostra ætate typographo diligentissimo me colloquutum meminissem, ipseque, ut est in bonas literas propensus, suam nobis operam & studium se collaturum esset ingenue pollicitus, vt integra mea commentaria suis nitidissimis typis excuderentur (quod unice cupiebam) haud scio tamen quæ negociorum domesticorum remora me ab eo quod tandiu statueram penitus auocarit* (fᵒ Aijrᵒ).

5 Sur les diverses éditions de ce texte, voir A. Saunders, *The Sixteenth-Century French Emblem Book : A Decorative and Useful Genre* : Travaux d'Humanisme et Renaissance CCXXIV, Genève 1988, 100-101. Pour les éditions françaises d'Alciat, voir *A Bibliography of French Emblem Books*, Travaux d'Humanisme et Renaissance CCCXXXI, edd. A. Adams, S. Rawles, A. Saunders, Genève 1999. Sur les éditions procurées par Mignault, voir F. Vuilleumier Laurens, chap. « Claude Mignault éditeur et préfacier d'Alciat », *La raison des Figures symboliques à la Renaissance et à l'âge classique. Etudes sur les fondements philosophiques, théologiques et rhétoriques de l'image* : Travaux d'Humanisme et Renaissance CCCXXX, Genève 2000, 145-171, 373-399 et Id., *L'université et la librairie*, op. cit.

6 Voir Saunders, *The Sixteenth-Century French Emblem Book*, op. cit., 108-115, ainsi que son article « Sixteenth-Century French Translations of Alciati's *Emblemata* », *French Studies* XLIV (1990), 271-88.

En dressant tout ce plan [pour expliquer les emblèmes], j'ai considéré que rien n'était plus important à observer que l'interprétation de toutes les difficultés et tous les détours que constituent les passages obscurs, ainsi que la recherche de l'origine de presque tous les Emblèmes, tirée de leurs sources, et enfin que l'addition, suivant mes moyens, de l'usage simple de tous les passages et maximes.

Autrement dit, il a un triple but : chercher la signification, les sources et la moralité des emblèmes et des épigrammes qui les accompagnent. Ce qui l'avait convaincu de l'importance de ce projet, explique-t-il dans la même épître, c'est la fascination qu'il avait ressentie tout jeune face au texte d'Alciat, accompagnée pourtant d'une certaine confusion quant à sa signification :

> *Quem cum de manibus fere non deponerem, & multa in eo perobscura deprehenderem, in quibus hærebam diutius, & in multis nitendo sudans, quod tunc quos vellem imprimis libros non haberem, sciscitabar ex Leodegario Agathochthonio [sic], Benedictino Diuionensi, homine vere pio, & in Hebræa, Græca, Latinaque lingua non mediocriter versato, vnde mihi omnes nodi & scrupi dissolui possent. Ille quidem de nonnullis me libere admonuit, sed hoc maxime, vt fontem ipsum si fieri posset, adirem, ex quo nimirum Emblema quodque sumptum esse constaret : & Alciatum Alciato interprete, quoad eius maxime fieri posset, enarrarem : id est, Alciati scripta alia, quo id præstarem commodius, sedulo & accurate voluerem.*

éd. 1581, *7v°-8r°

Comme je ne pouvais guère déposer ce livre dès que je le tenais en mains, et que j'y tombais sur bien des passages très obscurs où je m'enlisais bien longtemps, me donnant de la peine dans mes efforts d'interpréter bon nombre d'entre eux, car à cette époque je ne disposais pas des livres que je voulais surtout avoir, je m'informais auprès de Léger Bontemps[7], bénédictin dijonnais et vraiment dévot, bien versé en hébreu, grec et latin, comment je pourrais résoudre toutes ces difficultés et inquiétudes. En effet, il a librement attiré mon attention sur plusieurs choses, mais surtout sur l'idée que je devrais si possible consulter la source même d'où il était reconnu que chaque emblème était tiré ; que, dans la mesure du possible, je devrais expliquer Alciat en me servant d'Alciat comme interprète, à savoir en méditant sur ses autres œuvres avec soin et zèle, pour mieux exécuter cette tâche.

Ainsi donc, la meilleure façon de comprendre la concision extrême des emblèmes et des épigrammes consisterait à repérer leurs sources, si possible dans les autres ouvrages d'Alciat.

Non seulement cette méthode a réussi à Mignault, mais elle a encore été adoptée par d'autres éditeurs, notamment Johannes Thuilius dans l'édition

---

[7] Je tiens à exprimer ma reconnaissance à F. Vuilleumier Laurens (voir *L'université et la librairie, op. cit.*), qui m'a révélé l'identité de ce frère bénédictin. Ainsi, « Agathochthonio » serait une coquille pour « Agathochronio ». Frère à l'Abbaye de Saint-Bénigne à Dijon, il serait mort le 9 août 1565, d'après la notice du *Dictionnaire de biographie française.*

padouane des *Emblèmes* de 1621[8], où le commentaire pour chaque emblème est divisé en sections : I. une description de l'emblème ; II. ses sources ; III. une explication de l'épigramme qui l'accompagne ; et IV. la moralité qu'il faudrait déduire de l'emblème. Comme le fait remarquer Alison Saunders :

> The evergrowing preoccupation with adding lengthy commentaries to Alciati's originally very concise emblem book reached its height, however, in 1621, almost a century after the first appearance of the book, and the contrast between the original humble little edition published in 1531 by Steyner and the ponderous quarto edition published in Padua by Tozzi, edited by Johannes Thuilius, and with the commentaries of Mignault, Sanchez and Pignorius all brought together, is a startling one, showing how attitudes and styles evolved within the space of a century[9].

Un autre aspect du désir de fournir aux *Emblèmes* un caractère plus didactique, présent dans toutes les éditions à partir de celle de Barthélemy Aneau publiée en 1548[10], consiste dans la disposition des emblèmes en groupes, dont chacun reçoit un titre tel que « Deus sive religio », « Stultitia », ou « Fortuna ». Il est évident que cette initiative était destinée à transformer les *Emblèmes* en un recueil de lieux communs, sans doute pour mettre en valeur leur utilité dans les milieux humanistes[11].

Bien que la mythographie et l'interprétation des mythes ne constituent pas en soi le but principal du commentaire de Mignault, il était inévitable, vu la nature des emblèmes et des épigrammes qui les accompagnent, que des considérations de ce genre jouassent un rôle considérable dans son exégèse. Et si, à la différence de mythographes plus conventionnels comme Lilio Gregorio Giraldi ou Natale Conti, le recueil ne présente pas au lecteur les fables organisées selon des catégories déterminées d'avance, l'important « Index rerum et verborum » que l'on trouve dans des éditions comme celles de 1574, 1577 et de 1581, imprimées à Anvers, ou l'édition padouane de 1621, aurait facilité la recherche de tel ou tel mythe.

Afin de montrer le *modus operandi* des explications mythologiques dans le commentaire de Mignault, ainsi que les diverses étapes que le texte a suivies, je me propose d'examiner plusieurs incidents tirés de l'*Odyssée* qui constituent le centre d'intérêt de certains des *Emblemata*. Je tiendrai comp-

---

[8] *Andreæ Alciati Emblemata cum commentariis Claudii Minois I. C., Francisci Sanctii Brocensis, et Notis Laurentii Pignorii Patavini...*, Padova, P.P. Tozzi 1621.

[9] *The Sixteenth-Century French Emblem Book, op. cit.*, 101.

[10] *Emblemata Andreæ Alciati I.C. Locorum communium ordine ac indice nouisque posteriorum eiconibus aucta*, Lyon, Guillaume Rouille, [Macé Bonhomme] 1548. Voir

P. LAURENS, « Les métamorphoses du livre », ap. A. ALCIAT, *Les Emblèmes. Fac-similé de l'édition lyonnaise Macé-Bonhomme de 1551*, Paris 1997, 33-41.

[11] Voir à ce propos A. MOSS, *Les Recueils de lieux communs : méthode pour apprendre à penser à la Renaissance* : Titre courant 23, trad. P. Eichel-Lojkine, M. Lojkine-Morelec, M.-C. Munoz-Teulié, G.-L. Tin, Genève 2002, 342-343, note 19.

te de la première édition du commentaire[12], des éditions anversoises de 1574, de 1577 et de 1581[13], ainsi que des éditions parisiennes de 1589 et de 1602 et de l'édition padouane de 1621, qui contient également les commentaires de Francisco Sanchez et de Lorenzo Pignoria. Le responsable de cette édition, Thuilius, combine ces trois commentaires, de sorte qu'il est souvent impossible de savoir qui est l'auteur de telle ou telle explication, mais il omet parfois certaines remarques de Mignault, ce qui peut avoir pour conséquence d'importantes différences exégétiques par rapport à l'explication voulue par ce dernier.

Avant d'entamer l'analyse de quatre des emblèmes, nous allons donner quelques indications à propos des changements que le texte de Mignault subit entre 1571 et 1581. Le cas de l'Emblème CXV « Sirenes », est le plus intéressant parmi les quatre exemples. Dans l'édition de 1571, le commentaire, divisé en six notes, occupe moins d'une page (folio 44v°). L'explication qui y prédomine, d'inspiration moralisante, est que les Sirènes représentent les prostituées ou le désir sexuel et Mignault cite Servius et saint Jérôme à l'appui de cette thèse, sans ignorer pourtant d'autres sources comme Virgile et Ovide. Les gloses sur les expressions difficiles dans l'épigramme sont assez sommaires. Le Dijonnais n'explique pas, par exemple, l'origine des mots *Has musæ explumant* — que nous allons commenter ci-après —, et en général il se borne à établir des parallèles entre le sens du texte et des passages tirés d'auteurs classiques.

Mais dès l'édition de 1573-74 le commentaire occupe cinq pages et offre une variété d'explications des Sirènes, auxquelles Mignault ajoute dans les éditions subséquentes encore plus de détails et de sources, sans pourtant offrir des explications nouvelles. Cependant, on voit qu'il lui arrive de changer d'avis sur certains points. Par exemple, en 1574, à propos de l'étymologie de l'une des trois Sirènes, Ligia, il affirme :

> *Ligia quasi licia ab alliciendo, vel ligando metaphoricôs, quod venustate aspicientes se deuinceret.*

---

[12] *Omnia And. Alciati V.C. Emblemata cum luculenta et facili enarratione, qua cuiusque Emblematis origo, mensque autoris explicatur : & obscura vel dubia illustrantur, per Claudium Minoem Diuionensem*, Paris, Denis Du Pré 1571.

[13] *Omnia Andreæ Alciati V.C. Emblemata adiectis commentariis & scholiis, in quibus Emblematum ferme omnium aperta origine, mens auctoris explicatur, & obscura omnia, dubiaque illustrantur ; per Claudium Minoem Diuionensem*, Anvers, Christophe Plantin 1574 ; *Omnia Andreæ Alciati V.C. Emblemata cum commentariis, quibus Emblematum omnium aperta origine, mens auctoris explicatur, & obscura omnia, dubiaque illustrantur ; per Claudium Minoem Diuionensem*, Anvers, Christophe Plantin 1577 ; *Omnia Andreæ Alciati V. C. Emblemata cum commentariis, quibus Emblematum omnium aperta origine, mens auctoris explicatur, & obscura omnia, dubiaque illustrantur ; per Claudium Minoem Diuionensem*, Anvers, Christophe Plantin 1581. Nous n'avons pas consulté l'édition de 1573, identique à celle de 1574.

Ligia, pour ainsi dire *licia* [cordons] du verbe *allicio* [attirer à soi] ou de *ligo* [lier] au sens métaphorique, parce qu'elle vainc complètement par sa beauté ceux qui la contemplent.

Mais dès 1577, il se corrige :

Ligia, non à ligando, vt putant nonnulli, neque ab illiciendo, sed à Græco λιγεῖον, *quod canorum sonat : aut* λιγέως, *dulciter, quod ad sermonis & colloquij refertur illicium.*

Ligia ne dérive pas de *ligo*, comme certains le pensent, ni de *illicio*, mais du mot grec *ligéion*, qui signifie harmonieux ; ou de *ligéôs*, doucement, qui se rapporte au charme de ses propos et de sa conversation.

Etudier les diverses étapes du commentaire nous offre une perspective fascinante du développement intellectuel de Mignault dans les années soixante-dix.

Nous allons examiner maintenant les quatre emblèmes qui figurent des incidents tirés de l'*Odyssée*, pour voir un peu plus clairement la méthode de Mignault, et le sort que lui ont réservé les éditions tardives de son commentaire. Le premier emblème que nous nous proposons de commenter relève de la tradition moralisante de la mythographie. Il présente l'incident célèbre où Ulysse aveugle le cyclope Polyphème (Emblème CLXXI dans les éditions de 1571 à 1581). L'Emblème s'intitule « Iusta vindicta » (Juste vengeance), et l'épigramme qui l'accompagne raconte de façon presque humoristique les principaux événements de cette fable :

Dum residet Cyclops sinuosi in faucibus antri,
   Hæc secum teneras concinit inter oues :
Pascite vos herbas, sociis ego pascar Achiuis,
   Postremumque Vtin viscera nostra ferent.
Audiit hæc Ithacus, Cyclopaque lumine cassum
   Reddidit. en pœnas vt suus auctor habet !

éd.1581, 591

Pendant que le Cyclope reste assis à l'entrée de son antre labyrinthique, il chante pour lui-même cette chanson, au milieu de ses tendres brebis : « Mangez l'herbe, vous autres, et moi, en revanche, je mangerai les compagnons grecs, et mes entrailles recevront en dernier lieu *Utin* (Personne) ». Le héros d'Ithaque entendit ces paroles, et aveugla le Cyclope. Voilà comment un instigateur subit un juste retour de peine.

Dans l'édition de 1621, Thuilius présente d'emblée la description de cette scène :

Polyphème est assis parmi ses brebis dans un vaste antre, géant énorme avec un seul œil au milieu du front, armé d'une massue. Ulysse lui crève traîtreusement l'œil à l'aide d'une poutre en pointe [14].

---

[14] 719 : *Sedet inter sua pecora in vasto antro Polyphemus, immanis gigas, unum oculum in fronte habens, claua armatus, cui Vlysses ex insidijs trabe acuminata oculum effodit.*

Cette description est suivie d'un récit des événements, empruntée en majeure partie à Mignault, plus ou moins conformément au chant IX de l'*Odyssée*. Le Dijonnais allègue cette source, mais il cite également Ovide, *Métamorphoses* (XIV, 167 suiv.), l'*Enéide* (III, 613-54) et Lucien (*Dialogues des dieux marins*, 2 «Cyclope et Poséidon»). En 1589, il y avait ajouté le commentaire de Tzetzès sur Lycophron, et un autre commentateur cite Cicéron (*Tusc.* V) [15].

Dans le commentaire sur l'épigramme, nous avons droit à d'autres précisions. L'un des autres commentateurs —il ne s'agit pas de Mignault— explique l'étymologie du mot *Cyclops* au v. 1 :

> *Cyclopes Hesiodus in Theogonia* (v. 141) *ideo vocatos ait, quod vnum tantum oculum circularem in fronte haberent,* ἀπὸ τοῦ κύκλου καὶ ὤψ.

> Hésiode prétend dans la *Théogonie* que les Cyclopes reçoivent leur nom parce qu'ils n'ont qu'un seul œil circulaire au front, de *kyklos* (cercle) et *ops* (œil).

Ce genre d'explication étymologique est tout à fait caractéristique d'autres mythographes de la Renaissance, comme Conti, dont le livre IX des *Mythologiæ* est cité dans ce commentaire, mais non pas par Mignault. Le commentaire de 1621 fait allusion également aux *Parerga* d'Alciat, livre IX, chapitre 12. Mignault quant à lui glose le mot *Achiuis* au vers 3 de l'épigramme [16] et il explique la signification du nom *Vtin* au vers 4, tiré, bien entendu, du grec Οὔτινα : «Personne, le nom que s'attribue Ulysse dans le récit homérique afin de duper Polyphème». Le texte de 1621 juge nécessaire d'affirmer que reporter un châtiment constitue une très mauvaise habitude —*gravissimum habitum,* tout en alléguant à l'appui de cette remarque II *Maccabées* 6 [17]. Bien que ce ne soit pas Mignault qui glose le mot *Ithacus* —vers 5 : *Vlysses, qui rex erat Ithacæ insulæ, vt alibi dictum* —, c'est lui qui commente l'expression *lumine cassum* (tout en identifiant des expressions similaires chez Virgile, Lucrèce, et Ausone), ainsi que *lucem relinquere* comme métaphore de «mourir», expression suggérée par l'image qu'il venait d'expliciter, et qu'il illustre en citant des exemples tirés de Virgile, de Catulle, et de Lucrèce.

La section finale du commentaire de 1621, l'explication allégorique, consiste tout simplement dans l'affirmation que les malfaiteurs recevront à la longue le châtiment qu'ils méritent, quels que soient leur rang social ou leur influence, moralité confirmée par une allusion à la Bible —*Vt quis sementem fecerit, ita & metet* [18]—, aussi bien que par des événements histo-

---

[15] Voir *Omnia Andreæ Alciati V. C. Emblemata,* Paris, Jean Richer 1589, 774, et *Tusculanæ disputationes* V, 39, 115 : *At vero Polyphemum Homerus, cum immanem ferumque finxisset, cum ariete etiam colloquentem facit eiusque laudare fortunas, quod qua vellet ingredi posset et quæ vellet attingere. Recte hic quidem; nihilo enim erat ipse Cyclops quam*

aries ille prudentior.

[16] *Græci : & nonnumquam pro quolibet populo civili.*

[17] 2 M 6, 13 : «Quand les pécheurs ne sont pas laissés longtemps à eux-mêmes, mais que les châtiments ne tardent pas à les atteindre, c'est une marque de grande bonté».

[18] Voir Ga 6, 7 : *Quæ enim seminaverit ho-*

riques. Mignault quant à lui n'avait offert ni cette explication, ni le texte biblique, mais il cite, en revanche, le proverbe *Ruinam sibi fabricat, aliis qui fabricat.* Cette sentence est présente dans l'édition de 1621, mais, chose significative, elle omet la phrase de Mignault : *Vel specialius in eos torqueri poterit* δημοβόρους *tyrannos, & Reipubl. pestes infestissimas, qui diuina tandem ira vitali lumine priuantur*[19]... Vers la fin de cette interprétation, Mignault présente deux explications assez insolites, dont la première est tirée de Servius :

> *Cyclops, inquit, vir fuit sapientissimus, & ob hoc oculum in capite habuisse dicitur, id est, iuxta cerebrum, quia prudentia plus videbat. Verum Vlysses eum prudentia superauit, & ob hoc fingitur eum excæcasse.*
>
> éd. 1581, 592

> Le Cyclope, affirme Servius, fut un homme très sage, et pour cette raison on prétend qu'il avait eu un œil à la tête, c'est-à-dire près du cerveau, puisqu'il percevait davantage grâce à sa sagesse. Mais en vérité Ulysse l'emporta sur lui par la sagesse, d'où la légende veut qu'il l'ait aveuglé.

Selon Héraclite le Rhéteur, en revanche, Polyphème représente *affectum ratione priuantem* — « un état de l'âme qui nous prive de la raison », qu'Ulysse réussit à vaincre.

Ainsi donc, dans l'édition de 1621, cet incident est présenté d'une manière fort moralisante et simpliste. Le message, souligné par les citations bibliques, se voit doter d'une orientation religieuse, et l'abondance de détails et d'exemples a tendance à diminuer son impact. Par contraste, le texte de Mignault publié en 1581 contient une signification nettement plus politique, même s'il y a moins de commentaires sur les détails individuels, par exemple sur la signification du vin au moyen duquel Ulysse enivre Polyphème. Enfin, la version de 1571 se limite à indiquer les grandes lignes de la fable et de son interprétation politique, ce qui sert à donner encore plus d'emphase à ce dernier élément.

Le deuxième Emblème que nous allons examiner, intitulé « Impudentia », présente l'image du monstre marin Scylla. Le texte de l'épigramme d'Alciat est le suivant :

> *Pube tenus mulier, succincta latrantibus infra*
> *Monstrorum catulis Scylla biformis erat.*
> *Monstra putantur auaries, audacia, raptus :*
> *At Scylla est, nullus cui sit in ore pudor.*
>
> Emblème LXVIII, éd. 1581, 259

> Femme jusqu'à l'aine, avec la partie inférieure entourée des chiots aboyants de monstres, Scylla avait une double forme. On considère

---

mo, *hæc et metet,* « Car ce que l'on sème, on le récolte ».

[19] « Ou bien, on pourrait plus particulièrement diriger ces propos contre les tyrans qui dévorent les biens du peuple et contre ces pestes si hostiles à la chose publique, qui se voient enfin priver de la vie grâce à la colère de Dieu ».

que la cupidité, l'audace, et la rapine sont des monstres. Mais Scylla est telle que son visage ne présente aucun sentiment de honte.

A la différence de la gravure de l'édition de 1581, où les parties inférieures de Scylla consistent en des têtes de chiens — seulement trois en sont visibles —, l'illustration de l'édition de 1621 figure les têtes de plusieurs monstres, bien que le nombre de têtes, six, est conforme à la tradition.

Dans son commentaire de 1581, Mignault nous fournit les principaux détails du mythe de Scylla, y compris les circonstances qui avaient entraîné sa transformation en monstre marin :

> *Scyllam Phorci filiam, Glauci amore captam, Circe quod eundem deperiret, sic affecit, vt fontem, in quo Nympha se lauare consueuerat, veneficiis & magicis herbis infecerit; cuius rei nescia Scylla fontem de more ingressa, inferiores corporis sui partes in caninos rictus vidit esse commutatos : quam tantam deformitatem horrens, in mare se præcipitem dedit, & in saxum mutata.*

éd. 1581, 259

> Scylla était fille de Phorcus et amoureuse de Glaucus. Comme Circé languissait pour Glaucus, elle fit en sorte que la fontaine où la nymphe [Scylla] avait l'habitude de se laver fût imprégnée de philtres et d'herbes magiques. Dans son ignorance, Scylla pénétra selon sa coutume dans la fontaine, pour voir les parties inférieures de son corps se transformer en gueules de chiens. Horrifiée par son affreuse laideur, elle se précipita dans la mer, où elle fut changée en rocher.

Mignault allègue Ovide (*Met.* XIV) et, dès 1573-74 le chant XII de l'*Odyssée*, auxquels un autre commentateur de l'édition de 1621 ajoute le proverbe : *Charybdim fugiens incidi in Scyllam*. Ensuite Mignault présente, en citant d'autres sources qui avaient traité cette fable, des explications différentes concernant son origine : selon l'historien Justin [20], c'est le détroit dangereux entre Italie et Sicile qui aurait donné lieu à cette légende, endroit où les grondements du mont Etna auraient suggéré la présence de chiens aboyants. Mignault fait également allusion à Palæphatus, selon lequel Scylla aurait été une trirème, et à Salluste, qui prétendait qu'elle était un rocher en forme de femme. Pourtant, Mignault cite Héraclite le Rhéteur [21] comme la source véritable d'Alciat pour cet emblème :

> *Locum Græcum apponam, ex quo Alciatum puto suum Emblema duxisse* : σκύλλαν τε τὴν πολύμορφον ἀναίδειαν ἠλληγόρησε· διὸ δὴ κύνας οὐκ ἀλόγως ὑπέζωσται, προτομαῖς ἁρπαγῇ, τολμῇ [sic] καὶ πλεονεξίᾳ πεφραγμέναις.

éd. 1581, 260

---

[20] *Epitoma historiarum Philippicarum Pompei Trogi*, IV, 1, 13 : *Hinc igitur fabulæ Scyllam et Charybdin pepere, hinc latratus auditus, hinc monstri credita simulacra, dum navigantes magnis verticibus pelagi desidentis exterriti latrare putant undas, quas sorbentis æstus vorago conlidit.*

[21] Voir *Allégories d'Homère*, ed. F. Buffière, Paris 1989, chap. 70, 76.

J'ajouterai le texte grec, d'où à mon avis Alciat a dérivé son emblème : «Scylla a représenté allégoriquement l'impudence aux formes
multiples, d'où il est facile de comprendre qu'en bas elle est entourée
de chiens, aux gueules garnies de cupidité, d'audace, et de rapacité».

Il est donc évident que Mignault considère qu'Alciat aurait trouvé la collo-
cation *auarities, audacia, raptus* de son épigramme chez Héraclite. Parmi
d'autres sources citées par Mignault, signalons Virgile (*Æn.* III, 424-28), qui
contient l'expression *uirgo / pube tenus*[22], tandis qu'un autre commentateur
de l'édition de 1621 fait allusion à un groupe de textes plus spécifiquement
mythologiques qui affirment que Scylla était une prostituée : Fulgence, Cæ-
lius Rhodiginus, Conti, aussi bien que Sénèque[23].

Mignault indique également une source virgilienne de l'épigramme, les
Eglogues (6, 74-76), où se trouve l'expression *Succinctam latrantibus inguina
monstris*, d'où il déduit qu'il existait deux Scylla — le commentaire de 1621 précise que l'une était la fille de Nisus, l'autre la fille de Phorcus — et Mignault de
suggérer que certains poètes, dont Ovide, avaient confondu les deux.

Ainsi donc, Mignault affirme qu'Alciat aurait trouvé son interprétation
allégorique de cette fable chez Héraclite le Rhéteur et que le mythe représente la cupidité. Dès l'édition de 1602, il déclare en outre que les chiens qui
entourent les parties inférieures de Scylla représentent les avaricieux et leurs
parasites :

> *Canes porro accipi pro rapacibus & exploratoribus hominum rapacium
> idem Cicero non sine satyrico morsu nos docuit, vt lib. I. in Verr.*
>
> éd. 1602, 345

Cicéron nous a montré, avec une ironie mordante, que les chiens,
d'autre part, peuvent figurer les avaricieux et ceux qui vont à leur
recherche, voir son *Discours contre Verrès*, livre I.

C'est également le chien qui offre l'une des explications étymologiques du
nom Scylla :

> *Dicitur vero Scylla* ἀπὸ τοῦ σκυλᾶν, *a spoliando scilicet : vel a* σκύλλειν
> *vexando : licet quidam putarint* ἀπὸ τῶν σκυλάκων *a catulis deriuari.*
>
> éd. 1621, 304

Quant au nom de Scylla, il est un dérivé de «skylan», c'est-à-dire
piller ; ou bien de «skylléïn», tourmenter ; bien que certains aient
pensé qu'il dérive de «skylakés», chiots.

Que Mignault considère Scylla comme une allégorie d'*auariti‹a›, siue
rapin‹a›, audaci‹a›, inuidi‹a›, quæ sub eleganti aut viri aut mulieris forma
plerumque latitant* est intéressant, puisqu'il semble rejeter l'interprétation
misogyne de Scylla, beaucoup plus répandue à l'époque, selon laquelle elle

---

[22] Voir le début de l'épigramme.

[23] *Quæ carmina mythologice sunt intelligen-
da de libidine, impudentia, confusione. Scylla
enim meretrix est, quæ canibus lupisque inguina commiscet. Ita Fulgent lib. 2. Mytholog. Cæ-
lius Rhodig. lib. 14. cap. 3. Seneca epist. 93. Na-
talis Comes Mytholog. lib. 8. cap. 12.*

représenterait la concupiscence féminine. Même Jean Dorat, qui refuse généralement ce type d'explication moralisante dans son commentaire sur l'*Odyssée*, affirme que *Scylla igitur est intemperantia, in libidine temperantibus inimica* [24] et Saunders parle de l'emploi fait par Aneau de la légende de Charybde et Scylla dans son *Imagination poetique* pour représenter la *paillardise* des femmes [25].

Pourtant, l'édition de 1621 donne un tour nouveau à l'interprétation fondamentale, ignoré de Mignault :

> *Porro hoc quicquid est emblematis, recte torseris in fori latratores, rabulas, quibus quid impudentius? quid rapacius? quid denique fraudulentius? qui dum iusti & æqui patrocinium suscipere aiunt, sæpius alter affirmatiuam, alter negatiuam partem rei iudicandæ defendunt : vnde fit, vt vnus eorum iuiustum semper tueatur, prout pars hunc vel illum conuenerit prius, idque per plures dies, menses, & annos, lites interdum immortales protrahentes, quoad miserorum nummi penitus exhauriantur ac eloculentur, tantum abest vt bona publica & priuata defendant.*
>
> éd. 1621, 305

> Il serait légitime d'appliquer la morale de cet emblème aux braillards de la place publique, les mauvais avocats. Qu'y a-t-il de plus effronté, de plus avide, de plus fourbe que ceux-ci ? Tout en affirmant qu'ils se chargent de la défense de ce qui est juste et équitable, il arrive très souvent que l'un défend le plaignant, l'autre l'accusé dans un procès, d'où il arrive que l'un des deux défend toujours la partie injuste, selon que les rôles sont distribués à l'avance, et ils prolongent les choses pendant plusieurs jours, mois, années, parfois en procès interminables, jusqu'à ce que l'argent des misérables plaideurs soit complètement épuisé et déboursé, tant s'en faut qu'ils défendent le bien public ou privé.

Cette attaque acharnée contre les avocats continue jusqu'à la fin du commentaire.

Les deux derniers exemples que nous nous proposons d'examiner, l'Emblème CXIIII « In obliuionem patriæ » (406–409) et l'Emblème CXV « Sirenes » (410-416), se trouvent vers la fin de la section des *Emblemata* consacrée à l'*Amor*. Le premier de ces deux emblèmes présente une image des compagnons d'Ulysse, endormis au pied d'un Lotus bien fertile —dans les éditions de Christophe Plantin, l'artiste représente le Lotus sous forme de nymphe en train de se métamorphoser en arbre—, tandis que le héros grec lui-même s'efforce de réveiller ses compagnons pour les persuader de retourner à leurs navires. L'épigramme déclare :

> *Iamdudum missa patria, oblitusque tuorum,*
> *Quos tibi seu sanguis, siue parauit amor;*

---

[24] « *Mythologicum* », ou interprétation allégorique de l'« *Odyssée* », *X–XII et de « L'Hymne à Aphrodite* » : Travaux d'Humanisme et Renaissance CCCXXXVII, ed. P. Ford, Genève 2000, 60.

[25] SAUNDERS, *The Sixteenth-Century French Emblem Book, op. cit.*, 206.

Romam habitas, nec cura domum subit vlla reuerti,
  Æternæ tantum te capit vrbis honos.
Sic Ithacum præmissa manus dulcedine loti
  Liquerat & patriam, liquerat atque ducem.

éd. 1581, 406-407

Après avoir quitté ta patrie il y a longtemps et oublié les tiens, qu'il s'agisse de parents ou d'amis, tu habites à Rome et tu n'as cure de rentrer chez toi, à tel point que tu es pris par le charme de la Ville éternelle. C'est ainsi que l'avant-garde des compagnons d'Ithaque avait abandonné sa patrie et son chef, à cause de la douceur du Lotus.

Ainsi donc, l'épigramme d'Alciat, comme l'indique Mignault, est sous forme d'adresse à l'intention de quelqu'un qui aurait été tellement captivé par les charmes de Rome, ou d'une ville pareille, qu'il a oublié sa patrie et tous ceux qu'il chérissait. Ce n'est qu'aux deux derniers vers que cette idée est appliquée à la légende homérique. Mignault affirme au début de son commentaire : *Minime mihi dubium est, Alciatum id Emblema cum scriberet, habuisse in manibus Ammianum Marcellinum*, ce qui explique à son avis la signification de l'emblème [26]. Il parle des deux types d'amour auxquels Alciat fait allusion au vers 2 de l'épigramme, les liens de consanguinité et les amitiés dues au hasard [27]. A un niveau linguistique, il commente l'expression quelque peu obscure *Ithacum præmissa manus* : *Id est, multitudo Vlyssis sociorum, quos exploratum miserat in Lotophagorum patriam.* Chose surprenante étant donné l'illustration de 1581, Mignault n'indique pas que le Lotus était à l'origine une nymphe poursuivie par Priape, transformée en arbre, mais ce détail se trouve dans l'édition de 1621. Outre des détails mythologiques, cette édition offre des renseignements botaniques à propos du Lotus, avec des références à Polybe (lib. 12), Théophraste (*De plantis,* lib. 4) et Rembertus Dodonæus (lib. 29, cap. 24).

Le commentaire de Mignault n'offre pas moins de quatre explications du mythe des Lotophages. La première en est la plus évidente, à savoir que les gens ont tendance à oublier leurs origines s'ils prospèrent ailleurs, et Mignault de citer à l'appui le mot de Cicéron, attribué à Teucer dans les *Tusculanæ disputationes* (V, 108) : *Patria est vbicumque bene est.* La deuxième explication qui, d'une part, met l'accent sur la notion de *Vrbis honos* au vers 4 de l'épigramme et, d'autre part, sur l'abandon des parents et des amis, fait allusion à la façon dont ceux qui réussissent dans la vie oublient souvent les leurs. La troisième explication, qui se concentre sur la *dulcedo* du Lotus, considère le fruit comme symbole du plaisir sexuel, impossible à oublier par

---

[26] Voir AMM. MARCEL. XIV, 6, 21 : *Illud autem non dubitatur, quod cum esset aliquando uirtutum omnium domicilium Roma ingenuos aduenas plerique nobilium ut Homerici bacarum suauitate Lotophagi humanitatis multiformibus officiis retentabant.*

[27] 407 : *Vnum eorum, qui sanguinis coniunctione; alterum, qui vel vicinitate, vel studijs quibusdam paribus, vel commercio aliquo, aut vsu vitæque consuetudine amicitia nobiscum iuncti sunt.*

ceux qui en ont goûté. Encore une fois, c'est Héraclite le Rhéteur que Mignault allègue à l'appui de cette thèse [28] :

> Ponticus Heraclides ait, ab Homero voluptatem designari per Lotophagorum regionem, quæ voluptas posita esset in ea re perfruenda, quæ dulcissima putaretur : ἡδονὴν μὲν τὸ λωτοφαγῶν χωρίον ξένης γεωργὸν ἀπολαύσεως, ἣν ὀδυσσεὺς ἐγκρατῶς παρέπλευσε.

> éd. 1581, 409

> Héraclite le Rhéteur affirme qu'Homère désignait le plaisir par le pays des Lotophages et que ce plaisir aurait été consacré à jouir de cette activité que l'on considère être des plus douces : « Le plaisir, ce pays Lotophage qui cultive une jouissance exotique, près duquel Ulysse est passé en se dominant ».

Dans le cas de la dernière explication, intéressante dans le contexte de l'emblème suivant, comme nous verrons ci-après, Mignault prétend qu'elle aurait été tirée d'Aulu Gelle, où les Lotophages représenteraient ceux *qui nimium immorantur in Dialecticæ gyris & mæandris*. Aulu Gelle fait allusion, il est vrai, aux *dialecticæ gyris atque meandris* (XVI, 8, 17), mais suivant sa source, Cicéron (*De Fin.* V, 18), il pense aux Sirènes, et non pas aux Lotophages :

> Cui sane nisi modum feceris, periculum non mediocre erit ne, ut plerique alii, tu quoque in illis dialecticæ gyris atque meandris, tamquam apud Sirenios scopulos, consenescas.

> En vérité tu devras établir une limite [à ce plaisir], sans quoi il y aura un danger sans mesure que, comme beaucoup d'autres, tu vieillisses toi aussi dans ces détours et méandres de la dialectique comme auprès des rochers des Sirènes.

Soit Mignault se trompe ici, soit il a délibérément confondu les appas du Lotus avec ceux des Sirènes.

Parmi les quatre légendes homériques choisies comme thème de cet exposé, le mythe des Sirènes est le plus abondamment commenté par les Anciens ainsi que par les érudits des siècles suivants. Alciat avait composé l'épigramme suivante à leur sujet :

> Absque alis volucres, & cruribus absque puellas,
>   Rostro absque & pisces, qui tamen ore canant,
> Quis putat esse vllos ? iungi hæc Natura negauit :
>   Sirenes fieri sed potuisse docent.
> Illicium est mulier quæ in piscem desinit atrum,
>   Plurima quod secum monstra libido vehit.
> Aspectu, verbis, animi candore trahuntur,
>   Parthenope, Ligia, Leucosiaque viri.
> Has Musæ explumant, has atque illudit Vlysses :
>   Scilicet est doctis cum meretrice nihil.

> éd. 1581, 410

> Qui croit qu'il peut exister des oiseaux sans ailes, des filles sans jambes, et des poissons sans bec qui chantent néanmoins par la bouche ? La Nature a affirmé que ces phénomènes ne peuvent être mis ensemble ; mais les Sirènes montrent que c'est possible. L'attrait du plaisir

est une femme qui se termine en poisson noir, parce que la débauche entraîne toutes sortes d'actes monstrueux. Les hommes sont attirés par la vue, par les paroles, par la franchise : Parthenopê, Ligia et Leucosia. Les Muses les plument et Ulysse se moque d'elles. Il va de soi que les savants n'ont rien à faire avec une prostituée.

L'épigramme commence donc par une énigme, pour conclure par la morale relativement anodine que les savants ne fréquentent pas les prostituées. Le commentaire de Mignault, tout en acceptant la notion que les Sirènes représentent des prostituées[29], admet néanmoins la possibilité d'explications différentes, auxquelles l'édition des *Emblemata* de 1621 en ajoute d'autres.

Mignault quant à lui fait mention de plusieurs sources et discussions à propos des Sirènes : Martial (III, 64), *Odyssée* (chant XII), Platon (*Phèdre*), *Enéide*, V et *Métamorphoses*, V, tout en se référant à la tradition selon laquelle elles étaient soit des femmes poissons soit des oiseaux : *Virginea facie sunt, & in piscem desinunt : alii volucres eas faciunt.* Il cite Pline (*Nat. Hist.* X, 49) à l'appui de l'idée qu'elles étaient des *aues fabulosæ*, mais il considère plus en détail la notion qu'elles représenteraient le plaisir dans sa glose sur le mot *aspectu* au vers 7 de l'épigramme, qu'il interprète d'une manière nettement néoplatonicienne :

> *Ipsi enim tui oculi per meos oculos ad intima delapsi præcordia, meis medullis acerrimum commouent incendium. Plato amoris vulnera radios esse quosdam ait tenuissimos, qui ex intimo cordis expirant, vbi vitalis sanguis dulcissimus & calidissimus sedem habet, viaque sibi per oculos patefacta, subinde per amantis oculos illapsi ad intimum eius cor penetrant.*

> Car tes yeux mêmes, une fois qu'ils ont pénétré dans le fond de mon cœur par mes propres yeux, allument un feu des plus violents dans mes moelles. Platon affirme que les plaies de l'amour sont des rayons très fins émis du fond du cœur, le siège du sang vital le plus doux et le plus chaud, et que, aussitôt qu'ils ont frayé une route à travers les yeux, ils s'écoulent immédiatement par les yeux de l'amant, pour pénétrer dans le fond de son cœur.

Cette notion, à laquelle Marsile Ficin consacre une longue discussion dans son commentaire sur *Le Banquet*, était fondamentale pour la poésie amoureuse de la Renaissance, quoique Mignault fournisse également des exemples tirés de la littérature ancienne (Properce en particulier) où la vue joue un rôle important dans l'amour[30].

Mignault offre pourtant d'autres explications :

> *Plerisque dicuntur* Σειρῆνες, *sed altiore sensu,* αἱ τῆς ψυχῆς ἐναρμόνιοι καὶ μουσικοὶ δυνάμεις, *vt Suidas : & in sua Repub. Plato cum de*

---

[28] Voir BUFFIÈRE, *Allégories d'Homère, op. cit.,* chap. 70, 75.

[29] 411 : *Re vera meretrices fuere, vt tradunt Servius & Palæphatus.*

[30] Pour les remarques de M. FICIN, voir *Commentaire sur « Le Banquet » de Platon, « De l'amour »* : Classiques de l'Humanisme, ed. P. Laurens, Paris 2002, VI, cap. 4, 220 suiv.

sphærarum cælestium volubilitate tractaret, singulas Sirenas singulis orbibus insidere, significat motu sphærarum cantum numinibus exhibe-ri, nam Siren dea canens Græco intellectu valet.

De nombreux écrivains, comme Suidas, affirment que les Sirènes, dans un sens plus profond, représentent les forces musicales et har-monieuses de l'âme ; et dans sa *République*, lorsque Platon traitait du mouvement circulaire des sphères célestes, il dit que des Sirènes indi-viduelles occupent des sphères individuelles, tout en indiquant que grâce au mouvement des sphères les divinités produisent des chants, car Sirène signifie selon les Grecs « déesse qui chante ».

Cette explication, assez rare chez les mythographes de la Renaissance, fait allusion à la *République* (X, 617) :

Sur le haut de chaque cercle se tenait une sirène qui tournait avec [le fuseau] et qui laissait entendre sa note à elle, son ton à elle, en sorte que ces voix, réunies, au nombre de huit composaient un accord unique.

Ou bien, selon une interprétation beaucoup plus terre à terre dérivée de Cicéron (*De Fin.* V, 8, 49), les Sirènes représentent les appas presque irrésis-tibles de la science, explication qu'avait acceptée Jean Dorat, et qui, nous l'avons déjà indiqué, semble avoir été attribuée par Mignault à la légende des Lotophages :

Neque enim vocum suauitate videntur, aut nouitate quadam, & varie-tate cantandi reuocare eos solitæ, qui præteruehebantur : sed quia multa se scire profitebantur, vt homines ad earum saxa discendi cupiditate adhærescerent. Mirum sane, cur hic Cicero per Sirenum cantus nil ab Homero significari dicat, quam discendi studium, & sciendi voluptatem.

éd. 1581, 412

Car il ne semble pas qu'elles aient eu l'habitude de détourner ceux qui étaient dans leurs parages par la douceur de leur voix, ou par quelque nouvelle ou diverse façon de chanter, mais parce qu'elles prétendaient avoir de vastes connaissances, de sorte que les hommes s'attachaient à leurs rochers par un désir d'instruction. Il est vrai-ment étonnant que Cicéron affirme ici qu'Homère ne signifiait pas autre chose par le chant des Sirènes que le désir d'instruction et la joie de savoir.

En commentant un autre détail de l'épigramme d'Alciat — *Has Musæ ex-plumant* (vers 9) —, Mignault raconte une histoire qui se trouve chez Pausa-nias (*Boiotia*, 34, 2), selon laquelle « Héra induisit les filles d'Achélous [= les Sirènes] à participer contre les Muses à un concours musical, mais les Muses remportèrent la victoire et arrachèrent aux Sirènes leurs plumes pour en faire des couronnes ». Selon Mignault, il s'agit d'une allégorie des bons et des mauvais philosophes :

Mythologi Sirenum vocabulo, sophisticen : Musarum nomine, solidam & expressam sapientiam volunt intelligi : plumæ, scripta sunt ridicula eorum qui adumbrata, non vera sapientia sese ostentant : de quibus docti sapientesque viri facillime triumphant.

éd. 1581, 415

> Les mythologues veulent nous faire entendre l'art du sophisme par le mot Sirènes, la sagesse réelle et nettement exprimée par le nom des Muses. Les plumes représentent leurs textes ridicules qui font étalage d'une sagesse fausse, nullement véritable ; les hommes instruits et sages triomphent d'elles très facilement.

Le commentaire de 1621, qui applique cette interprétation à un niveau beaucoup plus banal uniquement aux poètes, conclut tout simplement que *demum a bonis & doctis vincuntur inepti.*

En conclusion, il nous semble évident que, grâce à sa vaste érudition, Mignault était en mesure, comme les mythographes proprement dits du XVIᵉ siècle, d'offrir à ses lecteurs des interprétations de mythes anciens qui les auraient éclairés et en même temps incités à réfléchir. Certes, il disposait des œuvres mythographiques de ces prédécesseurs, mais même quand on prend cela en compte, la façon dont il aborde les mythes est plus exhaustive, moins sélective que ces derniers. Cela est en partie dû au fait qu'il s'efforce dans la mesure du possible d'élucider le texte d'Alciat et, pour ce faire, il cherche les implications des épigrammes en reconnaissant ce que nous appellerions aujourd'hui leur nature intertextuelle. A maintes reprises, il suggère qu'une connaissance de la source des vers d'Alciat permettra une compréhension plus satisfaisante du texte. En même temps, il évite en général la tendance d'autres mythographes, comme Conti, d'opter pour des interprétations moralisantes. Mignault est en général plus précis, parfois plus politique dans sa perspective, sans doute grâce à son désir d'interpréter Alciat le plus fidèlement possible.

Nous voyons également, à travers les différentes éditions du commentaire, la façon organique dont le texte se développe. Simple tentative de révéler les sources d'Alciat et par conséquent ses intentions, au début, le commentaire se transforme rapidement en un recueil de lieux communs sur le thème des emblèmes et en une considération de toutes les significations possibles du mythe en question. L'emblème ne sert plus que de prétexte pour explorer le thème central et, de plus en plus, le commentaire assume une vocation encyclopédique tout en préservant, pourtant, une perspective bien précise du message qu'il se propose de véhiculer. Enfin, incorporé dans des commentaires hybrides, le commentaire de Mignault finit par perdre de sa cohérence, et souvent une bonne partie de son message politique. Mais dans la version du commentaire de 1581, Mignault nous offre un trésor de connaissances mythologiques, aussi riche que les œuvres d'autres mythographes de l'époque, avec des perspectives souvent surprenantes et originales.

ARCHIVVM

LA BIBLIOTHEQUE D'UN MEDECIN HUMANISTE :
L'*INDEX LIBRORVM* DE GIROLAMO MERCURIALE

par JEAN-MICHEL AGASSE

Le médecin italien Girolamo Mercuriale (1530-1606) doit sa survie posthume moins à ses traités médicaux, qui pourtant de son vivant lui valurent une renommée considérable, qu'à un ouvrage que ses contemporains mêmes considérèrent comme un monument d'érudition, le *De arte gymnastica*[1]. Alliant, dans une démarche parfaitement originale, réflexion médicale et enquête antiquaire, l'ouvrage, composé alors que l'auteur était au service du cardinal Alexandre Farnèse, se présente comme une vaste tentative pour adapter aux temps modernes la gymnastique des Anciens. Paru pour la première fois en 1569 et régulièrement enrichi par la suite, il fit l'objet, du vivant de l'auteur, de quatre rééditions (1573, 1577, 1587 et 1601) qui, à elles seules, témoignent éloquemment de son succès.

Pour n'être pas exclusif — les ruines y eurent aussi leur part —, le rôle que jouèrent les livres dans la genèse de l'œuvre fut incontestablement déterminant[2]. Remarquable connaisseur des littératures grecques et latines, Mercuriale eut accès à l'époque où il composait le *De arte gymnastica* à

---

[1] *De Arte Gymnastica libri sex, in quibus exercitationum omnium uetustarum genera, loca, modi, facultates et quidquid denique ad corporis humani exercitationes pertinet, diligenter explicatur. Quarta editione correctiores et auctiores facti. Opus non modo medicis, uerum etiam omnibus antiquarum rerum cognoscendarum, et ualetudinis conseruandæ studiosis admodum utile. Ad Maximilianum II Imperatorem*, Venetiis, Apud Iuntas 1601. Toutes nos références renvoient à cette édition, la dernière parue du vivant de l'auteur.

[2] Nous laisserons ici de côté la question des manuscrits. Mais le rôle de Mercuriale en tant que pourvoyeur de manuscrits pour Farnèse d'abord, pour Orsini ensuite est attesté. Lui-même en acquit à titre personnel. Le *Catalogus codicum græcorum* de la bibliothèque ambrosienne témoigne qu'à sa mort, une dizaine de manuscrits au moins étaient en sa possession, essentiellement des textes médicaux (Hippocrate, Galien, Paul d'Egine, Alexandre de Tralles) mais aussi un traité d'Aristote (voir A. MARTINI, D. BASSI, *Catalogus codicum græcorum Bibliothecæ Ambrosianæ*, Milano 1906, 2 vol. : ces manuscrits figurent au catalogue sous les n° 115, 118, 187, 420, 434, 473, 707, 728, 731 et 888).

quelques-unes des plus riches bibliothèques du moment : la bibliothèque du palais Farnèse[3], la bibliothèque vaticane et, après 1569, quand il eut quitté Rome pour Padoue, celle de l'érudit et ami Gian Vincenzo Pinelli[4].

A ces trois bibliothèques prestigieuses bien repérées, il convient d'en ajouter une quatrième, celle de Mercuriale lui-même. Il existe en effet à la Bibliothèque Ambrosiana, sous la cote Sussidio D 68, un document inédit, l'*Index librorum Hieronymi Mercurialis,* qui recense les livres possédés par l'auteur du *De arte gymnastica*[5]. Il s'agit d'un manuscrit autographe, constitué de feuillets de 21,5 cm. x 30,5 cm., numérotés de 1 à 30. Chaque titre est affecté d'un numéro. Un titre unique peut se voir attribuer plusieurs numéros : ainsi l'édition aldine en quatre volumes des œuvres de Cicéron est-elle regroupée sous les n° 31-34. En sens inverse, plusieurs titres peuvent être réunis sous un numéro unique : c'est le cas par exemple dans la section *Humanitates* des in-quarto, n° 67 (neuf titres différents), des in-octavo, n° 131 (cinq titres différents) ou dans les in-folio d'un Martial et Dante qui reçoivent tous deux le n° 26. Il est probable que, selon l'habitude du temps, des auteurs différents ont été réunis en un volume unique[6].

---

[3] Sur la qualité même de cette bibliothèque, voir F. FOSSIER, *Le Palais Farnèse* : Ecole Française de Rome, Roma, III, 2, 1981. Celui-ci, tout en reconnaissant la quantité importante de livres qu'on y trouvait, porte une appréciation assez critique. Les manuscrits latins constituent une «collection composée un peu au hasard, sans véritable préoccupation philologique ni érudite» (FOSSIER, *Le Palais Farnèse, op. cit.,* III, 2, 21). Quant aux imprimés, «la bibliophilie des Farnèse se limite au domaine du visuel; c'est le faste, l'imposant, la quantité qui sont recherchés et non plus la qualité intrinsèque des textes, leur longue tradition ou leur valeur philologique» (ID., «Le fonds imprimé», *Le Palais Farnèse, op. cit.,* I, 2, 414). Pour un point de vue différent, au moins sur les manuscrits, voir S. TOMASI VELLI [«Gli antiquari intorno al circo Romano. Riscoperta di una tipologia monumentale antica», *Annali della Scuola Normale di Pisa,* ser. 3, XX, 1 (1990), 143] qui voit dans la bibliothèque «una vera miniera di codici greci e latini».

[4] Sur Gian Vincenzo Pinelli, voir M. GRENDLER, «A Greek Collection in Padua : The Library of Gian Vincenzo Pinelli (1535-1601)», *Renaissance Quaterly* XXXIII (1980), 386-416; ID., «Book Collecting in Counter-Reformation Italy : The Library of Gian Vincenzo Pinelli (1535-1601)», *Journal of Library History* XVI (1981), 143-151; *Gian Vin-*

cenzo Pinelli et Claude Dupuy. Une correspondance entre deux humanistes, ed. A.M. Ranger, Firenze 2001, 2 vol. et C. LASTRAIOLI, «Une Correspondance érudite : les *Lettres* de Giovan Vincenzo Pinelli», *L'Epistolaire au XVIe siècle* : Cahiers V.L. Saulnier 18, Paris 2001, 165-178. Plusieurs passages, tant du *De arte gymnastica* que des *Lectiones,* attestent de la consultation de manuscrits par Mercuriale dans ces diverses bibliothèques (par exemple, *De arte gymnastica,* 86E; 162D; *Lectiones,* Basileæ, ex officina P. Pernæ 1576, I, 2).

[5] Il existe un autre *Index* — dont l'écriture est qualifiée à juste titre par A. SIMILI (*Girolamo Mercuriale lettore e medico a Bologna,* Nota 2 : Il soggiorno e gli insegnamenti, Bologna 1966-86) de «faticosamente decifrabile» — à la Biblioteca Universitaria de Bologne sous la cote : mss. Aldrovandi n. 136, vol. XIII, f° 62-83, *Ex bibliotheca Mercurialis, 1588... Libri omnes quos non habeo sunt, ex hac bibliotheca Mercurialis, n. 504 authores.* Sur Aldrovandi, voir *infra.*

[6] J.-L. FERRARY (*Onofrio Panvinio et les Antiquités romaines* : Collection de l'Ecole Française de Rome 214, Roma 1996, 225, note 44) constate cette habitude chez Panvinio : «[Il] était manifestement habitué à faire relier ensemble deux volumes, car nombreux sont les cas où deux œuvres qui n'ont jamais été éditées ensemble sont rassemblées sous un seul numéro». Toutefois M.-A. Merland,

Le titre lui-même est suivi du lieu et de la date d'édition[7]. Les lieux d'é-
dition sont extrêmement variés et situés, comme il est naturel, pour beaucoup d'entre eux en Italie. On y retrouve les grandes capitales traditionnel-
les du livre à la Renaissance : pour l'Italie, Rome, Florence, Venise ; pour la
France, Paris et Lyon ; pour l'Allemagne, Cologne, Leipzig, Mayence,
Wittenberg et Francfort ; pour les Pays-Bas, Leyde et Anvers ; pour la
Suisse : Bâle, Genève et Zürich[8]. Viennent s'y ajouter des villes, de moindre importance, telles par exemple, Cesena, Crémone, Douai ou Bordeaux,
ou d'autres, plus inattendues, telles Claudiopolis (Cluj, l'ancienne Koloswar) ou Ratiastum Lemouicum (Limoges).

Bon nombre de ces livres sont contemporains de Mercuriale. Achetés à
mesure qu'ils paraissaient, ils témoignent de l'intérêt avec lequel l'auteur
suivait l'actualité savante et littéraire de son temps. Si on écarte deux ouvrages portant des dates manifestement fantaisistes, tous deux dans la section
des in-folio de Philosophie, un commentaire de saint Thomas sur le *De
generatione et corruptione Aristotelis*, daté de 1400, et un *De rerum proprieta-
tibus* de Barthélemy l'Anglais, daté de 1419[9], l'édition la plus ancienne se
trouve dans la section de Médecine : il s'agit d'un Dioscoride *ex ueteri interpretatione*, publié à Cologne en 1478[10]. Les derniers livres entrés dans
l'*Index*, au nombre desquels le *De morbis muliebribus* de Mercuriale[11], portent la date de 1587, ce qui permet d'entrevoir les circonstances dans les-
quelles ce document a dû être fabriqué. A cette date en effet Mercuriale
s'apprête à quitter Padoue —où il séjourne depuis 1569— pour le célèbre
Gymnase de Bologne. Il est donc tout à fait vraisemblable de considérer
qu'il a dressé lui-même cet inventaire à l'occasion de son départ.

conservateur de la Bibliothèque Universitaire
de Grenoble, considère que deux systèmes
pourraient avoir été en concurrence. Voici ce
qu'elle écrit (note manuscrite à l'auteur) : « Je
ne suis pas sûre que tous les numéros répéti-
tifs correspondent à des reliures communes.
C'est sans doute le cas pour des 'pièces', tels
les n° 67 dans les in-4° [section *Humanitates*].
C'est moins évident pour d'autres qui sont
déjà des livres à part entière, les numéros
doubles pourraient correspondre à des 'cotes'
inscrites sur les livres qui auraient pu être mis
à côté les uns des autres au fur et à mesure des
achats ». Nous tenons à la remercier ici pour
les remarques dont elle a bien voulu nous
faire profiter pour cet article.

[7] Dans un certain nombre de cas, il manque l'une ou l'autre de ces indications, parfois les deux.

[8] La part des livres édités en Espagne est

relativement peu élevée et concerne essentiellement des livres de médecine, avec comme
principaux lieux d'édition : Madrid (in-fol.,
n° 36), Burgos (in-fol., n° 130), Salamanque
(in-fol., n° 130, in-8°, n° 74) et Valladolid (in-
fol., n° 131, in-4°, n° 94, in-8°, n° 35).

[9] *Philosophia*, in-fol., respectivement n° 28
et 96. Merland suggère qu'il pourrait s'agir de
manuscrits, tout en soulignant qu'ils sont
rarement datés. Le *National Union Catalog*
indique, pour la première édition du commentaire de saint Thomas : Lyon, 1520, pour
celle du texte de Barthélémy l'Anglais : Bâle,
ca. 1470.

[10] *Medicina*, in-fol., n° 65 : *Dioscorides de
materia medica, a Petro Paduano traductus*,
Coloniæ, per Ioannem Allemanum de Medemblick 1478. *Petrus Paduanus* n'est autre
que Pierre d'Abano.

[11] *Medicina*, in-4°, n° 95.

Les livres, majoritairement en latin, mais aussi en grec ou en italien, sont
répartis en quatre rubriques avec les abréviations suivantes : *Med.* (pour
Medicina), *Phil.* (pour *Philosophia*), *Hum.* (pour *Humanitates*)[12] et *Theol.*
(pour *Theologia*)[13]. Chacune de ces rubriques est à son tour divisée en quatre sous-ensembles selon le format des livres : in-fol., in-4°, in-8°, in-16. En
dehors de ces grandes structures, on observe un certain souci de regroupe-
ment — qui n'a cependant rien de systématique : par auteur — œuvres avec,
lorsqu'ils existent, leurs commentaires —, par genre (par exemple, la poésie,
l'histoire)[14] ou par thème (par exemple, les livres *De re rustica*)[15]. Si on
considère qu'à un numéro donné correspond un volume — celui-ci pouvant,
comme il a été dit, renfermer plusieurs titres d'auteurs différents —, on arrive pour l'*Index* à un total de mille cent soixante-dix volumes.

A titre de comparaison, à peu près à la même époque, on rencontre chez
un autre médecin, Cesare Rosetti (natif comme Mercuriale de Forlì, mais
mort une quinzaine d'années après lui, en 1621), une bibliothèque sensiblement équivalente : mille trois cent soixante titres en latin et cent soixante et
un en italien[16]. Cela reste, pour des bibliothèques possédées par de simples

[12] A moins qu'il ne faille lire *Humanistica*
ou encore *Humaniores litteræ*?

[13] Le principe même d'un classement in-
tellectuel systématique des œuvres dans les
bibliothèques de particuliers apparaît, semble-t-il, assez tard. D. NEBBIAI DALLA GUAR-
DA («Livres, patrimoines, profession : les bi-
bliothèques de quelques médecins en Italie
(XIVe-XVe siècles », *Les élites urbaines au Moyen
Age. Actes du XXVIIe Congrès de la Société des
Historiens Médiévistes. Rome 23-25 mai 1996,*
Paris-Roma 1997, 385-441) n'en repère, pour
les inventaires qu'elle a étudiés aux XIVe et
XVe siècles, que quatre exemples (dont deux à
la fin du XVe siècle). Il est vrai qu'il s'agit alors
de bibliothèques nettement moins étendues.
Sur cette question, voir encore F. ROUDAUT,
«Classements et bibliothèques à la Renaissance. Quelques éléments», *La Bibliothèque I,*
edd. J. Dauphiné, M. Mestre, n° spécial, *Babel*
6 (2002), 151-158. On pourrait au reste s'interroger sur le principe de classement retenu
par Mercuriale : Médecine, Philosophie, *Humanitates* et Théologie. On sait que traditionnellement dans les universités italiennes, et
particulièrement à Padoue, la philosophie
était la servante de la médecine. Il est tentant
de se demander si Mercuriale en adoptant
cette classification n'a pas transposé à son
propre usage, au moins inconsciemment, la
recommandation qu'il adressait à ses propres
étudiants lorsqu'il les invitait à avoir d'autres

lectures que médicales : *Ita tamen quod appa-
reat semper uos ceteris medicos peioribus ante-
ferre* [cité par R.J. DURLING, «Girolamo Mercuriale's *De modo studendi* », *Renaissance Medical Learning : Evolution of a Tradition,*
n° spécial, *Osiris* VI (1990), 192]. Reste, dans
cette hypothèse, qu'il serait quelque peu sur-
prenant, pour ne pas dire sacrilège — on sait
que le médecin de Forlì était un homme
pieux —, de voir la Théologie arriver au dernier rang.

[14] *Humanitates*, in-fol., n° 41-63 : historiens grecs (Hérodote et Thucydide notamment) et latins (César, Tite-Live, Tacite, Suétone notamment) ; in-8°, n° 9-50 (avec quelques «intrus») : poésie, y compris tragique
(n° 9-11, Homère ; n° 24-26, Virgile ; n° 27-30,
Horace). Les historiens modernes, parmi lesquels Guichardin, se trouvent, eux, répartis
principalement entre les in-folio (n° 65-78) et
les in-4° (n° 45-56b).

[15] *Humanitates*, in-8°, n° 131-135.

[16] Voir E. RICCA ROSELLINI, «Il lettore e
l'erudito : Libri nelle case forlivesi dal Quat-
tro al Settecento», *Il libro in Romagna, produzione, commercio e consumo dalla fine del
secolo XV all'età contemporanea, Convegno di
Studi (Cesena, 23-25 marzo 1995),* edd. L. Bal-
dacchini, A. Manfron, Firenze 1998, 379. Les
chiffres, cette fois, concernent bien les titres
et non les volumes.

particuliers, des chiffres tout à fait exceptionnels. Ainsi Christian Bec, dans son enquête sur les livres des Florentins dans la deuxième moitié du XVIᵉ siècle, écrit-il que «les grandes bibliothèques (plus de cent volumes) représentent quelque 13,1 % de l'ensemble des fonds». Toujours selon le même auteur, celles qui dépassent les cinq cents volumes ne représentent que 0,5 % des fonds[17]. Par ailleurs, on peut rappeler, avec François Fossier, que le fonds imprimé de la bibliothèque Farnèse — d'où assurément étaient absents textes grecs et latins déjà possédés sous forme manuscrite — contenait, d'après un inventaire de 1653, «mille neuf cent quatre-vingt-trois unités bibliographiques[18]».

Pour importante que soit la bibliothèque de Mercuriale, elle ne saurait assurément rivaliser avec les quelque six mille quatre vingt-huit imprimés qui figuraient, selon un inventaire de 1604, dans la bibliothèque de son ami Pinelli ni même avec les trois mille cinq cent quatre-vingt-dix-huit imprimés dont fait état Ulisse Aldrovandi dans son testament dressé en 1603[19]. Ce même Aldrovandi cependant, grand naturaliste mais bibliophile tout aussi averti, l'année même qui suivit l'arrivée de Mercuriale à Bologne, fit dresser, après examen des livres apportés par le médecin de Forlì et très probablement à partir de l'*Index librorum* confectionné l'année précédente, la liste de tous les titres qui ne figuraient pas encore dans sa bibliothèque. *Ex bibliotheca Mercurialis... Libri omnes quos non habeo sunt*, note-t-il avec la pointe d'envie de tout bon collectionneur[20]. Il y en avait cinq cent quatre, soit près de la moitié des titres de l'*Index librorum*, preuve, s'il en fallait, que la collection rassemblée par l'auteur du *De arte gymnastica* était loin d'être sans intérêt.

L'*Index*, nous l'avons dit, est divisé en quatre grandes sections. La moins fournie de toutes est celle de la Théologie (cent soixante volumes). Cette partie reflète à la fois la tradition et la nouvelle sensibilité post-tridentine : d'une part diverses Bibles et quelques Nouveaux Testaments, d'autre part présence des œuvres de saint Thomas[21] et poids des textes dus aux Pères de l'Église. On sait en effet que les années qui suivirent l'achèvement du Concile de Trente virent un renouveau des études patristiques. L'*Index librorum* en témoigne de façon on ne peut plus claire. Pour nous en tenir uniquement aux textes qui se rencontrent dans le *De arte gymnastica*, deux livres seulement, les œuvres d'Epiphane (1543) et la *Préparation évangélique* d'Eusèbe de Césarée (1544), furent publiés antérieurement à l'ouverture du Concile. Entre 1550 et 1560, on relève dans l'*Index* deux éditions de Clément d'Alexandrie (dont la *princeps* due à Vettori de 1550), deux éditions

---

[17] C. BEC, *Les livres des Florentins (1413-1608)*, Firenze 1984, 65.

[18] FOSSIER, «Le fonds imprimé», *Le Palais Farnèse, op. cit.*, I, 2, 411.

[19] Sur Pinelli, voir *supra*, note 4. Sur Aldrovandi, voir A. ADVERSI, «Nuovi appunti su Ulisse Aldrovandi bibliofilo, bibliotecario e bibliografo, e sulla sua inedita *Bibliologia*», *La Bibliofilia* LXVIII (1966), 51-90.

[20] Voir *supra*, note 5.

[21] *Theologia*, in-fol., n° 30, n° 49-54.

de saint Justin (1551 et 1554), une de saint Cyprien (1560). Après 1560, on trouve la même année 1566, une édition de saint Basile et une de saint Jérôme, en 1574 les œuvres de saint Jean Chrysostome, en 1579 celles de Cassiodore et d'Isidore de Séville[22], en 1580 celles de Jean Cassien et de Tertullien, en 1583 enfin une nouvelle édition de Tertullien dont l'interprète Jacques de Pamèle est nommément cité par Mercuriale dans son *De arte gymnastica*[23]. L'*Index librorum* mentionne encore divers textes directement issus du Concile de Trente : actes, catéchismes ou encore *Biblia reuisa*. Il convient aussi de remarquer dans l'*Index* d'une part la présence des *Sentences* de Pierre Lombard (et de l'ouvrage de leur commentateur, l'évêque Durand de Saint-Pourçain), et d'autre part, celle des *Exercices spirituels* d'Ignace de Loyola[24]. Au titre des curiosités de cette section, il faut noter enfin, parmi ces ouvrages de spiritualité chrétienne, la présence du traité sur *Les songes* d'Artémidore[25].

Vient ensuite par le nombre de ses volumes (deux cent un) la section Philosophie. Le fait le plus frappant y est sans doute la présence écrasante, massive, d'Aristote renforcée par celle de bon nombre de ses commentateurs, aussi bien anciens (Alexandre d'Aphrodise, Thémistius, Boèce, Simplicius, Jean Philopon) que médiévaux (Averroès, Thomas d'Aquin, Jean de Jandun, Gilles de Rome, Buridan) et modernes (Gaétan de Thiene, Agostino Nifo, Francesco Zabarella, tous trois padouans, Joachim Périon, Marc Antonio Zimara, Niccolò Leonico, Pier Vettori)[26]. Le reste de la philosophie antique, pour être nettement moins représenté, n'est cependant pas absent : Platon, Plotin, Proclus, mais aussi Sénèque dont on retrouve une partie des œuvres dans la section *Humanitates*. Deux des grandes figures de la philosophie florentine méritent également d'être signalées dans la bibliothèque de Mercuriale : Marsile Ficin et Pic de la Mirandole (avec ses *Opera omnia*). Cette section renferme enfin un traité de Pietro Pomponazzi, mis à l'index par Rome, le *De naturalium effectuum causis*[27].

La partie médicale, comme on pouvait s'y attendre, est la plus fournie de toutes : quatre cent vingt volumes. Tous les auteurs essentiels, grecs et latins, de la *materia medica*, à commencer par Hippocrate et Galien, y sont naturel-

---

[22] On relève pour Isidore de Séville dans l'*Index librorum* deux éditions, l'une des *Etymologies* seules dans la section *Humanitates* (in-fol., n° 91, Bâle, s.d.), l'autre des œuvres complètes dans la section *Theologia* (in-fol., n° 22, Paris, 1579). Les *Variæ* de Cassiodore figurent en fait dans la section *Humanitates*, in-fol., sous le n° 92.

[23] *De arte gymnastica, op. cit.*, livre I, 27.

[24] Respectivement, *Theologia*, in-8°, n° 49, in-fol., n° 55 et in-16°, n° 6.

[25] *Theologia*, in-8°, n° 15.

[26] En deux occasions au moins, en 1574 et 1574, on voit Mercuriale écrire à T. Zwinger pour lui demander de lui procurer un livre interdit : la *Bibliotheca uniuersalis* de C. GESNER ; voir P.F. GRENDLER, *The Roman Inquisition and the Venetian Press 1540-1605*, Princeton 1970, 186-187. Le titre ne figure pas dans l'*Index*. Voir aussi la démarche entreprise par Mercuriale auprès du cardinal Sirleto pour obtenir le droit de lire les livres interdits touchant sa discipline : F. BARBERI, *Per una storia del libro : profili, note, ricerche*, Roma 1981, 143-144.

[27] *Philosophia*, in-8°, n° 26.

lement représentés, mais on y trouve aussi, distribués sur près de trente volumes (avec leurs commentaires), tous les grands noms de la médecine arabe : Albucasis, Averroès, Avicenne, Isaac, Rhazès, Mesüe. Y figurent en particulier quelques-uns des ouvrages qui exercèrent une influence décisive sur la conception de l'hygiène au Moyen Age : l'*Isagoge*[28], le *Pantechni*[29], le *Canon* d'Avicenne[30], le *Continens* de Rhazès[31] et le *Colliget* d'Averroès[32]. Les auteurs médicaux du Moyen Age sont représentés par Constantin l'Africain, traducteur de l'*Isagoge* et du *Pantechni* déjà mentionnés, par Bernard de Gordon et par Pietro d'Abano, auteur du célèbre *Conciliator*. A leurs côtés figurent pour la chirurgie les noms de Guy de Chauliac et de son élève Pietro d'Argellata (mort en 1423). Chez les Modernes domine l'école italienne, et plus spécialement, l'école de Padoue. Soit, par ordre alphabétique : Claudio Achillini, dont la carrière d'anatomiste commença à Bologne, Giulio Cesare Aranzi, spécialiste d'anatomie fœtale, Antonio Musa Brasavola, médecin de François Ier, Jérôme Cardan, Michele Colombo, également anatomiste, Gabriele Falloppio, à qui on doit d'importantes découvertes sur l'appareil génito-urinaire, Jérôme Fracastor, auteur d'un célèbre poème sur la syphilis, Giovanni Filippo Ingrassia, Michele Savonarole, Vettore Trincavello et sans aucun doute, le plus célèbre de tous, André Vésale. Hors d'Italie, quelques autres noms méritent encore d'être cités : le suisse Paracelse et trois Français, Jean Fernel, Jacques Dubois (Silvius) et enfin Ambroise Paré, père de la chirurgie française.

Comme dans les autres sections, on peut repérer certains principes de classement : par auteur, par groupe d'auteurs — la littérature arabe, sans y être exclusivement cantonnée, occupe les n° 50-64 de la section des in-folio — ou encore par thèmes : ainsi de ces textes *De morbis mulierum* ou *De pestilentia* — deux sujets sur lesquels Mercuriale lui-même avait publié[33] — ou de la série d'ouvrages sur les plantes[34]. On rencontre aussi dans cette section

[28] Il s'agit de la traduction latine de fragments des *Questions sur la médecine* de Honein Ibn Ishâq al-'Ibâdi. L'ouvrage se trouve dans la section *Medicina* de l'*Index*, in-8°, n° 1. Ce même titre figurait déjà dans l'*Articella* (*Med.*, in-fol., n° 65).

[29] Il s'agit encore d'une traduction. L'ouvrage dans sa version originale est dû à 'Alî ibn al-'Abbâs al-Magûsî. L'ouvrage se trouve dans la section *Medicina* de l'*Index*, dans les *Omnia opera* d'Ishak Israeli ben Salomon, section in-fol., sous le n° 63.

[30] *Medicina*, in-fol., n° 50-51. De nombreux ouvrages de cet auteur, ainsi que des commentaires, figurent dans l'*Index*.

[31] *Medicina*, in-fol., n° 57.

[32] *Medicina*, in-fol., n° 125. Sur le contenu et l'influence de tous ces ouvrages, voir P.G.

SOTRES, « Les régimes de santé », *Histoire de la pensée médicale en Occident*, edd. M.D. Grmek, B. Fantini, vol. II, Paris 1997, 257-281, part. 262-263.

[33] *Medicina*, in-4°, n° 92-96 et n° 74-83. G. DI DONATO [« Girolamo Mercuriale, medico ed umanista dello sport », *Hermes* XII, 2 (1964), 67] explique par la culpabilité, consécutive à l'erreur de diagnostic qu'il avait commise au moment de la peste de Venise (1575-1576), l'intérêt que Mercuriale porta ensuite à cette maladie et dont témoigne notamment son traité, publié à Venise l'année suivante : *De pestilentia... præsertim uero de Veneta et Patauina*. On trouvera le traité *De pestilentia* dans la section *Medicina*, in-4°, n° 77.

[34] *Medicina*, in-8°, n° 82-89.

Medicina, comme dans nombre de bibliothèques médicales de l'époque, des ouvrages alchimiques (ou réputés tels) : la *Summa perfectionis magisterii* du pseudo-Geber, les *Opera omnia* d'Arnault de Villeneuve, les traités de Conrad Gesner, de Gérard Dorn ou encore de Paracelse [35]. Signalons enfin parmi les curiosités de cette section un traité qui, lui, n'a rien d'alchimique, le *De symmetria partium corporis* d'Albrecht Dürer [36].

La section *Humanitates* comprend trois cent quatre-vingt-six volumes, presque autant que la section *Medicina.* On y trouve tout d'abord les outils de travail indispensables à tout humaniste : lexiques, grammaires et dictionnaires. La plupart d'entre eux sont regroupés dans les in-folio des *Humanitates* (n° 1-10) : Suidas et Julius Pollux mais aussi le *Thesaurus* d'Henri Estienne, l'*editio princeps* du dictionnaire d'Hesychius, l'*Etymologicum magnum* édité par Marco Musuro (Musurus) ou encore le *Cornu copiæ* de Niccolò Perotti. Le *De usu linguæ latinæ* d'Uberto Foglieta figure sous le n° 5, les *Commentarii linguæ græcæ* de Guillaume Budé sous le n° 6. Parmi les in-quarto, on relève, outre, encore une fois, deux exemplaires (grec et latin, n° 6-7) de l'*Onomasticon*, l'important ouvrage de Jules-César Scaliger, le *De causis linguæ latinæ libri XIII* (n° 4). Dans les in-octavo enfin sont répertoriés des ouvrages tels que la grammaire grecque d'Urbano Bolzanio, maintes fois rééditée au XVIᵉ siècle, ou le *Nomenclator* [37] du médecin Adrian De Jonge (Junius), un livre dans lequel les mots latins, regroupés par thème, sont accompagnés de leur définition et de leurs équivalents en grec et dans d'autres langues (respectivement, n° 1 et 8).

La bibliothèque de Mercuriale contient d'autre part et surtout la quasi-totalité de la littérature gréco-latine, et non seulement les textes mais aussi les commentaires érudits, y compris les plus récents. Nombre de grandes éditions humanistes y figurent : celles, entre autres, données par Marco Antonio Coccio (Sabellico) et Filippo Beroaldo l'Ancien, mais aussi les deux importantes éditions de Tacite, dues, l'une à Beatus Rhenanus, l'autre à Juste Lipse, les *Castigationes Plinianæ* d'Ermolao Barbaro, les *Emendationes in Terentium* de Gabriele Faerno, le « Vitruve » de Guillaume Philandrier, celui de Daniele Barbaro, le « Cicéron » de Pier Vettori, le « Plaute », l'« Horace » et le « Lucrèce » de Denis Lambin, l'« Athénée » de Jérôme Daléchamp [38]. On rencontre en

---

[35] *Medicina,* respectivement in-8°, n° 98 ; in-fol., n° 119 ; in-8°, n° 97, 99, 141, 143, 145. D'autres traités se trouvent dans les sections *Philosophia* (le *Pimandre,* Albert le Grand, Raymond Lulle), *Humanitates* (le *De auro* de Jean PIC DE LA MIRANDOLE) et même *Theologia* (la *Chrysopoeia* de G.A. AUGURELLI).

[36] *Medicina,* in-fol., n° 68.

[37] *Nomenclator omnium rerum propria nomina uariis linguis explicata indicans.* Cette édition est inconnue du *National Union Catalog* qui donne pour le lieu et la date de pre-

mière édition les indications suivantes : Augustæ, ex officina H. Mangen 1588.

[38] Sabellico : in-fol., n° 69-71 (*Opera omnia*) ; Beroaldo : in-fol., n° 63 (*Suetonii Tranquilli 12 Cesares*), in-8°, n° 118-120 (*Apulei opera omnia*) et 131 (*In Columellam annotationes*) ; Beatus Rhenanus : in-fol., n° 61 ; Juste Lipse : in-8°, n° 81 ; E. Barbaro : in-4°, n° 60 ; Faerno : in-8°, n° 31 ; Philandrier : in-4°, n° 59 ; D. Barbaro : in-fol., n° 85 ; Vettori : in-fol., n° 31-34 et in-8°, n° 60 — Vettori est également l'éditeur d'Aristote dont les textes

fait dans cet *Index*, outre ceux qui viennent d'être cités, à peu près tous les grands noms de l'érudition humaniste : pour l'Espagne, Antonio Agustín ; pour la France, Budé, les deux Scaliger, Adrien Turnèbe, Marc-Antoine Muret ; pour l'Italie enfin, Ange Politien, Enea Vico, Alde et Paul Manuce, Paul Jove, Carlo Sigonio, Fulvio Orsini et celui qui fut sans doute l'ami le plus proche de Mercuriale, Onofrio Panvinio.

Les in-folio 93-112 méritent une attention particulière : ils rassemblent en effet des textes qui tous, ou peu s'en faut, ont trait aux recherches antiquaires (et notamment au droit romain)[39]. Y figurent, aux côtés de textes au caractère philologique plus marqué[40], deux ouvrages de Budé (le *De asse* et les *Annotationes* aux *Pandectes*), deux ouvrages d'Orsini (les *Imagines et Elogia uirorum illustrium* et les *Familiæ Romanæ*), deux ouvrages de Panvinio (les *Fasti et Triumphi Romani* et le *De comitiis*), les *Antiquitatum conuiualium libri tres* de Johann Wilhelm Stucki, les *Genialium Dierum libri sex* d'Alessandro degli Alessandri, les *Lectionum antiquarum libri XXX* de Celio Ricchieri (Rhodiginus), assez largement utilisés par Mercuriale, et ce véritable manuel de la science antiquaire que sont les *Romanarum antiquitatum libri decem* de Johann Rossfeld (Rosinus)[41]. A ce fonds « antiquaire », il convient d'ajouter, dispersés ici et là dans l'*Index*, la *Roma triumphans* de Flavio Biondo (in-fol., n° 66), trois livres de Lilio Gregorio Giraldi dont le *De diis gentium* (in-fol, n° 117-118)[42], le *Thesaurus rei antiquariæ* de Hubert Goltz (Goltzius)[43], le *Gallus Romæ hospes* de Louis de Montjosieu (in-4°, n° 67), les *Mythologiæ* de Natale Conti (in-4°, n° 68), grand ouvrage de la mythologie renaissante, les *Augustarum imagines* d'Enea Vico (in-4°, n° 69)[44], l'*Orthographiæ ratio* d'Alde Manuce Junior (in-8°, n° 2), le *De anno et men-*

---

se rencontrent dans la section *Philosophia*, in-fol., n° 56, 63 et 65 ; Lambin : in-fol., n° 20 et 22, in-4°, n° 20 ; Daléchamp : in-fol., n° 81.

[39] On peut ranger dans cette catégorie le *De antiquo iure populi Romani* de C. SIGONIO (n° 98) et le *De legibus Romanis* de P. MANUCE, seul livre publié d'un projet plus vaste d'*Antiquitates* (n° 101). On remarquera également dans cette liste (n° 113-115) les ouvrages de J. Cujas et du Père A. Tiraqueau, même si pour ce dernier on est en droit de contester, comme le fait FERRARY (*Onofrio Panvinio, op. cit.*, 130), que le *De nobilitate et iure primigeniorum* appartienne au genre des *Antiquitates*.

[40] Nous songeons aux textes de Vettori et Turnèbe (n° 108-110).

[41] Respectivement n° 94, 111, 96, 100, 97, 103, 106, 112, 107 et 99.

[42] Cet ouvrage, dont l'importante influence a été étudiée notamment par J. SEZNEC (*Survivance des dieux antiques : essai sur le rôle de la tradition mythologique dans l'Humanisme et dans l'art de la Renaissance*, London 1939 ; repr. Paris 1993), se trouve dans les *Opera*. Les deux autres livres antiquaires de L.G. GIRALDI figurant dans l'*Index* sont le *De annis et mensibus ceterisque temporum partibus... una cum calendario Romano et Græco* et les *Historiæ poetarum tam græcorum quam latinorum dialogi decem* (respectivement, *Humanitates*, in-8°, n° 139 et 55).

[43] H. GOLTZ, *Thesaurus rei antiquariæ uberrimus ex antiquis tam numismatum quam marmorum inscriptionibus...*, Antuerpiæ, ex officina C. Plantini 1579 (in-4°, n° 37).

[44] E. VICO, *Augustarum imagines æreis formis expressæ, uitæque quoque earundem breuiter enarratæ, signorum etiam quæ in posteriori parte numismatum effictæ sunt ratio explicata*, Venetiis 1558. La traduction de cet ouvrage, paru en italien l'année précédente, serait due à Natale Conti.

sibus commentarius de Junius (in-8°, n° 139) [45], l'*Historia fori Romani* de
François Pollet (in-8°, n° 144) [46], le *De amphitheatro* de Juste Lipse (in-8°,
n° 167), la *Topographia Vrbis* de Giovanni Bartolomeo Marliani, curieuse-
ment classée dans les in-folio de Philosophie (n° 71). Il faut rattacher enfin à
cette catégorie des textes antiquaires, bien que ne figurant pas dans la section
Humanitates, quatre autres ouvrages sur les bains, dont certains furent utilisés par Mercuriale pour son *De arte gymnastica* : le *De balneis* une anthologie
anonyme, parue à Venise en 1553 et due en réalité à Tommaso Giunta [47], le
De thermis d'Andrea Baccio, nommément cité dans l'édition de 1573 [48], le
traité *Des bains et antiques exercitations grecques et romaines* publié par Guillaume Du Choul à la suite de son *Discours sur la castramétation et discipline
militaire des Romains* [49] et enfin le *De balneis* de Laurent Joubert [50]. Curieuse-
ment, une des sources majeures du *De arte gymnastica,* l'antiquaire Pirro
Ligorio, seul « moderne » dont le nom soit cité plus d'une dizaine de fois dans
l'ouvrage, fournisseur principal des illustrations de 1573 et auteur d'un petit
livre publié en 1553, le *Libro delle antichità di Roma,* est absent de l'*Index* [51].
Quoi qu'il en soit, Mercuriale, on le voit, loin de se désintéresser de la production antiquaire après la publication de son livre en 1569, comme peut-
être l'évolution prestigieuse de sa carrière médicale aurait pu l'y pousser, a

[45] On peut y joindre, outre le *Nomenclator,* déjà cité, qui contient, selon FERRARY
(*Onofrio Panvinio, op. cit.,* 130, note 341), d'u-
tiles indications sur « les institutions profanes
privées », un petit traité publié à la fin des
Animadversorum libri sex de 1556, le *De coma
commentarium* (*Humanitates,* in-8°, n° 156).
[46] F. POLLET, *Historia fori Romani restitu-
ta et aucta per Philippum Broidæum...,* Duaci,
Ex officina Ioannis Bogardi 1576.
[47] *Medicina,* in-fol., n° 111 : *De balneis omnia quæ extant apud Græcos, Latinos et Arabas
tam medicos quam quoscumque cæterarum artium probatos scriptores, qui uel integris libris,
uel quoque alio modo hanc materiam tractaue-
runt : nuper hinc inde accurate conquisita et ex-
cerpta atque in unum tandem hoc uolumen re-
dacta. Opus nostra hac ætate, in qua tam fre-
quens est Thermarum usus, medicis quidem
necessarium, cæteris uero omnibus tum sum-
mopere utile, tum etiam periucundum,* Venetiis, apud Iuntas 1553.
[48] *Medicina,* in-fol., n° 112 : *De Thermis
Andreæ Baccii Elpidiani, medici atque philosophi, ciuis romani, libri septem. Opus locupletis-
simum, non solum Medicis necessarium, uerumetiam studiosis uariarum rerum Naturæ perutile, in quo agitur de uniuersa aquarum natura..., De lacubus, fontibus, fluminibus, De bal-*

*neis totius orbis et de methodo medendi per bal-
neas, deque lauationum simul atque exercitationum institutis in admirandis Thermis Romanorum,* Venetiis, apud V. Valgrisium 1571.
[49] *Medicina,* in-8°, n° 72. Le livre de G.
DU CHOUL, paru à Lyon (impr. de G. Ro-
ville) en 1555, s'intitulait : *Discours sur la castramétation et discipline militaire des Romains... Des bains et antiques exercitations
grecques et romaines.* L'ouvrage que possède
Mercuriale est une traduction italienne due à
Gabriele Simeoni.
[50] *Medicina,* in-fol., n° 142 : Laurentii IOU-
BERTI... *Operum latinorum tomus primus...
cui subiectus est tomus secundus, nunc primum
in lucem proditus liber unus... Eiusdem de balneis antiquorum, tum græcorum tum romanorum liber alter,* Lugduni, apud S. Michælem
1582.
[51] P. LIGORIO, *Libro delle antichità di Roma nel quale si tratta de' circi, theatri e anfitea-
tri con le paradosse...,* Venetia, M. Tramezino
1553. L'énorme masse des *antiquitates,* on le
sait, reste à l'état manuscrit. Panvinio, comme le fait observer FERRARY (*Onofrio Panvinio, op. cit.,* 87), ne mentionne pas non plus le
Libro delle antichità dans sa lettre-préface de
1558 alors même qu'il rend hommage à l'antiquaire napolitain.

continué de suivre de façon extrêmement attentive les débats érudits de son temps sur ces questions.

L'*Index* révèle enfin en Mercuriale un homme dont le goût ne se borne pas aux seules humanités au sens étroit du terme, ni même aux livres de médecine, mais au contraire un homme ouvert sur le monde. Sa bibliothèque renferme des relations de voyages[52], des ouvrages traitant d'événements récents, qu'il s'agisse de la mort de Côme Ier de Medicis ou de la translation de l'obélisque du Vatican[53], ainsi que des textes concernant l'encore jeune Compagnie de Jésus[54]. Elle atteste aussi de son intérêt pour la poésie et, au sens le plus large, la littérature « moderne » : Dante (in-fol., n° 26), Pétrarque (in-fol., n° 119), Boccace (in-4°, n° 86), Le Tasse (in-4°, n° 29), Sannazar (in-8°, n° 49)[55], mais aussi les *Emblèmes* d'Alciat (in-8°, n° 51) sans omettre des ouvrages touchant aux mœurs et à l'éducation tels que le *De corrigendis studiis sermo* de Philipp Melanchthon, (in-8°, n° 134), le *Galateo* de Giovanni Della Casa (in-8°, n° 64) ou le célèbre *Cortegiano* de Baldassar Castiglione (in-8°, n° 173).

A la fin de son article sur le *De modo studendi*, un texte qui renferme d'intéressantes précisions sur les conseils de lecture adressés par Mercuriale à ses étudiants, Richard Durling regrettait qu'on ne connût pas mieux les textes médicaux disponibles à Padoue dans les années 1570[56]. Cet *Index*, constitué au moment où Mercuriale s'apprêtait précisément à quitter Padoue, quoique postérieur d'une quinzaine d'années, devrait contribuer à une approche de la question et, d'une façon plus générale, permettre une meilleure connaissance de ces bibliothèques (trop peu étudiées selon François Fossier) de riches particuliers Italiens[57].

---

[52] G. RAMUSIO, *Raccolta delle navigazioni e viaggi* (in-fol., n° 78[abc]), *Relatione dell'arriuo in Europa delli Giapponesi* (in-4°, n° 27), *Lettere delle cose del Giappone* (in-8°, n° 169).

[53] Funérailles de Côme : in-4°, n° 34 ; translation de l'obélisque : in-4°, n° 67. Sur ce déplacement de l'obélisque, opéré en 1586, voir F. VUILLEUMIER, « La rhétorique du monument. L'inscription dans l'architecture en Europe au XVII[e] siècle », *XVII[e] siècle* 156 (1987), part. 294-295 et la note 15.

[54] *Humanitates*, in-4°, n° 56[d] (P. RIBADENERA, *Vita del D. Ignatio*, Venetia, i Gioliti 1586) ; in-8°, n° 58 (IGNACE DE LOYOLA, *Epistolæ*) ; n° 92 (P. RIBADENERA, *Vita Ignatii*, Neapoli, apud J. Cæchium 1572) et 93 (*Rerum a societate Iesu in oriente gestarum uolumen*, Coloniæ, apud G. Calenium et hæredes J. Quentel 1574) ; *Theologia*, in-16°, n° 6 (*Ignatii Loyolæ exercitia spiritualia* : édition inconnue du *National Union Catalog*), les n° 8 et 9 étant constitués par deux ouvrages

de piété.

[55] On peut ajouter à ces recueils de poésie « moderne » les *Carmina quinque illustrium poetarum* (*Humanitates*, in-8°, n° 48) où figurent entre autres les œuvres de Bembo, Navagero et Castiglione.

[56] DURLING, « Girolamo Mercuriale », art. cit., 184 : « The whole question of what medical texts were available in Padua in the 1570s requires further investigation ».

[57] FOSSIER, *Le Palais Farnèse, op. cit.*, III, 2, 24, note 24 : « Les études sur ce chapitre sont assez rares et superficielles ». Aux six études que Fossier cite dans sa note, nous ajouterons le livre déjà cité de BEC, *Les livres des Florentins*, l'étude d'A. PETRUCCI, « Le biblioteche antiche », *Letteratura italiana II : produzione e consumo*, ed. A. Asor Rosa, Torino 1983, 527-554 ; et les articles suivants : S. CAROTI, « La biblioteca di un medico fiorentino : Simone di Cinozzo di Giovanni Cini », *La Bibliofilia* LXXX (1978), 124-138 ; ADVERSI, « Nuovi ap-

Principes d'édition

En général, dans le corps même de l'*Index,* nous nous sommes efforcés de respecter l'orthographe la plus constante de Mercuriale. Ainsi il écrit *Ioannes* (et non *Iohannes*), *Dionisius* (et non *Dionysius*), ou, au génitif (pour le nom propre), *Medici* et non *Medicis.* L'emploi des majuscules se conforme aux usages modernes.

La transcription posait deux problèmes. D'abord, comme pour tout manuscrit, un problème de lecture : l'écriture, sans être d'une grande difficulté, pose néanmoins parfois quelques problèmes de déchiffrement (tassement du texte en fin de ligne, présence de taches ou de ratures). Dans tous les cas où nous conservons un doute sur notre lecture, nous avons mis le mot en italique. Le deuxième problème est dû à l'usage très fréquent d'abréviations. Nous avons développés les signes conventionnels (généralement en finale) sans les signaler (par exemple *ú* = *um, í* = *in* etc.), de même lorsque l'abréviation se présente sous forme d'exposant (*annot.*[es] pour *annotationes, Lud.*[ci] pour *Ludouici, obseru.*[num] pour *obseruationum* etc.). Dans tous les autres cas, chaque fois que nous avons dû suppléer une ou plusieurs lettres, nous l'avons signalé par des parenthèses, par exemple *na(tura)li* là où le texte porte *náli.*

Un certain nombre d'abréviations toutefois ont été maintenues, compte tenu de leur fréquence. Il s'agit :

1. des lieux d'éditions [58] ;

2. des chiffres ordinaux et cardinaux : par exemple, *4.*[r] pour *quatuor, 7.*[m] pour *septem, p.*[s] pour *primus, p.*[um] pour *primum, p.*[i] pour *primi, p.*[os] pour *primos, p.*[a] pour *prima, p.*[am] pour *primam, p.*[æ] pour *primæ* etc. ;

3. des abréviations figurant dans la liste ci-dessous :

– *ann., annot., adnot.* ou *annot.*[es] = *annotationes ; cum ann.* ou *annot.* = *cum annotationibus*

– *A.*[is]*, Ar.*[is]*, Arist., Arist.*[is] = *Aristotelis ; Ar.*[m] ou *Ar.*[em] = *Aristotelem*

– *Auic.* ou *Auic.*[æ] = *Auicennæ ; Auic.*[m] = *Auicennam* [59]

– *comm.* = *commentarius, commentum, commentarium, commentarii*

– *comm.*[a] = *commentaria ; comm.*[m] = *commentum, commentarium ; comm.*[s] ou *comment.*[s] = *commentarius ; comm.*[rum] = *commentariorum ; cum comm.*[o] = *cum commentario ; cum com.* ou *comm.* = *cum commentario -iis*

– *Gal.*[m] = *Galenum ; Gal.* ou *Gal.*[i] = *Galeni ; Gal.*[o] = *Galeno*

---

punti», art. cit. ; les deux articles de Grendler sur Pinelli, déjà mentionnés *supra,* note 4 ; K. Gersbach, «The Books and Personal Effects of Young Onofrio Panvinio, O.S.A., in *Vat. Lat.* 7205», *Analecta Augustiana* 52, 1989 ; Ricca Rosellini, «Il lettore e l'erudito», art. cit. et enfin Nebbiai dalla Guarda, «Livres, patrimoines», art. cit., part. 387, note 7, qui signale des travaux plus spécialement consacrés aux médecins.

[58] A noter que les initiales *H. St.* qui figurent parfois à la place du lieu d'édition et parfois dans le titre lui-même désignent le célèbre imprimeur français Henri Estienne.

[59] A noter toutefois à deux reprises, l'abréviation *Auicen.*[s] (*Med.* in-fol., n° 123 et in-4°, n° 17) pour *Auicennes,* sans doute une forme de nominatif qui concurrence *Auicenna.*

– *gr.* = l'adjectif *græcus, a, um* décliné à divers cas ou l'adverbe *græce*

– *gr. lat.* ou *græ. lat* = *græco-latine* ou *latinum* ou *græca-latina*; *græc. et lat.* = *græcorum et latinorum*

–*Hip.* ou *Hipp.^{m}* = *Hippocratem*; *Hip., Hipp.* ou *Hipp.^{is}* = *Hippocratis*

–*hist.* ou *hist.^{a}* = *historia*; *hist.^{m}* = *historiam*; *histor.* ou *hist.^{æ}* ou *hist.^{riæ}* = *historiæ*; *hist.^{as}* = *historias*; *hist.* = *historiarum*

– *int., interp., interp.^{e}* ou *interpr.* = *interprete*; *interp.* = *interpretatione*

–*lat.* = l'adjectif *latinus* décliné à divers cas ou l'adverbe *latine*; *lat.^{a}* = *latina*

– *lib.* = *liber, libri, librorum, libellus, libellum*; *in l.* ou *lib.* = *in librum* ou *libros*

– *med.^{na}* = *medicina*; *med.^{næ}* = *medicinæ*

L'*Index*, dû, rappelons-le, à la main de Mercuriale, n'est pas toujours exempt de fautes[60]. Sous le n° 89, dans la section in-8° des *Humanitates*, Mercuriale écrit *Phlegetontis* pour *Phlegontis*, confondant le fleuve des Enfers avec Phlégon de Tralles. Dans la section des in-folio, n° 18, il attribue à Budé, prénommé Jean il est vrai, un recueil d'*Epigrammes*, paru à Bâle en 1549, dû en réalité au poète français Jean Brodeau. Certains lieux ou dates mentionnés par l'*Index* paraissent suspects. Ainsi des *Prælectiones* de Pierre de la Ramée (Ramus) publiées, dit l'*Index*, à Parme en 1546 (*Humanitates*, in-8°, n° 113). Nous n'avons trouvé aucune trace de cette édition si bien qu'on peut se demander si Mercuriale n'aurait pas confondu les initiales de cette ville avec celles de Paris. Plus troublant — d'autant que c'est Mercuriale encore une fois qui est l'auteur de l'*Index* —, dans la section *Medicina*, in-4°, n° 36, il est fait état (en trois exemplaires!) d'une édition du *De arte gymnastica* à Venise en 1582 dont on ne trouve trace nulle part ailleurs. On ne voit guère comment expliquer cette date autrement que par une distraction : ce n'est qu'en 1587 en effet que le *De arte gymnastica* fut republié à Venise. D'une façon générale, nous avons pris le parti, chaque fois que nous l'avons cru utile, d'éclairer l'*Index* par des notes.

---

[60] En particulier, lorsqu'il y a une erreur, elle est développée et corrigée en note. l'abréviation a été maintenue telle quelle et

HIERONYMI MERCURIALIS BIBLIOTHECÆ INDEX

---

[1] Le nom de l'imprimeur ou du libraire est rarement mentionné. Lorsqu'il l'est, il l'est tantôt, comme ici, juste après le titre, tantôt juste avant la date d'édition.

[2] *Ætii* AMIDENI *librorum medicinalium tomus primus, primi scilicet libri octo, nunc primum in lucem editi,* Venetiis, in ædibus hæredum Aldi Manutii et Andreæ Asulani 1534.

[3] Ce prénom désigne le célèbre humaniste Ermolao Barbaro.

47	latine ex uersione et cum comm. Cornarii	Bas. 1557
48	Cornelius Celsus cum comm. Pantini	Bas. 1552
49	Medici antiqui latini omnes	Ald. 1547
50-51	Auicennæ Opera cum comm. Costæi	Ven. 1564
52-56	cum comm. Gentilis et aliorum	Ven. 1523
57	Rasis Continens	Ven. 1506
58	Serapionis Opera	Ven. 1550
59	De simpl(icium) medic(amentorum) interpr. Mutono [4]	Ven. 1552
60	Mesuæ Opera ap(ud) Iuntas	Ven. 1581
61	Monachi in Mesuem	Ven. 1543
62	Rasis Ad Almasorem [5] et Rabi Mosis etc.	Ven. 1508
63	Isaac [6] Opera cum comm.	Lugd. 1515
63	Aggregatoris Lugdunensis Practica	Ven. 1522
64	Constant(inu)s Aphrificanus [7]	Bas. 1536
64	Alsaharabii Theorica et Practica	Aug. 1519
65	Ioannitius Const(antinu)s Alex(andri)nus In epid(imia) [8]	Ven. 1483
65	Diosc(orides) ex ueteri interpretatione [9]	Col. 1478
66	Hildegardis, Oribasii et Theodori quædam	*Argent. 1533*
67	Albucasis Chirurgia	Argent. 1544
68	Alberti Dureri De symmetria partium corporis	Par. 1557
68	Franc(isci) Bordini De potentiis animæ methodus	Bon. 1567
69	Ioannis Valuerdi Anathome	Ven. 1586
69	Gualterii Buelæ Praxis medicinæ	Antuer. 1585
70	And(reæ) Vessalii Anatome	Bas. 1542
71-74	Nicolai Florentini Opera	Ven. 1507
75	Turisani Flonrentini [10] In artem med(icinalem) plusquam comm.	Ven. 1557
75	Hali Comm. in eadem Ioannitii Gentilis	... ...
76-78	Iacobi Foroliuiensis In Auic.[m], Gal.[m] et Hipp.[m]	Ven. 1519
79	Vgo Senensis [11] In art. medic(inalem) et in p.[am] fen. p.[i] can(onis) Auic. etc.	Ven. 1517
80	In Aphor(ismos) Hipp.[is] et comm. Gal.[i]	Ven. 1517
81	Super 4.[a] p.[i] etc.	Ven. 1528 [12]
82	Thomas de Garbo Lib. de diff(erentiis) feb(rium) Gal.[i]	Ven. 1521

[4] Ioannis SERAPIONIS *de simplicium medicamentorum historia libri septem...*, interprete Nicolao Mutono, Venetiis, apud A. Arrivabenium 1552.

[5] *Sic* pour *Almansorem.*

[6] Il s'agit des *Omnia opera* d'ISHAK ISRAELI BEN SALOMON. Cet ouvrage contient en particulier le *Pantechni* traduit par Constantin l'Africain.

[7] *Sic.*

[8] *Articella, seu Thesaurus operum medicorum antiquorum. Liber Iohannitii qui dicitur Isagoge. Libellus de pulsibus Philareti. Libellus Theophili de urinis. Hippocratis Aphorismi in ordinem collecti. Eiusdem liber pronosticorum. Eiusdem liber regiminis acutorum. Eiusdem Aphorismi cum commento Galeni. Eiusdem liber Epidimiarum. Eiusdem libellus de natura fetus. Liber Galeni qui dicitur tegni. Libellus* Gentilis de Fulgineo de diuisione. Hippocratis libellus de lege. Eiusdem libellus de iureiurando, Venetiis, H. Liechtenstein 1483.

[9] DIOSCORIDES *de materia medica, a Petro Paduano traductus,* Coloniæ, per Ioannem Allemanum dc Medemblick 1478. Il s'agit du livre le plus ancien de l'*Index.*

[10] *Sic.* Il s'agit de l'ouvrage de Torrigiano DE TORRIGIANI intitulé *Plus quam commentum in paruam Galeni artem.*

[11] *Vgo Senensis* désigne le médecin Ugo Benzi.

[12] Cet ouvrage, dû, comme les deux précédents, à Ugo Benzi, est intitulé : *Super quarta primi... Avicenne præclara expositio.* Aussi bien à la bibliothèque nationale de France qu'à la bibliothèque apostolique vaticane, il porte la date de 1517.

82	Michælis Sauonarolæ [13] De pulsibus, de balneis etc.	Ven. 1498
82	Chirurgia Petri de Largelata [14] cum Albucasi	Ven. 1520
83	Dini Florentini In Auic.ᵐ	Ven. 1496
84	Thadeus Florent(inus) In Hip.ᵐ	Ven. 1527
85	Conciliator [15]	Ven. 1548
86	Io(annis) Valesii Controuersiæ	Francf.1582
87	Io(annis) Gorrei Definitiones medicæ	Francf.1578
88	Fernelii Opera	Par. 1567
89	Christophori a Vega Ars medica	Lugd. 1564
90	Argenterius In arte med(ica) Gal.ⁱ	Montereg.1566
91	De morbis	Flor. 1556
92	Sintaxis med(ici)næ Vuecheri	Bas. 1576
93	Cardanus In aphor(ismos) Hip.	Bas. 1564
94	In progn(osti)ca	Bas. 1568
95	In Hip. de ære, aquis et locis etc.	Bas. 1570
96	Iulii Alex(andri)ni De sanit(ate) tuenda	Col. 1575
97	Cardanus De sanit(ate) tuenda	Rom. 1580
98	Alex(andri)ni Petronii De uictu Romanorum	Rom. 1581
99	Mathiolus In Dioscoridem [16]	Ven. 1565
100-1	Hist.ᵃ generalis plantarum	Lugd. 1587
102-4	Gesnerus De Hist.ᵃ animal(ium)	Tiguri 1551
105	Nomenclator aquatilium animal(ium)	Tiguri 1560
106	Hippolyti Saluiani Aquatilium hist.ᵃ	Rom. 1554
107	Eduardi Vuttoni De differentiis animalium	Par. 1552
108	Rondeletius De piscibus	Lugd. 1554
109	Georgii Agricolæ De re metallica	Bas. 1561
110	Alia opera	Bas. 1546
111	Authores De balneis	Ven. 1553
112	And(reæ) Bacii De Thermis	Ven. 1571
113	Aggregator Iacobi Dondi	Ven. 1543
114	Tabulæ simpl(icium) medicam(entorum) Io(ann)is Dantii	Bas. 1543
114	De corporis hum(ani) structura Felicis Plateri	Bas. 1583
115	Vera alchimia et ars metallica [17]	Bas. 1561
115	Cardani De aqua et æthere etc.	Bas. 1559
116	Luminare maius	Ven. 1566
117	Apollo Franc(cisc)i Alex(andri)ni [18]	Ven. 1565
118	Fuchsii Dispensatorium tomus p.ˢ	
	tomus 2.ˢ operum	
	tomus 3.ˢ	Francf. 1567
119	Arnaldi Villanouani Opera omnia	Bas. 1585
120	Io(ann)is de Conregio Practica	Ven. 1521
120	Leonardi Legii Propositiones	Ven. 1523
121	Sauonarolæ Prattica maior	Ven. 1559

[13] Grand-père du célèbre prédicateur Girolamo Savonarole.

[14] Latinisation de Pietro d'Argellata.

[15] L'ouvrage le plus célèbre de PIETRO D'ABANO, le *Conciliator differentiarum philosophorum et præcipue medicorum* est paru pour la première fois à Venise en 1471. J. PIGEAUD («Médecine et médecins padouans», art. cit., 20) écrit que la dernière édition serait celle de Bâle en 1535. L'édition de Mercuriale, comme on le voit, est postérieure.

[16] Ces commentaires, dus à Pietro Andrea Mattioli, furent publiés pour la première fois à Venise en 1544 et connurent par la suite de nombreuses rééditions.

[17] L'ouvrage est dû à Guglielmo Gratarolo.

[18] *Sic* pour ALEXANDRI.

122	Montagnanæ Opera medica	Ven. 1497
123	Auicen.ˢ De remouendis nocumentis	Ven. 1547
123	Galeatii de S(anc)ta Sophia Practica	Hagan. 1533
124	Menghi Fauentini [19] Admir(abile) opus de febrib(us) et morb(is) partic(ularibus)	Ven. 1536
124	And(reæ) Vessalii De modo propinandi chinam [20]	Bas. 1546
125	Herculanus De febrib(us)	Ven. 1552
125	Auerrois Colliget	Ven. 1549
126	Herculani Expositio in q(uæstione)m Rasis	Ven. 1553
127	Altomari Opera omnia	Lugd.1565
128	Trincauellii In lib. de diff(erentiis) febr(ium) etc. et practica	Ven. 1575
129	Consilia et Epistolæ	Ven. 1586
130	Lemosii Comm. in lib. Gal. de morb(is) med(endis)	Salmant. 1581
130	Didaci Merini De morbis internis	Bucgis 1575 [21]
131	Ludouici Mercati De co(mmun)i et peculiari præsid(iorum) indicat(ione)	Pintiæ 1574 [22]
131	Fr(ancisci) Valesii Controu(ersia) et In Gal.ᵐ de simpl(icium) medic(amentorum historia)	Complut. 1583
132	Arduini De uenenis	Bas. 1562
133-4	Auctores De morbo gallico	Ven. 1566
135	Guidonis et Albucasis Chirurgia [23]	Ven. 1500
135	Tractatus de animal(ibus) et urinis	
136	Ingrassiæ De tumor(ibus)	Neap. 1553
137	Fallopii Opera	Ven. 1584
138	Ambr(osii) Parei Opera	Par. 1582
139	Theophrasti Paracelsi Chirurgia magna	Argent. 1573
140	Ep(isto)læ medicinales diuersorum	Lugd. 1557
141	Leoniceni Opuscula	Basil. 1532
142	Iouberti Opera	Lugd. 1582
143	Paparellæ Opera	Macer. 1582

M. in-4°

1	Hipp. De morbis interprete Georgio Pylandro	Par. 1540
1	Io(ann)is Bapt(ist)æ Donatii Comm. in lib. de morbis uirg(inu)m Hipp.ⁱˢ	Lucæ 1582
2	Hipp. De genitura et de n(atur)a pueri interp(re)te Io(ann)e Gorreo	Par. 1545
2	Sebast(iani) Rubeaquen Explan(atio) in lib. P(auli) Ægin(etæ) de tu(enda) ual(etudine) [24]	Argen.1538
2	Melchioris Guillandini Theon., De stirpibus ep(isto)læ 5 [25]	Patauii 1558

[19] Pseudonyme de Mengo Bianchelli.

[20] Andreæ VESALII... *Epistola rationem modumque propinandi radicis Chynæ decocti, quo nuper... Carolus V imperator usus est, pertractans...*, Basileæ, ex officina I. Oporini 1546.

[21] *Sic* pour *Burgis (Hispaniæ)*, c'est-à-dire Burgos.

[22] *Sic* pour *Pinciæ* (Valladolid). L'ouvrage est dû à Luis de Mercado.

[23] Il s'agit de l'ouvrage de Guy de CHAULIAC, *Cyrurgia parua Guidonis, Cyrurgia Albucasis cum cauterio, a Girardo Cremonen-* se translata, Venetiis, B. Locatellus pro heredibus O. Scoti 1500.

[24] L'ouvrage paru à *Argentoratum* (Strasbourg) à cette date porte le titre suivant : *De secunda ualetudine tuenda in Pauli Æginetæ... librum explanatio universam sane super hac re materiam amplectens, per Sebastianum Rubeaquen commentariorum uice ædita.* Le pseudonyme désigne Sebastianus Austrius.

[25] Deux titres sont ici rassemblés : d'une part l'*Apologiæ aduersus Petr. Andream Matthæolum liber primus, qui inscribitur Theon* et

3	Hipp. Opera 4 interprete Io(ann)e Gorreo	Par. 1544
3	Gal. De p(ræ)cognit(ione) libellus Leonardo Iacchino interp(re)te	Lugd. 1540
3	Collettaneorum Auerrois sect(ion)es tres	Lugd. 1547
4	Galeni Libri aliquot Græci	Bas. 1544
5	Galeni Libri de crisib(us) cum annot. Hier(ony)mi Boniperti	Ven.1547
5	Marcelli Donati De uariolis et morbillis tract(atus)	Mant. 1569
	De radice mechiochan [26]	ibid.
6	Galeni De ossibus liber	Par. 1543
6	Meletii p(hilosop)hi De n(atur)a ho(min)is etc.	Ven. 1552
7	Erotiani Vocum Hip.ᵃ collectio	Ven. 1566
7	Iosephi Valdani Lib. de theriacæ usu	Brixiæ 1570
8	Dioscorides gr.	Ven. 1518
9	Med(ici) antiqui gr.	Bas. 1581
10	Christophori Oroscii Annotationes in interpretes Ætii	Bas. 1540
11	Petri Gillii De natura animal(ium) ex Æliani hist.	Lugd. 1535
12	Alex(and)ri yatros [27] Practica	Lugd. 1504
13	Actuarii Meth(odus) medendi libri 6.	Ven. 1554
14	Veterinaria medicina	Bas. 1532
15	Vegetii Mulomed(ici)na	Bas. 1574
15	Octauiani Ferrarii Sermones exoterici	Ven. 1575
16	Ant(onii) Musæ De herba uetonica liber etc.	... ...
16	Ludouici Nogarolæ Comitis Timotheus	Ven. 1552
17	And(reæ) Gratioli Auic.ˢ	Ven. 1580
18	Haly Abbas Med.ⁿᵃ	Lugd. 1523
19	Iac(obi) Scutellarii In lib. de nat(ura) human(a) Hipp.	Parmæ 1568
19	Bart(holomæi) Traffichetti Antidosis	Ven. 1572
20	Methodus in aphor(ism)os Hip. Bened(icti) Bustamanti	Ven. 1550
21	Gal. De dieb(us) decret(oriis) libri illustrati comm.	Lugd. 1560
22	Thomæ Roderici A Vega In lib. Gal. de diff(erentiis) febr(ium)	Conimbr. 1582
23	Oddi de Oddis In lib. Gal. artis med(icina)lis	Ven. 1574
24	In p.ᵃᵐ fen p.ⁱ Auic.ˣ	Ven. 1575
25	Bart(holomæi) Eustachii Opusc(ulum) anathom(iæ)	Ven. 1564
26-27	Cardani Contrad(iction)es medicorum etc. [28]	Lugd. 1548
28	Iulii Alex(andri)ni De med.ⁿᵃ et medico dialogus	Tiguri 1557
29	Germani Courtin Adu(ersus) Paracelsum	Par. 1575
29	Iani Cornarii Vniuersæ rei medicæ enumer(ati)o	Bas. 1534
29	Gabrielis Cagnole De calore innato	Papiæ 1539
29	Hier(ony)mi Gabucini De podagra comment.ˢ	Ven. 1569
29	Gabrielis Fallopii Opusc(ula) tria	Ven. 1569
30	Argenterii De somno et uigilia libri duo	Flor. 1556
31-34	Thomæ Erasti Disput(atio)nes de med.ⁿᵃ Paracelsi	Bas. 1573
35	Bern(ardi) Desennii Defensio med.ⁿᵉ ueteris et ra(tiona)lis	Col. 1573
	Purgantium medicam(entorum) diuisio	Col. 1573
36³	Hier(onymi) Mercurialis Gynnastica	Ven. 1582
37	Opera di Bart(holom)eo Scappicuoco [29] etc.	Rom. 1570
38	Montani Comitis De morb(is) libri 5.	Ven. 1580
39	Defensio suorum librorum de morbis	Ven. 1584

d'autre part les *De stirpibus aliquot epistolæ V.* de Tralles.

[26] *De radice purgante quam mechiocan uocant*, Mantuæ, apud Philoterpsem et Clidanum Philoponos fratres 1569.

[27] Cet *Alexandri yatros* désigne Alexandre

[28] CARDANI *contradicentium medicorum libri duo*, Lugduni, Seb. Gryphius 1548.

[29] Il s'agit en fait de Scapuccino.

40	Thomæ Erasti Viua anatome lib. Comitis Muntani [30]	Ven. 1581
41	De putredine	Bas. 1580
	Ep(is)t(ol)æ de astrologia diuinatrice	Bas. 1580
42	Marci Oddi Apologia de putredine	Pat. 1585
43	Nicolai Taurelli Methodus medicæ prædictionis	Francf. 1581
d 47	Io(ann)is Costei De stirpium natura	Turini 1578
c 45	Thomæ Erasti De occultis pharmacorum facult(atibus)	Bas. 1574
b 46	Bart(holoma)ei Marantæ Meth(odus) simplicium	Ven. 1559
45	Iulii Alex(andri)ni Anthargentericum	Ven. 1552
45	Consensus celebriorum medicorum per Ioach(imum) Struppe	Francf. 1574
a 44	Michælis Gauasseti De reb(us) preter na(tura)m etc. [31]	Ven. 1586
	Æmilii Campolongi De arthritide etc.	Ven. 1586
48	Amati Lusitani Enarr(atio) in Diosc(oridem)	Ven. 1553
49	Nicolai Vuinchleri Chronica herbarum etc.	Aug. Vind. 1571
49	Iacobi Berengarii Tract(atus) de fractura cranii	Ven. 1535
49	Io(ann)is Vrsini Elegiæ de peste	Vien. 1541
50	Gabrielis Fallopii De medic(amentorum) purg(antium) tractatus	Ven. 1565
50	Ant(oni)i Fracantiani Comm.ˢ in lib. Hip. de alim(ento)	Ven. 1566
51	Christoforo Acosta Delle droghe med(icina)li	Ven. 1585
52	Alphonsi Ferrii De ligno sancto etc.	Rom. 1537
52	Gal. De ossibus Balamio interprete	Rom. 1535
52	Ludouici Comesii De prodig(iosis) Tyberis inundat(ionibus)	Rom. 1531
52	And(rea) Baccio Delle Therme discorso	Rom. 1564
53	Petri Bellonii De admir(abili) operum etc. antiquorum præstantia etc.	Par. 1553
53	Pernumiæ Therapeuticæ	Ven. 1564
54	Io(ann)is Bapt(ist)æ Oliui Testif(icati)o de reconditis etc.	Ven. 1584
54	Franc(isc)i Calceolarii Iter Baldi Montis [32]	Ven. 1584
55	Camilli Leonardi Speculum lapidum	Ven. 1516
55	Io(ann)is Mulleri Respons(ion)es ad contr(adictio)nes per Ætium etc.	Ven. 1579
55	Disputatio De usu et off(ici)o splenis in ho(m)i(n)e	Tubingæ 1578
55	Thæses de putred(in)e etc.	Heidelb. 1577
55	Simonis Simonii Opusculum de febre	Lipsig. 1575
56	Abrahami e Porta Leonis De auro dialogi tres	Ven. 1584
56	Iasonis de Neres [33] De consti(tutione) partium ph(ilosoph)iæ ciuilis	Pat. 1584
57	Alex(and)ri Traiani Dialogi de re medica	Rom. 1561
57	Andrea *Liarini* Discorso dell'Alicorno	Ven. 1566
57	Scip(ion)is Cassolæ Discept(ati)o de epithematib(us)	Parmæ 1565
57	Romuli Amasei Or(ati)o in funere Pauli 3.ⁱⁱ	Bon. 1563
57	Blasii Villafranca Meth(odus) refrig(eren)di uinum ex salenitro	Rom. 1550
58	And(rea) Baccii Del Teuere libri tre	Ven. 1576
59	Io(ann)is Hasleri De logistica medica	Aug. 1578
60	Simonis e Touar Examen compon(endorum) medic(amentorum) [34]	Antuer. 1586
60	Iacobi Vuecheri Antidotarium generale	Bas. 1576
61	Michælis Neandri Sinopsis mensurarum [35] etc.	Bas. 1555

[30] *Sic* pour Montani.

[31] Michælis GAUASSETII *libri duo. Alter de rebus præter naturam, alter de indicationibus curatiuis seu de methodo medendi,* Venetiis, apud P. Meretum 1532.

[32] *Iter Baldi ciuitatis Veronæ Montis,* Venetiis, apud P. Zanfrettum 1584. L'ouvrage est dû à Francesco CALZOLARI.

[33] *Sic* pour de Nores.

[34] Titre exact : *De compositorum medicamentorum examine noua methodus...,* Antuerpiæ, C. Plantini 1586.

[35] Michæl NEANDER DE JOACHIMSTHAL, Σύνοψις *mensurarum et ponderum, ponderationisque mensurabilium secundum Romanos et Athenienses... Accesserunt etiam quæ apud*

61	Gabr(ielis) Fall(opii) De comp(ositione) med(icamentorum) tract(atus) et de cauteriis	Ven. 1570
61	Bart(holomæi) Marantæ De aquæ metallicæ uiribusque	Neap. 1559
61	Hier(onymi) Conforti De uino mordaci libellus	Brixiæ 1570
61	Io(ann)is Sarii Zamoscii Or(ati)o in funere Falopii	Pat. 1562
61	Tratt(at)o di Piero Vettori Della cultiu(atio)ne degli uliui	Flor. 1569
62	Fallopii De compos(itione) medic(amentorum) [36]	Ven. 1570
62	Hiero(ny)mi Donzellini De cura febris pestil(entis)	Ven. 1571
62	Euandrofilactis Anthopologia [37]	Brix. 1572
63	Trincauelli De compos(itione) medic(amentorum)	Ven. 1571
64	Marci Oddi De compos(itione) medic(amentorum)	Pat. 1583
65	Vuecherii Antidotarium speciale	Bas. 1574
66	Rubeus De destillatione	Rauen. 1582
66	Girolamo Fracchetta Dialogo del furor poetico	Padoua 1581
67	Bart(holom)eo Maranta Della Theriaca etc.	Ven. 1572
68	Nicolai Stelliola Lib. de theriaca e mithridato	Neap. 1577
68	Hipp. De ære, aquis et locis ab Ant(oni)o Pasieno etc.	Brixiæ 1574
69	Iuriei [38] Pauli Crassi etc. Meditat(ion)es in theriacam etc.	Ven. 1576
71 [39]	Ferdinandi Mena Methodus febrium etc.	Antuer. 1568
71	Paracelsi De urinarum et pulsium indiciis etc.	Col. 1568
72	Io(ann)is Coyttari De febre purpura epidemiali libri duo	Par. 1578
72	Lucæ Stenglii Thæses de natura, ca(us)is et cur(atio)ne m(orbi) epid(emi)ci	Aug. Vind. 1580
73	Leonardi Iacchini Practica	Bas. 1564
	Opuscula quatuor	Bas. 1563
74	Petri Salii Diuersi tractatus de feb(re) pestil(enti) etc.	Bononiæ 1584
75	Iulii Palmarii De morbis contagiosis libri 7.ᵐ	Par. 1578
76	Gio. Ba(p)t(is)ta Susio Del conoscer la pestilenza libri 2	Mant. 1576
77	Hier. Mercurialis De pestilentia	Pat. 1580
	De maculis pestiferis etc.	Pat. 1580
78	Ingrassia Inform(atio)ne della peste di Palermo etc.	Palermo 1576
79	Alex(ande)r Massaria De peste libri duo	Ven. 1579
79	Bellonii Cenomani Opera 3	Par. 1553
80	Simonis Simonii Methodus curandæ pestis	Lipsiæ 1576
80	Andrea Gratiolo Discorso di peste etc.	Ven. 1576
81	Antonii Porti De peste et de uariolis	Ven. 1580
82	Io(ann)is Bap(tis)tæ Gemmæ Methodus r(ati)onalis curandi bubonis	Gracii Stiriæ 1584
82	Theodori Angelutii S(e)n(ten)tia quod methaph(isi)ca sint eadem quæ phisica	Ven. 1584
83	Fabritio Boido Del conoscere etc. la feb(bre) pestilente	Vercelli 1577
84	H(ieronymi) Merc(urialis) De morb(is) cutaneis et excrementis et de decor(atio)ne	Ven. 1585
85	Roderici a Fonseca De calculorum remediis	Romæ 1586
	In Hipp. legem comm.ᵐ	Romæ 1586
86	Horatii Augenii De medi. [40] calculosis et exulceratis renibus	Camer. 1575
86	Io(ann)is Friderici Schroteri De humorib(us)	Pat. 1582

Galenum hactenus extabant de ponderum et mensurarum ratione..., Basileæ, apud I. Oporinum s.d.

[36] Doublon du n° 61.

[37] Sic. Sous le pseudonyme de *Evandro* Filace se cache Vincenzo Calzaveglia.

[38] Sic pour *Iunii* (Pauli Crassi).

[39] Sic.

[40] Sic pour *med(endis)*.

87	Iacobi Rueffi De conceptu et g(e)n(erati)one ho(min)is etc. [41]	Francof. 1580
87	Omniboni Ferrarii De arte med(ica) infantium lib. 4.ʳ	Brixiæ 1577
88	Fallopius De morbo gallico editio p.ᵃ	Pat. 1564
88	Ant(onii) Fracantiani Fragmenta de morbo gallico	Pat. 1563
88	Fallopii De uulceribus [42] et de tumoribus præter n(atur)am	Ven. 1563
88	Mathei Curtii De prandii ac cenæ modo	Romæ 1563
89	And(reæ) Baccii De uenenis et antidotis prolegomena etc.	Romæ 1586
89	Const(anti)ni Lucæ De methodo, qua medentes ad pt.ᵣⁱᵃ [43] iud(ici)a descendunt	Tricini [44] 1585
89	Iacobi Zabar(ellæ) De n(atur)alis scientiæ constit(utio)ne	Ven. 1586
90	Hier(onymi) Merc(urialis) De morb(is) cutaneis et excrem(entis) a Paulo Aic(ard)o	Ven. 1572
90	Greuinus De uenenis	Antuer. 1571
91	Hier(onymi) Merc(urialis) De morbis puerorum	Ven. 1583
	De uenenis et morb(is) uenenosis	Ven. 1584
92-93	Gynæciorum seu de mulierum affectibus	Bas. 1586
94	Lud(oui)ci Mercati De mulierum affectionibus [45]	Vallessol. [46] 1579
	De pulsus arte et harmonia	Pinthia [47] 1584
95	Lud(oui)ci Mercati De morbis mulierum	Ven. 1587
95	Hier(onymi) Merc(urialis) De morbis muliebribus	Ven. 1587
96	Albertini Bottoni De morbis muliebribus	Pat. 1585
97	Vidi Vidii De curatione generatim p(ar)tis 2.ᶻ sectio 2.ᵃ	Ven. 1586
97 b	De curatione generati(ione)m pars prima	Flor. 1587
97 c	De febribus	Flor. 1585
98	Fallopius In Hip. de uulneribus	Ven. 1566
98	And(reæ) Vessalii Examen anatomicarum Fallopii obseru(ationum)	Ven. 1564
99	Alphonsi Ferrii etc. De archibusorum uulnerum curat(io)ne	Francof. 1575
99	Leon(ardus) Botallus De curandis uulneribus sclopetorum	Francf. 1575
100	Tiberii Vrsi etc. Responsa ad depositionem c(ontr)a mortem Cigallæ	Plac. 1585
101	Horatii Augenii De r(ati)one curandi per sang(uin)is miss(ionem) lib. 10 Taurini 1584	
102	Pietro P. Magni Discorso sopra il modo de sanguinar etc.	Rom. 1586
102	Baldassarre Pisanelli Della n(atur)a de cibi e del bere	Ven. 1586
103	Io(annis) Iac(obi) Manni De malleolorum scarificat(ion)e	Pat. 1583
103	Iusti Velsii Or(ati)o utrum in med(i)co requiratur cognitio etc. [48]	Bas. 1543
	And(reæ) Planeti [49] Disputatio de sex reb(us) non natur(alibus)	Tubing. 1581
103	Paradoxa medica de conc(eptio)ne p.ᵃ	Tubing. 1580
	Disputatio de cap(ite) et cerebro ho(min)is	Tubing. 1580
103	Tragopodagra Io(annis) Bap(tis)tæ Montani	Aug. Vind. 1582
103	Io(annis) Mulleri Resp(onsio)nes ad contrad(ictio)nes etc. [50]	Ven. 1579
104	Io(annis) Bap(tis)tæ Siluatici De secanda uena in febr(ibus) putr(idis)	Mediol. 1583
104	Thomæ Erasti Resp(onsi)o disput(ationis) de putred(in)e [51]	Bas. 1583

[41] Ce texte, paru pour la première fois en 1554, fut longtemps l'ouvrage de référence sur les problèmes de la génération.

[42] Sic pour *ulceribus*.

[43] Sic pour *particularia* ?

[44] Sic pour *Ticini*.

[45] L'ouvrage est dû à Kaspar Wolf dont le pseudonyme était *Diodorus Euchyon*.

[46] Très probablement pour *Vallis Oleti*, c'est-à-dire Valladolid (aussi appelée *Pintia*

ou *Pincia*).

[47] Il s'agit toujours de *Pincia*, c'est-à-dire Valladolid.

[48] *Vtrum in medico uariarum artium cognitio ac scientia requiratur oratio... Iusto Velsio... autore*, Basileæ, ex officina I. Oporini 1543.

[49] Sic pour *Planeri*.

[50] Doublon du n° 55.

[51] Sic. Le titre est le suivant : Thomæ ERAS-

105	Io(annis) Franc(isc)i Rotæ typus	Bon. 1552
105	Bart(holoma)ei a Cliuolo De balneis natur(alibus)	Lugd. 1552
105	Gulielmi Puteani De medic(amentorum) facult(atibus)	Lugd. 1552
106	Michælis Hauasseti De natura cauterii	Ven. 1584
107	Hier(onymi) Fracastorii Opera	Ven. 1555
108	Oddi de Oddis Varia	Ven. 1570
109	Io(annis) Sangii 2.ᵃ Miscellania ep(is)t(ol)arum medicin(alium)	Bas. 1560
109	Petri Bellonii De arborib(us)	Par. 1553
110	Conradi Gesneri Ep(is)t(ol)æ medicin(ales)	Tiguri 1577
111	Fuchsii Controuersarum q(uæsti)onum explic(ation)es	Bas. 1540
111	Io(ann)is Manardi In p.ᵐ artis med(icæ) comm.ᵃ	Bas. 1536
112	Ingrassiæ Q(uæsti)ones quædam	Ven. 1568
113	Bacii Baldini In lib. Hip. de ære, aquis et locis	Flor. 1586

Med. in-8°

1	Ioannitii Isagogæ et alia quædam	... ...
2	Hipp. Aphorismi interprete Claudio Campesio etc.	Lugd. 1579
3	Hipp. Liber 2 de m(orbis) uulg(aribus) cum comm. Anitii Ioesii[52]	Bas. 1560
4	Hipp. De ho(min)is ætate et alia quædam interp.ᵉ	
	Io(ann)e Lalamantio	ap. Crisp.[53] 1571
5	Hipp. De cap(itis) uulneribus cum comm.° Fr(ancisci) Vertuniani	Lut. 1581
5	Theophr(as)ti Lib. de sudor(ibus) et de uertigine	Par. 1576
6	Hipp. De uict(us) r(ati)one in m(orbis) ac(utis) cum Gal. comm.	Par. 1543
6a	Gal.ⁱ De r(ati)one medendi ad Glauc(onem)	Par. 1536
	Gal.° Attributus liber de urinis	Par. 1544
6a	Demetrii Pepagomeni Liber de podagra gr. lat.	Par. 1558
7	Gal.ⁱ Antidotarius liber et alia quædam	Ven. 1536
8	Gal.° Attributus liber de urinis[54]	Par. 1544
8	Actuarius De urinis lib. 7 et alia quædam	Par. 1548
8	Amati Lusitani Centuria 2.ᵃ cur(ationum) medic(inalium)	Ven. 1552
9	Dictionarium medicum	H. St. 1564
10	Aretei Cappadocis De acutis etc.	Par. 1554
11	Oribasii Collectanea	Par. 1556
12	Sinopseos libri 9	Ven. 1554
13	De medicam(en)tis facile parab(ilibus) et alia	Ven. 1558
14	Collectanea	Par. 1555
15	Pauli Ægin(eti) Opera	... ...
16	Alex(and)ri Tralliani Opera gr. lat.	Bas. 1556
17	Alex(and)ri Aphrodisei De feb(rium) causis et d(iffe)r(ent)iis etc.	Bas. 1542
17	Iacobi Siluii De febrib(us) comm.ˢ	Ven. 1556
17a	Theophrasti Hist.ᵃ de plantis	Ven. 1552
17b	De hist.ᵃ plantarum libri 9	Lugd. 1552
18	Æliani De hist.ᵃ animal(ium)	Lugd. 1565
18	Io(annis) Bap(tis)tæ Portæ Magia n(atur)alis	Antuer. 1562
19	Dioscoridis Euporista	Argent. 1565

[TI] *ad Archangeli Mercenarii... disputationem de putredine responsio*, Basileæ, ex officina Pernea 1583.

[52] *Sic* pour *Anutii Foesii*, c'est-à-dire Anuce Foës. Ce médecin devait donner par la suite une édition complète des *Œuvres* d'Hippo-crate à Francfort en 1595.

[53] *Sic* pour *apud Crispinum*. Crispin était un imprimeur français établi à Genève, actif de 1550 à 1572.

[54] Doublon de 6a.

20	Actuarii De actionib(us) et affectib(us) sp(irit)us a(n)i(m)alis	Par. 1557
20	Simeonis Sethi Sintagma	Bas. 1538
20	Leuini Lemnii Herbarum collationes	Antuer. 1566
20	Nicandri Colophonii Alexipharmaca	Par. 1549
21	Oribasii Comm.ª in aphor(ismos) Hipp.ⁱˢ	Ven. 1533
21	Actuarii De uictus r(ati)one in sp(irit)u animali	Ven. 1547
22	Noui Medici De morb(orum) cur(atio)ne	Argent. 1568
22	Iosephi Valdani De mixtione dialogi duo	Bas. 1562
23	Theophili De ho(min)is fabrica libri 5	Par. 1555
23	Ant(oni)i Mizaldi Alexichepus [55]	Lut. 1565
24	Stephani Athen(iensis) Explan(ation)es in p.ᵐ lib. Gal.ⁱ ad Glauc(onem)	Ven. 1554
24	Georgii Agricolæ De peste libri 3	Bas. 1554
25	Cornelii Celsi De re medica libri 8	Lugd. 1566
25	Simeonis Sethi Sintagma [56]	Bas. 1561
25	Volusii Metiani Distributio	Ven. 1531
26	C(ælii) Aur(elia)ni Opera	Lugd. 1566
27	Scribonii Largi Liber de compos(itione) medicam(entorum)	Bas. 1529
27	Melchioris Guillandini Defensio	Pat. 1562
27	Aug(usti)ni Richi Annot(ation)es in lib. Gal. de com(ate) et de sept(imestri) p(ar)tu [57]	Ven. 1541
28	Auic.ᵃ Libri 3.ⁱⁱ fen. 2.ᵃ	Par. 1570
29	Rasis Tract(atu)s q(uæstione)s ad Almans(orem)	Par. 1534
29	Gulielmi Grataroli Opuscula	Bas. 1554
30	Rabi Moysis Aphor(ism)i [58]	Bas. 1579
31	Gharioponti medici Libri 8 de morb(orum) causis	Bas. 1536
32	Hier(onymy) Mercur(ialis) Censura operum Hipp.	Francf. 1585
32	Io(annis) Fieni De flatibus liber	Antuer. 1582
33	Hipp. Aphor(ismi) cum comm. Fuchsii	Ven. 1546
34	Iacobi Hollerii In aphor(ismos) Hipp. comm.	Par. 1583
34	Io(ann)is Fernelii Consilia medica	Par. 1582
35	Franc(isc)i Valesii In aphor(ismos) Hip. et lib. de alim(ento) comm.ᵃ	Compluti 1561
35	Ludouici Mercati De febre maligna	Pintiæ ...
36	Franc(isc)i Valesii Comm. in lib. Hip. de r(ati)one uictus in acutis Comm. in lib. Gal. de diff(erentiis) febr(ium)	Compluti 1569
37	Eustachii Quercetani [59] Acroamaton	Bas. 1549
37	Aureoli Theophr(asti) Paracelsi Opuscula	Bas. 1573
38	Adriani Alemani Comm. in lib. Hip. de ære, aq(uis) et loc(is)	Par. 1557
39	Comm. in lib. Hip. de flatib(us)	Par. 1557
39	Leon(hardi) Fuchsii De cam continente disput(ati)o	Bas. 1557
40	Hier(onymy) Cardani In lib. Hipp. de alim(ento) comm.ˢ	Romæ 1574
40	Marsilii Cagnati Obseruationum libri duo	Rom. 1581
41	Oddi de Oddis In p.ᵃᵐ et 2.ᵃᵐ sect(ione)m aphor(ismorum) comm.	Ven. 1572
42	Martini Acachiæ Comm. in art(em) med(icam) Gal.	Ven. 1549

[55] Sur le médecin parisien Antoine Mi-zauld, voir J. DUPÈBE, *Astrologie, religion et médecine à Paris. Antoine Mizauld (ca. 1512-1578)*, Thèse d'Etat, Paris X-Nanterre, Paris 1998, 5 vol.

[56] Réédition du n° 20.

[57] GALENI *Operum omnium sectio prima [octaua] illustriores quam umquam antea pro-* *deunt in lucem omnes hi Galeni libri. Accesse-runt enim his... adnotationes... Augustino Ric-co... authore*, Venetiis, apud I. de Farris et fra-tres de Riuoltella 1541.

[58] Sous le nom de *Rabbi Moyse* se cache le grand philosophe et médecin Maïmonide.

[59] *Sic* pour *Eustathii Quercetani*, latinisa-tion d'Eustathe Duchesne.

43	In lib. Gal.ⁱ ad Glauc(onem)	Ven. 1547
43	Alex(and)ri Suchten De secretis antimonii liber	Bas. 1575
43	Henrici Ransonii De conseru(atione) ual(etudi)ne liber	Lips. 1576
44	Io(ann)is Manardi Comm. in lib. p.ᵐ Gal. artis med(icæ)	Pat. 1564
44	Iacobi Siluii comm. in lib. Gal. de diff(erentiis) febr(ium)	Ven. 1556
45	Fr(ancisci) Valeriolæ Comm. in lib. Gal. de constit(utione) artis Gal.ⁱ	... 1577
46	Comm. in 6 lib. Gal. de morb(is) et simptom(atis)	Ven. 1548
47	Io(ann)is Cratonis Periochæ in lib. Gal. therapeutices	Bas. 1563
48	Io(ann)is B(aptistæ) Montani In artem med(icam) Gal. enarra(tion)es	Ven. 1554
49	In p.ᵃᵐ fen. p.ⁱ can(onis) Auic.ᶻ	Ven. 1554
50	In lib. Gal.ⁱ ad Glauc(onem)	Ven. 1554
51	In 3.ᵐ p.ⁱ epid(imiorum)	Ven. 1554
52	In 9 lib. Rasis ad Almans(orem)	Ven. 1554
53	Opuscula	Bas. ...
54	Opuscula	Ven. 1554
55	Centuna p.ᵃ⁶⁰ consult(ationum) med(icinalium)	Ven. 1554
56	Centuna 2.ᵃ consult(ationum) med(icinalium)	Ven. 1558
57	Centuna 3.ᵃ consult(ationum) med(icinalium)	Ven. 1559
58	Fuchsii Instit(utio)nes med(ici)næ	Bas. 1566
59-60	Fr(ancisc)i Valeriolæ Loci co(mmun)es	Ven. 1563
61	Fuchsii Anatome	Tubingæ 1551
62	Realdi Columbi Anatome	Par. 1572
63	Gabr(ielis) Fallopii Obseru(ationes) anat(omi)cæ	Ven. 1561
63	Iodoci Lommii Obseru(ation)es med(icinales)	Antuer. 1560
64	Iulii Ces(aris) Arantii De humano foetu libellus	Bas. 1579
64	Lilii Gregorii Giraldi Opuscula	Bas. 1539
65	Bernardi Gordonii De conseru(atio)ne uitæ hu(ma)næ	Lips. 1570
65	Bened(icti) Patinii De corrupt(ion)e subst(antiarum) corp(oris) hu(m)a(n)i	Brix. 1575
66	Leuini Lemnii De habitu et constit(utione)	Ant. 1561
67	Io(ann)is Valuerdi De a(nim)i et corp(oris) san(itate) tuenda libellus	Par. 1552
68	Vgonis Fridæuallis De tuenda san(itate) libri 6	Antuer. 1568
68	Ant(onii) Mizaldi Secret(orum) agri enchiridion	Lut. 1560
	De hortensium arborum insitione	Lut. 1560
69	Henrici Rantsonii De conseru(atione) ual(etudine) liber	Ant. 1580
69	Iacobi Schegkii De plastica seminis facult(ate)	Argent. 1580
70	Io(ann)is Bruyerini De re cibaria	Lugd. 1560
71	Caroli Stephani De nutrim(ento) libri tres	Par. 1550
71	Seminarium siue plantarium arborum⁶¹	Par. 1536
72	Iacobi Præfecti De uini natura	Ven. 1559
72	Gulielmo Choul Discorso della castramet(ation)e et bagni ant(ichi)⁶²	... 1558
73	Io(ann)is Bap(tis)tæ Confalonerii De uini natura	Bas. 1535
74	Lud(oui)ci Lemosii phisici De opt(im)a prædicendi r(ati)one	Salmant. 1585
75	Iosephi Struthii Sfigmica ars	Bas. ...
76	Leonis Rogani In lib. de pulsib(us) Gal. ad tyrones comm. etc.	Neap. 1556
77	Io(annis) Fr(ancisci) Olmi De r(atio)ne iudicandi ex urinis	Ven. 1578
78	Enchiridion rei medicæ	Tiguri 1555

[60] A trois reprises (n° 55, 56, 57), Mercuriale répète cette graphie pour *centuria*.

[61] L'auteur du traité est Charles Estienne.

[62] La bibliothèque nationale de France possède de l'ouvrage de Du Choul, «tradotto in lingua toscana» trois exemplaires, deux parus à Lyon en 1556 puis en 1569 et un, s.l., en 1559.

78	Iacobi Siluii [63] De morb(orum) internorum cur(atio)ne	...
78	Brudi Lusitani De r(ati)one uictus in feb(ribus)	Tiguri 1555
79	Augerii Ferrerii Medendi methodus	Lugd. 1574
80	And(reæ) Planerii Meth(odu)s medendi	Bas. 1583
80	Alphabetum empiricum	... 1581
81	Io(ann)is Bap(tis)tæ Donati Apparatus medicus	Lugd. 1566
81	Io(ann)is Du Boys Meth(odu)s miscend(orum) medicam(entorum)	Par. 1586
82-83	Io(ann)is Ruellii De natura stirpium	Ven. 1538
84	Remb(erti) Dodonei Herbarum hist.ᵃ	Antuer. 1568
85	Remb(erti) Dodonæi Frumentorum legum etc. hist.ᵃ	Antuer. 1566
85	Gulielmi Rondel(etii) De ponder(ibus) medicam(entorum)	Antuer. 1561
86	Remberti Dodonei Purgantium herbarum hist.ᵃ	Antuer. 1574
86	Nicolai Monardes De simpl(icibus) medic(amentis) ex India delatis	Antuer. 1574
87	Remb(erti) Dodonæi Hist.ᵃ uitis et uini etc.	Col. 1580
87	Vinetum	Par. 1537
88	Caroli Clusii Stirpium rariorum hist.ᵃ	Antuer. 1576
89	Garziæ ab Orto Aromatum et simpl(icium) Indiæ hist.ᵃ	Antuer. 1567
90	Nicolo Monardes Delle cose che uengono dell'Ind(i)a occident(ali)	Ven. 1575
91	Conradi Gesneri De rebus fossilibus	Tiguri 1565
92	Apollonii Menabeni De alce [64]	Col. 1581
92	Iulii Iasolini Q(uæsti)ones anath(omi)cæ etc.	Neap. 1573
92	Basiani Landi De origine et causis pestis Patauinæ	Ven. 1555
93	Ant(onii) Musæ Brasauolæ [65] De medicam(entis) cathereticis	Ven. 1552
	Examen o(mniu)m electuar(iorum)	Ven. 1548
93a	Petri Bellonii De aquatilibus	Par. 1553
94	Ant(onii) Musæ Brasauol(æ) Examen o(mniu)m syruporum	Ven. 1545
95	Bernardi Desennii De compos(itione) medic(amentorum)	Lugd. 1556
96	De dosibus medicam(entorum) opuscula [66]	Ven. 1579
97	Euonimi Philiatri [67] Thesaurus de remediis secretis	Tiguri 1554
98	Geberis Summa perfectionis magisterii in sua n(atur)a	Rom. ...
99	Gerardi Dorn(ei) Chimisticum artificium n(atur)æ	... 1568
99	Gulielmi Grataroli De uini natura	Argent. 1565
100	Io(ann)is Iacobi Vuecheri De secretis	Bas. 1582
101	Thomæ Erasti Disput(ati)o de auro potab(ili)	Bas. 1578
	Repetitio disput(ation)is de lamiis	Bas. ...
102	Ia(cobi) Hollerii Stempani Practica	Par. 1567
103	Nicolai Pisonis Practica	Francf. 1585
103b	Petri Pauli Peredæ Practica	Lugd. 1585
104	Leonelli Fauentini Practica	Ven. 1546
105	Hier(onymi) Montui Anasceues morborum	Lugd. 1560
106	Io(ann)is Tagaultii De chirurgica instit(utio)ne	Ven. 1549
107	Ant(onii) Chalmetei Enchiridion chirurgicum	Par. 1564
108	Fr(ancisci) Arcei De curand(orum) uulnerum r(ati)one et febrium	Antu. 1574
109	Io(ann)is Spolisci [68] Idea medici etc.	Francf. 1582
109	Nicolai Monardes Simpl(icium) med(icamentorum) noui orbis historia	Antu. 1582

---

[63] Latinisation de Jacques Dubois. L'exemplaire de la Bibliothèque nationale de France est paru à Paris en 1546.

[64] *Tractatus de magno animali quod alcen nonnulli uocant, Germani uero Elend*, Coloniæ, C. Waldkirchii apud M. Cholinum 1581.

[65] *Sic* pour *Brassauoli*.

[66] L'auteur de ce traité est Benedetto Vettori.

[67] Ce pseudonyme dissimule en fait Conrad Gesner.

[68] *Sic* pour *Sporischii*, latinisation de (Johann) Sporisch.

---

⁶⁹ Sic pour *De ptissana commentaria*.
⁷⁰ Sic pour *articul(aribus)*.
⁷¹ Pseudonyme de Michel Servet.
⁷² Le dernier mot (une abréviation) est difficilement lisible. Voici le titre de l'ouvrage :

Quæstiones duo, quarum altera est quod sanguis et pituita in uenis sanorum corporum actu sit, potentia humores alii ; altera uero quod sedimentum sanorum et ægrorum eiusdem sit speciei, Neapoli, apud G.M. Scottum 1561.

126	Bonauent(uri) Grangerii Admonitio de sag.ⁱˢ miss(ion)e ad Bottanum[73]	Par. 1578
126	Marc-Antoine Prebonneaux Traicte etc.	Par. 1579
127	Ant(onii) Sneebergeri Medicam(entorum) parabilium numeratio	Francf. 1581
127	Leon(ardi) Botalli De cur(atio)ne per sang(uinis) miss(ione)m	Lugd. 1580
127	Georgii Gaspii Resp(onsi)o ad Granegicum	Bas. 1580
128-89[74]	Fr(ancisci) Valeriolæ Enarr(ationes) medicinales	Ven. 1555
130	Gal. Enanthiomaton liber Iulio Alex(andri)no interp(re)te	Ven. 1548
131	Nic(olai) Rorarii Contradict(ion)es	Ven. 1566
131	Omniboni Ferrarii De regulis med(icinæ)	Brix. 1566
132	And(reæ) Matthioli Ep(is)t(ol)æ medicin(ales)	Lugd. 1564
132	Io(ann)is Drecoul De uaria quercus hist.ᵃ	Lugd. 1555
133	Amati Lusitani Curat(ionu)m medic(inalium) centuriæ 4.ʳ	Ven. 1557
134	Georgii Pictorii Opera	Bas. ...
134	Marsil(ii) Ficini De tuenda san(itate)	Bas. 1569
134	Georgii Pictorii In Plinii hist.ᵃ 7.ᵐ lib.ᵐ annot.	Bas. 1569
134	Hipp. Ep(is)t(ol)æ interp(re)te Alano[75] Hemstelredamo	*Salinteaci*[76] 1539
135	Sententiæ o(mn)es Hipp.ⁱˢ Bart(holoma)ei et Petri Rostinii	Ven. 1555
135	Hier(onymi) Cardani De morbis liber unus	Bon. 1569
136	Io(annis) Caii Opera	Lonan.[77] 1556
137	Garziæ Lopii De uaria rei medicæ lect(ion)e	Ant. 1564
137	Nic(olai) Monardi De secanda uena in pleur(esia)	Ant. 1564
137	Augerii Ferrerii De pudendagra	Ant. 1564
138	Hier(onymi) Card(ani) Liber de libris propriis	Lugd. 1557
138	And(reæ) Camutii De palpit(ationibus) cordis	Flor. 1578
139-40	Hier. C Hier(onymi) Card(ani) Ars curandi parua tomi duo	Bas. 1566
141	Theophr(asti) Paracelsi De uita longa compendium	Bas. 1568
142	Chirurgia uulnerum	Bas. ...
143	Dictionarium Archidoxa manuale[78]	Francf. 1583
144	Heobani Hessi Præcepta tu(endæ) ual(etudi)nis	Francf. 1568
144	Theophr(asti) Parac(elsi) Pyrofilia de contracturis	Bas. 1568
144	Martini Rulandi Hidriaticæ	Biling.[79] 1568
145	Theoph(rasti) Paracelsi De tartaro et de longa uita	Argent. 1566
146	Onomastica duo	Argent. 1574

M. in-16°

1	Gal. De san(itate) tu(enda) libri 6 Thoma Linacro interp(re)te	Lugd. 1548
2	De nat(uralibus) facult(atibus)	Lugd. 1548
3	De alim(entorum) facult(atibus)	Lugd. 1547
4	De cur(andi) r(ati)one ad Glauc(onem) cum comm. Achachiæ	Lugd. 1551
4	Siluestri Bernerii[80] De concoctione m(ateri)æ q(uæsti)o	Lugd. 1549
4	Io(annis) Vasei De iudiciis urinarum tract(atus)	ap. Rouill.[81] 1549

---

[73] Sic pour *de sanguinis missione ad Botallum.*

[74] Sic.

[75] Sic pour *Alardo.*

[76] Sic pour *Salingiaci.*

[77] Sic pour *Louani.*

[78] Il s'agit, selon toute probabilité de l'ouvrage dû à Gérard DORN : *Dictionarium Theophrasti Paracelsi, continens obscuriorum uocabulorum, quibus in suis scriptis passim utitur definitiones, a Gerardo Dorneo collecto et plus dimidio auctum*, Francofurti 1583. L'année précédente, à Bâle, avait paru une réédition de l'ouvrage de PARACELSE intitulé : *Archidoxorum... de secretis naturæ mysteriis libri decem*, Basileæ, per P. Pernam 1570.

[79] Sic pour *Dilingæ. Martinus Rulandus* désigne Nicolaus Reusner.

[80] Sic pour *Bernieri.* Ce même ouvrage figure un peu plus bas sous le n° 17.

[81] Il faut lire *apud Rouillium* (dans le manuscrit de Mercuriale, l'abréviation *ap.* figure

4	Gal. De theriaca ad Pisonem cum comm. Io(annis) Inuenis	Ant. 1575
5	Hipp. Aphor(ismi) in ord(ine)m digesti	Lugd. 1555
5	Arbatel De magia ueterum	Bas. 1575
6	Actuarii De medic(amentorum) compos(itione)	Ven. 1541
7	Andr(eæ) Lacunæ Ann. in Diosc(oridem) Ruelli [82]	Lugd. 1554
7	Bened(icti) Textoris Stirpium differentiæ	Par. 1534
8	Hectoris Gibaldi Comment.ˢ in lib. Gal.ⁱ de febr(ibus)	Lugd. 1561
9	Hier(onymi) Capiuacci De differ(entiis) doctrinarum	Pat. 1562
10	Alberti Magni De secretis mul(ierum) libellus	Lugd. 1582
10	Dicta notab(ili)a Ar.ⁱˢ et aliorum ph(ilosoph)orum	Ven. 1582
11	And(reæ) Matthioli De simpl(icium) med(icamentorum) facult(atibus)	Ven. 1569
12	Bap(tis)tæ Portæ Magiæ na(tura)lis (libri XX)	Lugd. 1561
13	Brasauoli Examen pharmacorum	Lugd. 1555
14	Valerii Codri [83] Dispensatorium	Ven. 1554
15	Io(annis) Bacanelli De consensu medicorum	Lugd. 1572
16	Iac(obi) Dalechampii De peste libri tres	Lugd. 1552
16	Iac(obi) Siluii Pharmacopia	Lugd. 1552
17	Siluestri Bernerii De concoctione m(ateri)æ	Lugd. 1549
17	Hieremiæ Triuerii Apophtegmata	Lugd. 1549
17	Hier(onymi) Gabucini De lumbricis	Lugd. 1549
18	Hipp.ˢ Aphorismi cum Gal. comm.	Lugd. 1561

Phil. in-fol.

1	Aristotelis Opera	... 1539
1a-1b	Tabula in ser.	Bas. 1550
1c	Opera	Lugd.1549
1d	Opera lat.	... ...
1e	De animalib(us) etc. gr.	... ...
2	Problemata gr. et Metaphis(ica)	Ven. 1497
3	Problemata et Alex(and)ri Aphr(odisiensis)	Bas. 1537
4	Alex(and)ri Aphrod(isiensis) In lib. topicorum	Ven. 1547
5	In metaphis(icam)	Ven. 1544
	Q(uæsti)ones na(tura)les de anima	Ven. 1546
6	Themisti Opera	Ven. 1542
7	Simplicii In predicam(enta) Ar.ⁱˢ	Ven. 1550
7	Dexippi In predicam(enta) Ar.ⁱˢ q(uæsti)ones	Ven. 1546
8	Simpl(icii) In lib. Phisic(orum) Ar.ⁱˢ	Par. 1544
9	Ammonius In Porphirii institut(ion)em et Magent(inu)s In alios lib. A.ⁱˢ Lugd. 1547
10	Ammonii In predicam(enta) Ar.ⁱˢ comm.	Par. 1542
10	Io(annis) Gramm(atici) [84] In Arist. post(eriora) comm.	Par. 1543
11	In prior(a) Ar.ⁱˢ Magent(inu)s in eadem	Ven. 1536
12	In post(eria) resol(utoria) Ar.ⁱˢ inc(ertu)s auctor et Eustr(atius)	
	In eadem gr.	Ven. 1534
13	In 4.r p.ᵒˢ lib. phis(icorum) Ar.ⁱˢ gr.	Ven. 1535
14	In lib. de gen(eratione) et corrupt(ione) A.ⁱˢ et Al(exande)r	
	Aphr(odisiensis) In meteor(ologica)	Ven. 1527

après *tractatus*). Il s'agit d'un ouvrage publié à Lyon.

[82] *Annotationes in Dioscoridem Anazarbeum, per Andream Lacunam* [Andres de Laguna]. *Ruelli* désigne l'imprimeur lyonnais Rovillius mentionné à la note précédente.

[83] *Sic* pour *Cordi.*

[84] C'est sous ce nom que Jean Philopon (*fl. ca.* 500), commentateur chrétien des œuvres d'Aristote et appartenant à l'école d'Alexandrie, aimait à se désigner lui-même.

15	In lib. de a(n)i(m)a Ar.[is]	Ven. 1535
16	De gener(atione) animal(ium) et con(tra) Proclum	Ven. 1535
17	De natur(ali) auscult(atione) libri 4 lat.	Ven. 1546
17	Simpl(icius) In lib. 4.[r] de cælo lat.	Ven. 1544
18	Io(annis) Gramm(atici) Contra Proclum	Ven. 1551
19	In lib. de gen(eratione) et corrupt(ione) lat.	Ven. 1543
19	D(iuus) Thomas In lib. Arist.[is] de cælo	Ven. 1545
19	Alex(and)ri Aphrod(isiensis) In 4.[r] lib. metheor(ologicorum)	Ven. 1548
20	Io(annis) Gramm(atici) In lib. Ar.[is] de anima	Lugd. 1544
21	In lib. de gen(eratione) animal(ium) gr. et lat.	Ven. 1526
22	Michælis Ephesii In parua naturalia	Ven. 1552
22	Aug(usti)ni Niphi De intell(ect)u et beatit(udi)ne	Ven. 1553
23	Porphir(ius) De abstin(enti)a ab animal(ibus) et Epheseus In lib. de partibus anim(alium)	Flor. 1548
23	Sebast(ian)i Fochsii [85] In Platonis Thimeum comm.	Bas. 1554
24	Boetii Opera omnia	Bas. 1546
25	Alberti Magni Ph(ilosoph)ia na(tura)lis	Ven. 1528
26	Parua natural(ia)	Ven. 1517
26	Lud(oui)ci Buccaf(errei) In p(ar)ua nat(uralia) Ar.[is]	Ven. 1570
26	Alex(and)ri Aphrod(isiensis) In 5.[m] lib. topic(orum) Ar.[is]	Flor. 1569
27	Alb(erti) Magni De animalib(us) libri 26	Ven. 1519
28	D(iuus) Thom(as) In lib. de gen(eratione) et corrupt(ione) Ar.[is]	Ven. 1400 [86]
28	Ægid(ius) In lib. de gen(eratione) et corr(uptione) cum Mars(ilii) Fic(ini) q(uæsti)onibus et Alb(erti) de Sax(oni)a	Ven. 1504
28	Io(annis) de Ianduno Q(uæsti)ones de phisico auditu et Hæliæ Hebrei q(uæsti)on(e)s	Ven. 1519
29	D(iuus) Thom(as) In parua natur(alia)	Ven. 1551
29	Simpl(icius) In lib. de anima	Ven. 1549
	In enchiridion Epicteti	Ven. 1546
30	Burleus In phisicam Ar.[is]	Ven. 1520
31	Petrus Aponensis In problem(at)a Arist.[is] etc.	Ven. 1529
32	Suess(anus) [87] In lib. de gen(eratione) et corrupt(ione)	Ven. 1526
33	In lib. Ar.[is] de animal(ibus)	Ven. 1546
34	Dilucidarium disput(ationu)m metaphis(icarum)	Ven. 1552
35	Iacobi Zabarrellæ In Arist. post(eriora)	Ven. 1582
36	Opera logica	Ven. 1578
36	Stephani Theupoli Academic(æ) contempl(ationes)	Ven. 1576
37	Iac(obi) Zabar(ellæ) De doctrinæ ordine apologia	Pat. 1584
38	Bern(ardi) Petrellæ Logicæ disput(ation)es lib. 7	Pat. 1584
39	Iac(obi) Fabri Paraphrasis in lib. phi(losophi)æ na(tura)lis	Pat 1525
40	Lud(oui)ci Buccaferrei In lib. Ar.[is] de gen(eratione) et corr(uptione)	Ven. 1571
41	In p.[m] metheor(ologicorum) Ar.[is]	Ven. 1565
	In 4.[m] metheor(ologicorum)	Ven. 1563
42	Nicolaus Leonicus In parua natur(alia)	Ven. 1546
43	Fr(ancisci) Vicom(ercati) In lib. phis(icorum) Ar.[is]	Par. 1550
44	In lib. metheor(ologicorum)	Par. 1556
45	Theophili Zimaræ In lib. Ar.[is] de a(n)i(m)a	Ven. 1584

[85] *Sic* pour *Foxii.*

[86] La première édition de ce Commentaire de saint Thomas selon le *National Union Catalog* porte les indications : Lyon, 1520. La bibliothèque nationale de France ne possède qu'un exemplaire parisien de 1537.

[87] Suessanus désigne le philosophe scolastique et averroïste Agostino Nifo, natif de Sessa.

46	Iul(ii) Ces(aris) Scaligeri Comm. in lib. plantarum Theophr(asti) et A.ⁱˢ	Lugd. 1566
47	Gesneri Phisicæ medit(ation)es	Tiguri 1586
48	Iulii Palamedis Tabula in Ar.ⁱˢ et Auer(ro)is opera	Ven. 1561
49	M(arci) A(ntonii) Zimaræ Theoremata	Ven. 1547
	Tabula in Ar.ᵐ et Au(icennam)	Ven. 1543
50-51	Io(annis) Bap(tis)tæ Bernardi Seminarium phi(losoph)iæ	Ven. 1582
52	Alex(and)ri Achillini Opera omnia	Ven. 1545
53	Petri Pomponatii De nutrit(ion)e et auct(ion)e	Bon. 1521
54	Gasparis Contareni Opera	Par. 1571
55	Ægidius In rethoricam Ar.ⁱˢ	Ven. 1515
56	Petri Victorii Comm. in lib. Ar.ⁱˢ rhetor(icæ)	Flor. 1579
57	Ant(onii) Maioragii In lib. Rhetor(icæ) Ar.ⁱˢ	Ven. 1571
58	Vicen(ti) Madii et Bart(holoma)ei Lombardi In Ar.ⁱˢ lib. de poetica	Ven. 1550
59	Dionis(ii) Lambini In ethicam Ar.ⁱˢ	Bas. 1582
60	Eustratii Aspasii Ephesii et aliorum Comm. in ethicam Ar.ⁱˢ	Bas. ...
61	Burleus In ethicam Ar.ⁱˢ	Ven. 1521
62	Io(ann)is Buridani Q(uæsti)ones in ethicam Ar.ⁱˢ	Par. 1523
63	Petri Victorii Comm. in ethicam Ar.ⁱˢ	Ven. 1584
64	Lambini, Victorii et Zuingeri In polit(ica) Ar.ⁱˢ	Bas. 1582
65	Petri Victorii Comm. in polit(ica) Ar.ⁱˢ	Flor. 1576
66	Leon(ardi) Aretini In polit(ica) et oeconom(ica) Ar.ⁱˢ etc.	Par. 1543
67	D(iuus) Thom(as) In polit(ica) Ar.ⁱˢ	Ven. 1500
68	Ant(onii) Bernardi Euersio singularis certaminis	Bas. ...
69	Euclides gr.	Bas. 1533
70	Alhazeni Opticæ thesaurus et Vitellionis libri 10	Bas. 1572
71	Ptolemei Geographia	Bas. 1545
71	Barthol(oma)ei Marliani Vrbis Romæ topographia	Bas. 1550
72	Cipriani Leouitii Ephemerides	Aug. Vind. 1557
73	Platonis Opera	Bas. 1534
74-75	Platonis Opera gr. lat.	H. St. 1578
76	Proclus In Timeum Plat(on)is gr. et in eiusdem politicen	...
77	Plotini Opera omnia gr. lat.	Bas. 1580
78	Iamblici et aliorum Varia opera	Ven. 1516
78	Pompon(atii) De immortal(itate) animæ et apologia et defensorium	Bon. 1519
79	Synesii Opera gr.	Par. 1553
79	Theodoriti Cyrensis De cur(atio)ne græcarum affectionum	Par. 1519
80	Maximi Tyri Sermones	Romæ 1527
80	Io(annis) Fr(ancisci) Pici Mirand(ulæ) Examen humanit(at)is gentium doctrinæ	Romæ 1519
81	Chalcidii Explanatio Thimei Platonis	... 1520
81	Olimpiodori In metheor(a) Ar.ⁱˢ, Io(ann)is Gram(mati)ci In p.ᵐ metheo(rum) Ar.ⁱˢ	Ven. 1551
82	Bessarionis Opera	Ven. 1516
82	Gaietani de Thienis Comm. in lib. metheor(orum) Ar.ⁱˢ	Ven. 1522
83-84	Mars(ilii) Ficini Tomi duo	Bas. 1561
85	Sexti Empirici Aduersus mathem(ati)cos	Par. 1569
86	Senecæ Opera Mureti	Romæ 1581
87	cum castig(ationibus) Cælii 2ᵈⁱ	Bas. 1573
88	Io(annis) Stobæi Eglogarum libri duo gr. lat.	Ant. 1575
89	Sententiæ gr. lat.	Tiguri 1559
90	Auic.ˣ Philosophica opera	... ...
91	Rabi Mossei Director dubitantium	... 1520
92-93	Io(annis) Pici Mirand(ulæ) Opera omnia	Bas. 1494
94	Fr(ancisci) Patritii Discussiones peripat(eti)cæ	Bas. 1581
95	Philippi Mocenici Vniuersales instit(ution)es	Ven. 1581

96	Bart(holoma)ei Anglici Opus de rerum proprietatib(us)[88]	... 1419
97	Hier(onymi) Cardani De subtilitate	Bas. 1554

Ph. in-4°

1	Ar.^{is} libri De animalibus	Francf. 1585
2	Ar.^{is}, Alex(and)ri et Cassii Problemata	Francf. 1585
3	Cassii De animal(ibus) q(uæsti)ones et problemata	Par. 1541
3	Theophr(asti) De igne gr.	Par. 1552
	De igne lat. cum annot. Turnebi	Par. 1553
	Libellus de odoribus cum annot. Turneb(i)	Lut. 1556
	De lapidibus gr.	Lut. 1557
	lat.^{s}	Lut. 1578
3	Oppiani De uenatione gr. et lat. cum Io(ann)is Bodini com.	Lut. 1555
4	Arist.^{is} Sparsæ de animal(ibus) s(e)nt(en)tiæ ad propria cap(ita) reuocatæ a Ces(are) Odono	Bon. 1563
4	Theophr(asti) S(e)nt(en)tiæ de plantis ad propria cap(ita) reuocatæ a Ces(are) Odono	Bon. 1561
5	Syriani In 11. 12. 13.^{m} Ar.^{is} lib. methaphis(ices) comm.	Ven. 1558
5	Progne Tragoedia	Ven. 1558
5	Iac(obi) Sadoleti et Fr(ancisci) Sfondrati Curtius et De raptu Helenæ	Ven. 1559
5	De legato pontificio	
5	Summa libr. Academiæ uenetæ	
6	Simonis Portii In lib. Ar.^{is} de coloribus	Flor. 1548
	De puella Germanica	Flor. 1551
	De coloribus oculorum	Flor. 1550
	De dolore	Flor. 1551
	De conflagr(atio)ne agri Puteolani	Flor. 1551
7	Simonis Portii Disputatio de humana mente	Flor. 1551
7	Orontii Finei Sphera	Par. 1551
	De speculo ustorio	Lut. 1551
8	Bern(ardini) Crippæ In lib. Ar.^{is} de mem(ori)a et remin(iscenti)a	Bon. 1567
	In lib. Ar.^{is} de motu anim(alium)	Ven. 1566
9	Fr(ancisci) Vicomercati In 12 metaphis(ices libros)	Par. 1551
10	Arcang(eli) Mercen(arii) Dilucidat(ion)es	Ven. 1574
10	Penus iuris ciuilis Steph(an)i Forcatuli	Lugd. 1542
11	Arcang(eli) Mercenarii Disput(atio) de putred(in)e	Pat. 1583
	Dilucidationum uolumen 2.^{m}	Ven. 1582
12	2.^{a} de putred(in)e disput(ati)o	Pat. 1585
13	Nicolai Leonici Opuscula	Ven. 1525
13	Procli Titii[89] Explic(ati)o in Thimeum	Ven. 1525
13	Iamblicus De misteriis Ægiptiorum	Romæ 1556
14	Plutarchi Q(uæsti)ones Platonicæ	Ven. 1552
14	Dionisius Areopagita cum Mars(ili)o Ficino	Flor. 1492
15	Pythagoræ Vita ex Iamblico collecta per Hie(ronymu)m Scutellium	Romæ 1556
15	Mars(ilii) Ficini Theologia Platon(ica)	Ven. 1524
16	Nemesii De n(atur)a ho(min)is liber	Lugd. 1538
16	Porphirii De abstinent(i)a ab esu animal(ium)	Ven. 1547
16	Sexti ph(ilosoph)i De medicina bestiarum cum schol(iis)	

[88] La première édition qui figure au *National Union Catalog* porte les indications (supposées) suivantes : Bâle, *ca.* 1470.

[89] *Sic* pour *Lycii.* Voir *infra*, n° 28 : *Procli Litii.*

	Gabr(ielis) Humelbergii	... 1539
16	Alberti Magni Liber secret(orum)	Ven. 1509
17	Mercurii Trismegisti Pimandras gr. lat.	Burdig. 1574
17	Gennadii scholarii Defensio capitum sinodis florent(ini)	Rom. 1579
17	Guidi Vbaldi De ecclesiastici kalend(arii) restitut(io)ne	Pisauri 1580
17	Ludouici Giraldi Commentariolum de insignibus	Ferr. 1581
18	Ori Apollinis De sacris notis et sculpturis gr. Lat	Par. 1548
18	Andræ Cisalpini Demonum inuestig(ati)o peripatetica	Flor. 1580
18	Thomæ Erasti De cometis et Andr(eæ) Iuditii [90] et Marc(elli) Squarcialupi	Bas. 1580
18	Simeonis Grinei De ignitis metheoris et de cometis	Bas. 1579
19	Nicomachi Gerasini Arithimeticæ [91] libri duo	Par. 1570
19	Athenagoræ Athen(iensis) De resurrect(ion)e mortuorum	Par. 1541
20	Algazelis [92] Arabis Logica et ph(ilosoph)ia	Ven. 1506
20	Nicolai de Orbellis Logica cum textu P(etro) Hisp(ano)	Ven. 1516
21	Auic.ª De anima ab And(rea) Alpago in lat.ᵐ uers(ionem)	Ven. 1546
22	De natiuitatibus s(ecundu)m Homar [93]	Ven. 1503
22	Arnaldi de Villa Noua computus ecclesiasticus et astronomicus	Ven. 1501
22	Alberti Magni De secretis mulierum cum comm.	Ven. 1501
	Opus Ph(ilosoph)iæ na(tura)lis	Ven. 1496
23	Iul(ii) Ces(aris) Scalig(eri) Exercit(ationum) exoter(icarum) liber 15.ˢ et de subtil(itat)e ad Cardanum	Lut. 1557
24	Petri Duodi Peripat(eti)cæ disp(utatio)nes de anima	Ven. 1575
25	Andreæ Duodi De habitib(us) intell(ectu)s libri 6	Ven. 1577
26	Io(ann)is Æmiliani N(atur)alis hist.ª de ruminantib(us)	Ven. 1584
26	Franc(isci) Patritii Apologia contra Angelutium	Ferr. 1584
26	Ant(onii) Riccoboni Gratul(ati)o ad cardin(alem) Cananium	Pat. 1584
27	Aug(usti)ni Butii De partium corporis principatu disput(ati)o	Taur. 1583
27	Ant(on)ii Riccoboni Poetica	Vicent. 1585
27	Fr(ancisci) Bencii Or(ati)o in funere Ant(onii) Mureti	Pat. 1585
28	Nicandri Iesii [94] Opuscula de uolupt(at)e et dolore etc.	Rom. 1580
28	Procli Litii Elementa theologica et phisica interp. Fr(ancisco) Patritio	Ferr. 1583
29	Laurentii Grilli De sapore dulci et amaro	Pragæ 1566
	Oratio de peregr(inatio)ne studii med(icina)lis ergo suscepta	Pragæ 1566
29	Ocelli De qualit(atibus) element(orum)	Par. 1539
30	Bern(ardini) Thelesii De rerum na(tura)	Neap. 1570
30	Ant(onii) Zeni Comm. in concionem Periclis et Lepidi	Ven. 1569
30a	Io(ann)is Bodini Demonomania	Bas. 1581
30a	Aug(usti)ni Doni De n(atur)a ho(min)is libri duo	Bas. 1581
31	Io(ann)is Fr(ancisci) Pici Mirand(ulæ) De amore diuino libri 4.ʳ	Romæ 1516
	De strigibus et or(ati)o de reform(andis) morib(us)	Rom. 1516
32	Leon(ardi) Vairi De fascino libri tres	Par. 1583
33	Io(ann)is Vuieri De prestigiis demonum et ueneficiis	Bas. 1577
	De Lamiis	Bas. 1577
34	Raimondi Lulli Practica	Ven. 1523
35	Ars magna	Ven. 1527
36	Corn(elii) Gemmæ De arte ciclognomica tomi tres	Ant. 1569

[90] *Sic* pour *Dudithii.*

[91] *Sic* pour *Arithmeticæ.* L'ouvrage est dû à Nicomaque de Gérase.

[92] Latinisation de al Ghazzali.

[93] OMAR Tiberiadis... *liber de natiuitatibus et interrogationibus,* Venetiis, per J.B. Sessa 1503. Il s'agit d'Omar Ibn Farkhan.

[94] *Sic* pour *Iossii.*

37	Aug(usti)ni Valerii De recta ph(ilosoph)andi r(ati)one et præfationes	Veron. 1577
38	Iacobi Mazonii Disput(atio) de triplici ho(m)i(n)um uita	Ven. 1576
39	Antonii Persii Propositiones	Ven. 1575
39	Laur(entii) Gambaræ Expositi	Neap. 1574
40	Lud(oui)co Casteluetio [95] Sopra la poetica de Arist.ᵉ	Bas. 1576
41	Chrisost(omi) Iaueli Epitom(e) in 10 lib. ethic(orum) Ar.ⁱˢ	Ven. 1536
42	Moralis Phi(ilosophi)æ Platonicæ dispo(sitio)	Ven. 1536
43	Chiriaci Stroziæ [96] Libri duo de repub(lica)	Flor. 1562
43	Rainaldi Corsi De p(ri)uata reconcil(atio)ne liber	Rom. 1563
43	Regin(aldi) Poli card(inalis) uita et Cantuariensis Archiepi(scopi)	Ven. 1563
44	Euclidis Elem(ento)rum liber 10.ˢ interp. Petro Montaureo	Lut. 1551
45	Thomæ Boderi De r(ati)one dierum criticorum, Hermes Trismeg(istu)s de decub(itu) Infirm(orum)	Par. 1551
40	Procli Diadochi hipothiposis astronomicæ positionum	Bas. 1540
45	Zoroastri Magica oracula cum Plethonis comm.	Par. 1539
45	Libanii Meletæ	Par. 1540
46	Iosephi Moleti Tabulæ Gregorianæ	Ven. 1580
	De corrigendo eccliptico kalend(ari)o	Ven. 1580
47	Io(annis) Bap(is)tæ Carelli Ephemerides	Ven. 1557
47a	Io(annis) Stadii Ephemerides	Lugd. 1585
48	Hotomari Luscinii Musurgia	Argent. 1536

Phil. in-8°

1	Arist. Logica Boetio interprete	Lugd. 1543
2	Arist. et Theophr(asti) Scripta quædam	Par. 1557
2	Themistii Euphradæ Or(ati)ones 8° H(ieronymo) Donzelino interp.	Bas. 1559
3	Arist. Phisica Perionio interp(re)te	Bas. 1553
3	Hermolai Barbari Compendium sci(enti)æ na(tura)lis	Bas. 1552
3	Ar.ⁱˢ De cælo libri 4.ᵒʳ Perionio interp(re)te	Bas. 1553
4	Arist. De ortu et interitu libri 2 Perionio interp.	Bas. 1553
4	Metheor(ologicorum) libri 4 Perion(io) interp.	Bas. 1553
4	Ar.ⁱˢ De a(n)i(m)a libri 3 Perion(io) interp.	Bas. 1553
4	Parua nat(ural)lia Perion(io) interp.	Bas. 1553
5	Ar.ⁱˢ et Philonis De mundo libri duo, Cleomedis lib. 2 Valla interp. cum annot. Simonis Grinei	Bas. 1533
6-17	Auer(ro)is Comm. in Ar.ᵐ seu opera o(mn)ia duodecim tomis	Ven. 1562
18	Ant(onii) Posii Thesaurus in Ar.ᵉᵐ et Auer(roe)m	Ven. 1562
19	Michælis Ephesii Scholia in lib. de partib(us) animal(ium) Ar.ⁱˢ	Bas. 1559
19	Arist. Rhetor(icorum) libri 3 Trapezuntio interp.	Lugd. 1545
20	Danielis Furlani In lib. Ar.ⁱˢ de partib(us) animal(ium)	Ven. 1574
21	Nicolai Leonici Interpret(ati)o p.ⁱ lib. Ar.ⁱˢ de partib(us) anim(alium)	Ven. 1540
22	Iulii Ces(aris) Scaligeri Animaduers(ation)es in hist.ᵃˢ Theophr(asti)	Lugd. 1584
22	Iacobi Durantii Variarum libri duo	Lut. 1582
22	Arist.ⁱˢ Lib. 10.ˢ hist(oriarum) Ces(are) Scalig(er)o interp.	Lugd. 1584
23	M(arci) A(ntonii) Flaminii Paraphrasis (in) 12 [97] methaphis(icæ librum) Ar.ⁱˢ	Lut. 1547
24	Alex(and)ri Picolom(inei) Paraphrasis in mechan(icas) q(uæsti)ones et de cert(itudine) mathem(aticarum)	Ven. 1565
25	Ægidii Rom(ani) De format(ion)e hu(m)ani corporis	... ...

[95] *Sic* pour *Casteluetro.*
[96] *Sic* pour *Kyriaci Stroaze*, c'est-à-dire Ci-   riaco Strozzi.
[97] *Sic* pour *12ᵐ*.

25	Constantii Varolii De neruis opticis etc.	Pat. 1573
26	Marci Fristchii[98] Metheor(orum) loci et catalogus prodigiorum	Norimb. 1563
26	Petri Pompon(atii) De na(tur)alium effectuum causis siue (de) incant(ationibus)[99]	Bas. 1556
27	Ioachimi Curei Libellus phisicus	Witebergæ 1572
27	Ioachimi Camerarii Comm. de generib(us) diuinationum etc.	Lipsiæ ...
27	Ramus De causis affectionum Hilarii Pirekmair[100]	*Donacsi 1575*
28	Io(ann)is Cesarei Dialectica et Io(ann)is Murmelii Isagoge in predicam(enta)	Lugd. 1546
29	Ber(nardi)ni Donati De Plat(oni)cæ et Ar(istoteli)cæ phi(losoph)iæ d(iffe)r(ent)ia	Ven. 1540
29	Georgii Gemisti 4.ʳ uirtutum explic(ati)o gr. et lat.	Bas. ...
29	Iacobi Siluii Ordo in legendis Hip. et Gal. libris	Bas. ...
29	Io(ann)is Cornarii De podagræ laudibus or(ati)o etc.	Pat. 1553
30	Georgii Trapezuntii Comparationes Ar.ⁱˢ et Platonis	Ven. 1523
31	Gabrielis Buratelli Concil(iati)o Arist. et Platonis	Ven. 1573
32	Ar.ⁱˢ et Xenophontis Ectica, politica, oeconomica gr.	Bas. ...
33	Arist. Ethicorum lib. 10 Argyropilo interp.	Lugd. 1551
34	Byzantino interp. cum Acciaioli comm.	Lugd. 1544
35	Ar.ⁱˢ Polytica Perionio interp(re)te	Bas. 1544
	Oeconomica Bern(ardi)no Donato interp(re)te	Ven. 1540
36	Acciaioli In 4 lib. polit(icorum) comm.	Ven. 1566
37	Epicteti Enchiridion cum Simplicii et Ariani comm.	Bas. ...
38	Nicolai Biesii De uariet(at)e opinionum	
	De republica	Lou. 1567
39	Cardani De util(itat)e ex aduersis capienda et alia	Bas. 1561
40	Io(ann)is de Sacrobosco Sphera	Ven. 1537
40	Ar.ⁱˢ et Philonis De mundo Budeo interp. cum Ocelli Lucani De uniuersi natura	Par. 1512
41	Fr(ancisci) Barocii Cosmographia	Ven. 1585
42	Cardani In Ptolomeum etc.	Lugd. 1555
43	Basiani Landi Opuscula	Pat. 1552
43	Æneæ Platonici De immort(alitate) a(n)i(m)arum et corp(orum) resurr(ectio)ne	Ven. 1523
44	Maximi Tiri Sermones 41	Par. 1557
45	Nemesii De natura ho(min)is liber unus gr. et lat.	Ant. 1565
46	Apomasaris[101] Apothelesmata siue de euentis insomniorum	Francf. 1577
47	Cornelii Gemmæ De n(atur)æ diuinis characterismis	Ant. 1571
48	Leuini Lemnii De occultis n(atur)æ miraculis	Col. Agr. 1573
49-50	Cardani De rerum uariet(at)e	Bas. 1557
51	Remigii Meliorati De propos(itione) inhærente et de putred(in)e etc.	Lucæ 1554

Phil. in-16°

1	Ar.ⁱˢ Operum Index	Lugd. 1561
2-4	Gregorii Tolosani Comm. in prolegom(ena) artis mirabilis	Lugd. 1575
	Sintaxis artis mirabilis tomis tribus	Lugd. 1575
5	D(iui) Thomæ Aquin(atis) De regimine Principum	Parm. 1578

---

[98] *Sic pour* Frytschii.
[99] Ce traité fut mis à l'Index à Rome.
[100] Titre inconnu au catalogue de W.J. ONG, *Ramus and Talon Inventory, a Short-* *Title Inventory of the Published Works of Peter Ramus, 1515-1572, and of Omer Talon, ca. 1510-1562,* Cambridge 1958.
[101] Latinisation de Djafar Ibn Mohammed.

Hum. in-fol.

	Dictionarium seu latinæ linguæ Thesaurus trib(us) uol(uminibus)	Par. 1543
	Thesaurus Henr(ici) Steph(ani) ling(uæ) græcæ cum appendice 5 uol(uminibus)	Par. 1572
	Glosaria duo Henr(ici) Steph(ani) utriusque linguæ	Par. 1573
1	Suidas	Bas. 1544
2	Suidæ Historia cæteraque o(mn)ia lat.	Bas. 1564
3	Hesichii Dictionarium gr.	Ven. 1514
3	Pollucis Vocabularii index et uocabularium	Ven. 1512
3	Stephanus De urbibus	Ven. 1502
4	Etimologicum magnum gr. ling(uæ)	Ven. 1549
5	Dictionarium gr. Varini Fauorini Camers. [102]	... ...
6	Gulielmi Budei Comm. linguæ græcæ	Bas. 1556
7	Ioach(imi) Camerarii Comm. utriusque linguæ	Bas. 1551
8-9	Dictionarium græ. lat. [103]	Bas. 1565
10	Cornucopia siue linguæ lat. comm. etc.	Ven. 1513
11	Fr(ancisci) Hotomani Comm. de uerbis iuris etc.	Lugd. 1569
12-13	Pauli Manutii Adagia	Flor. 1575
13	Homeri Ilias et Odisea	... 1541
14-15	Eustachii [104] Comm. in Iliad(em) Homeri 2 uol(umina)	Romæ 1542
16	In Odyss(eam) Homeri	Romæ 1549
17	Tabula in Homerum	Romæ 1550
18	Epigramata gr. cum annot. Io(ann)is Budei [105]	Bas. 1549
19	Plauti Comoediæ cum comm. Bern(ardi) Saraceni et aliorum	Ven. 1518
20	Plautus Dionisii Lambini	Lut. 1576
21	Lucretius cum comm. Io(annis) Bap(tis)tæ Pii	Bon. 1515
21a	Virgilii Poemata cum comm. Seruii et Donati	Bas. 1544
22	Horatius Flaccus Dion(isii) Lambini	Lut. 1567
23-24	Ouidii Poemata cum comm. Raphælis Regii et aliorum	Ven. 1508
25	Persius cum comm. Cornuti Phi(losophi), Io(ann)is Britan(nici), Bart(holomæi) Foncii	Ven. 1503
26	Martialis cum interpretatione D(omi)nici Calderini et Georgii Merulæ	Ven. 1552
26	Dante Alighieri Comedia con l'espos(itione) di Christof(or)o Landino	Ven. 1529
27	Scaligeri Poetices libri 7ᵐ	... 1561
28	Demostenis Or(atio)nes et Ep(is)t(ul)æ cum comm. Vlpiani et Gul(ielmi) Morelli	Lut. 1570
29	Oratorum ueterum or(ati)ones gr. et lat.	Lut. 1575
30	Petri Victorii Comm. in librum Demetrii Falerii de elocut(ion)e	Flor. 1562
31-34	Ciceronis Opera 4 uol(uminibus)	Ven. 1537

[102] *Sic* probablement pour *Camertis*, ainsi qu'il apparaît dans le titre : *Dictionarium Varini Phavorini Camertis... totius linguæ græcæ commentarius*, Basileæ, R. Winter 1538. On ne peut toutefois absolument exclure qu'il s'agisse du deuxième dictionnaire dont GUA-RINO est l'auteur, le *Magnum ac perutile Dictionarium, quod quidem Varinus Phavorinus Camers in ordinem alphabeti collegit*, Z. Caliergi, Roma 1523.

[103] Il s'agit du Λεξικὸν Ἑλληνορωμαικόν, *hoc est, Dictionarium græco-latinum supra omnes editiones postremo nunc hoc anno ex uariis et multis præstantioribus linguæ Græcæ authoribus... locupletatum, illustratum et emendatum per G. Budæum, I. Tusanum, C. Gesnerum, H. Iunium, R. Constantinum, Io. Hartungum, Mar. Hopperum...*, Basileæ, ex officina Henricpetrina 1565.

[104] *Sic* pour *Eustathii*.

[105] On lit incontestablement *Budei*, mais il s'agit en fait de Jean Brodeau et l'ouvrage est intitulé *Epigrammatum græcorum libri VII annotationibus Ioannis Brodæi*.

34	Petri Victorii Explic(ation)es suarum in Cicer(one)m Castigationum	Ven. 1536
c 37	Quintilianus cum annot. Morsellani et Ioach(imi) Camer(arii)	Par. 1538
a 35	Pauli Manutii Comm. in ep(isto)las famil(iares) Ciceronis	Ven. 1579
b 36	Plinii 2di Ep(isto)larum libri 10 et Panegyricus cum comm. Catanæi	... 1533
d 38	Strabonis Geographia cum Gul(ielmi) Xilandri [106] recog(nitio)ne gr. lat.	Bas. 1571
39	Pausaniæ Græciæ descriptio a Gul(ielmo) Xilandro recognita gr. lat.	Francf. 1583
40	Arriani Ponti Euxini et maris Eritrei periplus etc.	Geneu. 1577
41	Chronica Eusebii	Bas. ...
42	Diodori Siculi Bibliotheca historica gr.	Par. 1559
43	Interp. Seb(astia)no Castell(ion)e	Bas. 1559
44	Herodoti Historiarum libri 9 et Ctesiæ quædam	H. St. 1570
45	Thucididis De bello Peloponnensiaco lib. 8 gr. et lat. a Valla	H. St. 1564
46	Xenophontis Opera Io(ann)e Leuenclaio interp. [107]	Bas. 1569
47	Polybii Historiarum libri 5 priores Nic(ol)ao Perotto interp.	Bas. 1549
48	Dion(isii) Halicarn(assensis) Antiq(uitatum) roman(arum) libri 10 Sigism(undo) Galenio [108] int.	... 1549
49	Appiani Alex(andri)ni Romanæ hist* interp. Sigismundo Gal(enio)	Bas. 1554
50	Plutarchi Cheronei Vitæ	Ven. 15.8 [109]
51	Arriani De exped(itio)ne Alex(andri)ni Magni [110] hist. libri 8 interp. Bonau(entur)a Vulcanio	H. S. 1575
51	Philiberti Pingonii Arbor gentilitia Saxoniæ et Sabaudiæ Princ(ipum)	Taur. 1581
52	Io(ann)is Zonaræ Compendium histor. gr. lat.	... ...
53	Zozimi Comitis et exaduocati fisci hist* nouem libri 6 cum Procopii Agatiæ et Iornandis hist.	Bas. 15...
54	Iosephi Antiq(uitates) iudaic(æ) interpr. Sigismundo Galenio	Lugd. 1566
55	Philostratus et Eusebius gr. et lat.	Ald. ...
56	Heliodori Æthiopicæ Hist* libri 10 interp. Stanislao Polono [111]	Bas. 1552
56	Sigism(undi) Rerum moscouitarum comm.	Bas. 1552
56	Notitia utriusque Imperii [112]	Bas. 1552
57	Gilb(erti) Genebrardi Chronographia	Par. 1580
58	Iul(ii) Ces(aris) Commentaria cum ann.	Francf. 1575
59	Chronologia in Titi Liuii hist.ᵐ cum ann. Verrii Flacci	Francf. 1568
59	Ann. multorum in Titum Liuium	Francf. 1568
60	Titus Liuius cum lucubr(ationibus) doctiss(imorum) uirorum	Francf. 1562
61	Corn(elii) Taciti Annales cum castig(ationibus) Beati Rhenani	Bas. 1544
62	Vitæ Cæsarum diuersorum auctorum	Bas. 1546
63	Suetonii Tranquilli 12 Cesares cum Philippi Beroaldi com.	Lugd. 1548
64	Vitæ uirorum illustrium uar(iorum) aut(orum)	Bas. 1563
65	Platinæ Vitæ Pontif(icum)	Col. 1568
66	Blondi Flauii De Roma triumph(ante) libri 10	Bas. 1531
67	Car(oli) Sigonii De occid(entali) Imp(erio) libri 20	Bon. 1578

[106] Xilander (ou plutôt Xylander) était le pseudonyme de Wilhelm Holtzmann (1532-1576).

[107] Le catalogue de la bibliothèque nationale de France répertorie l'ouvrage sous le titre suivant : XENOPHONTIS... *omnia quæ extant opera, Ioanne Levvenklaio interprete, cum annotationibus eiusdem et indice copioso*, Basileæ, per T. Guarinum 1569. On retrouve cet auteur dans les in-folio de Théologie (n° 10) mais avec une orthographe différente : *Leuenclauius*.

[108] *Sic* pour *Gelenio*.

[109] Une tache rend la lecture du troisième chiffre difficile. Il peut s'agir soit de l'édition de 1518, soit, plus probablement, de 1538.

[110] *Sic* pour *Alex.ⁿ Magni*.

[111] Ce nom désigne S. Warschewiczki.

[112] Il s'agit de l'édition (contenant P. Victor) que publia Gelenius chez H. Frobenius et N. Episcopius.

68	De Regno Italiæ	Bon. 1580
69-71	Sabellici Opera o(mn)ia 3 uol(uminibus)	Bas. 1560
72-74	P(auli) Iouii Opera	Bas. 1578
74a	Fr(ancisci) Guicciard(ini) Hist.	Fior. 1561
75	Petri Iustin(ia)ni Hist. rerum Venetarum	Ven. 1575
76	Hier(onymi) Rubei Hist. Rauenn(æ) libri 10	Ven. 1572
76a	Bern(ardini) Scardeuonii [113] De antiq(uitate) urbis Patau(ii)	Bas. 1560
77	Thomæ Fazelli De rebus siculis decades 2	Panormi 1568
77b	Gio(uanni) Batt(ist)a Pigna Hist.ª de Princ(ipi) da Este	Ferr. 1570
78	Polydori Virgilii Anglicæ Hist. lib. 26	Bas. 1534
78abc	Gio(uanni) Batt(ist)a Ramusio Delle nauig(ationi) et uiaggi 3 uol(umi)	Ven. 1563
79	Claudii Æliani Opera gr. lat.	... ...
80	Athenei Dipnosophistarum libri 15 gr.	Bas. 1535
81	Atheneus lat. interp. Iac(obo) Dalechampio	Lugd. 1583
82	Plutarchi Moralia gr.	Bas. 1574
83	lat. interp. Herm(ann)o Cruserio	Bas. 1573
84	Luciani Opera græca et Philostrati	Ven. 1503
85	Vitruuii De Architectura lib. 10 cum comm. Dan(ielis) Barbari	Ven. 1567
86	Iacobi Ziegleri Comm. in lib. 2ᵐ Plin. de hist. na(tura)li	Bas. 1531
87	Iulii Solini Rerum memorabilium Thesaurus cum Pomp(onii) Melæ De situ orbis	Bas. 1543
88	Iulii Firmici Astronomiæ libri 8 Marci Manilii et aliorum	Ven. 1501
89	Hypparchi Bythini In Arati et Eudoxi phenomena, Achill(is) Statii in Arati phenomena	Flor. 1567
90	Georgii Vallæ Interpret(ation)es uariorum operum	Ven. 1498
91	Isidori Hispal(ensis) Originum libri 20	Bas. ...
92	Cassiodori Variarum libri 12 etc.	Par. 1579
92	Theodorici Regis Italiæ Edictum	... ...
92	Cod(icis) Legum Wisigothorum libri 12, Isid(ori) Hispal(ensis) de Gothis, Procopii de Gothorum origine locus	Par. ...
93	Iosephi Scaligeri De emend(atione) temporum	Lut. 1583
94	Gul(ielmi) Budei De asse	Par. 1541
95	Georgii Agricolæ De mensuris et ponderib(us)	Bas. 1550
96	Imagines et elogia uirorum illustrium	Rom. 1570
97	Fasti et triumphi Romani a Romulo Rege usque ad Carolum 5ᵐ Onuphrio Panuino authore	Ven. 1557
98	Caroli Sigonii De antiquo iure Populi Rom(ani) et de iud(i)ciis [114]	Bon. 1574
99	Rom(anarum) Antiquitatum libri 10 Io(anne) Rosino collectore	Bas. 1583
100	Fuluii Vrsini Familiæ Romanæ	Romæ 1577
101	Pauli Manutii Antiq(uitates) Roman(æ) et de legibus Rom(anorum)	Ven. 1557
102	Hermetis Scallauczeri Exempla aliquot uetust(atis) Rom(anæ)	Vien. 1560
103	Onuphrii Panuini Rom(anorum) Principum libri 4ʳ et de comitiis	Bas. 1558
104	Raphælis Volaterani Comm.ʳᵘᵐ 38 libri	Bas. 1559
105	Io(ann)is Goropii Origines Antuerpianæ	Ant. 1569

[113] *Sic* pour *Scardeonii.*

[114] Sous ce titre sont rassemblés quatre ouvrages de SIGONIO, les *De antiquo iure civium romanorum libri II, De antiquo iure Italiæ libri III, De antiquo iure provinciarum libri III* et *De Iudiciis libri III.*

106	Gul(ielmi) Strechii Antiq(uitatum) conuiualium libri 3 [115]	Triguri [116] 1582
107	Celii Rhodigini Lectionum antiquarum libri 30	Bas.1550
108	Petri Victorii Variarum lectionum libri 25	Flor.1553
109	Ep(is)t(ol)æ et or(ati)ones	Flor. 1586
110	Adriani Turnebi Aduersariorum tomus 3ˢ	Par. 1573
111	Gulielmi Budei Annot(ation)es in lib. Pandectarum	Par. 1543
112	Alex(and)ri ab Alex(and)ro Genialium dierum libri 6	Col. 1551
113	And(reæ) Tiraquelli Comm. de nobilitate et iure primigeniorum	Lugd. 1559
114	De legib(us) connubialib(us) et iure maritali	Bas. 1561
115	Iacobi Cuiacii Constit(utionum) Iust(inia)ni exp(ositi)o et obseru(ation)es	Lugd. 1570
116	Io(ann)is Pierii Hieroglifica	Bas. 1556
117-8	Lilii Greg(orii) Gyraldi Opera	Bas. 1580
119	Fr(ancisci) Petrarchæ Opera o(mn)ia	Bas. 1554
120-22	Theodori Zuingeri Theatrum uitæ humanæ	Bas. 1571
123	Theatrum orbis terrarum Abraami Ortellii	Ant. 1571

Hum. in-4°

1	Plutarchi Simposiaca	Par. 1547
	De esu carnium	Lut. 1550
	Manuelis Moschopuli De r(ation)e examin(andæ) or(ati)onis	Lut. 1545
	Luciani Dialogi duo, Alcyon et Prometheus	Par. 1549
2	Valerius Probus	
2	Demetrii Alabaldi De minutiis	
2	Petri Diaconi De notis *l(itte)rarum* [117]	Ven. 1525
2	Bedæ Tractatus de computo	
2	Io(ann)is Marii Verdizoti Enchomium picturæ	Ven. 1569
3	Authores latinæ linguæ	... 1585
3	Iusti Lipsi De recta pronunc(iation)e latinæ linguæ	Ant. 1586
4	Iul(ii) Ces(aris) Scaligeri De causis linguæ latinæ	Lugd. 1540
	In 2 libros Ar.ⁱˢ de plantis	Lut. 1556
5	Vberti Folietæ De linguæ lat. usu et prest(anti)a libri tres	Rom. 1574
6	Iulii Pollucis Onomasticon gr.	Bas. 1536
7	lat.	Bas. 1541
8	Lexicon gr. latinum [118]	Lugd. 1566
9	Basilii Zanchi Verborum latinorum ex uariis epitome etc.	Rom. 1541
10	Supplem(entu)m linguæ latinæ seu dictionarium abstrusorum	

[115] Le titre et le lieu d'édition de cet ouvrage, tels qu'ils figurent au catalogue de la bibliothèque nationale de France, sont les suivants : *Antiquitatum conuiualium libri 3, in quibus Hebræorum, Græcorum, Romanorum aliarumque nationum antiqua conuiuiorum genera nec non mores... ceremoniæque... atque etiam alia explicantur et cum iis, quæ hodie cum apud Christianos, tum apud alias gentes, a Christiano nomine alienas, in usu sunt, conferuntur..., auctore Gulielmo Stuckio*, Tiguri, excudebat C. Froschouerus 1582.

[116] *Sic* pour *Tiguri*.

[117] Ce titre et les deux qui le précèdent formaient à l'origine un seul ouvrage : *Hoc in uolumine hæc continentur M. Val. Probus de Notis Romanorum, ex codice manuscripto castigatior, auctiorque quam unquam antea factus, Petrus Diaconus de eadem re... Demetrius Alabaldus de minutiis, idem de ponderibus, idem de mensuris...*, Venetiis, in ædibus J. Tacuini Tridinensis 1525. L'abréviation qui suit *notis* est difficile à lire.

[118] Il s'agit du *Lexicon græco-latinum, ex R. Constantini aliorumque scriptu collectum..., cura I. Crispini*, Lugduni, apud G. Rouillium 1566.

	uocabul(orum) a Rob(erto) Const(anti)no	Lugd. 1573
11	Franc(isci) Marii Grapaldi De partib(us) ædium	... 1506
13 [119]	Hesiodi Ascræi Opera et dies	Ven. 1537
14	Nicandri Theriaca interp. Io(anne) Gorreo cum annot.	Par. 1557
14	Alexipharmaca Gorreo interp. et adnot.	Par. 1557
14	Incerti auctoris Scholia in Nicandri Theriaca et in alexiph(arma)ca	... ...
14	diuersorum	Par. 1557
14	Lucæ Peti De mensur(is) et ponder(ibus) Rom(anis) et Græcis et	
	Variæ lect(ion)es	Ven. 1573
15	Pindarus cum comm.	Romæ
16	Sophoclis Tragediæ 7	Par. 1553
16	Dimitrii Triclinii Comm. in trag(edias) Sophoclis	Par. 1583
17	Aristophanis Comediæ 9 cum comm.	Flor. 1525
18	Callimachi Cyrenei Himni et epigram(mata) cum scholiis etc.	Lut. 1577
19	Dion(isii) Alex(andri)ni De situ orbis libellus cum comm.	
	Aristacii Thessal(onicensis) [120]	Lut. 1547
20	Lucretii De rerum n(atur)a libri 6 cum Dion(isii) Lamb(in)i comm.	Lut. 1570
21	Alex(and)ri Guarini In Catullum exp(ositi)ones	Ven. 1521
21	Hier(onymi) Balbi In lib. de coronat(ion)e præfatio	Bon. 1530
21	Barto(lomæi) Burchellati Tyrocinia poetica	Pat. 1577
22	Aldi Manutii Comm. in poet(icam) Horatii	Ven. 1576
22	Laur(entii) Gambaræ De poeseos r(ati)one	Romæ 1576
22	Pauli Clarantis Epitomæ in lib. de paschatis chronologia	Ven. 1576
22	Gull(ielmi) Postelli Cosmographiæ compendium	Bas. 1561
23	Persii Satiræ cum comm. Valentini Volsci Engentini Foquelini	Bas. ...
24	Senecæ Tragediæ 10 aduersaria [121]	Ant. 1576
25	Ausonius cum Æliæ Veneti illustrat(ionibus)	Burdig. 1580
26	Musæi Iouiani Imagines	Bas. 1577
26	Abrahami Ortellii Sinonimia geographica	Ant. 1578
27	Bart(holoma)ei Burchellati Epitaphiorum dialogi 7ᵐ	Ven. ...
27	Io(annis) Bapt(ist)tæ Carcani Exentær(ati)onis Card(inalis)	
	Boromei enarr(ati)o	Mediol. 1584
27	Relatione dell' arriuo in Europa delli Giapponesi	Pad. 1585
27	Steph(ani) Tutii Or(ati)o in exequiis Gregorii 13.ˢ	Pat. 1585
28	Mutii Sforzæ Carmina	Ven. 1584
29	5ᵃ et 6ᵃ Diuisione della poetica del Trissino	Ven. 1563
29	Messagero [122] dialogo di Torq(uato) Tasso	Ven. 1582
29	Discorso della virtù feminile	Ven. 1582
29	Il Gonzaga ouerò del gioco [123]	Ven. 1582
29	Ragion(amen)ti di Hier(onimo) Zopio in difesa di Dante e del Petr(ar)ca	Bol. 1583
29	Jason de Nores Tauole del mondo e della sfera	Pad. 1582

[119] Le n° 12 est omis.

[120] L'Aristarque de Thessalonique désigne Eustathe, archevêque de Thessalonique, auteur par ailleurs d'un volumineux commentaire sur l'*Iliade* et l'*Odyssée* (*Hum.*, *in-fol*, n° 14-17).

[121] M.A. Del Rio, *In L. Annæi Seneca... tragoedias decem... amplissima aduersaria quæ loco commentarii esse possunt ex bibliotheca Martini Antonii Delrio*, Anvuerpiæ ex officina C. Plantini 1576. Ces *Aduersaria* accom-pagnent le texte des *Tragédies* dans l'édition de Fabricius.

[122] *Messagero* pour Messagiero.

[123] Voici le titre complet de l'ouvrage : *Il Gonzaga secondo, ouero del Giuoco, dialogo del signor Torquato Tasso*, Venetia, appresso B. Giunti e fratelli 1582. Il s'agit d'un rema-niement de *Il Romeo, o uero del Giuoco*, pu-blié dans la première partie des *Rime*, éditées par Alde en 1581.

30	Ep(is)t(ol)æ gr. diuersorum	Ven. 1499
31	Dion(isii) Longini De sublimi dicendi gen(ere) Petro Pag(an)o i(n)terp.	Ven. 1572
31	Mureti Or(ati)o pro reditu M(arci) A(ntonii) Columnæ	Pat. 1572
	In funere Pii 5.ⁱ	Pat. 1572
31	Hier(onymi) Quaini Or(ati)o de sacra hist.ᵃ	Pat. 1572
31	Io(ann)is Antonii Taigetti Elegia ad Mercurialem	Brix. 1572
31	Heronis mechanici De machinis bellicis interp. Fr(ancisco) Baroccio	Ven. 1572
32	Gul(ielmi) Budei Ep(istol)æ	Bas. 1521
32	Plutarchi Cheronei De oraculorum defectu Turnebo interp.	Lut. 1556
33	Aurelii Symmachi Ep(istol)æ cum notis Fr(ancisci) Iureti	Par. 1580
33	Aurelii Prudentii Poemata	... ...
33	Somnium Scipionis M(arci) T(ullii) Ciceronis Ælia Veneto i(n)terpr.	Bud. 1579
34	Descrittione della pompa funerale di Cosmo de Medici	Fior. 1574
34	P(etri) Ang(elii) Bargei Laudatio ad funebrem concionem Cosmi Med(ici)	Flor. 1574
34	Io(ann)is Bap(tis)tæ Adriani Or(ati)o in funere Cosmi Med(ici)	Flor. 1574
34	Gio(uanni) Bat(tis)ta Adriani Or(azi)one in latino nell'esseque di Cosmo de Med(ici)	Flor. 1574
34	Leon(ardi) Ginii Funebris laudatio in funere Cosmi Med(i)ci	Flor. 1574
34	Maii Bazanii ¹²⁴ Carmen in obitum Cosmi Med(i)ci	Flor. 1574
35	Iason de Nores Rethorica	Ven. 1584
36	Arriani et Hannonis Periplus, Plut(archi) De flum(inibus) et mont(ibus), Strab(on)is Epit(ome)	Bas. 1533
37	Pomponii Melæ De situ orbis libri tres cum castig(ationibus)	Ant. 1582
37	Vberti Goltzii Thesaurus rei antiquariæ	Ant. 1579
37	Gulielmi Douiatii De tempore et a(nim)i perturb(ationibus) dialogi duo	Par. 1583
37	Franc(isc)i Sanchez Quod nihil scitur	Lugd. 1581
38	Mart(ini) Chromeri Polonia	Col. 1578
39	Caroli Steph(ani) Diction(arium) hist(ori)cum et poet(icum)	Genuæ ¹²⁵ 1566
40	Io(annis) Lucidi Chronicon	Ven. 1575
41	Polibii De legationibus et alia cum notis Fuluii Vrsini	Ant. 1582
42	Richardi Dinoti Aduersaria hist(ori)ca	Bas. 1581
42	Iusti Lipsi Satira Menipea, Somnium lusus	Ant. 1581
42	Caroli Sigonii De uita Laur(entii) Campegii	Bon. 1581
43	Papirii Masoni De ep(iscop)is	Par. 1586
44	Io(ann)is Gobbellini Commentarii Pii 2ⁱ Pont(ificis) Max(imi)	Romæ 1584
45	Vberti Folietæ Hist.ᵃ	Neap. 1571
46	Clarorum Ligurum Elogia	Romæ 1574
	Opuscula nonnulla	Romæ 1574
47	Steph(an)i Forcatuli ¹²⁶ De Gallorum imperio et ph(ilosoph)ia	Par. 1579
48	Leandro Alberti Descrittione d'Italia	Ven. 1561
49	Gio(uanni) Villani Historie	Ven. 1559
50	Mattheo Villani Historie	Ven. 1562
51	Gio(uanni) Gonzales Hist.ᵃ della China ¹²⁷	Romæ 1586
52a,		
52-55	Gio(uanni) Tarcagnota Hist. del mondo	Ven. 1585
56a	Girol(am)o Bardi fior(enti)no Sommario ò età del mondo chronologiche	Ven. 1581
56b	Franc(isc)o Guicciard(in)i Hist. dell'Italia li ult(im)i 4 libri	Ven. 1564

¹²⁴ Latinisation de Maggio Bazzanti.
¹²⁵ Sic pour Geneuæ.
¹²⁶ Latinisation d'Etienne Forcadel.
¹²⁷ L'ouvrage s'intitule en fait Dell'Historia della China descritta nella lingua spagnuola dal P. Mæstro Giovanni Gonzales di Mendozza..., Roma, B. Grassi 1586.

56c	Iac(opo) Mazioni[128] Difesa di Dante	Cesen. 1587
56d	Pietro Ribadenera Vita del D(iuo) Ignatio trad(otto) da	
	Gio(uanni) Giolito	Ven. 1586
56e	Girol(amo) Cathena Vita di Pio 5.°	Roma 1586
57	Stobæi collectiones S(en)te(n)tiarum	Ven. 1536
57	Simpl(icius) In Epictetum	Ven. 1528
57	Polybii De militia Rom(anorum) interp. Iano Lascare	Ven. 1557
58	Æliani Variæ hist.ᵁᵉ Polemonis phisionomia Adamanti	
	Phisionomia Melampodi ex palpit(ationibus) diuinatio	Romæ ...
59	Vitruuii De architectura cum annot. Gul(ielmi) Philandri	Lugd. 1552
60	Herm(olai) Barbari Castig(ation)es in Plinium	Bas. 1534
61	Iac(obi) Milichii Comm. in lib. 2.ᵐ Plinii	Witeb. 1537
62	Fr(ancisci) Massarii In 9 m lib. Plinii annot.ᵉˢ	Bas. 1537
63	Melch(ioris) Guillandini Papyrus cum H(ieronymi)	
	Mercur(ialis) repugn(antia)	Ven. 1572
64	Flauii Vegeti De re militari correct. Godescalco Steucheio[129]	Lugd. 1583
65	Heronis mechanici De machinis bellicis Fr(ancisco) Barocio i(n)terp.[130]	Ven. 1572
65	Heronis Alex(andri)ni Spiritualium liber interp.	
	Feder(ico) Command(ino)	Vrbini 1571
66	Lazari Baifii De re nauali et Annot.ᵉˢ in tract(atu)m de auro et	
	argento, Antonii Thilesii Lib. de colorib(us)	Lut. 1549
67	Lud(oui)ci Demontiosii Gallus Romæ hospes[131]	Rom. 1585
67	Publii Font(ii) Imago D(iuæ) Magdalenæ	Ven. 1585
67	Gul(ielmi) Blantii[132] Epigrammata in obeliscum et de r(ati)one	
	anagram(matis)mi	Rom. 1586
67	Alex(and)ri Gatti Meditationum libri 2	Ven. 1587
67	Christoph(ori) Clarii Fabrica et usu instr(umen)ti horolog(iorum)	Rom. 1586
67	Galesini Ordo dedicat(ion)is obelisci	Rom. 1586
67	Aurelii Vrsi De bello belgico	Perus. 1586
67	Ep(isto)la De transl(atione) obelisci	Rom. 1586
67	Io(annis) Bap(tis)tæ Aguilar Epigram(mat)a in dedic(atio)nem obelisci	Rom. 1586
68	Natalis Comitis Mythologiæ	Ven. 1581
69	Æneæ Vicii Augustarum imagines et uitæ	Ven. 1558
70	Io(annis) Casæ Latina monimenta	Flor. 1564
71	Ant(onii) Aug(usti)ni De legib(us) et senatuscons(ultis) cum	
	Fuluii Vrsini notis	Rom. 1583
72	Petri Victorii Variarum lectionum 13 libri	Flor. 1568
73-74	Adriani Turnebi Aduers(aria)	Par. 1564
75	Petri Fabri[133] Semestrium liber p.ˢ	Lut. 1570

[128] Sic pour Mazzoni.

[129] L'ouvrage fut publié sous le titre : Flauii Vegetii Renati de re militari libri quatuor... ope ueterum librorum correcti a Godescalco Stewechio... Le National Union Catalog de même que le catalogue de la Bibliothèque nationale de France ne signalent que deux éditions, l'une publiée à Anvers en 1585, l'autre à Leyde (Lugdunum Batauorum) en 1592. L'abréviation est difficile à lire, peut-être pour correctore.

[130] L'ouvrage figure déjà dans la liste sous le n° 31.

[131] Ludouici DEMONTIOSII Gallus Romæ hospes, ubi multa antiquorum monumenta explicantur, pars pristinæ formæ restituuntur, opus in quinque partes diuisum, Romæ, apud I. Osmarinum 1585. Demontiosius désigne Louis de Montjosieu.

[132] Sic pour Blanci (Guillaume du Blanc).

[133] Petrus Faber désigne Pierre Du Faur de Saint-Jorry, cité dans le De arte gymnastica pour un autre ouvrage, son Agonisticon, siue de re athletica ludisque ueterum, Lugduni, apud F. Fabrum 1592.

76	Io(annis) Hartungi Locorum memorabilium decuriæ tres	Bas. 1565
77	Pauli Leopardi Miscellaneorum libri 20	Ant. 1568
78	I(usti) Lipsii Opera critica	Ant. 1585
	Variarum lectionum libri tres	Ant. 1583
78	Io(annis) Fr(ancisci) Pici Mirand(ulæ) De auro libri tres	Ven. 1586
79	Iusti Lipsii De constantia libri 2	Ant. 1584
	De amphiteatro liber	Ant. 1584
79	Lud(oui)ci Carionis Emendationum et obseru(atio)num liber 2ˢ	Lut. 1583
80	Iusti Lipsii Saturnalium serm(onum) libri 2	Ant. 1582
80	Laurentii Frizzolii Sacellum	Rom. 1582
80	Senecæ Liber de prouid(enti)a a Mureto emend(atu)s	Rom. 1575
81	Roberti Titii Locorum controuersorum libri 10	Flor. 1583
82	Ciceronis Morales definitiones Marcelli Squarcialupi	Claudiopoli [134] 1584
82	Simonis Simonii De Marc(ello) Squarcial(up)o triumphus	Claud. 1584
83	Theod(ori) Zuingeri Methodus apodemica [135]	Bas. 1577
84	Iason de Nores Instit(utio)ne della Republica	Ven. 1578
	Or(ati)one al P(adre) Sebast(ian)o Veniero	Pad. 1578
84	Pietro Sordi Discorso sopra le comete	Parm. 1578
84	Mons(igno)r di Cremona Ragion(amen)ti di congratul(atio)ne	Milano
85	Giuseppe de Rossi Discorso sopra gl'anni climaterici	Rom. 1585
85	Iason de Nores Discorso intorno alla poesia	Pad. 1580
86	Decamerone di Gio(uanni) Boccaccio corr(etto) da Leon(ardo) Saluiati	Fior. 1573

Hum. in-8°

1	Vrbani [136] Grammatica	Ven. 1553
2	Aldi Manutii Orthographia	Ven. 1566
3	Marci Verrii Flaci Quæ extant 6.ⁱ Pompei Festi de de *(sic)* uerb(orum) sign(ific)atione cum Iosephi Scaligeri castigationib(us)	... 1579
4	Sexti Pompei Festi De uerb(orum) sign(ific)at(ion)e fragmentum	Rom. 1581
5	Sexti Pomp. Festi De uerb(orum) sign(ific)atione fragm(entu)m	Flor. 1582
5	Ant(onii) Ricoboni Iudicium de consol(atione) Ciceronis	Vinc. 1584
6-7	Nonius Marcellus De propr(ietate) sermonis et Fulgentius Placiadas [137]	
	De prisco sermone	Par. 1583
8	Adriani Iunii Nomenclator	Ant. 1587
9	Homeri Ilias interprete Laur(enti)o Valla	Lugd. 1541
10	Odyssea Raphæle Regio Volat.ʳⁱᵒ [138] interpr.	Lugd. 1541
	Odyssea Simone Lemnio interp.	Bas. 1549
11	Ilias	
12	Poesis philosophica Emped(oclis), Parmen(idis), Xenophanis, Leantis, Timonis, Epicarmi [139]	Bas. 1573

[134] Cluj, anciennement Koloswar ou Klausenbourg.

[135] *Methodus apodemica in eorum gratiam qui cum fructu in quocumque tandem uitæ genere peregrinari cupiunt a Theodoro Zwingero.* L'édition que détient la bibliothèque nationale de France porte comme lieu et date d'impression « Argentinæ, per L. Zetznerum 1594 ». Le catalogue donne toutefois la précision suivante : « Le colophon porte pour adresse : Basileæ, ex officina Heruagiana, per E. Episcopium 1577 », ce qui semble indiquer que le présent ouvrage est une réimpression faite à Strasbourg.

[136] *Vrbanus* désigne Urbano Bolzanio, auteur d'un traité de grammaire, les *Institutiones græcæ grammaticæ,* publié pour la première fois à Venise en 1497 et réédité (parfois sous un titre un peu différent) à de nombreuses reprises au cours du XVIᵉ siècle.

[137] *Sic* pour *Fulgentius Planciades.*

[138] *Sic* pour *Volaterrano.*

[139] Ποιήσις φιλόσοφος, *Poesis Philosophica, uel saltem reliquiæ poesis Philosophicæ, Empedoclis, Xenophanis, Timonis, Parmenidis, Clean-*

12	Homeri et Esiodi Certamen Matronis et aliorum parodiæ	Lut. 1573
13	Hesiodi Ascræi Opera gr. lat.	Bas. ...
13	Obsidionis Madebrugi Hist(ori)ca descriptio per Seb(astianum) Bessalmeierum	Bas. 1552
13	Sibillina Oracula de gr. in lat.ᵐ Seb(astiano) Castell(ion)e interp.	Bas. 1546
13	Lylii Greg(orii) Gyraldi Enigmata et Pytagoræ simbola etc.	Bas. 1551
14	Theocriti Parua poemata	Ven. 1543
15	Oppiani De piscibus et de uenat(ion)e gr. lat.	Ven. 1517
15	Herculis Ciofani In Ouidii alieuticon scholia	Ven. 1580
16	Licophronis Calcidensis Cassandra interpr. Bern(ard)o Bertrando	Bas. 1558
17	Sophoclis Tragediæ Io(anne) Bap(tis)ta Gabia interpr.	Ven. 1543
17	Phalaridis Ep(is)t(o)læ Fr(ancisc)o Aret(in)o interprete	Lugd. 1550
18	Comment(ati)o explic(atio)num tragediarum Sophoclis per Ioach(imum) Camer(arium)	Bas. 1556
19	Euripidis Tragediæ interp. Dorotheo Camillo	Bas. ...
20	Rhesus et alia poemata	Bernæ 1550
21	Theognidis Megarensis S(ente)ntiæ et aliorum poetarum opera sententiosa per Iac(obum) Artellium [140]	Bas. 1569
21	Philonis Iudei De uita Mosis Adr(iano) Turnebo interp.	Par. 1554
21	Iac(obi) Asaa [141] De nauigat(ation)e libri tres	Par. 1549
22	Carmina 9 illustrium feminarum et lyricorum etc.	Ant. 1568
22	Sententiæ et regulæ Greg. Nazianzæ per Io(annem) Sambucum	Ant. 1568
23	Epigram(mata) græca interp. H(enrico) Stephan(o)	Par. 1570
23	Persii, Iuuenalis, Sulpitii Satiræ	Lut. 1585
24-25	Iuonis Villiomari [142] In locos controu(ersos) Rob(erti) Titii	Lut. 1586
	Virgilii Maronis Poemata per Nic(olaum) Eritreum cum indice	Ven. 1555
26	Virgilius Fuluii Vrsini opera illustr(atu)s	Ant. 1568
27	Virg(ilii) Maronis Appendix cum comm. Ios(ephi) Scalig(eri)	Lugd. 1573
28	Horatii Poemata H(enrici) Steph(ani)	... ...
29	Horatius cum indice Treteri	Ant. 1576
30	And. [143] Turnebi Comm. in p.ᵐ l. carm(inum) Hor(atii) cum notis Anto(nii) Mureti et Aldi Man(utii)	Par. 1586
31	Terentii Comediæ a Gabr(iele) Færno emend(atæ)	Flor. 1565
32	Lucretii De natura libri 6 ab Vberto Gifanio rest(ituti)	Ant. 1566
33	Fragm(ent)a Veterum poetarum latin(orum) per Rob(ertum) et H(enricum) Steph(anum)	Lut. 1564
34	Catullus, Tibullus, Propertius et Gallus	Lugd. 1542
35	Catulli, Tibulli, Propertii et Galli Opera per Horat(iu)m Tuscanellam	Bas. ...
36	per Iosephum Scaligerum	Lut. 1577
37	Marci Manilii Astronomicon libri 5 cum Ios(ephi) Scal(igeri) com.	Lut. 1579
38	Ouidii Metamorphosis cum comm. et indice	Ven. 1533
39	Amatoria	Par. 1529
40	Lucanus	Lugd. 1542
41	Hortographia dict(ionum) græc. Statii	Ven. 15...
41	Statii Siluarum Libri 5, Thebaidos libri 12, Achilleidos libri 2	Ven. 1502

this, *Epicharmi*. Le *National Union Catalog* de même que le catalogue de la Bibliothèque nationale de France ne signalent à cette date qu'une édition parue à Genève.

[140] *Sic* pour *Hertelium*.

[141] Ou encore A Saa, latinisation de Diogo de Sá.

[142] Yvo Villiomarus est le pseudonyme de Joseph-Juste Scaliger.

[143] *Sic* pour Adriani. La faute se retrouve dans la même section mais corrigée au n° 132.

42	Valerii Flacci Argonautica, Io(annis) Bap(tis)tæ Pii Carmen,	
	Horphei Argonautica	Ven. 1523
42	Claudiani Opera	Ven. ...
43	Iuuenalis et Persii Satiræ	Lugd. 1545
44	Petronii Arbitri Satiricon	Lut. 1577
44	Fausti Andrellini Distica cum Io(ann)is Marini enarr(ationibus) [144]	Lugd. 1545
45	Martialis cum indice	Lugd. 1535
46	Ausonius	Ven. 1517 [145]
47	Aurelius Prudentius Clemens cum schol(iis) Gisellini et Pulmanni	Ant. 1564
48	Carmina 5 ill(ustrium) poetarum [146]	Ven. 1540
48	Euripidis Ecuba et Iphig(eni)a Erasmo interp.	Par. 1544
49	Sanazari De virgi(nis) partu libri 3 cum com. Lazari Cardoni	Ven. 1584
49	Ciceronis consolatio cum iudiciis Riccob(on)i et Sigonii	Bon. 1583
50	Vida Ctemonensis [147] poemata	Cremonæ 1550
51	And(reæ) Alciati Emblem(at)a cum comm. Claudii Minoes	Ant. 1577
52	Iani Pelusii Crotoniatæ or(ati)o in funere Fabii Farnesii et	
	alia opuscula	Parmæ 1579
53-54	Theod(ori) Zuingeri morum Phi(losophi)æ [148] Poetica	Bas. 1575
55	Greg(orii) Giraldi Hist.ᵉ poet(arum) græc. et lat. dialogi 10	Bas. 1545
56	Isocratis Or(ati)ones et ep(is)t(ol)æ gr.	Ven. 1542
57	Themistii or(ati)ones 14	Lut. 1562
57	Volusii Metiani distrib(uti)o, uocab(ula) etc. [149]	... 1531
57	Laur(entii) Gambaræ nautica	Romæ 1566
58	Iuliani imp(erato)ris De Cesarib(us) sermo interp. Cantoclaro gr. lat.	Par. 1577
	Misopogon et Ep(is)t(ol)æ interp. Petro Martinio	Par. 1566
58	D(iui) Ignatii Ep(is)t(ol)æ interp. Hier(ony)mo Vairlenio cum	
	eiusd(em) scol(iis)	Ant. 1566
59	Dionis(ii) Halicarnesei resp(onsi)o ad Gn(æi) Pompei Ep(is)t(ol)am etc.	Lut. 1554
59	Porphirii homeriscarum [150] q(uæsti)onum liber et opusculum de	
	Nimpharum antro	Ven. 1521
59	Pselli in arithmeticam, musicam, geom(etricam) et astron(omiam)	Ven. 1532
60	Aphtonius, Germogenes et Dionisuis Longiaris [151] Rhet(ore)s	Geneuæ 1569
60	Ciceronis Ep(is)t(ol)æ ad Acticum, ad Brutum et ad Q(uintum)	
	fr(atrum) ex P(etro) Vict(ori)o	Flor. 1571
61	Ad Acticum Simeonis Bosii op(er)a cum animadu(ersio)nes	Ratiasti Lemou.
		1580 [152]

[144] Le nom de l'interprète est sensiblement différent dans l'édition (datée de 1549) que possède la bibliothèque nationale de France : *Disticha Publii Fausti Andrelini... cum Ioannis Mauri Constantiani enarrationibus* (souligné par nous).

[145] Le dernier chiffre est difficilement lisible. Il s'agit sans doute de l'édition Alde de 1517.

[146] Il s'agit selon toute probabilité de *Carmina quinque illustrium poetarum* [*Petri Bembi, Andreæ Nauageri, Balthassaris Castilioni, Ioannis Cottæ, M. Antonii Flaminii*]. Toutefois on ne trouve pas trace dans *Le edizione italiane del XVI secolo, Censimento nazionale* : Istituto centrale per il catalogo unico, Roma 1985, d'une édition à Venise en 1540, mais seulement en 1548.

[147] *Sic* pour *Cremonensis*.

[148] On lit bien *Phi(losophi)æ*, alors que le titre porte simplement *Philosophia*.

[149] *Metiasnus* pour *Mæcianus*. Le titre complet est le suivant : *Distributio, item uocabula ac notæ partium in rebus pecuniariis, pondere, numero, mensura*, s.l. 1531.

[150] *Sic* pour *homericarum*.

[151] *Sic* respectivement pour *Hermogenes* et *Dionysius Longinus*.

[152] *Ratiasti Lemouicum* désigne *Limoges*. *Simeon Bosius* est la latinisation de Siméon Dubois.

62	Cum comm. P(auli) Man(utii)	Ven. 1572
63	Ciceronianum lexicon gr. lat. H(enrici) St(ephani)	Lut. 1557
64	Fuluii Vrsini Notæ in omnia opera Ciceronis	Ant. 1581
64	Io(ann)is Casæ Galateus interp. Matani Chitreo et De officiis inter potent(iores) et tenuiores amicos libellus [153]	Francf. 1580
64	Corippi Aphricani De laudib(us) Iustini Augusti minoris libri 4r cum schol(iis) Michælis Ruizii	Ant. 1581
64	And. [154] Turnebi Poem(ata)	Par. 1580
65	Panegyrici diuersorum per Paulum Nanium [155] recogn(iti)	Ven. 1576
66	Mureti Or(ati)ones et interp(retati)o 5 libri ethic(orum) Ar.^{is}	Ven. 1576
	Himnorum sacrorum liber et alia poemata	Ven. 1575
67	Petri Bembi Cardin(alis) Ep(is)t(ol)arum famil(iarium) libri 6	Ven. 1555
	libri 16	Ven. 1552
68	P(auli) Manutii Ep(is)t(ol)arum libri 8	Ven. 1569
69	Ep(is)t(ol)æ clarorum uirorum per Io(annem) Michælem Brutum	Lugd. 1561
70	Berosii sacerdotis Antiq(uitatum) Italiæ et totius orbis libri 5 cum comm. Io(ann)is Annii [156]	Ant. 1552
71	Martini Poloni [157] Chronicon expeditiss(imu)m opera Suffridi Petri	Ant. 1574
72	Iustini Hist. libri 44 cum Sexto Aurelio	Lugd. 1543
73	Valerius Max(imu)s cum notis Iusti Lipsii	Ant. 1585
74	Vellei Paterculi Hist. Romanorum cum A(ldi) Man(utii) schol(iis)	Ven. 1571
74	Fenestellæ De Mag(ist)ratib(us) et sacerdotib(us) Roman(orum) [158]	Ven. 1535
75	Pauli Horosii Aduersus paganos hist. lib. 7 opera Fr(ancisci) Fabritii	Col. 1574
76	Salustius De bello Iugurtino	Lugd. 1540
77	Coniuratio Catilinæ et bellum Iugurtinum cum schol(iis) A(ldi) Man(utii)	Ven. 1567
78	Aldi Manutii Schol(ia) in Iulium Cesarem	Ven. 1571
79	Dionis Nicei Rerum Roman(arum) epitomæ Io(ann)e Xiphil(in)o autore et Gulielmo Planco [159] interp.	Lugd. 1559
80	Dionis Cassii Nicei Rom(ana) hist. interp. Gul(ielmo) Xilandro	Lugd. 1559
81	Cornelii Taciti Historiæ Iusti Lipsii studio emend(atæ)	Ant. 1574
82	Iusti Lipsii Ad Ann(ales) Corn(elii) Taciti notæ	Ant. 1581
83	Pauli Man(utii) De quesitis per ep(is)t(ol)am libri 3	Ven. 1576
83	Carmina academicorum occultorum	Brixiæ 1570
83	Suetonii Tranquilli Cæsares Theod(ori) Pulmani op(er)a emend(ati) etc.	Par. 1570
84	Plinii 2.^{di} De uiris illustrib(us) liber, Sueton(ii) Tranq(ui)lli De claris grammaticis et rhetoricis, Iulii Obseq(uen)tis Prodigiorum liber etc.	Par. 1537 [160]

[153] Io. CASÆ *Galateus... seu de morum honestate et elegantia liber, ex italico latinus, interprete Nathane Chytræo. Eiusdem Casæ libellus de officiis inter potentiores et tenuiores amicos*, Francofurti, apud A. Wechelum 1580.

[154] *Sic* pour *Adriani.*

[155] *Sic* pour *Nauium.*

[156] On aura reconnu ici l'ouvrage dû au célèbre faussaire Annio de Viterbe.

[157] Ce nom désigne Martin de Troppau, dit le Polonais.

[158] Nous n'avons pas trouvé trace de cette édition. L'édition de Venise est datée de 1539. Quant à l'édition de 1535 possédée par la Bibliothèque nationale de France (L. FENESTELLÆ *de magistratibus sacerdotiisque Romanorum libellus...*), elle porte Paris et non Venise comme lieu de publication. De son côté, le *National Union Catalog* signale la même édition à Venise en 1539 et une édition à Bâle en 1535. *Lucius Fenestella* désigne Andrea Domenico Fiocchi.

[159] *Sic* pour *Blanco.*

[160] Cette édition ne figure pas dans la liste des quatorze éditions, donnée par J. CÉARD, qui ont précédé l'édition de LYCOSTHENES (1552) : voir *La Nature et les Prodiges, l'insolite au XVIe siècle* : Titre courant, Genève 1996, 506.

85	Q(uinti) Curtii De reb(us) gestis Alex(andri) Magni hist.	Lugd. 1545
86	Diog(enis) Lærtii De uitis et apophtegmatis ph(ilosoph)orum cum annot. H(enrici) St(ephani)	Par. 1570
87	Eunapius De uitis ph(ilosoph)orum gr. et lat. interp. And. [161] Iunio Hor(na)no	Ant. 1568
87	Sexti Phi(losophi)æ [162] hipothiposes interp. H(enrico) St(ephano)	Par. 1562
88	Philostrati Lemnii Hist. de uita Apollonii	Col. 1532
88	Platonis Dialogi Iano Corn(ari)o interpr.	Bas. 1549
89	Antonini liberalis Transform(atio)num congeries Phlegetontis [163] Tralliani de mirabilib(us) et Olympii Apollonii hist.ª mirabil(e)s, Antigoni Mirabilium narrat(ionu)m congeries interpr. Xilandro	Bas. 1568
90	P(auli) Iouii Elogia doctorum uirorum	Ant. 1557
	Insignium uirorum icones	Lugd. 1559
91	Io(ann)is Petri Maffei De uita et moribus Ignatii	Ven. 1585
91	Philippi Mornei Vitæ consid(erati)o interp. Arnoldo Freitagio	Francf. 1585
92	Petri Ribadeneira Vita Ignatii	Neap. 1572
93	Rerum a soc(ietate) Iesu in Oriente gestarum uolumen	Col. 1574
93	Peplus Italiæ Io(ann)is Marci Toscani	Lut. 1578
94	Iacobi Midendorpii Academicarum libri 3	Col. 1583
95-96	Artis hist(ori)cæ penus cum Io(ann)e Bodino	Bas. 1579
97	Apollodori Bibliotheces libri 3 interp. Bened(ict)o Hegio	Ant. ...
97	Alex(and)ri Sardi De morib(us) gentium	Maguntiæ 1577 [164]
97	Alex(and)ri Ferrarii De rerum inuentorib(us) lib. 2	Maguntiæ 1577
98	Æsopi Fab(ulæ) gr. lat.	Bas. 1541
99-111	Plutarchi Cheronei Op(er)a o(mn)ia cum lat.ª interp., Æmilii Probi De uita imp(erato)rum liber	Par. 1572
112-3	Æliani De uaria hist.ª libri 14 interp. Iac(ob)o Laureo	Ven. 1550
113	Michælis Ephesii Scholia in Ar.ᵐ	Bas. ...
113	Petri Rami Prælect.ᵉˢ in somnium Scipionis	Parmæ 1546 [165]
114-7	Luciani Opera gr. lat. cum ann. Gilberti Cognati et Io(annis) Sambuci	Bas. 1563
118-20	Apulei Opera o(mn)ia cum Philippi Beroaldi comm.	Bas. ...
121-3	Ius ciuile auctore Rusardo	Ant. 1567
124	Codex Iust(inia)ni auctore Russardo	Ant. 1567
125	Iust(inia)ni Nouellæ const(itutio)nes Franc(isc)o Duareno collectore	Ant. 1567
126	Athæneus interpr. Natali de Comitib(us)	Lugd. 1556
127	Iulii Solini Polystoria Mart(in)o Ant(onio) Delrio emend(ata)	Ant. 1572
128	Censorini De die natali liber cum notis A(ldi) Man(utii)	Ven. 1581
128	Honoscandri Platonici De opt(im)o imp(erato)re, Raph(ælis) Volat(era)ni De principis ducisque off(ici)o et ueteri militia, Agapeti Diac(on)i De off(ici)o regis, Plutarchi De doctr(in)a princip(u)m Erasmo Interpr.	Bas. 1541
128	Fr(ancis)ci Hotomani De legib(us) populi Rom(ani)	Bas. 1557
129	Ferdin. [166] Pinciani Obseru(ation)es in Plinium	Ant. 1547

[161] *Sic* pour *Adriano. Junius* était natif de la ville de Horn.

[162] Nous lisons *Phi(losophi)æ*. Le titre, lui, porte *Philosophi*.

[163] *Sic* pour *Phlegontis*.

[164] *Sic* pour *Moguntiæ*. Ce titre et le suivant ont été publiés ensemble, avec une page de titre particulière pour la seconde partie.

[165] La bibliographie de Ramus, dressée par ONG (*Ramus and Talon Inventory, op. cit.*), ignore cette édition et ne mentionne à cette date qu'une édition parisienne : *Scipionis somnium, ex sexto M.T. Ciceronis De Republica libro, Petri Rami Veromandui prælectionibus explicatum : ad Carolum Lotharingum Rhemorum Archiepiscopum*, Parisiis, Iacobus Bogardus 1546.

[166] La page de titre porte *Fredenandi* [sic]

130	Fl(auii) Vegetii (de re militari), Sexti Iulii Frontini De stratagem(atibus),	
	Æliani De instruendis aciebus, Modesti De uocab(ulis) rei milit(aris)	Col. 1532
131	M(arci) Catonis et Varronis De re rustica per P(etrum) Vict(oriu)m	Lugd. 1549
131	Columellæ De re rustica libri 12	Lugd. 1548
131	Georgii Alex(andri)ni [167] Enarr(atio)nes uocum de re rustica,	
	Phil(ippi) Beroaldi In Columellam annot(ationes),	
	Aldus De dierum generibus etc.	Lugd. 1549
131	Palladii Rutilii De re rustica libri 14	Lugd. 1549
131	P(etri) Victorii Explic(ation)es suarum in Catonem, Varr(onem) et	
	Colum(ellam) castig(ationu)m	Lugd. 42
132	Terentii Varronis Op(er)a in lib. de lingua lat.ᵃ cum notis Ios(ephi)	
	Scalig(eri) et Adr(iani) Turnebi comm. et annot(ationi)bus	
	Ant(onii) Aug(usti)ni	Par. 1573
132	Theodori Zuingeri Methodus rustica Catonis et Var(ronis)	Bas. ...
133	Alex(andri)ni Brassicani Geoponica de re rust(i)ca selectorum lib. 20.	
	Item Ar.ⁱˢ de plantis libri 2 gr.	Bas. ...
134	Sermo de corrigendis et formandis studiis, de miseriis pedagogorum	
	Phil(ipp)i Melancthonis	Par. 1537
134	Const(anti)ni Cesaris Selectarum preceptionum de agricul(tur)a	
	lib. 20 Iano Corn(ario) interp.	Lugd. 1541
135	Conradi Heresbachii Libri 4.ʳ rei rusticæ	Col. 1573
136	Hippochomicus Xenophontis liber de re equestri etc.	Lipsig. 1556
136	Prisciani Cesariensis, Remnii Fammii [168], Bedæ Angli et Volusii Metiani	
	Libri de nummis et ponderib(us) etc.	Par. 1565
136	Aldi Man(utii) De quesitis per ep(is)t(ol)am lib. 1	Ven. ...
137	Iani Cornarii De conuiuiorum ritib(us) etc. Item Platonis Simposion	
	et Xenophontis [169]	Bas. 1548
137	Iason de Nores Del mondo et sue parti	Ven. 1571
138	Roberti Senalis De uera mensurarum et ponderum r(ati)one	Par. 1535
139	Theodori Gazæ Liber de r(ati)one mensium gr.	Par. 1530
139	Lilii Greg(orii) Gyraldi De annis et mensib. et kal(endari)o	Bas. 1541
139	Adr(iani) Iunii De anno et mensib(us) comm. et kal(endariu)m	Bas. 1553
140	Io(annis) Genesii Sepuluedæ De correct(io)ne anni et mensium	
	Rom(anorum)	Ven. 1546
140	Gasparis Contareni P.ᶻ phi(losoph)iæ compendium	Par. 1556
140	Vdenis medici [170] De Galeni librorum edit(ione) iudicium	... 1565
141	Io(annis) Lalamantii Exterarum gentium anni r(ati)o et cum	
	Rom(an)o coll(ati)o	... 71
142	Lilii Greg(orii) Gyraldi De re nautica libellus	Bas. 1540
143	Dialogismi suarum quarundam annot(ation)um	
	Item Laur(enti)i Frizzolii Dialogismus	Ven. 1553
143	Ant(onii) Persii Disput(ation)es	Flor. 1576
	Tratt(att)o dell'ingegno dell'huomo	Ven. 1576
144	Fr(ancis)ci Poleti Hist(ori)a fori Rom(ani) per Phili(ppum) Broideum	Duaci 1576
144	Honuphrii Panuini Rei p(ublicæ) Rom(anæ) comm.	Ven. 1558

pour *Fernandi.*

[167] Pseudonyme de Giorgio Merula.

[168] *Sic* pour *Rhemnii Fannii.*

[169] Voici le titre complet de l'ouvrage : *Iani Cornarii medici physici Zuiccauiensis, De Conuiuiorum ueterum Græcorum et hoc tem-* *pore Germanorum ritibus, moribus ac sermonibus; item de Amoris præstantia et de Platonis ac Xenophontis dissensione libellus.*

[170] *Vden medicus* désigne Giambattista Rasario.

	Imperium Romanum	Ven. 1558
145	Polydori Virgilii De rerum inuentorib(us) libri 8	Lugd. 1546
146-8	Io(annis) Rauisii Textoris Officinæ epitome	Lugd. 1541
	Apophtegmatum opus	Lugd. 1544
149	Conradi Lycostenis Simil(ium) loci co(mmun)es cum Theod(ori) Zuingeri similitudinum methodo	Bas. 1575
150	Auli Gellii Noctes Atticæ H(enrici) Stepha(ni)	Par. 1585
151	Macrobius In somnium Scip(ion)is et Saturnalia	Lugd. 1538
152-3	Angeli Politiani Opera	Lugd. 1546
154	Petri Criniti De honesta disciplina, de poetis latinis et poematibus	Lugd. 1543
154	Celii Apicii De re culinaria libri 10	Lugd. 1541
154	Platina De tuenda ual(etudi)ne	Lugd. 1541
155	Iani Parasii Liber de reb(us) per ep(is)t(ol)am quesitis et Fr(ancisci) Campani Q(uæsti)o uirgiliana	Par. 1567
156	Adr(iani) Iunii Thesaurus	Bas. 1556
157	Io(annis) Brodei Miscellani libri 6	Bas. ...
157	Stanislai Grepsi De multiplici ciclo[171] et mensuris hebraicis	Ant. 1568
158	Mureti Variæ[172] lect(ion)es	Ant. 1580
158	Ian(i) Melleri Palmerii Spicilegiorum comm. 1	Francf. 1580
159	Hier(onymi) Merc(uria)lis Variæ lect(ion)es	Bas. 1576
159	Adolphi Mecherchi De pronunt(iation)e linguæ gr.	Ant. 1576
160	Gul(ielmi) Canteri Nouarum lect(ionum) libri 4	Bas. 1564
160	Orus Apollo Niliacus De hierogliphicis notis	Lugd. 1542
160	Plutarchi Cheron(ei) De Iside et Osiride et Or(ati)ones de esu carnium interp. Suffrido Petro	Lon. 1564
161	Petri Pitei Aduersariorum libri 2	Bas. 1574
161	Ant(onii) Riccoboni Or(ati)ones 10	Pat. 1573
162	Theodori Canteri Variarum lect(ionum) libri 2	Ant. 1574
162	H(enrici) Steph(an)i De abusu linguæ gr.	Pat. 1573
163	Hier(ony)mi Magii Variarum lectionum libri 4	Ven. 1564
164	Iac(obi) Cuiatii Obseru(ationum) libri 14	Col. 1574
165	Aldi Man(utii) De ques(itis) per ep(is)t(ol)am libri 3	Ven. 1576
165	Lud(oui)ci Carionis Antiq(uarum) dict.[173] comm.	Ant. 1576
166	Iusti Lipsii Electorum liber unus	Ant. 1580
166	Mureti Ep(is)t(ola)e	Par. 1580
167	Iusti Lipsii Ep(is)t(ol)arum cent(uri)a p.ᵃ[174]	Ant. 1566
167	Mercurii Moschemii Explica(ti)o q(uæsti)onis de iud(ic)iis astrol(ogicis) etc.	Bas. ...
168	Iani Gulielmi Plautinarum q(uæsti)onum comm.	Lut. 1583
169	Lucæ Fruterii Librorum reliquiæ	Ant. 1584
169	Iulii Seueriani Simpt(oma)ta rhetorices	Ant. 1584
169	Dialogismus de consol(atio)ne inter Sigonium et Reicob(onu)m	Ven. 1584
169	L(ette)re delle cose del Giappone[175]	Bressa 1584
170	Fr(ancisci) Modii Novantiquæ lectiones	Francf. 1584

[171] *Sic* pour *siclo.*

[172] *Sic* pour *uariæ.*

[173] *Sic* pour *lectionum*? Le titre de l'ouvrage est en effet le suivant : *Antiquarum lectionum commentarii III, in quibus uaria scriptorum ueterum loca supplentur, corriguntur et illustrantur,* Antuerpiæ, apud C. Plantinum 1576.

[174] Ce titre (Iusti LIPSII *Epistolarum selectarum centuria prima, Antuerpiæ,* apud C. Plantinum) figure au *National Union Catalog,* mais avec la date de 1581 et au catalogue de la Bibliothèque nationale de France avec la date de 1586.

[175] *Alcune lettere delle cose del Giappone scritte da' Reverendi padri della compagnia di Jesu dell'anno 1579, insino al 1581.* Mais l'ouvrage porte comme lieu et date d'édition Roma (appresso F. Zanetti) 1584.

171	H(enrici) Ste(phani) Schedeasmaton [176] uariorum libri 3	Par. 1578
171	Cornelii Gemmæ De prodigiosa sp(eci)e cometæ	Ant. 1578
172	H(enrici) St(ephani) Proodopeia [177] ad Senecæ lect(ione)m et Ep(is)t(ol)æ	Par. 1586
172	Io(annis) Fungeri Noua prouerb(iorum) farago	Lugd. [178] 1585
173	Baltassaris Castellionis Libri 4r [179]	Londini 1571

Hum. in-16°

1	Senecæ Tragediæ	Lugd. 1548
2	Ciceronis Consolatio	Ven. 1583
3	Io(annis) Bohemi Ahobani [180] Gentium mores	Ant. 1571
4	Leonis Imp(erato)ris De bellico apparatu liber interpr. Io(ann)e Checo	Bas. 1554

Theol. in-fol.

1	Biblia	Ven. 1572
2	Eccl(esiast)icæ hist.ᵃ scriptores Græci interpr. Io(anne) Christoforsono	Col. 1570
3	Nicephori Calisti Eccl(esiast)icæ hist.ᵃ libri 18 cum lucubr(ationibus) Io(annis) Langi	Bas. 1561
4	Philonis Iudei In libr. Mosis gr.	Par. 1552
5	Origenis Adamantii Opera	... 1574
5 b	Clementis Alex(andri)ni O(pe)ra gr.	Flor. 1550
5 b	Iustinus Martyr gr.	Lut. 1551
5 c	Clem(entis) Alex(andri)ni O(mn)ia op(e)ra lat. interp. Gentiano Herueto	Flor. 1551
6	Gregorii Nazareni Opera o(mn)ia interpr. Iac(ob)o Bilio	Ant. 1570
7	Basilii Opera o(mn)ia	Par. 1566
8	Iustini Ph(ilosoph)i et Martyris O(mn)ia Ioach(imo) Perion(io) interpr.	Par. 1554
9	Eusebii Pamphilii Euang(elicæ) prepar(ationis) libri 15 gr.	Lut. 1544
10	Greg(orii) Nysseni Opera interp. Laur(enti)o Sifano et Leuenclauio	Bas. 1571
11	Epiphanii Opera	Bas. 1543
12	Io(annis) Damasceni Op(er)a interp. Iac(ob)o Bilio	Par. 1577
13	Isidori Pelusiotæ Ep(isto)læ græcæ lat. [181] per Iac(obu)m Bilium	Par. 1585
13	Iac(obi) Bilii Sacrarum obseru(ationum) libri duo	Par. 1585
14	Tertulliani et Arnobii Opera per Renatum Laur(entiu)m	Par. 1580
17 [182]	Arnobii Disprit. [183] libri 8	Romæ 1542
15-16	Tertulliani Opera o(mn)ia cum annot. Pammelii	Par. 1583
17	Ægesippi Hist.ᵃ	... 1524
18	Aug(usti)ni Operum epitome per Io(annem) Piscatorium	Aug. Vind. 1537
19	Irenæi Aduersus Hæreses libri 5	Par. 1576
20	Hilarii Opera o(mn)ia	Par. 1572
21	Cecilii Cypriani Opera	Ant. 1568
22	Isidori Hispalensis Opera	Par. 1580
23	Martirologium Romanum a Cesare Baronio	Romæ 1586

[176] *Sic* pour *Schediasmatum.*
[177] *Sic* pour *proodopoeia.* Le lieu d'édition indiqué par le catalogue de la Bibliothèque nationale de France est Genève, et non Paris.
[178] *Lugd.* désigne *Lugdunum Batauorum.*
[179] Voici le titre de l'édition de Londres, absente de la Bibliothèque nationale de France : *Balthasaris Castilionis comitis de Curiali, siue Aulico, libri quatuor, ex italico sermone in latinum conuersi, Bartholomæo Clerke... inter-*

prete, Londini 1571.
[180] Dans de nombreuses éditions précédentes, le nom de l'auteur est associé à l'expression *Aubanus Teutonicus.*
[181] Le titre complet de l'ouvrage est le suivant : *Epistolæ græcæ... quibus e regione accessit latina... Iacobi Bilii... interpretatio,* Parisiis, apud G. Chaudière 1585.
[182] *Sic.*
[183] *Sic* pour *disputationum.*

24-26	Aloysii Lippomani Vitæ sanctorum	Ven. 1581
27	Iacobi Parez de Valentia Exp(ositi)ones in Psalmos Dauid(icos) etc.	Par. ...
28	Corn(elii) Iansenii Paraphrasis in Psalmos Dauid et alia	Lugd. 1578
29	Concordia Euang(eli)ca	Louanii 1576
30	Thomæ Aquin(atis) In ep(isto)las Pauli et in Apocal(ipsim) comm.	Ven. 1562
31	Claudii Guilliaudi Comm. in Euang(elium) Matthei	Par. 1562
32	Alfonsi a Castro Aduersus hæreses	Ant. 1565
33	Canisii Cathechismus	Col. 1573
34	De beata Virgine	Ingolst. 1577
35	Nic(olai) Sanderi De uisibili monarchia Eccl(es)iæ	Ant. 1577
36	Thomæ Stapletoni Princ(ipi)a fidei	Par. 1578
37-38	Roberti Bellarmini Disput(ation)es	Ingolst. 1586
39	Claudii Sainctes De reb(us) Eucharistiæ repetit(ion)es	Par. 1578
40	Iacobi Noguera De Eccl(esi)a Christi	Bibrigæ [184] 1560
41	Ant(onii) Posseuini Notæ Diuini Verbi et alia	Posnaniæ 1580
42	Alberti Pii Opera o(mn)ia	Ven. 1531
42	Erasmi Roterod(ami) Apologia aduersus rapsoidas Alb(erti) Pii [185]	Ven. 1532
43	Raphælis Volat(errani) De instit(ution)e Chris(tian)a et de p.ª ph(ilosoph)ia	... ...
40 [186]	Aug(usti)ni Steuchi De perenni ph(ilosop)ia libri 10	Lugd. 1540
45-48	Vincentii Speculum doctrinale, na(tura)le, historiale et morale	Ven. 1493
49	Thomæ Aquin(atis) Summa contra Gentiles	Par. 1552
50-53	Summa sacræ Theologiæ	Ant. 1526
54	Q(uæsti)ones disputatæ	Lugd. 1568
55	Durandi a S(ancto) Porciano In Mag(ist)r(u)m s(ente)ntiarum [187]	Par. 1550
56	Missale Romanum	Ven. 1583

Theol. in 4°

1	Concordantiæ bibliorum utriusque testamenti	Ant. 1567
2-6	Io(annis) Chrysostomi Opera Gentiano Herueto interp.	Ven. 1574
7a	Io(annis) Damasceni Opera gr. lat.	... ...
7b	Martyrologium Romanum Gregorii XIII	Ven. 1583
8-16	Aug(usti)ni Opera omnia XI uol(uminibus)	Ven. 1584
17-18	Veterum aliquot theologorum scripta	Par. 1586
19-19	Platonis Ep(is)t(ol)æ gr. lat. a Io(anne) Iac(ob)o Beurero illustr(atæ)	Bas. 1586
19	Precetti e sentenze di Franc(esc)o Guicciardini	Anuersa 1585
20-21	Bernardi Opera	Ven. 1575
22	Io(annis) Cassiani heremitæ Opera	Romæ 1580
23	Bedæ Liber scintillarum	Romæ 1560
24	Caroli Sigonii De repub(lica) Hæbreorum	Bon. 1582
24	Bart(holoma)ei Valuerdi et Gandiæ Villeri Ignis purgatorius	Pat. 1581
25-26	Bibliotecha S(anc)ta Sixti Senensis	Ven. 1575
27	Hier(onym)i Wielmi De sex dieb(us) conditi orbis	Ven. 1575
	De doctrina Thomæ Aquin(atis)	Ibidem.

[184] *Sic* pour *Dilingæ.*

[185] Il s'agit sans doute de la réédition (inconnue du *National Union Catalog*) d'un ouvrage paru l'année précédente sous le titre : Des. ERASMI... *Apologia aduersus rhapsodias calumniosarum querimoniarum Alberti Pii, quondam Carporum principis,* Basileæ, in officina Frobeniana [1531].

[186] *Sic.*

[187] D. DURANDI a Sancto Portiano *super sententias theologicas Petri Lombardi commentariorum libri quatuor, per Nicolaum a Martimbos... recogniti,* Parisiis, apud I. de Roigny, 1550. *Durandus a Sancto Portiano* désigne l'évêque Durand de Saint-Pourçain.

28	Elucidatio in o(mn)es Psalmos per Fr(anciscu)m Titelmanum	Ven. 1572
29	Thomæ Aquin(atis) Cathena aurea	Ven. 1567
30	Alani Capi Sintaxis hist.ᶻ euang(eli)cæ	Lou. 1572
31	Canisii De corruptelis uerbi Dei	Bilingæ [188] 1571
32	Gabr(ielis) Prateoli De uitis et sectis heret(icorum)	Col. 1581
33	Aug(usti)ni Valerii De rhetorica ecc(lesias)tica	Ven. 1574
33	Francisci Georgii Problemata in Sacram Scripturam	Par. 1574
34	Gulielmi Durandi R(ati)onale Diuin(orum) officiorum	Ven. 1568
35-36	Siluestri Prieratis Summa summarum	Ant. 1569
37	Luigi di Granata Introd(uttio)ne alla fede	Ven. 1585
38	Breuiarium Rom(anum) ex conc(ili)o Trid(enti)no	Ven. 1578

Theol. in-8°

1	Biblia Romæ reuisa	Ven. 1571
2	Nouum Testamentum	Ven. 1572
3	Euangelia gr. et Ep(is)t(ol)æ	Ant. 1564
3	Mosis Barcephæ Syri Comm. de paradiso	Ant. 1569
4	Laur(entio) a Villauinc(enti)o Tabulæ in Euang(elia) et Ep(is)t(ol)as	Ven. 1565
5	Dion(isii) Æropagitæ Opera gr.	Par. 1562
6	Georgii Pachimeri Paraphrasis Dion(isii) Areop(agitæ) gr.	Par. 1561
7	Dion(isii) Areopag(itæ) De mistica theol(ogi)a et diuinis no(min)ib(us) Ficino interp.	Ven. 1538
8	Philonis Iudei Lucubr(ation)es o(mn)es interp. Sigism(undo) Gal(enio) [189]	Lugd. 1555
9	Aristeæ Ptolomei Philadelphi Hist.ᵃ per Iac(obu)m Midendorpium	Col. 1578
10	Athenagoræ Atheniensis Apologia pro Christ(ianis) gr. et lat.	Lut. 1558
10	Appiani Alex(andri)ni Xtesias gr. cum Henr(ici) Steph(ani) castig(ationibus) [190]	Par. 1557
	Hispanica et Anniballica	Lut. 1560
11	Greg(orii) Nysseni De ho(min)is opificio	Bas. 1567
12	Eutimii Zigabonii Comm. in Euang(eli)a et alia	Par. 1547
13	Theophylacti Comm. in Euang(elia)	Par. 1543
14	Io(annis) Chrysostomi Homiliæ duæ in Ep(istol)am ad Philippenses Eras(mo) interp.	Bas. 1526
	De orando Deum Erasmo Interp.	Bas. 1525
15	Olympiodori Scholia in Ecclesiasten, D(iui) Greg(orii) In eundem metap(hra)sis etc.	Bas. 1536
15	Artemidori De somniorum interpr(etatione)	Lugd. 1546
16	Io(annis) Damasceni Dialogus contra Manicheos	Pat. 1572
16	Michælis Dialogus de energia demonum int(er)pr. P(etro) Morello	Par. 1577
17	Arnobii Disputat(ation)es aduersus gentes	Romæ 1581
17	Io(ann)is Cyparisioti Exp(ositi)o materialis de Deo	Romæ 1581
18	Lactantii Firmiani Instit(ution)es cum notis Michælis Thomasii	Ant. 1570
19	Aug(usti)ni de Ciuitate Dei cum comm. Lud(oui)ci Viuis	Lugd. 1560
20	Libri ultimi	Ibid.
21-24	Hieronymi Opera	Rom. 1566
25	Ambrosii Comm. in Ep(is)t(ol)as Pauli ex restit(utio)ne Erasmi	Col. 1532
26	Saluiani Massiliensis De gubernat(ion)e Dei et alia	Par. 1580

[188] *Sic* pour *Dilingæ.*
[189] *Sic* pour *Gelenio.*
[190] *Ex Ctesia, Agatharchide, Memnone ex-* *cerptæ historiæ. Appiani Iberica, item de gestis Annibalis. omnia nunc prima edita, cum Henrici Stephani castigationibus.*

---

[191] *Sic* pour *Latomo.*   [192] *Sic* pour *Vilnæ.*

TABLE DES MATIERES

Anaglyphica

Epigraphica

Histoire littéraire

Archiuum

JOUVE
11, bd de Sébastopol, 75001 Paris
Imprimé sur presse rotative numérique
N° 340609F - Dépôt Légal : Janvier 2004

Imprimé en France